广东省“七五”普法读物

36名邪教亲历者实录

36 MING XIEJIAO QINLIZHE SHILU

主　　编　陈少波
执行主编　叶敏辉

南方日报出版社
NANFANG DAILY PRESS
中国·广州

图书在版编目（CIP）数据

36名邪教亲历者实录 / 陈少波主编. — 广州: 南方日报出版社, 2016.12(2022.4重印)
ISBN 978-7-5491-1478-8

Ⅰ. ①3… Ⅱ. ①陈… Ⅲ. ①邪教－批判－中国Ⅳ. ①D669.8

中国版本图书馆CIP数据核字(2016)第259830号

36 MING XIEJIAO QINLIZHE SHILU
36名邪教亲历者实录

主　　编：陈少波
执行主编：叶敏辉
出版发行：南方日报出版社
地　　址：广州市广州大道中289号
责任编辑：刘志一　陈静
经　　销：全国新华书店
印　　刷：广州市尚铭印刷股份有限公司
开　　本：787mm×1092mm　1/16
印　　张：28
字　　数：369千字
版　　次：2016年12月第1版
印　　次：2022年4月第6次印刷
定　　价：38.00元

投稿热线：（020）87360640　　读者热线：（020）87363865

PREFACE 序一

◎ 林少春

邪教摧残人的身心，扰乱社会秩序，破坏人类文明，是世界公害、社会毒瘤。治理邪教是各国政府都必须认真对待的一个严肃的社会问题。改革开放以来，党和政府从维护广大人民群众根本利益、确保社会长治久安、促进经济社会稳定发展的大局出发，与封建会道门及法轮功等邪教组织进行了坚决、有效的斗争，取得了决定性的胜利。特别是在推进全面依法治国的进程中，随着《刑法修正案（九）》的颁布实施，我国已逐步形成了相对健全的防范和处理邪教问题的法律体系，为遏制邪教的滋生蔓延、取缔打击邪教组织提供了有力的法律保障。

然而，邪教问题具有深刻的意识形态性，受不同的民族传统、宗教信仰及不同的法律制度、政治立场等因素影响，不同的国家、地区和不同的群体对邪教的看法及界定也不尽相同。在国际上，“邪教”的概念无论是在学理上还是在法理上，都具有某种程度的不确定性，这也使得邪教治理问题至今仍然是我们依法治邪实践中的一种现实挑战。在西方反华势力等力量支持下，一些别有用心的人伙同邪教组织骨干，处心积虑地攻击我国

林少春，中共广东省委常委、政法委书记

政府依法打击、取缔法轮功及全能神等邪教组织的正义行为。一些蒙在鼓里的邪教信众和不明真相的群众，对我们的反邪教工作提出了异议，或表达了不解，有时会给我们打击邪教活动、保护群众利益的工作造成一定的困难，增加一定的阻力。

邪教的概念及本质界定也许是抽象的，但界定一个团体是否有害，不应只关注其言论信条，而更应关注其具体行为，看其是否对社会和团体内成员造成伤害。诚如美国著名邪教问题专家和心理学家玛格丽特·辛格所言，要让邪教信众戒除邪教，关键是要给他们提供邪教团体的真实信息，使他们明白自己的决策能力是如何被剥夺的。我想，做群众工作也是这样，要通过真实、鲜活的事例，让人们看到邪教招募信徒和实施精神控制的诡秘手法，明白无辜受害的信众是如何在不知不觉中受骗上当，又如何一步步走向妻离子散、家破人亡的。人们只有真切地认识到邪教可能带来的灾难，才会更自觉地拒绝、远离邪教，更主动地支持、配合我们依法打击邪教。

在众多关于邪教问题的书中，能以如此数量较多的受害者自述或访问记述为主体的书并不多见。基于事实而非臆测，向世人揭示邪教的本质，我想，这就是本书最难能可贵之处，希望大家能认真读一读。

本书可能会颠覆一些人对邪教问题的观念，特别是那些从未直接接触过邪教问题的人。很多人在看到媒体报道的天安门自焚事件、山东招远恶性杀人事件等惨剧时，会表露出不理解、不屑，认为邪教的荒诞说辞怎么会有人相信，觉得加入邪教只不过是“傻子遇上骗子”的事情。对此，本书提供了一个截然不同的解答。邪教组织并非处在一个与世隔绝的时空，而是真真实实地存在于我们身边，觊觎着每一个可能滋长的机会。众多邪教亲历者中，既有学历很高的天之骄子，也有事业有成的成功人士；既有蒙昧初启的少年儿童，也有见多识广的社会精英。他们原本都是正常社会中的普通一员，跟多数人一样，他们也从不认为自己会落入邪教的桎梏。事实和研究都表明，遇到一定的时机或场合，任何人都可能成为邪教的牺牲品，即使头脑再灵光的人或教育背景良好者，也难免被邪教欺骗或俘获。因此，多了解关于邪教的知识，提高防范意识和能力，是对自己和家人最好的爱护。

对于邪教受害者的亲人、朋友，以及那些志愿帮助邪教人员脱离邪教、回归社会的人士，本书也是不可多得的参考教材。30 多个案例虽不算多，也未能覆盖国内活动较频繁的全部邪教种类，但详尽的记述配以专业的评论，加上对于内容细节的简要提示和知识拓展，已较好地揭露了邪教组织的欺骗手法、活动特点和组织内幕等一般属性，对于帮助陷足泥潭的邪教人员认识邪教、反省自身，必能起到现身说法式的警醒作用。

一人涉邪，全家遭殃，每个邪教受害者的身后，至少是一个到几个受害家庭，直接、间接受害者更不在少数。本书如实记录了数十名邪教亲历者的个人经历和心路历程，绝无半点指责邪教受害者的意思，相反，还要肯定他们的坦诚和勇敢。他们怀着善良、美好的愿望追求幸福生活，却不幸落入邪教精心设计的圈套；他们往往本来毫无过错，却受到了不应遭受的损失和惩罚。他们把自己的伤疤示以世人，是为了让更少的人蹈其覆辙，这样的勇气和行为值得大家尊敬。

由于邪教问题的意识形态属性，本书不可能受到所有人的欢迎，特别是那些想要组织、利用邪教达到自己目的的人。可以预见，本书自发行之日起就会引起一些人的争论、遭致一些人的非议。但是，与把邪教的隐秘面目公诸世人的迫切性相比，可能面临的批评和挑战都是微不足道的，在这个意义上，我们要为编者们的正义感、责任感点赞。而且，本书自始至终坚持客观、中立的原则，忠实记述、转录某些人在某些时间节点上关于特定往事的记忆和认知，孰真孰伪，读者心中自有一杆秤。

PREFACE 序二

◎ 葉春生

血泪的控诉，沉痛的教训。

36名邪教亲历者将自己活生生的事实、惨痛的经历、悔悟的过程如实展现在读者面前，还有8位专家和理论工作者精辟的分析，从法理、情理、伦理等方面一一加以阐释，足以使一切邪教痴迷者及那些居心险恶的阴谋家目瞪口呆，因为这些事实是无可否认的，无可辩驳的。这确是一部开创性的、迄今为止第一部如实反映邪教害人害世的奇书。

我细看了全书，许多情节使我十分震惊。法轮功痴迷者受李洪志“真善忍”邪理的毒害，为了“圆满”“白日飞升”变成“神仙”，“大法弟子”傅怡彬用菜刀把父亲和妻子当场砍死，佟岩把6岁的女儿杀死在床上。有的自摘器官，放火自焚，喝滚烫的开水，有病不治，不吃药等等，“吃苦消业”，“接受大法的考验”，葬送了许多宝贵的生命，断送了无限美好的青春。数得出名字的就有女画家艾心，女校长李琴，吃屎喝尿的大学生苏颂，亲手掐死自己女儿的关淑云，投毒杀人的陈福兆，要削骨还父母的

叶春生，中山大学民俗学教授、博士生导师，中国民俗学会顾问（原副理事长），广东省民间文化遗产抢救工程专家委员会主任

关键，用剪刀剖腹自取器官的华北油田职工马建民，南海供销社职工李常、李珍兄妹，因修练法轮功被切除卵巢的女白领魏玲，珠海某公司的“打工皇帝”杨西，堕落邪心路的“天之骄子”陈军，误信全能神的侨乡少女罗美，受骗当枪手的女中学生邓小国，迷路的特警队员叶水乔，期待破镜重圆的黄丽娟，错爱邪神的农家女王芳，从大山的女儿沦为囚徒的阿梅，一个孤独的赶鹅孩子，陷入全能神的泥潭、堕落终悔悟的飞燕，迷信“主佛”有病不治反去“弘法”铸大错的军人钟诚，曾误入邪教、二次入狱经帮教后才悔悟重生的女子何晓慧，挣脱魔道后艰辛创业成功的大学生廖祈洋等等，这些历历在目的事例数不胜数，书中所举不过万之一二，已足窥全豹。我可以以一个民俗家的尊严负责地告知世人：民俗是约定俗成的，是历代积淀的结果，一切伪民俗终将被历史淘汰，为人类唾弃。李洪志的“真善忍”、全能神不入流的谎言终将成为过眼云烟。

我也拜过佛、打过坐、练过气功。佛门坊间有一则寓言：《以水镜为师》。

禅师将一杯水和一面镜子交给弟子，说：以后它们就是你的老师，你要努力向它们学习。

弟子问：我跟水学习什么？禅师说：跟水学习如何面对不同的空间。弟子又问：我跟镜子学习什么？禅师说：跟镜子学习如何面对不同的世界而如实反映，因为镜子无我，不易落入空想而迷失自己。

如今世界风云变幻，我们面对不同的空间、不同的世界，只要心中无我，不为一己私利迷失自己，诚信为人，不痴心妄想，就不容易误入歧途。邪教往往利用我们趋善避恶的心理、宿命灵通的捷径，引入修身养性的道治，撩人心动于天命。《三国演义》中有位道士“水镜先生”乃东吴国师，与蜀国诸葛亮齐名，常语出惊人。他引用老子的话说：“原天命，治心术。”就是要追究天命的根源来修整自己的心术。我们常说：此人心术不正。意指此人的精神要修整。我 30 年前造访六祖故乡的新兴国恩寺，听法师修文首座讲《心经》。他说《心经》的心，非指肉身，而是指与物质相对的精神，所谓物质变精神，精神变物质，就是这个道理。现在一些县市把“修身”作为精神文明的措施之一，引导群众着力加强自身的文化修养，识别正邪教派的义理，这是很有必要的。

星云大师早就告诉我们：“忍”字是“心”字头上一把刀。李洪志的“真善忍”就是利用了人们的善念，将一把刀架在信众的头上。何不遵从高僧之真言，而去盲从邪教的歪理？迷途的羔羊，该警醒啦！

在这血淋淋的事实面前，一切邪教痴迷者及那些居心险恶的阴谋家，也该收声了吧。

目录

CONTENTS

画家艾心之死

我把艾心的故事放在网络上，一些法轮功分子看了，说艾老师不是“大法弟子”。更加可恶的是，法轮功组织为了消除这件事情对法轮功的不利影响，竟然煽动艾老师母亲说艾老师的死是政府迫害的！

我叫黄广，男，1984年出生，2010年毕业于广州美术学院油画系，现为中国后现代研究所研究生。我长期致力于研究和探索古典油画的精神和技法，曾于2012年3月在广州市艺博馆参加春苗画展，油画作品被收录于李正天的教学著作《光色定调论》。我受女画家艾心影响成为法轮功信徒，全程见证了艾心痴迷法轮功—患病拒医—求助李洪志—临终“发正念”—死于非命的悲惨经历。

师母领我练法轮

画家艾心，是我在美院就读时的一位师母。我大学毕业后在她的工作室工作，艾心成了我亦师亦友的老板。她对我青睐有加，认为我的性情人品和她接近。在探索艺术的同时，她也向我宣传所谓佛法，给了我一本《法轮大法》，说只有信仰“佛法”的人才能够返璞归真，心性提高，不但能提高艺术创作水平，还能成神成佛。我从小喜欢绘画，向往超凡脱俗的人生，很少了解世事，在大学校园更是沉浸于封闭的象牙塔中。出于对师母的信任和同样追求善良的心，2011年6月，我开始习练法轮功，按照书中要求，每天练功。在以后的几年时间里，我的人生跌宕起伏，伤痛累累。而我的师母艾心，却因为痴迷法轮功，有病不治，死于非命。痛定思痛，我把我的见闻和法轮功的危害告诉大家，特别提醒年轻的学子们，要警惕邪教伸向我们的毒手。

艾心早期画作

艾心的痴迷之路

艾心是一位美丽大方，高贵优雅的画家。她有天使般的美丽面孔，不食人间烟火般的高贵气质，认识她的人都说她就像一个仙女下凡！

生活中的艾老师是一个很有情调的人。她喜欢弹古琴，我有幸听过她的弹奏，淡淡的乐音中伴随着她淡淡的歌声，舒缓、悠扬、深远，让人仿佛置身另外一个美妙的世界。她很喜欢花，在她的办公室里，经常更换着一束束美丽的鲜花。她创作了许多以花为题材的象征主义画作，以花喻人，赋予花高贵的品格，因此艾心还有着“花神”的美誉。尤其她画的荷花，鲜艳高洁，出世独立，有一种向上的精神，大气而永恒。欣赏她的画作，犹如一股清气扑鼻的熏风，让人在繁忙喧嚣的都市生活中体会到一种超脱。

我的工作就是当艾老师绘画上的助手，所以有很多机会和她交流艺术问题。我和艾老师的艺术追求有着许多默契。她说，她喜欢唯美纯正的艺术品格，古典精致的创作手法；她说，她希望所有看她画的人都能有一种精神上的享受，有一种超脱的心灵体验。如她的油画作品《超越》，画面上是一朵巨大的盛放的荷花，伸向蓝天，散发的道道光芒让荷花更似有了灵性，这幅画以独特的视角展现了荷花的圣洁，正是一种精神上的超越！

平时，艾老师则是一个平和安静的人，话不多，轻声细语。有时也因为不喜欢表达，而让人误以为她是一个清高冷酷的人。事实上，她是很有爱心的人。她和她丈夫的作品多次参加义拍，并把所得的钱全部捐给先天性心脏病儿童的救治，先后救治了 100 多名先天性心脏病儿童。

可是，埋藏在艾老师的生活里、使她遭受无数痛苦、并最终夺去她生命的，却是那个她为之付诸一切的“信仰”——法轮功。艾老师心地善良、单纯，这些是人美好的品质，然而这些善良的本性却被法轮功无情利用了。她被法轮功“真善忍”的美丽外衣欺骗，认邪为正，在这条邪路上越陷越深，不可自拔，最后付出了生命的代价。

艾老师曾告诉我，她是 1997 年开始练法轮功的。有一次她去书店看见

《转法轮》这本书，觉得挺好，就买了下来。当时看完书，她觉得法轮功是教人按照“真善忍”修练的佛法，非常好，好像找到了自己期待已久的事物。走到哪里，都把书背在身上，不舍得放下。艾老师坚信，法轮功可以让她得到心性的提高，提高生命层次，直至解脱轮回，圆满成为伟大的佛道神。慢慢地，艾心的画作也发生了改变，佛法题材的莲花、神仙画多了，自己擅长的花卉画少了，甚至还以自己的形象画了一幅佛像，把大量的时间用在认为是成神成佛的路上，失去了花魂的艺术魅力。

艾老师坚信自己的选择是对的。1999年，法轮功的危害愈演愈烈，被国家依法取缔。她不理解，认为法轮功是“佛法”，许多事情是不修练的人理解不了的，认为所有法轮功的负面信息都是政府造假骗人的，她不相信。但是她的丈夫是反对法轮功的，所以艾老师改为偷偷习练法练功，对法轮功依然抱有幻想，偏听偏信法轮功的邪说，导致了以后悲剧在她身上发生。

痴迷法轮功有病不治

2006年，艾老师的身体渐渐出现问题。这是后来我们才知道的，因为很长时间里她谁也不说，也不当回事，自己默默忍受。为什么会这样呢？因为法轮功的“业力论”说，世间的一切苦一切难都是业力造成的，说生病就是由“病业”造成的，得病时造成的痛苦就是在还“业债”。还说真正修练法轮大法的人，师父会帮其清理身体，然后马上出功，就没有病了，修练以后出现的病的表现都是在修练过程中安排的“消业”和提高心性的关。因此，练法轮功的人都会说自己根本就没有病，哪怕病得不行了，也会说不是病，这是消业，从而拒绝看病吃药。

所以很长时间，尽管艾老师身体经常不适，却从未去医院检查治疗，身边的人也都不知道她身患疾病。她每天工作生活都看不出多少异常，只是脸上的妆化得越来越浓，工作的时间越来越少。

我们几个法轮功练习者要经常聚会，集体学习李洪志的讲法，其中也有我的妻子小婷，她也是艾老师的助手。有一次聚会，艾老师精神不是太好，皱着眉头，说去趟厕所回来，我们也都没在意。小婷有些担心，跟着艾老师去，才发现艾老师已经病得很严重了，我们这才知道她生病了。当时百思不得其解，修练“法轮大法”的人怎么会生病呢？

2012 年 7 月，艾老师的病情已经影响到正常的工作了，她把工作室事务全权交给她女儿。那时候，我在那边上班也没什么事可做了，便辞职回家投入自己的油画创作。

病入膏肓仍在“悟”

对于艾老师的病情，我们按照李洪志“向内找”的要求，在法轮功的法理中寻求解释，后来一致认为这根本不是什么需要担心的事情，一切都是消业和过关，李洪志讲过不会让修练法轮功的人真正出现危险的，只要艾老师正念足就能闯过来。同时我们也都劝艾老师找自己的原因，向内找，看看是什么“执著心”还没有放下。也让艾老师尝试用李洪志讲的“善解”的法，与那些讨债的生灵交流，希望它们放下怨恨，我们会用修成以后的福报来报答它们，等等。

有一天，我到艾老师家里去看她。艾老师脸色很不好，整个人都消瘦了，连走路都显艰难。艾老师半躺在床上，用软枕头垫着腰背，身上盖着被子。另一位同修也在场，正在劝慰艾老师，说要乐观，要坚强，要放下心中的“执著”等等。不过我们从来都没有劝艾老师去医院，甚至一点也没有往这方面想，也没有想过艾老师的家人会如何地担心。我们都认为，修练人去什么医院呢？我们是有师父管的人，修练的每一步都是安排好的，就看我们怎么去走好这条路。我们劝艾老师不管多辛苦都要记得做好三件事，要多“发正念”，清除干扰正法和伤害身体的邪恶。那个时候，艾老师身体上的痛苦和虚弱已经使她连练静功都很难坚持下来了。我在内心里却想，艾老师太娇贵了，整天养尊处优，使得她不能够吃苦，《转法轮》里说了，修练人要能吃苦中之苦！修炼法轮大法让我变得没有同情心和慈悲心！不过，身边认识的同修都还是比较关心，经常帮忙“发正念”等等，只是艾老师的病情依然日益恶化。

求得李洪志“法身”保护

后来艾老师还去了泰国大概半个月。因为艾老师的母亲也是练法轮功的，在泰国定居。至于艾老师在那边有没有发生什么事，我们就不得而知了，只是见到艾老师从泰国回来以后也并没有什么起色，依然是窝在家里学法练功“发正念”，以图能渡过这个难关。

艾老师回国后，我的妻子小婷去看她。回来后小婷兴奋地跟我讲，艾老师在泰国还托当地法轮功骨干打电话去问了在美国的李洪志。这是关乎生死的问题啊，实在是熬不过去了，还是想听听师父的回答，心里才踏实。问师父，这个情况到底该怎么办？李洪志的回答是：“精进做好三件事就行！”我听后点点头，心里却想，师父的法身每时每刻都在我们每个弟子身边守护着呢，还何必打电话去问呢？况且作为一个“大法弟子”，面对病业，应该如何对待，师父在那么多法里不是经常提到吗？在《转法轮》里也是写得清清楚楚的，真是不悟啊！但是又想，人在最苦难的时候也确实是很难相信自己的能力的。不管怎么说，有了师父的直接指示，我们也都放心了许多，师父都这么说了，那肯定是没问题啦！肯定能过得去的！我们信心满满，艾老师更是满心欢喜，就像在漫漫长夜里看见了光亮！

自此，艾老师练功学法“发正念”更加积极了。为了帮助艾老师，也有同修去和艾老师住在一起，共同学法，同时督促艾老师。可是艾老师的身体依旧没有起色，晚上睡不着，白天学法、“发正念”又打瞌睡，这让她苦不堪言。看着艾老师病情日重，我们都很着急。

艾老师在广州的家人并没有练法轮功的，虽然他们一直都尊重艾老师的意见，但此时也看不过去了，要求艾老师去医院看看。艾老师坚信自己会好起来的，不答应去医院。家里人急了，说你这样又不去医院，病又不见好转，反而日渐严重，那怎么行！那时候艾老师整个人都瘦了一圈，精神萎靡，一看就是个重病者的样子了。由于很多同修也认为不应该去医院，在旁边添油加醋，使艾老师的家人大为反感，把同修都赶走了，然后强行把艾老师送去医院治疗。到了医院一检查，医生大为摇头，病情已经太重了。医生说这个病刚开始的时候是可以控制的，为什么拖到现在才送医院治疗？现在只能先做血透，看能否稳住病情，减少痛苦。

临终“发邪念”

对于艾老师最终去了医院的消息，同修们也有不同的看法。有的人认为应该像堂堂正正的“大法弟子”那样，相信大法，相信师父，坚定实修，不能去医院；有的人认为，为了让家人能够理解法轮功，又实在熬不过去，那就放弃过关，去医院也是可以的。

有一回，我去医院看望艾老师。艾老师见到我，有点不好意思，说：你来干什么呢？你不用来看望我。我看到艾老师身上插着管子，正在做血透。我心里很不是滋味，觉得艾老师很可怜，又觉得艾老师不应该这样。修练人去什么医院呢，还做血透，我们的血是最珍贵的，还换成常人的血？

医院里，小婷经常陪在艾老师身边。她告诉我，平时艾老师躺在病床上看着很虚弱，可她还是不忘和其他病人讲“真相”呢！艾老师和别人讲“真相”时，就像立马变了一个人，有说有笑的，脸色好像都变得好看了。听到这些，我又对艾老师升起了敬意，自己被折磨得这么辛苦了，还能时时想着别人，真了不起！

过了几天，艾老师的病情稍微好转了一些，又强烈要求出院。她还是希望能够在家里“精进实修”来闯过这次难关。我们几个人顿时对艾老师敬佩起来，不顾她家人的反对，强行帮助她出院！

回到家以后艾老师还是坚持学法练功“发正念”。我们在她的工作室墙壁上挂了一幅李洪志“法像”，中间是艾老师的病床，床周围全是法轮功的“经文”。每天只要有一点时间，我都去艾老师病床前“发正念，铲除邪恶”；而艾老师只要是清醒的，就拿着“经文”念念有词，盼望奇迹能在她身上出现。

几天后的一个早上，我接到小婷的电话，电话里小婷的声音很着急，催促我赶快到艾老师工作室看看。我赶到那里，推开门，看到艾老师和小婷正坐在木地板上“发正念”。小婷见我来了，就说：“艾老师现在很难受，快点帮忙一起发正念清除邪恶！”

我二话不说就坐下来盘腿开始“发正念”。她们把李洪志的画像放在桌台上，对着画像反复念着：“法轮大法好，真善忍好！”

艾老师的弟弟放心不下，经常进来看情况，劝艾老师再去医院看看。艾老师严肃地大声拒绝了，说：“你要尊重我的选择，上次就是因为去了医院，关没过好，现在又要再来一次，这次我再也不去医院了！”听到这些，艾老师的弟弟急得哭了，跑出房间。

艾老师弥留之际，她痛苦地呻吟着，似乎喘不过气来，神情恍惚，断断续续地对我们说：“我……感觉到那些邪恶……成群结队地攻击我，它们来一阵，我就发正念……身体特别难受。”过一会，艾老师说：“我不怕那些邪恶了！”

可是说完这句话不久，艾老师慢慢低下了头，身体依然保持坐着的姿势。小婷不住地摇动她，叫艾老师不要睡过去，可是艾老师再也没有醒过来！我去试一下艾老师的呼吸，已经没有气了！我赶紧去通知艾老师的丈夫李老师。李老师赶到现场，颤抖着双手轻轻把艾老师平放在地板上，缓缓俯下身抱着艾老师，早已泪流满面！我不忍看这一幕，扭过头去，眼睛也湿润了。她就这样走完了40多年的人生，匆匆画上了句号，留给她丈夫、亲人、朋友的是无尽的伤痛！

我环视艾老师的工作室，这里宽敞明亮，精致优雅，到处是她的国画、油画，桌子上放着古琴和香炉，书柜上放着一排排精致的画册，这些都是艾老师生前爱不释手的东西。可是人的生命是如此地脆弱，一口气上不来就走了，什么也没带走，真是“物质财富生不带来死不带去”。我当时认为，只有修练才是真实的，走在返璞归真的路上的人才是有意义的。艾老师的离世反而让我更坚定地想要好好修练，好圆满回到自己真正的家。

不过，小婷的想法却和我不一样。她对我说，艾老师那么坚定，直到死都把自己当作“大法弟子”，可是为什么还是死了？不是说修练人不会真正出现危险吗？不是说有法身保护，就能像《法轮大法》上所说的“谁能动了我，就能动了这个宇宙”吗？她想不明白。

我从痴迷中清醒

想不明白的事情多了，矛盾开始慢慢地滋长。2014 年，小婷说在网络上看到陈光标邀请参与北京自焚的陈果、郝慧君母女去美国整容的视频，让我也看看。看完视频我彻底醒悟了，我开始反思、求助！在反邪教志愿者的帮助下，我了解了许多过去我不知道的事实。当我看到李洪志为了给法轮功戴上科学的光环，竟亲自参与景占义申请专利的造假！我相信了法轮功是邪教组织这一事实。我只是被法轮功宣传的“真善忍”所欺骗，曾以为法轮功是真正的佛法，结果法轮功却完全是用谎言建立起来的害人夺命的邪教！我一直把法轮功的所谓真相告诉别人，到头来我却是个散播谎言的人，成为法轮功害人的帮凶！

当我认清了法轮功的真实面目，不禁反思艾老师的离世是多么地冤枉，她被法轮功欺骗利用，至死都以为法轮功是真正的“佛法”。艾老师正处在艺术创作的黄金年龄，她的艺术才华本应该有更灿烂的表现，然而就这样匆匆离开了人世！

如果艾老师能放下自己的固执，理智一些反思法轮功，或许就能摆脱法轮功的精神控制。如果艾老师在生病时，不是那么迷信法轮功的邪说，能够以自己的身体为重，能够考虑到家人的担心，尽早地去医院检查并接受治疗，也就不至于小病拖成大病，最后变成绝症无法救治了。李洪志自己就有 73 次去医院就医的报销记录，还曾经去医院做过阑尾切除手术！对我们这些痴迷的信徒，为了达到神化自己的目的，李洪志不惜草菅人命，让我们有病不吃药，只要相信他的“法身”和“大法”的威力。可以说，就是对法轮功的愚痴盲信夺走了艾老师以及无数法轮功练习者的生命！

艺术家往往比较单纯、纯粹，一心投入自己的艺术创作里，沉湎于艺术的世界，从而对其他方面的知识缺乏了解。所以，尽管艾老师作为一名高级知识分子，同其他拿了硕士、博士学位的知识分子一样，拥有高学历、高文化，却不一定有全面的判断力，没能认识到法轮功的伪善面目，反而被法轮功所欺骗，认邪为正，最终付出了生命的代价。

然而，对于艾老师的去世我也有不可推卸的责任。在艾老师遭受病痛的折磨时，我从来没有劝过她去医院，反而在艾老师去医院就医时心里表示不理解，充分暴露了在法轮功的思想控制下，一个正常人是如何丧失理智，做出一些愚蠢行为的。

法轮功在网上颠倒黑白

2015年，我把艾心的故事放在网络上，提醒大家认清法轮功的危害。这篇文章被一些法轮功分子看到，他们极为愤怒，不断发表谬论说是艾老师做得不对，“执著”了，“邪悟”了，说她不是“大法弟子”。他们没有想到，正是一群法轮功痴迷者和艾老师一起按照李洪志的“经文”去“悟”，才导致艾老师不治身亡。是同样痴迷法轮功的艾老师母亲通过在泰国的法轮功人员打电话问李洪志，得到李洪志“精进做好三件事就行！”的承诺，才导致艾老师在如此严重的病情下执迷不悟。

更为可恶的是，法轮功组织为了消除这件事情对法轮功的不利影响，竟然煽动艾老师母亲说艾老师的死是政府迫害的！艾老师的母亲远在泰国，同样是个法轮功痴迷者。艾老师从生病到逝世的6年里，她根本没有在艾老师身边，只有艾老师为向李洪志求救，才去泰国与她住了半个月，艾老师的病情她从来都不知道。只有我和小婷最清楚整件事情的来龙去脉。法轮功组织如此颠倒黑白，更加暴露其邪恶嘴脸。

拓展

拒不承认事实是李洪志的惯用伎俩，颠倒是非黑白是法轮功的经常做法。这些年来，每当出现法轮功学员拒医拒药死亡的事情，法轮功组织总是以“不是大法弟子”“心不够诚”“政府陷害栽赃”等理由搪塞推责。

现在，法轮功在海外把自己装扮成正统文化的代表，搞神韵表演，谎称“主佛、创世主”等等，还是很具有迷惑性，大家千万要擦亮眼睛，认清法轮功的虚伪面目！

法轮功

法轮功是由长春市人李洪志发起的邪教组织。1992 年 5 月开始传播，非法成立全国性组织“法轮大法研究会”，在全国各省、自治区、直辖市建立总站 39 个、辅导站 1900 个、练功点 28,263 个，曾一度控制 210 万练习者。据不完全统计，因痴迷法轮功而自杀和拒医拒药直接致死者达 1700 多人。

李洪志神化自己是“释迦牟尼转世”，盗用、歪曲佛教理论，吹嘘自己比老子、释迦牟尼、耶稣还高明，是“把整个人类超度到光明世界中”的救世主。他以祛病、健身为诱饵，以“真善忍”为幌子，编造“世界末日论”“地球爆炸论”等邪说欺骗和恐吓信徒，使许多带着良好愿望的群众沦为其精神的奴隶。

法轮功的危害引起社会各界的批评，为了压制批评法轮功的声音，李洪志煽动一些不明真相的法轮功练习者，围攻、冲击国家机关、新闻单位，扰乱社会秩序，破坏法律实施。从 1996 年 8 月李洪志指挥法轮功组织围攻光明日报社起，仅非法聚集 300 人以上的违法犯罪事件就达 78 起。

1999 年 7 月 22 日，民政部、公安部依法宣布“法轮大法研究会”及其操纵的法轮功组织为非法组织，予以取缔。1999 年 7 月 29 日，公安部公开通缉李洪志。

法轮功组织被依法取缔后，李洪志仍然操控信徒以“讲真相”的名义进行违法活动：一是公然践踏国际准则，频繁对民用通信卫星进行攻击；二是不断进行电视插播违法犯罪活动；三是进行大规模电信骚扰、恐吓活动；四是制造谎言，鼓动信徒散布非法资料，甚至破坏国家法定货币，在人民币上涂写邪教口号；五是恶意攻击任何与其意见不一致的人士和团体，侵犯公民的言论自由权利；六是诬告滥诉，对国家工作人员和与其意见不一致的人士和团体到处控告，等等。

法轮功还是一个以邪教方式进行活动的政治组织。近年来，法轮功在境外加强政治性滋事，提出了系统的政治主张，竭力从事反对中国政府的政治活动，并编造谣言欺骗外国一些政界人士发表对华不友好言论，破坏中外关系。

我参与了“深圳除魔案”

深圳法轮功组织指派刘景涛马上去韦华的老家，收集她家人的相关信息。并且告诉大家要统一口径，要把韦华的死亡说成是她自己身体的疾病所致，和法轮功没有什么关系。李艳等人做了一个虚假的文字说明发送给境外法轮功网站，以此维护法轮功的声誉。

人生四十不惑，我现在这个年龄本应当安家立业，孝敬父母。但现实中的我，在误入歧途习练法轮功后，因为痴迷法轮功迷迷糊糊过了15年扭曲人性的生活，一步步陷入罪恶的深渊。至今我仍然单身，一无所有，但比这些更可怕的是我在法轮功的精神控制下犯下的罪孽，让我痛悔终生。

我叫王宇，1971年出生在湖南湘潭农村的一个普通家庭，父母都是很传统、守本分的农民，每天过着日出而作、日落而息的农家生活。虽然家境不富裕，但是凭着父母勤劳的双手，我们兄妹仍能快乐地成长。父母对我们这些儿女都非常好，很少打骂我们，还经常教导我们为人处世的道理。

农村的生活是比较艰辛的，我从小刻苦学习，期待用知识改变命运。1988年，我考上了江南中等专业学校，毕业后被分配到市里的柴油机厂从事模具设计工作，工作强度和环境都是比较轻松的。可是没过几年，随着国家经济大环境的变化，我所在的企业经济效益越来越不景气，我迫于无奈而下岗，和单位买断了工龄。经历了这样一段从大喜到大忧的生活，我的内心充满了困惑，对人生感到迷茫。

1997年，我来到广东深圳打工谋生，最初是在深圳横岗镇的一家中外合资企业从事手工绘图及模具装配。由于长期从事手工工作，两只手臂经常会有疼痛感，但由于打工收入低，我只是找点药酒擦擦，一直没有去医院检查治疗。1998年底的一天，我路过公司附近的一个公园，无意中发现了一个法轮功练习点，抱着好奇的心态我走近瞧了瞧。这时一个陈姓中年妇女刚好结束练功，见我好奇就向我介绍了习练法轮功的好处。当听她说练法轮功可以祛病健身和修心养性，我就觉得正好符合自己的需求，也就抱着试试看的心态，花了一些钱在她那里买了一本《转法轮》以及一盒练功音乐带，并跟随她学会了练功的几个功法动作。后来，我利用休息时间一边看书，一边习练法轮功的功法动作，有时间也会去他们那个练习点集体练功，但大多数时间是在宿舍看书练习。没过多久，国家就规定不准公开习练法轮功，练功点的集体练功活动也随之而散了。

鉴于法轮功对国家、社会、家庭及个人造成的严重危害，国家于1999年7月22日正式向全国宣布依法取缔法轮功的决定。这个合理、合法的决定，对于当时的众多练功者来说是极不可理解的。后来我在电视上看到了“4·25”非法围攻中南海事件，才知道发生了这么大的事情。那时我的想法就像法轮功提出的三个无理要求一样，想要有一个练功环境，却没有想到合不合法的问题，这些想法都是源自李洪志的“经文”，那个时候的我已经被法轮功的歪理邪说所蒙骗，已经分不清事情的对错和轻重了，所以当时也就不理解政府为什么禁止练习法轮功。

“除魔”不成害人性命

在李洪志自吹自擂的所谓佛家上乘修练大法引诱下，我渐渐成了法轮功痴迷者，误以为找到了祛病健身的法宝，多年来坚持练法轮功并越陷越深，把李洪志当成神一样顶礼膜拜。因为痴迷法轮功做出了许多糊涂事，白白浪费了人生中最宝贵的十几年青春不说，最终还酿成苦果，害人害己。

2001年2月中旬的一天，李新辉（法轮功练习者）找到我，告诉我说在他们租住的房子，有一个叫韦华的法轮功练习者出现了“着魔”的状态，看我能不能帮助她，使她恢复正常状态。我当时想到既然韦华也是习练法轮功的，是同修，我就有这个义务去帮她，于是跟随李新辉一起去了深圳市布吉镇大芬村的一个出租屋。

我进到出租屋，看到韦华一个人坐在床铺上，她眼神看上去有些呆滞，也不和别人说话，偶尔胡言乱语，显得很不正常。旁边守护着的王金银、丘宜香、曾达平、陈恒梅等几个练功者正一筹莫展。我向他们打听韦华为什么会这样，王金银告诉我一个消息：韦华的家婆练法轮功多年，身体反而越来越差，上个月不治而亡。韦华与她的家婆关系一向很好，如同母女一般亲近，她可能接受不了家婆练法轮功去世这一事实，自从这个月自四川老家返回深圳后，韦华在练习法轮功过程中出现了幻觉和幻听，听到有一个声音说李洪志会带她一起去救她已经过世的婆婆，但现实里并没有出现这样的事，结果韦华随后就出现了那种不同于常人的状况。

大家到齐后，你一言我一语商量这事怎么办。不知是谁说了一句《转法轮》上讲过“练功者是不会出现偏差和走火入魔的事情”的。这一说法很快得到了大家的认同，大家认为韦华可能被“魔”附体了，通过讨论，大家一致决定诵读法轮功的“经文”给韦华听，以驱逐附在她身上的所谓“魔”。之后我们一起大声朗读《转法轮》中走火入魔的相关内容，并且播放法轮功的音乐给韦华听。在诵读经文和播放音乐持续几个小时后，我看到韦华还是胡言乱语，没有一点好转。

第二天晚上，韦华的丈夫蓝少伟以及他的功友从四川老家赶了过来，看到韦华狂喊乱叫怒骂着“李洪志是恶魔”“法轮功是害人功”等，蓝少伟、欧杰他们都肯定韦华是被“魔”附体，是“魔”利用韦华来对法轮功进行破坏，认为只有把“魔”从她的身体中驱除掉才能彻底解决她的问题。

一方面为了把韦华的“魔”驱除掉，另一方面也是担心韦华的大喊大叫引来左邻右舍的注意，蓝少伟做出了一个惊人的决定：他指使人用绳子捆绑了他老婆，并按住她，然后残暴地用双手和毛巾捂住她的嘴和鼻子，整整折磨了韦华一个晚上，最终致其窒息而亡，造成了影响十分恶劣、震惊中外的“深圳除魔”事件。或许韦华怎么都想不到，她会死在她最亲密的法轮功同修、一群追求所谓“真善忍”的人手里。

一群法轮功真修弟子在李洪志的歪理邪说影响下，完全扭曲了人性，丧失了正常的思维观念和理智，不以对自己亲密的功友痛下毒手为耻，反认为这是在帮她除“魔”。直到韦华死亡多时，大家还固执地认为习练法轮功的人是不会死亡的，认为李洪志会回来救她，所以都在等着韦华醒过来。一般人见了这件事一定会感觉很可怕和不可思议，但法轮功信徒却不以为然，可见法轮功真的没有人性，比魔鬼还可怕。

当时深圳的法轮功组织人员为了掩盖韦华死亡事件对法轮功造成的坏影响，指派廖艳去深圳市布吉镇的布吉医院，找到当时给韦华看病的医生了解情况，并且在医生不知情的情况下把谈话内容录音。同时，指派刘景涛马上去韦华的老家，安抚她家人的情绪并处理她家中的善后事宜，收集她家人的相关资料信息，以此把韦华死亡篡改为其自己身体上的原因所致，洗脱与法轮功的关系。深圳的法轮功组织还特意找到几个当事人了解韦华死亡事件的情况，并且告诉大家要统一口径，要把韦华的死亡说成是她自己身体疾病造成的，和法轮功没有什么关系。为了掩盖事件真相，欺骗那些不明真相的群众和法轮功信徒，李艳（深圳法轮功骨干人员）等人把这件事情做了一个虚假的文字说明，通过电脑网络发送至法轮功网站，以此维护法轮功的声誉。

“除魔”不成，却致功友凄惨死亡，一个原本美满幸福的家庭就这样家破人亡，参与“除魔”案的所有法轮功练习者后来都受到了正义的审判和法律的制裁。如今每当想起韦华死不瞑目的惨状，我的内心就会痛苦万分，永远不能原谅自己助纣为虐的行为。

“正念”不灵害己断腿

“深圳除魔”事件后，一直为我担惊受怕的父母熬白了头，他们强行把我留在了身边，看着我不让我再练功和传法，并经常苦口婆心劝我好好做人，莫要迷信法轮功。“执著”的我始终放不下修练的想法，听不进他们的劝告，后来坚决要求再次南下打工。看着父母流下充满伤心和绝望的泪水，我也没有停下远行的步伐。在此后的修练中，我渐渐淡化亲情，与父母失去了联系，很多同学和朋友得知我修练法轮功，也都远离了我，就连别人介绍的对象也因为我是练功者、没有共同语言或者担惊受怕而远离了我。但我却以去“执著心”为本，对所有的情感发展都不以为然。

2009年7月份，我再次从老家来深圳找工作，随后就到深圳市宝安区沙井镇丽城科技园内的深圳市上东一郎实业有限公司上班。离开家乡没有父母的管束，我感觉越来越放松，上班之余我就经常上法轮功网站看资料。由于对法轮功所讲的“圆满”还充满希望，所以我坚持继续修练下去，随着和其他法轮功练习者的接触和交流，以及看到网上的一些体会文章，我觉得自己还是应该做一些“大法”的事情。一有空闲时间，我就会想办法拿一些法轮功“真相”资料派送给别人看，目的就是想使他人通过这些资料了解法轮功、支持法轮功。

在李洪志的蛊惑下，我受其精神控制，很精进地做“三件事”，天天练功、“发正念”，有时间还去讲所谓真相。正当我痴心妄想着到“天国世界”的时候，一次意外却让我断了一条腿，李洪志的“法身保护”“不出偏”原来通通都是假的。

2011 年 7 月 11 日早上 6 点，我发完“正念”上厕所，出来下台阶时，由于没留意地板有积水，结果两脚打滑摔倒在地上，导致左腿肿痛得厉害，当时我认为没什么事，不肯去医院看病。舍友们见我腿肿得走不了路了，于是轮流背我到了深圳市宝安区人民医院治疗，路上我心想有着“法轮大法”和李洪志的法身保护是不会有事的，于是就告诉他们说：“这个没有什么大问题，过些时候就会好。”后来医院拍片，证实髌骨骨折了。

医生告诉我必须进行接骨手术，不然会很难愈合甚至有终身残疾的严重后果。听了医生的忠告，我不以为意，自认为这是师父对我的考验，所以不愿意做手术。医院的一名护工劝我：“一定要做手术，不要拿自己一生的幸福做儿戏。”陪伴我的老乡对我说：“你不是说你们习练法轮功的人有法轮和法身保护的吗？你们的大法师不是时时刻刻在看管着你们，保护你们的吗？怎么轻轻摔了一下就骨折了？”面对他们这样的劝说和质疑，我哑口无言，内心很纠结，连续几个夜晚难以入眠，总想着这一关是师父对自己的考验。

接连几天，我定时坐在病床上发所谓正念，期盼我的腿在师父的法身保护下快速好起来。可是我的腿不仅没有好转，反而越来越红肿，疼痛感越来越强烈。最终，在没有其他更好办法的情况下，我很不情愿地接受了左腿髌骨的接驳手术。成功的手术使我能够重新站起来，但硬邦邦的钢丝支架嵌在我的膝盖里，一直使我内心痛苦不堪。下肢不能正常行走，严重影响了我的工作和生活，可是这时候我还顽固地认为这是师父李洪志对我的考验，为了实现“圆满”，这点代价根本不算什么，思想上还是被李洪志的歪理邪说牵着往前走，根本看不清问题的严重性。

识别

“发正念”：李洪志鼓吹法轮功信徒在碰到解决不了的问题时，可以通过“发正念”来求得师父的“法身保护”，达到“消业”治病、“铲除邪恶”等一切目的。部分信徒在疾病发作、发生事故等紧急关头不做正确处理，而是“发正念”，上演了一出出荒唐闹剧，错过了一次次及时治疗疾病和处理事故的时机。

不实“真相”危害社会

2012 年是玛雅预言“世界末日”的一年，法轮功网站也大肆宣扬当时正处于“正法”的最后时期，作为“正法”时期的“大法弟子”，要放下对人世间的一切“执著”，坚定地走出来和众生讲清楚法轮功被迫害的“真相”，以消除他们对“法轮大法”的误解。在法轮功网站的“新经文”和其他法轮功练习者的文章诱惑下，我对“圆满”的追求也越来越强烈，担心自己没有按照“大法”的要求做好，而丧失“圆满”的机会，毕竟自己也在“大法”中坚持了这么久，为“大法”付出了大量的精力和财力。

为了能够实现“圆满”，我不惜铤而走险，不顾一切。从一开始有空就跑去别人家里帮助制作法轮功违法资料，渐渐发展到自己花钱购买大量做“真相”资料的制作设备，如电脑、打印机、光盘、刻录机等等。购回那些设备后，我先是在自己的公司宿舍里做，后来因为来往的人多了起来，我担心不安全，就用一个假身份证在公司附近租了一个房间用来存放制作设备，认为这样可以避免别人发现。在休息时间里，我会把制作好的所谓真相资料，派送给不认识的陌生人；有时会把事先编好的“真相”通过手机短信发给别人；有时会把写有“法轮大法好”的标语印在小额的人民币上，并拿这些标语币用于日常消费。那个时候，天天都想着通过各种传播方式，使他人能够了解法轮功被政府打压的“真相”，争取他们对法轮功的支持和同情，使他们得以被拯救，误以为这样做就能够积起足够的威德，从而提高自己的层次，达到最终“圆满”的目的。

在外租房期间，我在一家美发店理发时认识了店主曾发英，通过聊天知道她也是练法轮功的。后来一有空我就去她店里和她谈论一些练功的感受以及当前对“正法时期”的看法，慢慢地大家就熟悉了。2012 年 3 月底，由于心里不踏实，我退掉了租住的房间，并把制作设备及法轮功资料存放到了曾发英的店里。

我的犯罪行为很快被公安机关掌握，2012 年 4 月 2 日我被公安机关抓获，并被收缴了很多法轮功资料。我辩解自己没有罪，但司法机关用大量的事实证明我的行为触犯了法律、危害了社会，法院依法对我判处了 4 年有期徒刑。

“圆满”不了噩梦觉醒

如今，几年时间过去了，法轮功所宣扬的世界末日并没有来临。当年我是那么精进的弟子，但不仅没有实现“圆满”，也没有“弘法得福报”，更没有得到李洪志的“法身”保护消灾解难，反而摔伤了一条腿，给我身体和精神上都造成了严重的打击。

现在，内心慢慢平静下来，想想为法轮功的付出，我真是懊悔不已。这十几年来，在李洪志的蛊惑、诱骗下，我从一个国企的技术骨干、亲人眼中的孝顺孩子，逐步变成了多次扰乱社会秩序、伤害他人的罪人。法轮功害得我失去了亲情、爱情和友情，失去了自己的事业，失去了宝贵的青春，失去了成家立业的机会，甚至害得我差点落下重度终身残疾。在我屡犯错误、精神陷入低谷之际，社会大家庭并没有抛弃我。现在，我已经认清了法轮功就是附佛外道、假佛法，李洪志吹嘘的“圆满”“法身保护”“形神全灭”都是骗人的，世上根本不可能有人能够通过练功实现“圆满”。我已经认识到自己以前因为痴迷法轮功，在李洪志及其歪理邪说的精神控制下，丧失了正常人的思维和理智，失去了对是非、正邪的判断能力和辨别能力，使我长久以来变得极为自私和不正常。我以前给别人讲的“真相”

竟然都是彻头彻尾的假相，是误导他人的骗局。

现在想想我当初痴迷法轮功和上当受骗的原因，可能跟性格和知识缺陷有关。我从小比较内向，不太喜欢和别人交流，不善于与人沟通，所以遇到什么事情总是放在心里一个人琢磨，不喜欢说出来和别人讨论分析。生活中总会有许多不如意的事，有时会想自己的生活为什么会是这样呢？在生活当中为什么会有那么多烦恼呢？很多东西自己想要却又总是得不到，特别是想要改变自己却又改不了，正是这些想法很容易被法轮功利用，因为法轮功很大一个特点就是用满足你的欲望达到欺骗你进入它的圈套的目的，一旦进入，你就会被它牵着鼻子走，心智就会被它所控制，自己很难走出来。另一方面，因为我对很多未知领域都不了解，特别是对宗教知识一点都不了解，所以在习练法轮功后，在其所谓真善忍特性的诱骗下，误以为法轮功是正教，被其利用而不知。

每当回想过去的所作所为，我都非常后悔，后悔自己当初的无知行为给他人造成了伤害和痛苦，真是害人害己。法轮功这个精神毒品，不仅对人的身体造成伤害，更是对人的精神世界造成严重的破坏，使人们丧失了对事物的辨别能力，更可怕的是有的极度痴迷者由于精神失控，做出了一些致使他们身边的亲朋好友在身体和精神上饱受摧残的极端事件。就像我自己及北京的傅怡彬，黑龙江的关淑云，深圳的蓝少伟、李新辉，开封的王进东、刘春梅、刘云芳等等，全都丧失了人的正常思维，在李洪志及其法轮功“法轮”“法身保护”“积功累德”“上层次”“圆满功成”的层层精神控制和诱导下，做出了太多荒唐无知的事情。如果深陷法轮功的人员不能够从精神层面上正确认识法轮功的危害，就很难摆脱法轮功邪教组织的思想禁锢。

回顾习练法轮功的这些年，法轮功的精神毒品完全侵蚀了我的思想，使我不知不觉成了它的炮灰，愚痴地为其摇旗呐喊，屡错屡犯，造下了许多不可宽恕的罪过。如今幡然醒悟，才明白我浑浑噩噩度过的那15个春秋，在法轮功这条魔道上的所作所为就是害人、害己、害社会，真是可怜又可恨！

我以我的亲身经历警示人们，不要步我的后尘被邪教所毒害。特别是不要被那些披着“真善忍”漂亮外衣，打着教人向善、做好人的法轮功邪教组织所蒙骗，一定要擦亮自己的眼睛，看清法轮功的真面目。我迫切希望那些目前还在痴迷法轮功的人们尽快清醒过来，不要再被法轮功及李洪志所蒙骗，不要因为自己的无知而连累、伤害他人。

一名李洪志亲传弟子的亲历与反思

受法轮功放下亲情的影响，我对家人更加肆无忌惮，有一次因为父亲当着我的面杀鱼，而我认为这是杀生，要求父亲停止，与父亲大吵了一架，甚至差点动手，家人觉得我已经不可救药，将我赶出了家门。

我叫赵士荣，男，汉族，1977 年 1 月出生于广东省阳春市春城镇一户农民家庭。我在家中排行最小，父母恩爱，家庭和睦，孩提时的生活是健康快乐的。我自小读书以及后来考到广州读大学，一直都是家人的骄傲、村里孩子的榜样，求学之路充满优越感。

然而，就是在广州读大学时，因为好奇接触法轮功，我的人生从红日骄阳坠入人间地狱，现在回首往昔是捶胸顿足。21 年的青春岁月，因为自己的盲目、盲从，误入法轮功的圈套，做出种种伤害自己、家庭、社会乃至国家的傻事、蠢事。

低价教功做诱饵，疯狂吹嘘为敛财

我自小身子较弱，高一时，学校体检查出急性肝炎，父母到处找人寻医问药也不见明显效果，以致病急乱投医，我听信同学建议接触气功，企图通过练气功祛病健身。从此以后，练气功就成了我每天锻炼身体的事项。1994 年高中毕业，我考上了位于广州市的广东民族学院财务会计专业。

1994 年的某一天，学校里突然多了很多宣传法轮功的条幅和介绍其学习班的杂志和宣传单，说通过修练法轮功可以祛病健身、摆脱贫穷，可以得到李洪志的能量和法身保护等等，当时有些心动。让我决定报名的是法轮功学习班的学费，才几十块钱，而其他气功学习班则要好几百元。

当时参加李洪志学习班的人很多，整个体育馆大厅都挤满了，给人一种法轮功受人疯狂追捧的错觉。学习班一共 10 堂课，由李洪志主讲。课堂上，李洪志主讲“法轮大法”法理，他的助手们则配合他一起教学员练功动作。他们很善于调控现场气氛，大肆吹捧自身法力让学员们顶礼膜拜，疯狂吹嘘修练好处让学员们虔诚憧憬，有意抛出惊人语论颠覆学员们的正常思维。

去上课后，我才发现上课用到的书籍、练功音乐带和教功录像带、法轮功徽章等是需要另外购买的，而且价格不便宜。会计专业的我对商品流通环节的税收还是比较熟悉的，李洪志举办学习班收入是与主办方按比例分成的，这部分应该是有纳税的，因为有收入凭据，然而在课堂售卖书籍资料是绕开了主办方而得到的收入，是可以逃避税收的。这就意味着李洪志售卖法轮功非法出版物的收入是远高于其办班收入的。

更可怕的是，李洪志把学习班讲课的内容整理成多种形式的资料进行售卖。他在每堂课讲的所谓法轮大法法理就整理成我们现在知道的《转法轮》，他讲解的功法、功理、动作要领就整理成了后来非法出版的《大圆满法》，他在最后一堂课的答疑内容就整理成了后来非法出版的《转法轮法解》，还有把他这次办班整理成录像带、录音带非法售卖。这种后续创收效应大大增加了李洪志的非法收入。

这种低价倾销瞒过了我们这些练习者的眼睛，神不知鬼不觉地成就了李洪志的发财梦，但在当时的环境下由于盲目崇拜，我并没认识到这一点，甚至还认为是李洪志的正当劳动所得，为他狡辩，现在回想起来觉得自己当时真是愚昧无知。

痴迷练功逐出门，执幻为真身心废

李洪志这10堂课主要讲述修练可以获得众多利益，以及如何获得这些修练利好的方法，非常迎合我贪求这些修练利好的欲念。10堂课下来，我的整个世界观都发生了变化。学习班结束后，我平时有时间就在学校操场上习练法轮功，周末有时会骑自行车去广州市天河体育中心法轮功教功点参加集体练功，目的有二：一是宣传法轮功，吸引新人习练；二是练习者一起习练，交流练功心得体会，互相提高。

集体练功结束后，有时间的人三五一组围成一圈交流、探讨练功心得或学习李洪志的书，然后再讨论讨论。记得有一次集体练完功后回学校的路上，刚到广州岗顶的中山附属医院的时候，一辆摩托车飞快地从医院门口向右拐出逆行，我正骑自行车按交通规则顺行经医院门口，结果摩托车来不及刹车就把我撞了，好家伙，我的自行车被撞坏没法骑了。当时我心里想：今天又消了一块大业，经过了一个大难。也没找肇事方理论、赔偿，就推着自己的自行车走了。现在回想还真的可笑，法轮功把人的思想真的扭转得很怪异，放纵了这些社会不文明现象。

1996 年的一天，我在学校看到举办法轮功学习班的海报，是播放李洪志在广州举办第 5 期学习班的录像讲座。每讲听完后，就有人教动作。这次活动是华工、华农、华师、暨大部分参加法轮功的职工、学生联合组织到我校弘法。打那以后，民族学院就有了一个练功点，辅导员是学院的一位职工姚阿姨，大概 40 多岁，她是因身体疾病的缘故，想通过练功调节才加入法轮功组织的。

跟这些阿姨功友交流，在谈到生病是否要吃药时，杨阿姨、姚阿姨是坚决停药了。翟阿姨是一直边吃药边练功的，姚阿姨还说翟阿姨悟性跟不上。我毕业离开学校后，听说杨阿姨病死了，当时听到这个消息，第一个想法就是：可惜，没有把自己当作真修者对待。但没有去细想，她那么坚定，坚定到死都不吃药，这不是放下生死了吗？连生死都放下的人，结果还是死掉了，我却没有去质疑法轮功本身是否有问题。

1997 年我毕业后，就一直待在家里练功，没有出去找工作，认为工作师父会给安排的，不用操心。开始家人不反对我练功，后来发现我沉迷练功不工作，荒废前途，淡漠亲情，他们开始反感法轮功，劝我不要练，还把我的书籍烧毁。我与家人产生了非常大的矛盾，加上受法轮功放下亲情的影响，我对家人更加肆无忌惮。有一次因为父亲当着我的面杀鱼，而我认为这是杀生，要求父亲停止，与父亲大吵了一架，甚至差点动手，家人觉得我已经不可救药，将我赶出了家门。

依法取缔仍沉迷，充当炮灰悔方迟

1999 年国家做出了依法取缔法轮功的决定。这个消息让我接受不了，我觉得一定是国家不了解法轮功的“真实情况”做出的错误决定。那段时间广播、电视铺天盖地地报道法轮功残害生命，围攻新闻单位、政府机关等消息，我的情绪低落，左思右想：李洪志到底是怎样的人？法轮功到底是怎样？……反正就成天待在出租房里瞎想，想累了就随手拿起法轮功的书籍看，慢慢地觉得法轮功没有叫我去剖腹自杀啊，没有叫我去做坏事啊，都是教人去修练要重德。那时候还没能看出法轮功歪理本身的错误、矛盾之处，就用了李洪志最吸引人的修练要向善等幌子来搪塞自己的质疑，最终接受了法轮功的说法：政府对法轮功的处理是错误的。这样经过了一段时间的思想调整，慢慢地又恢复了往常的生活，出去找工作了。

父母很担心，劝我不要练了。我认为自己没做坏事，听不进去。家里的法轮功资料已经被收缴了，我待在家里无所事事，闷得慌了，就开始练字。忽然有一天翻到大学同学的通讯录，这是大学毕业时留下来的，就开始给同学写信“讲真相”，结果被同学举报。

我见到了曾经的同修陈观柏，他已经认识到法轮功是邪教，他问我：“法轮功告诉你如果在一件事情上守住心性后，你可以得到多少样东西啊？”我说：“一举五得。”他说：“对，一个人贪欲大到控制不了自己的时候，会不会为了圆满去做极端的事情呢？比如自焚等。”我想了想：“应该会的吧。”……慢慢地经过一段时间的学习，我也认识到了法轮功倡导人向善、修练的背后都是强大利益驱动的，没法让人变好，还容易出现问题，于是我也放弃了习练法轮功，这是2002年的事了。

放弃了习练法轮功，我的生活、精神面貌都发生了积极的变化。在佛山市找到了一份工作之后，我认识了现在的妻子钟笑欢，她当时在顺德市工作，我们于2006年结婚，同年有了孩子。

2012年的一天，我像往常一样工作，打开自己的电子邮箱，发现有一封匿名邮件，我就打开看看是什么内容，原来是一款翻墙软件，通过翻墙软件在法轮功网站上看到了许多针对国内阴暗面的抨击，激发了我沉淀于心中的那份“愤青”思想。谁不痛恨贪官污吏啊？谁不想社会环境变得公正、和谐啊？于是在工作之余观看翻墙软件的消息新闻成了一种习惯。殊不知这些东西都是法轮功操纵的，其中各网站大力吹嘘的神韵晚会就是其头等戏，神韵晚会是法轮功披着弘扬中华5000年传统文化的外衣，宣扬法轮功歪理邪说的。我当时看了之后觉得好就下载制作成光盘，认为其是弘扬中华传统文化，而且觉得是一台歌舞表演，应该没什么问题，于是就放松了警惕。

表面上看神韵晚会的演出，大部分内容是以古典舞形式演绎中国传统典故，如花木兰从军、精忠报国、大闹蟠桃会、智收沙和尚等，但唱的歌曲完全是宣扬法轮功的内容。而且还把中国政府依法取缔法轮功演绎成对法轮功的迫害信息传递给观众，潜移默化地改变观众的思想，这是非常恶毒的，我就是受到这些信息的影响，对法轮功产生了同情，甚至是维护。

二十一年走歧路，一朝醒悟阳光来

经过深刻的反思，特别是看到法轮功在整个发展过程存在的违法史，我就非常明白法轮功出现在社会之时就是它的违法之始。比如法轮功的出版物是未经国家新闻出版署许可而非法出版的；“法轮大法研究会”竟然是未经合法登记注册擅自成立的，违反了《社团登记管理条例》；法轮功组织未经批准擅自活动，非法出版，偷逃税，违反了《税法》；各地信徒受李洪志歪理的影响伤人、杀人，违反了《刑法》；法轮功组织被依法取缔后还在鼓吹鼓动“讲真相”等违法活动；法轮功组织宣传违反《宪法》的反动言说，企图颠覆国家政权，破坏社会稳定团结；在国家法定货币上写反动邪说，破坏金融秩序，违反《人民币管理条例》和《商业银行法》。

我痴迷法轮功对家庭伤害是最大的。受法轮功歪理放下名利亲情的影响，我对父母太不孝顺了，大学毕业后本来是自己赚钱养父母的时候，却由于种种借口没去积极找工作，待在家里长时间做“啃老族”。国家依法取缔法轮功后，父母劝告不要习练法轮功我也不听，造成父母的担心和操心，而且因为我习练法轮功的事情，父母还被别人骗走了四五千元，真的伤透了父母的心。妻子也因为我的事情担惊受怕，孩子得不到父爱。一想到此，一股悔恨之意油然而生，我痛恨法轮功，是它剥夺了我最珍贵的亲情。

一声叹息

父亲的状况继续恶化，一天不如一天。母亲跟他说“不能放弃大法”，劝他向李洪志的“法像”认错，劝他求李洪志原谅、求李洪志救命，并且要重新修练。然而，父亲听了，只是摇头叹气，什么也没有说。

我原本有一个温馨和睦、幸福美满、生活富足的家庭，然而，自 1997 年父母亲开始习练法轮功后，家庭发生了翻天覆地的改变。他们因思想受法轮功的毒害，为了“修练圆满”，放弃了事业，放下了亲情，抛弃了一切，且拒医拒药，小病熬成癌症，最后离开了人世。一个原本美满的家庭被法轮功一步步摧毁，演绎了一个连锁悲剧。

父母为祛病健身而习练法轮功

我叫王嘉，现年 35 岁，出生于广东省汕头市一个普通农民家庭。家里历代务农，很贫苦，一直等到我父亲于 20 世纪 80 年代末去城里经商，生活条件才逐渐好起来。父亲在城里买了房子，我们从此不用再寄居于朋友家里。我还记得那些日子，父亲很喜欢音乐，他买了一套进口音响，晚上在家里经常播放 CD，一家子在一起听古筝曲、二胡曲、歌曲，一边用古老的炭炉烧水泡工夫茶，边喝茶边听音乐，父亲还教我们如何欣赏音乐。有时候，我们在家里一边放录像看电影，一边煮咖啡、品咖啡，其乐融融……至今，那都是我宝贵的记忆。

但是，自从父母亲接触法轮功之后，噩梦开始降临……

我父母不仅身体不好，而且在打拼创业的过程中，饱尝人情冷暖和人心的险恶，常觉心灰意冷。特别是父亲，经常闷闷不乐，活得十分压抑，即使事业上的成功也不能给他带来真正的快乐。所以，他在业余时间常常通过欣赏音乐、弹奏乐器来抒发、排解内心的苦闷情绪。后来，90 年代初的时候社会上流行气功，父母为了强身健体，开始习练各种气功。

1997 年初，我父亲不知道从哪里找来了一种功法的录像带和录音带，叫作法轮功，据父亲说是一种很好的功法。为了祛病健身，父母就开始习练法轮功。然而，原本只是简单地为了健身，练着练着却逐渐痴迷进去，变成是为了追求“修练圆满”。

父亲的一生，坎坷波折，一路走来甚是艰难。然而，他人生中最大的厄运，当数他习练法轮功之后的经历。是法轮功害他在年仅 51 岁的时候就被病痛折磨致死，留下遗憾无数。这是父亲一生中唯一过不去的、最大的坎，也是我和我的家人心里绕不过去的最深一道伤痕。

人性被扭曲，家庭失去幸福

我父亲本来并不迷信愚昧。他是个多才多艺的人，比较有智慧，在练法轮功之前已经事业有成，人脉较广，且他为人正直、品德端正，故颇受人敬重，在本地有一定的名声。可是，当习练法轮功一段时间之后，他明显就受到了“洗脑”和“精神控制”，我母亲也一样。他们把家里其他的气功书籍全部丢掉，按李洪志所谓“不二法门”的要求做，只读法轮功的书，每天花很多时间“学法练功”，其他的事情和兴趣爱好都放下了，整个生活变成了以法轮功为中心，以法轮功为全部内容，这好像成为了他们活着的唯一意义。

李洪志的歪理邪说，描绘了巨大而又无比美好的“天国世界”的蓝图，以此“天上”的利益来诱使人们放弃现世间的一切，只要你对此有所贪求，或者悲观厌世，就难免上当受骗，甚至因之失去一切。

李洪志要求修练必须舍弃名、利、情，必须舍弃常人的一切，才能圆满上天。所以，父亲不再用心经营生意，认为钱够用就好，放弃了许多项目；不再像以前一样关心我的学业和成长，认为“人各有命”，“顺其自然”就好；不再喜欢弹奏音乐，不再热衷书画，认为这些都是常人的“执著”；一家人也不再像以前那样一起看电影、看电视，不再欢笑一堂，不再外出旅游。因为，这一切都是“修练人应该放弃的”。

我母亲没有上过学，没有文化，但是个心地相当善良的人，无论是以前贫穷的日子，还是后来富裕的时候，她总是尽力照顾一家人的饮食起居，自已吃苦，把舒适留给家人。她很迷信，在没练法轮功时，时常都要去烧香拜神求保佑。在习练法轮功之后，她就把李洪志当成了神，虔诚地崇拜，每天都很勤奋地练功，心里总是期待着能早日“圆满上天国”，脱离人世苦海。她总是说：“做人太苦了。”生活对于她来说，好像变成了修练路上的一种累赘，柴米油盐都变成了任务似的，恨不得一天 24 小时都用于练功才好。李洪志说“吃什么东西都不能执著”，所以，她也不再讲究一家人饮食的口味与营养；李洪志说“你左右不了你父母儿女的命运”，说“这个情要是不断，你就修练不了”，所以，母亲变得对亲人越来越冷淡，生怕“情”动摇了她修练的决心。

识别

“圆满”邪说：李洪志宣称人原来是天上的神，因为“起执著心”，失去“德”掉到地上成为凡人，要通过修炼法轮功才能“圆满”回到天国；不修炼，人就要在“法正人间”中淘汰。许多法轮功练习者痴迷“圆满”导致精神失常，家破人亡，甚至残杀他人。

自从父亲母亲痴迷法轮功，从前家里那些幸福的日子一去不复返了。父母与我之间，隔阂越来越大，关系越来越疏远。在那个我最需要父母关心的阶段，他们却不再关心我的成长，因此，我也逐渐变得偏激叛逆，孤僻而自暴自弃，学习成绩直线下降。每天放学回家看到他们与功友一起朗读《转法轮》，我就自然而然地有一种反感、排斥的情绪，时不时地要找他们吵上一架，发泄一下心中莫名的不满。生活就这样，好像被一种无形的黑暗笼罩着，我当时不懂自己为什么会这样，不晓得这是因为法轮功破坏了父母对我的感情。

为练法轮功，一意孤行

在李洪志“放下名利情，圆满上苍穹”的蛊惑下，父亲母亲不仅对亲人淡漠，对朋友也日渐疏远。特别是父亲，不再外出应酬，不再经营、维护各方社会关系，乃至于多年的老同学、老朋友也都渐渐不来往了，有的甚至反目绝交。父亲介绍法轮功给好友赵基，赵基不肯学，认为法轮功不怎么样，反过来介绍我父亲学其他气功，结果，两人在法轮功的观点上产生了冲突，父亲不再跟他交往。父亲又向多年好友王义、蔡宾宣扬法轮功，他们没兴趣学且劝我父亲不要太投入，还提出了一些比较尖锐的意见，但是父亲很反感，虽然王义他们仍像以前一样隔三岔五找我父亲喝茶，可是我父亲却把他们视为修练的干扰，对他们态度很不好，结果他们愤而离去，父亲一气之下摔门泄愤，双方自此绝交。还有一个朋友劝我父亲皈依佛教、学习佛经，父亲则劝他修练法轮功，双方互不听从，此后分道扬镳，再也不联系。

人一旦受到法轮功的思想毒害，就会变得哪怕一点反对法轮功、批评法轮功的声音都听不进去，只要有人对法轮功有不同的看法，法轮功痴迷者就会感到如同针刺在心一样，并且强烈地排斥对方。除非对方也认同法轮功，最起码是不反对法轮功，否则，别说是做朋友，有时甚至连亲人也做不成。这正是法轮功的可怕之处，它使我父亲“赶走”了一个又一个亲友，朋友圈逐渐变成了全是法轮功的功友，社交的内容全是法轮功。

如果说，我们的亲人和朋友都必须由法轮功来决定，只要不认同法轮功，亲人和朋友都可以反目成为“仇人”，那么，世界上还有什么比这种对人性的扭曲更邪恶的吗？法轮功之邪，由此可以想见。

为弘扬法轮功，倾尽家财

回想当初，我的父亲母亲之所以会受李洪志欺骗进而痴迷，是有多种原因的。当一个人在坎坷的人生道路上久已疲惫，内心消沉，盼望能得到解脱，而又缺乏对真正的佛法和佛教文化的了解的时候，遇到了伪善的假佛法，就很容易上当。李洪志正是抓住了人们向往美好、想要寻求心灵解脱的心理，钻了人们对佛法无知的空子，乘虚而入。

李洪志说：“弘扬大法是每个人该做的事。”我的父亲是一个热心肠的人，当他信以为法轮功是真佛法，他就想让更多的人也受益，也能来练法轮功。于是，他为了弘扬法轮功，又出钱又出力，完全是把法轮功的事当成了自己的事来做。由于父亲能够主动积极地弘扬法轮功，活动能力强，“弘法”的力度大，所以，他后来自然而然地担任了汕头市辅导站的站长。

为弘扬法轮功，父亲自己倒贴了不少资金，用来租用礼堂、会场、剧院等场地，以开办“法轮功九天学习班”，免费让群众进去观看李洪志的《大连讲法》《广州讲法》等“讲法”录像，发展新学员；又多次租用场地开办“法轮功修练心得交流会”，开办“辅导员培训班”“辅导员加强班”等，以带动老学员、培养辅导员。父亲除了帮助各地建立法轮功练功点，还时常亲力亲为地做弘法的各种具体事：经常去公园练功点练功，手把手教新学员练功，向旁观者介绍法轮功；还常花很多时间复制李洪志的“讲法”音像带和练功录音带，无偿提供给学员；对于经济特别困难的学员，甚至施以援手帮助他们解决生活困难。

父亲不仅为了“修练法轮功”而把他原来的生活和人生追求都放下了，而且用自己的力量为法轮功在当地的建设和发展做出了很大的贡献，却万万没料到，弘扬的不是佛法而是邪法。

我受父母影响，误信法轮功

到底法轮功是什么样的一种功法，可以让我的父母发生如此巨大的变化？为什么我的父母变得每天都围绕着法轮功而活？时间长了，我渐渐开始感到好奇。1998 年底，在好奇心的驱使下，我偶然兴起，拿起家里的法轮功书籍《转法轮》开始翻看，结果这一看，把我给看进去了。那一年，我才 18 岁，正在读高三。由于年少无知，对于什么是真正的“佛法”，对于什么是真正的“修行”，我根本就一无所知，一窍不通，也缺少逻辑分析和分辨是非的能力。当时只是觉得李洪志讲的“真善忍”很好、很对，好像一下子就讲到心里去了，满足了自己内心的道德向往，而且法轮功书里讲的东西很新鲜，从来没听说过，其实本来我也不知道什么是佛法，所以我以为这就是佛法了。而且，毕竟有父母相信在先，我也就自然跟着相信了。随后，我就开始学习法轮功的功法，有时，早晨还跟父母一起去公园练功点参加集体练功。所幸的是，当时我临近高考，备考复习很紧张，也就没有多花时间去习练法轮功或者参加更多的法轮功活动，也就使得我对法轮功不甚痴迷、中毒较浅，当时没有直接造成什么危害，我还是顺利地考上了大学。

李洪志说："一人练功，全家受益。"其实我说，是一人练功全家遭殃，一人撞邪全家倒霉。父亲练法轮功，把母亲和我一起给害了，造成日后全家人连绵不绝的悲剧。

1999 年 7 月 22 日，国家取缔法轮功，电视上不断地报道有关法轮功的消息，揭露了李洪志及其法轮功的真面目和违法事实，但是，我们对于国家的政策感到很震惊，难以理解，不可接受；对于电视上关于李洪志和法轮功的负面报道，我们半信半疑，如芒在背，心似针刺，感到有无形的巨大压力，路该怎么走，一时无所适从。我们等待李洪志发表"新经文"指点迷津，可是李洪志却销声匿迹了。几经彷徨犹豫，我们选择相信这是李洪志在考验我们修练坚定不坚定。当时，我们根本觉察不到自己已经受到了李洪志的邪说毒害和精神控制，还寄希望于李洪志很快就会用他的"神通法力"扭转局面。李洪志 1999 年 5 月在新西兰法会上最后讲了一句话"一个不动，就制万动"，这句话成为了我们的方向标，我们决定照常坚持在家里习练法轮功。

2001 年，学校为了挽救我，想尽办法要帮助我认清法轮功的邪教面目。可惜的是，那里的师资力量薄弱，可供学习的资料太少，我没能认清法轮功的邪教本质，没能从思想上解脱出来。但是，为了能完成学业，而且也不想再因为法轮功而损失什么，我选择了暂时放弃法轮功，暂时不再习练法轮功。后来，我得以完成大学学业。

误医误药，父亲离开人世

2003 年，经过反邪教工作人员的努力，我父亲也脱离了法轮功。他对于法轮功，有了自己的反思；对于李洪志，有着深深的怨恨。家里只剩下母亲一个人还在坚持习练法轮功，也正因此，父亲和母亲之间开始产生隔阂，他们多次因为对法轮功的观点冲突而闹得不愉快。父亲不准母亲练法轮功，而母亲却总要劝他习练法轮功。一说到法轮功，父亲往往就要发火，甚至破口大骂李洪志，这样一来，母亲就很不高兴。最后，母亲不得已只好暗自偷偷练功，偷偷听李洪志的“讲法录音”，不敢让父亲知道。

李洪志说过，“遇到问题要向内找，只要提高心性，就会柳暗花明又一村”，只要放下“执著心”，李洪志的“法身”就会管，会帮助化解磨难。然而，父亲不断地“向内找”，放下了这个“执著”，放下了那个“执著”，把李洪志当成佛，而李洪志这个“宇宙主佛”却说一套做一套，所承诺的东西没有任何一点兑现。残酷的现实使人清醒，当父亲发现自己上了一个大当，这种奇耻大辱，怎能叫他不愤怒呢？

父亲放弃了法轮功，重新拾起往日被他丢弃的一切，重新过回正常人的生活，痛定思痛，重新创业，就像当年那样忙碌，每天为事业而奔波，劳心劳力。父亲一心想要再次为家人缔造幸福的生活，以弥补对家人的“亏欠”，他后悔为家人带来了法轮功这场无妄之灾。本以为法轮功的事就这样翻过一页，不料，一个更大的劫难却接踵而来。

2005 年，父亲的身体开始出现一些状况，小腿皮肤有时会渗透一些液体出来，但是因为不痛不痒，尽管父亲觉得奇怪，但也没当一回事，只顾着忙生意的事。

我们练法轮功之后，由于接受了李洪志的所谓生病是在消业、练功人不会得病、遭受痛苦是在偿还业债等歪理邪说，都养成了忽视健康、无视身体状况的习惯。即使父亲和我已经没有习练法轮功，可是思想中却保留了这种歪理邪说，保留了这种无视健康的习惯，一般都不去理会身体出现什么症状。特别是我母亲，在没练法轮功之前，她总是非常重视一家人的身体健康状况，哪怕家人身体有点小症状，她都会急忙去找医生咨询、开药回来。可是，练了法轮功之后，如果看到我们身体出现什么状况，她就会说“这是在消业”。当母亲看到我父亲的身体出现这种渗透出液体的异常现象时，她不是劝他去医院检查，而是借此机会反复劝他要重新习练法轮功。父亲不肯练，她也不会管他需不需要看医生，反而是求李洪志“帮助让他好起来”。就这样，不知不觉中酿成了悲剧。

父亲的身体出现了这种异常症状，大约半年后，腹部开始肿胀起来，双腿也开始显出水肿。我在电话里听说了父亲的身体情况，于是辞掉了工作，从外地赶回家里照顾父亲。父亲不相信自己身体会有什么大问题，而母亲也不会想要他去看医生，我跟母亲商量，她却认为这是李洪志的“法身”在“点化”他重新回来习练法轮功，我坚持还是稳妥一点为好。我带父亲去医院做检查，结果发现是肝癌晚期，医院对此也无能为力，问为什么等到现在才来医院，我们哑口无言。我感到茫然不知所措，但是父亲倒是很乐观，面对即将到来的死亡很坦然。父亲觉得，留在医院里折腾没有意义，不如回家静养，将生命最后的一点时光用来陪伴家人。

由于肝腹水的症状越来越严重，父亲双腿和腹部越来越肿胀，以至没办法行走，也没办法正常休息，生活已经不能自理，大部分时间只能是斜靠着背躺在床上。因为身体难受，根本无法入眠，每天几乎 24 小时都十分疲倦地醒着。这样艰苦的情形，整整持续了一个多月，直到他油尽灯枯。

眼看着父亲一天比一天难挨，我十分揪心，实在是看不下去，叫来救护车把他送到医院。好不容易折腾到了医院，父亲还是一样睡不着，并且每天只能依靠注射镇痛剂来维持。面对这样的场景，亲人们无不暗自伤心落泪。

父亲根本不想住在医院，在医院待了几天，他就总是对我说：“我还是想回到家里好，不想在这里。”在医院这几天，父亲变得憔悴了许多。看来在医院也没有什么用，经过一番犹豫，我决定还是尊重父亲的心愿，因为也许这是我最后能为他做的事。

但是，经过这一去一来，父亲的状况大不如前。在家里的天台上，我推着轮椅陪父亲一起看夕阳西下，父亲感叹地对我说：“我已经没有意志再坚持下去了。想不到等到老了的时候，会经历这样的结局。”

这一个多月时间，母亲将全部的希望寄托在李洪志身上，求李洪志拯救我父亲的生命，母亲每天抽时间自己一个人在房间里用李洪志教的所谓发正念的方法来“帮助父亲治病”，希望能让他康复。然而，没有任何奇迹出现，父亲的状况继续恶化，一天不如一天。于是，母亲再度劝说父亲，跟他说“不能放弃大法”，劝他向李洪志的“法像”认错，劝他求李洪志原谅、求李洪志救命，并且要重新修练。然而，父亲听了，只是摇头叹气，什么也没有说。

从医院回到家里，不过两三天时间，父亲的神志开始昏迷，半昏半醒，痛苦弥留，眼睛失去了光彩，呼吸渐渐微弱，身体一点点变冷。正是中秋节家家户户团圆喜庆的时候，我的父亲却永远地离我们而去，走得是那么痛苦。那一年，他才 51 岁。

在父亲临终之前，我开始慌了神，和母亲一起不断地求李洪志的“法身”慈悲挽救我的父亲。可是，父亲一直到死都在痛苦呻吟，他是活活在癌症疼痛的煎熬中熬到死的。一个自称是“无限慈悲”“无所不能”“为众生承受一切罪业”的“宇宙主佛”，竟然根本“不愿意”也根本不能够帮助我父亲，哪怕是减轻一点痛苦，哪怕是让他可以死得安详一点。

尽管父亲放弃了修练，可他毕竟曾为弘扬法轮功做出了很多贡献，为法轮功付出了自己的一切。可是李洪志不是承诺过吗，“修大法是有福分的”，“如果不修练了，那么，修大法所积的功德会转变为常人的福报”，可是到头来，不仅看不到任何的福分、福报，反而年纪轻轻就惨死于绝症的折磨。可见，李洪志的所谓宇宙大法，全是骗人的鬼话！

死灰复燃，我再受其害

可惜，父亲用生命的代价换来的教训，并没有使母亲和我醒悟。我们反而认为，是因为他放弃了法轮功、背叛了“大法”、骂了李洪志，所以才会生病、病死；是因为他不肯重新修练法轮功，所以李洪志的“法身”才不肯保护他。尽管亲眼看见他痛苦地死去，可是，我们仍然认为，他死之后一定是圆满上天了，李洪志一定会给予他天国的福报。回想起来，我们真是可悲的痴迷者啊！李洪志的歪理邪说就是一种精神毒品，它比世间那些毒品罪恶百倍。吸毒的，最起码还知道毒品有害健康，而练法轮功的人，纵然亲眼目睹亲人、“功友”死在自己身边，也不会醒悟，反而会更加痴迷下去，甚至一条道走到黑也不肯回头。

父亲去世以后，母亲仍然坚持习练法轮功，还时不时地劝说我要重新开始习练法轮功，以免像我父亲那样落得遗憾的下场——“不能走完李洪志安排的修练道路”，还拿李洪志的“新经文”给我看。但是，我因为忙于工作，也没怎么用心想法轮功的事。一直过了两三年，我才在家里又拿起法轮功的书籍认真读起来，这一“充电”，又把我给卷进去了。李洪志那些歪理邪说“病毒”，就像被激活了。李洪志要求“大法弟子必须做好三件事”，又说“大法弟子如果不能证实法，将来的下场会很悲惨”“自我做起维护大法是每个人的责任”，所以，我心头自然隐隐有种担心，担心自己如果不“证实法”，将来会被灾难淘汰。

此后，在日常的生活和工作中，只要碰到合适的机会和适合的对象，我就会向人“讲真相”，然而，我却不知道自己以为的法轮功真相，其实全是李洪志及其法轮功组织恶意编造的谎言和谣言。由于无知，我成了李洪志的炮灰，最后因为传播邪教，危害社会进了监狱。

痛悔和反思

当我最后终于认清李洪志和法轮功邪教的真面目，从法轮功的骗局里彻底醒悟过来时，才发现，失去的一切都已经无法再追回。

法轮功给我的家庭造成了毁灭性的打击，它害我父亲被病痛折磨致死，它夺走了我们原本幸福完整的家，它破坏了我们原本充满希望的人生，给我们留下了永久的遗憾，它使我们痛心，它使我们的亲人一再伤心。

为法轮功而丧失生命的人已经太多太多，前人已经留下了太多的惨痛教训。我和我的家人的经历，就是一个典型的例子。这说明即使放弃习练法轮功，如果没有从思想上真正转化，如果没有从内心深处去除它的那些余毒——歪理邪说和邪知邪见，它终有一天会死灰复燃，使人再受其害，乃至付出生命代价。

如果要我形容李洪志和法轮功的罪恶，我只能说，罪恶何止滔天！它不仅残害生命，更甚的是扭曲我们的人性与灵魂。对待法轮功，我们不能有一丁点的姑息、容忍，邪毒务必除尽。

当我试图跟母亲讲述我的认识时，母亲对我说：“如果你走向大法的反面，我就跟你断绝母子关系！”看着母亲执迷不悟的样子，我的心都在滴血。试问，世上还有多少伤害比这更残忍？

20年目睹之“邪”现象

看着自己一手带出来的学员这样惨死，临死还相信自己是“大法弟子”，能受师父“法身”保佑。我只能尽量自我安慰，心里默念着他已经“圆满”了，在“弘法”过程中得道升天了。

我叫王加和，男，曾经是一名光荣的人民子弟兵，林业局里一名令人羡慕的办事人员，我们乡长的女婿。本来命运已经开始垂怜我这个自小就尝尽贫苦滋味的穷小子，可后来我却神差鬼使地痴迷法轮功，从此“铁饭碗”打碎了，连性命也差点赔进去。

投机婚姻，追求富贵

1969年2月，我出生在吉林省舒兰市某乡的一个普通农民家庭，父母没有文化，我上面有一个哥哥和姐姐，家里很穷，我记得小时候我穿的衣服基本上都是哥哥不合穿了才给我的。虽然是这样，父母还是任劳任怨地劳作供养我们三兄妹读书，希望有一天我们能出人头地。由于家庭经济困难，我一直到9岁才有书读，因为年纪偏大一直被同学嘲笑，自己也不是读书的料，学习成绩很一般。我没有在读书上更加努力，只是抱怨老天不公平。考虑到家庭经济情况，初中毕业后我就辍学了。1987年秋季征兵，我到辽宁本溪当了3年兵，想通过参军来改变命运。复员时，我21岁，经过部队的读书、锻炼，成了一个精神爽利的小伙子，长相也算可以，被分配到林业站工作，在当时也算是一个令人羡慕的差事。于是不断地有亲戚介绍婚姻对象，当然也有长相漂亮、性格温柔的我很喜欢的女孩子，最后我却选择了并不太喜欢的她做妻子，只因为她是我们乡长的女儿。在那时，家庭的贫穷，父母对于子女的期望，让我觉得爱情比起金钱、名誉、地位次要得多。当时我狠狠地对自己说：我要出人头地，要一步登天！娶了她以后，我就不用再过那些穷日子了。最后，在我的甜言蜜语攻势下，我终于成了乡长的驸马爷。金钱有了，地位有了，当我在林业站准备大展拳脚的时候，法轮功却如鬼魅一般来临，一接触就纠缠不休。

沾染法轮功，从治病到围攻省府

我服兵役期间，正值全国气功热，经常能从电视和书刊看到气功特异功能的表演。刚好同连队的一个叫王威的新兵会两招气功，我一休息就找他了解气功，他说气功能够强身健体、治病救人。这时，我对气功便有了初步的印象。

1990 年复员结婚后，我犯了胃病，仗着年轻，对小病小灾一点都不在意。有一次去到二姐家，二姐介绍法轮功给我，说练功能治百病。当时我并不觉得这些气功能给我带来什么好处，不以为意。但胃病发病越来越频繁，胃像是被一群蚂蚁啃噬一样，疼痛难忍。因为作息饮食还是像以前那样胡来，单纯地吃药不能使胃病好转，我没有调整作息、饮食习惯，反而觉得是胃药疗效不好，换了另一种胃药，结果胃病依旧困扰着我。最终，我受不了胃病反复发作的折磨，想起了法轮功。我主动给二姐打电话，二姐联系了舒兰市的练功点，告诉我 3 月 27 日开班，我可以去参加。当天我准时到了舒兰市辅导站站长家里观看了李洪志的讲法，照着李洪志所说的练起了法轮功，抱着死马当活马医想法的我奇迹般地感到自己的胃病在练功之后明显好转。当时我并不知道，使我好转的并不是那套七拼八凑的功法，而是李洪志要求每个弟子要戒烟戒酒、规范饮食和作息的“戒律”。可是当时的我并不是这么想，认为是法轮功让我最后告别了胃病，说明李洪志有神通。于是我不可救药地迷上了法轮功，在之后宣扬法轮功如何神奇的时候还现身说法，还把我的胃病说成胃癌。在胃病治好后，我继续参加李洪志的讲法培训，进一步被法轮功的歪理邪说洗脑——李洪志在讲法中说法轮功不是单纯的气功，这个功法简单好学，一世就能修成佛。我听过之后，心里兴奋难平，以为自己捡到宝了，修练法轮功能够让人成仙成佛，要什么来什么，这对我这个从小吃够了积贫积弱的苦头，想要一劳永逸的人是多大的诱惑！胸中回荡着的李洪志能让学员修成无所不能的佛的豪言壮语，满足了我人生中所有的痴心妄想，兴奋得像中了百万大奖一样，梦想着真正的一步登天。

成佛，想要什么就有什么的诱惑对我来说实在太大了，大到我根本没有静下来考证李洪志讲的是不是真的，能不能实现，只知道自己一直处在兴奋的状态中，脑里老是想着自己成佛以后的辉煌形象。在这种功利心的驱使下，我连书都没有看完就开始疯狂地传播法轮功。为了让自己"早日成佛"，在"大法弟子"中的地位越来越高，我利用自己是乡长女婿的身份，通过关系，在乡市场暂借了一块地，联系了20来人每天早上在市场上开始集体练功。我还利用自己在林业站工作的便利，向单位同事宣传，利用公家的办公设备打印刻录相关的资料，向其他练习者传播，直接和间接地让附近两个乡300多人参加进来练功。由于我的积极传播，站长刘某鹏向上级请示，最后一纸任命书下来，我就担任了"法轮大法"乡辅导站辅导员。

1999年7月，舒兰市辅导站副站长朱某君电话通知，召开紧急会议，称国家取缔法轮功了。会议决议是组织大法弟子到省政府或者北京进行上访护法，因为师父的"经文"说这是最后的"圆满"机会，于是大家都跃跃欲试，决定一起去省政府集体上访。回到乡里，我马上传达到全乡法轮功学员，要求大家隐秘行动，各自到省政府门口集合。第二天，当我和同单位的孙某华赶到吉林省政府门前的时候，那里早已人山人海，听说全是练法轮功的人员，把政府门口团团围住。我询问辅导站长刘某鹏下一步怎么办，刘说正准备跟政府人员"平等面对面对话"。我们一边控制住快要爆发的学员，一边等待刘站长"对话"的结果。也不知过了多长时间，刘站长从政府走出来，他显得有点不知所措，不像组织开会时的神采奕奕，他让我们这些辅导员停止行动，组织大家回家。看到刘站长的脸色，尽管有不少学员情绪激动，但各辅导员还是只能组织分批撤出省政府。

难见"师父法身"，深陷登天泥潭

我不甘心自己的成佛登天梦想就这样被打碎，在国家依法取缔法轮功之后，我自己组织了一拨"坚定者"，依然以乡辅导站的名义，秘密进行法轮功活动。

站长刘某鹏夫妻都是法轮功练习者，他们没有练功时在舒兰市开了一家礼仪用品商店，生意很好。但是练功以后，他们觉得做生意会影响到他们的修练，就把商店兑了出去，专门修练法轮功。刘某鹏是我认识的学员中最“精进”的一个，他能把《转法轮》的内容倒背如流，其他的“经文”也能熟记在心。有一次，我到他家去，看到他在自家菜地上除草的时候，竟然右手拿着锄头除草，左手捧着“经文”在看！在练功方面他也很能吃苦，我们一般打坐练功，坚持一个小时者已经寥寥可数，而他能打坐超过 12 个小时。他们夫妻生活上非常节俭，到他家经常看到的是白粥、馒头和咸菜。据他说，40 岁左右的他们已经断绝夫妻生活好几年了。在我的心目中，除了李洪志，最崇拜的就是他了。他经常对我们说：“真修弟子有师父的法身保护，绝对不会有生命危险和身体的伤害，甚至连手扎刺的事情都不会发生。”

可惜事与愿违。在 1999 年初春的一个晚上，舒兰市法轮功辅导站副站长朱某君突然给我们打来电话说：“刘某鹏今天在去吉林市开法会的途中发生了车祸，现在在吉林市住院，具体情况不详，所以周日的集体学法暂时取消。”当时我简直不敢相信自己的耳朵，不是说学法弟子受李洪志“法身”保佑吗？他遇车祸时怎么没有“法身”来庇护呢？我急忙跑去医院，到了医院，朱某君告诉我：“刘某鹏乘坐出租车，与大货车追尾相撞，造成前额骨粉碎骨折。”我们守在昏迷的刘某鹏旁边，他的生死也只能听天由命了。3 天后他才苏醒过来，在鬼门关走了一圈。刘某鹏出院以后，看着他那变形的脸，我心里像打翻了五味瓶一样不是滋味。知道此消息的其他学员也是一脸的茫然，但是我们都很有默契地极力回避谈论这件事情，不约而同地觉得：“这是师父在考验我们吧！”也许正是刘某鹏这次与死神擦肩而过，才让他之后能够及时醒悟。可是那时的“意外”非但不能使我幡然醒悟，反而觉得法轮功这棵“救命稻草”对我格外重要——“这样努力的人都学法不精、不受师父保佑，我跟他比却还差得远，看来成佛也不是说说那么简单的。”

识别

"法身"邪说：李洪志宣传他有无数的"法身"，可以保护法轮功弟子，甚至上到月球都可以保护。在"法身"邪说的影响下，法轮功痴迷者大都忽视安全，认为有李洪志的法身保护，就算发生车祸、跳楼、跳河、自焚等事故也不会有什么危险。

我还从同事孙某华病死一事中第二次见证师父所谓法身是子虚乌有的事实。我的同事孙某华比我还年轻，未婚，而且我是乡长的乘龙快婿，所以他对我是言听计从，他加入法轮功也是我带的路，一直以来我都把他当作是忠实的功友和亲弟弟一样对待。可是在2001年6月，孙某华为"消业"而病死的消息让我大受打击。在一次散发法轮功宣传资料的时候，孙某华被雨淋了，后来感冒发烧。普通的发烧感冒一般一开始只要吃几片药就能治好，但是他过于相信李洪志的"法身"保护，坚信生病只是在"消业"，所以就坚持拒医拒药，最后由于高烧不退转急性肺炎，3天后死在了另一个法轮功学员家中。听到这个消息我很不是滋味，看着自己一手带出来的法轮功学员这样惨死，临死他还相信自己是"大法弟子"，能受师父"法身"保佑。我只能尽量自我安慰，心里默念着孙某华已经"圆满"了，在"弘法"过程中得道升天了，比我们更早一步迈向成佛升仙的"圆满"之路了。对于孙某华病死一事，我不敢去细想，因为我知道，一旦反思，自己相信了十几年的法轮功信念，做了十几年的努力可能就会付之一炬，我已经没多少可以从头再来的时间和精力了，为了成佛，为了登天，我要坚持走下去。

我第三次见证师父"法身"并不存在是在2008年。2008年3月，我辗转来到云南，找到正在做寿司生意的功友孙喜，我还把云南5个相熟的功友也叫了过来，把他的寿司店作为我们的根据点，继续从事法轮功秘密活动。2008年9月的一天，孙喜突然脸色苍白地来找我，说他刚才骑电动车为了躲狗摔倒了，车的把手撞到了左胸，现在还很痛。他希望大家帮他"发正念"，清除伤害他身体的"邪恶"。于是，我马上组织了功友们围在孙喜的身边“发正念”，我们都认为这点小痛在师父“法身”的保护下，发几天“正念”就会没事的。可是“正念”一发再发，一晃几个月过去了，孙喜左胸的痛不但没有好转，反而身体消瘦得很厉害，经常连续剧烈咳嗽，最终他在日夜不停咳嗽中走完了痴狂的一生。我亲眼看着孙喜病死，他不住地咳嗽，从肺里传出空洞的声响，消瘦嶙峋的身躯弓着，缩在床上剧烈地颤抖，眼神迷离，好像看不见眼前为他日夜不停地发功的我们，这个过程真令人难受。对我来说，这是第一次有这种不可名状的挫败感。当时我们聚集在一起，看着孙喜一步一步地死去却无能为力，我们几个都哭了，一边是在寻思师父的“法身”为什么没有出现，一边悔恨我们自己学法不精，不能驱逐附着在功友孙喜身上的邪魔。因为这样想着，所以我们商量着一定要加强“学法练功”，以求最终可以登天成佛。

我第四次见证师父“法身”的虚无，是发生在自己身上的经历。2011年春节期间，我的后背长了一个绿豆粒大的粉刺，我习惯性地把它挤破，没想到两天后迅速恶化成小西瓜般大小的恶疮，疼痛难忍，还流脓血不止。我的功友们都非常着急，努力帮我“发正念”也无济于事。数天以后，旧疮未好的左肩和左肩背又相继长出了两个碗口大小的痈疮，一个比一个钻心地疼，也是脓血不止。当时我感觉呼吸困难，行动吃力，左肩的恶疮不住地流脓血，我连睡觉也不敢平躺着，只能侧身或者趴着不让压着疮口，一旦碰到患处，剧烈的疼痛就让我汗如雨下，我感到这种状态就跟孙喜临死前一段时间的情形极为相似。身边的功友见状也都跟着慌了，担心我跟孙喜一样死去，就加大了“发正念”的力度，但还是没有任何改观。有一天深夜，我忽然觉得左下腹像疝气一样胀痛，随后疼痛越来越厉害，那种剧烈的疼痛就像要把人的肠子拽出来一样，令人痛不欲生。我马上竭力打电话请来几个功友，让他们帮我“驱魔”，但他们连续“发正念”一个小时，也没有任何效果。我强忍痛苦，跪爬在李洪志的“法像”前，眼含泪水，“咚咚咚”不住地磕头，乞求师父“法身”的帮助。然而就这样跪了大半夜，剧痛依然折磨着我。熬到第二天上午，我的意识已经模糊，根据功友们的回忆我已经开始说胡话了。我大声地喊：“师父，您的‘法身’在哪里啊！”绝望就这样围绕着我，让我喘不过气来。好不容易熬到下午，功友张叙出于同情，把他暖手的暖水袋加了温放到了我的小腹上，没想到10 分钟以后，我的肚子就“叽里咕噜”地一阵乱响，随后上了几趟厕所，腹痛逐渐消失了。功友们很高兴，说这是师父的慈悲和他们“发正念”的结果。后来我才知道，我的背疮和腹痛是因为之前连续吃了大约一公斤的干辣椒加上晚上天气冷睡凉床所致的热毒和肠痉挛，本来是吃几片药打两针就可以解决的问题，我却差点在“消业”之下死掉。最后是那个暖水袋的温度让肠子恢复了蠕动，把热毒排出体外，“大病”瞬间就好得七七八八了。一个暖水袋竟然比师父“法身”的加持和功友们不停地“发正念”还奏效，这么可笑的事情我怎么也没办法在法轮功里找到答案。

正因为这件事，我对法轮功的态度开始有所动摇，联想到前三次难以见证师父“法身”的情景，我在独自一人的时候不禁思忖着这样一个问题——都努力了这么久，自己和身边人，甚至于整个法轮功组织里，都没听说过有谁登天成佛，为什么呢？但是我不敢把这些想法说出来，因为这些都犯了所谓的“谤法”的大忌，会被定性为“邪魔”。从此之后，我虽然仍然为法轮功搞活动，但是已经没有以前那么尽心尽力了。

回首“痴迷梦”，20 年悲剧令人痛心疾首

在法轮功被依法取缔之后，我本来应该听从刘某鹏站长的建议，停止习练法轮功。但我却选择秘密组织功友，继续大搞法轮功的非法勾当，最终是既害人又害己。我相信法轮功 20 年，李洪志并未能实现他所许诺的任何一件事情，登天成佛不但是假，甚至还酿成种种惨剧。我本来拥有无限前途，却因为法轮功而蹉跎岁月，一事无成，境况凄惨。这 20 年，是一出用血泪写成的悲剧，其中的悲痛和愤怒，只有我自己感受最深刻。这 20 年，就像一场无休无止的“痴迷梦”，有时候并不是不能醒，而是自己不愿意醒过来，渴望登天成佛的同时，又害怕自己的梦只是梦，所以一直痴迷其中。如今，看清真相的我，已经脱离法轮功魔掌。真正的勇士，是能够直面自己惨淡的人生。我相信，走出邪教的我，将拥有美好的明天。

修练法轮功能让身体变好吗

■ 南方医科大学人文与管理学院　严金海教授

从前面的案例中可以看到，有的法轮功学员练习后疾病不药而愈，或者觉得症状减轻了，身体变好了，并因此对法轮功的功效深信不疑。客观而言，练习法轮功后疾病痊愈、身体变好都是可能的，而且，除了众所周知的生活规律、坚持锻炼、戒除不良生活习惯等因素让身体变好外，主观感受即心理方面的改变也完全可能导致疾病自愈或感觉良好。那么，应该如何科学看待部分修练者所认定的、练功前后出现的身心变化呢？

一、疾病现象的复杂性表明，疾病有不药而治的可能

（一）人体疾病自愈现象

人体得病之后，有些人、有些病、有些时候可以不治而愈，如约 8%的乙肝病毒携带者可以通过自身免疫系统的作用消灭乙肝病毒，实验室检查时出现抗原自然转阴结果。正是因为有自愈现象，在医学研究中，所有的药物、手术治疗效果都必须做双盲对照研究才能证明其是否有效。这一现象使得科学界与伪科学活动斗争复杂化。伪医学活动者总是能找到经他治疗后“痊愈”的患者证明其疗效的确实，也有部分经他“治愈”的患者出于感恩的心理自动出现在审判庭中，这增加了批判的难度。解决的有效方案是进行严格的双盲对照研究。严格的对照研究将显示，修练法轮功后出现的所谓功效绝对不会超过各种疾病自愈的比例。

（二）心理对身体的调节作用

部分患者的疾病属于心身疾病，这类病人心理状态的改变，可以直接

影响症状表现。如果这类病人对某位医生的医术非常迷信，其信仰和信心可部分甚至全部消除其症状。部分生理疾病或者也会因为心理作用而出现好转现象。这个问题与疾病自愈问题类似，也是反对法轮功邪教活动面临的难题之一。

李洪志在法轮功中继承了一些气功的方法，特别树立自己的权威形象，制造个人迷信，利用人们对他的崇拜心理，达到控制修练者心理活动的目的。李洪志要求其弟子放下“执著心”，目的就是要通过改变弟子的心理活动，来控制与改变弟子的身体状态。当然，其弟子要付出精神被控制的代价。科学研究中，对照研究是排除心理作用效果的有效研究手段。

心理对身体的调节作用，其基础是心身相关性。人体的心理活动可以通过多种机制影响人的生理活动，所以心理状态的改变可以加重或减轻身体疾病的症状表现，这类例子被广泛报道，为人们广泛转播。例如，在紧急情况下，人可以爆发出在一般情况下不可能表现出的力量，在顽强意志的作用下，有人可以承受一般人承受不了的痛苦，甚至凭顽强意志的力量，对抗癌症和其他严重疾病，让医生目瞪口呆，看现代医学的笑话。当然，过分消极的心理活动也可以加速疾病的进程，部分癌症病人可能是被吓死的。

心身相关是通过特殊的机制实现的，具体而言，心理状态的改变可以通过影响内分泌系统，进而影响各种生理功能。现代医学已经证实，不良心理状态可以引发多种心身疾病，如原发性高血压、溃疡病、月经不调、不孕症、神经性皮炎、偏头痛、脱发等。

医学研究结果表明：心理对生理的影响存在着一个限度问题。心理作用对许多疾病没有效果，对此李洪志是非常清楚的。在早期传播法轮功时，李洪志大力宣扬其治病的作用，但实践经验使他明白，这样宣传的后果是出洋相，所以李洪志在后期不再直接宣传法轮功治疗疾病的作用，而且还禁止有严重身体疾病和心理疾病的人进入法轮功组织，以避免出现问题后没办法向其弟子进行合理的解释与交代。实际上，他面临过尴尬。当海南的弟子出车祸时，有学员曾经询问过李洪志类似的问题。下面是李洪志的回答：“也有一些得了癌症的，得了其他绝症的危重病人来练我们的法轮功的，他照样死。为什么呢？他嘴里说着我练法轮功，可是他思想中根本就没有放弃他的病。那么有的人想了：他练得挺积极呀，他也告诉我们不吃药呀，他也叫我们放弃那个病的“执著”呀，还帮助大家学法，可是他自己不一定放弃。你不知道他心里想的什么，就这么复杂。他叫别人心里放下，他知道老师能听见，给老师听，说白了是在骗老师，而他真正的目的是想：我做了这些事老师一定能管我，我在看书，我在练功，我也叫别人修，老师一定会把我的病去掉。你看，他表面上不吃药了，嘴里也这样说了，表面上按照我的练功要求去做，可是他实质上没有真正达到练功人的标准。”

为此，我“告诫”所有信奉者，你可不能死，否则你就成为危害你师父和法轮功的罪人。

（三）心理的自我调节作用能让人感觉身体好了、病没了

练法轮功导致的心理变化、对心理的影响与控制是法轮功独有的现象吗？实际上，打坐，诵读法轮功要义，意念中时刻想着：神通广大的李老师与我在一起，李老师会医治我身上的病等方法，是利用自我暗示的方法，使意识进入自我催眠，通过自我心理调整而使生理、心理趋于协调，从而达到健身的作用的做法，这不是法轮功特有的现象！

我国传统气功实现强身健体的最基本原理就是心理暗示方法。现代医学研究证明：有些心因性疾病经自我暗示，在心理因素的作用下能够自愈。只要你相信某种东西、某种方法能治病，不管是气功还是佛法、正教还是邪教、香炉灰还是信息水、是某某大仙的丹丸还是某某大师的法力，都能治好这类心因性疾病，这就是所谓的“信则灵”。部分法轮功练习者通过练功祛了病，并不说明法轮功有多么高明，他只是使用了一点自我暗示的方法进行自我安抚罢了。

现代医学早已揭示了这类“功法”的秘密，正规医院在医治一些特殊病人时，也使用类似的方法，如为打消一些病人的恐惧心理，会骗病人说，没有什么大事，只是一点小病，吃点药打几针就好了，病人信以为真，打消了有病的念头，在医生的安排下打针、吃药，心平气和地按疗程进行医治，很快病就好了。其实病人的病并不那么简单，但是那种“说谎”却起到了安抚病人的作用，保证了病人能良好地配合治疗。在日常生活中，我们普通人也有类似的做法。对那些自称练法轮功治好病的人做进一步调查，就更清楚了，那些人大多属于在生活中遇到了不顺心的事，受到打击、惊吓，情绪压抑，日久成疾的情况。在医学上这些都属于心因性疾病。即使不练什么功法，只要保持平和心态，保持乐观情绪，也会不治自愈。

人类心理活动包括三方面：意志、认知、情绪。意志是个人确定目标，克服行动中的障碍，实现目标的过程。人的意志有选择的自由，当一个饼吃剩到半个时，有人说自己还有半个饼，有人则说自己只有半个饼，这就是意志活动的表现。认知是对客观事物的认识过程与结果，认知结果包含主观和客观双重内容。准确的认知结果有助于人类做出正确的决策和行动。情绪是个体对自己和环境感到满意与否的态度体验，包括积极、消极两端。情绪是人类行为的发动机。

人类心理活动的三个方面意志、认知与情绪之间还可以相互影响。稳定的情绪状态有助于正确的认知活动，极端的情绪会影响对事物准确、客观的认识。良好的自我调控能力可以保持情绪的稳定，促进认识的深入；对环境和自身准确的认知也可以保持情绪的稳定，有助于意志的调控机制发挥作用。

练功改变人类心理活动的基础是人类心理活动的可调节性。人类心理活动的可调节性主要是意志在起作用，如有病的人练法轮功后，自我选择不再考虑自身疾病问题，而是把精神活动的重点放在练法轮功方面，追求成佛成仙。目前流行的心理咨询与心理治疗的前提就是人类心理活动的可调节性。不良的心理活动可以导致不良的心理、生理状态，甚则表现为疾病，通过心理医生的咨询和治疗活动，通过改变求询者的心理状态达到改变心身的目的。

二、以偏概全的特殊心理机制

李洪志为了逃避社会的批评，特地设计了一套方法，以解释对自己不利的证据。那些痴迷者为维护自己错误的行为，同样也采用这类心理机制，解释所面临的复杂自然现象。具体而言，有以下三点：

（一）选择性解释心理现象

在帮助法轮功修练者脱离李洪志精神控制的过程中，最常见也是最难理解的现象是：痴迷者往往听不进不同意见，拒绝接受那些不利于法轮功的事实现象，认为修练法轮功导致的种种灾难性后果，是政府的诬陷、栽赃和宣传手法。对自己在修练法轮功之后的身体和心理状况，往往夸大好的一面，忽视不好的一面，甚至认为如果停止练功，自己会出现非常可怕的后果。

从心理学的角度看，这是常见的选择性解释心理现象。选择性解释是指我们往往只接受对自己观点有利的证据，并故意将有利证据夸大，以坚定自己的看法；对不利的证据则采取视而不见的方法，故意回避。人们之所以经常应用这种方法，是因为这样可以避免承认自己的错误，不必进行自我批评。在心理上承认自己的错误和失败是需要勇气的一件事情，也是一件痛苦的事。选择性解释则可以帮助其逃避痛苦。当别人指出错误时，要面子、好强等心理也是一部分人不愿认错的重要原因。

（二）随机性强化心理现象

人类还有一种有趣的心理现象，即对常见的现象往往熟视无睹，而对罕见的现象则极为关注，尤其是罕见现象与重大利益同时或稍后出现时，就会给当事人和旁观者极其深刻的印象，这是随机性强化心理现象。强化是在行为之后出现有利结果对当事人的心理影响效果。孩子表现良好时，老师和家长给予物质或精神鼓励就是强化，通过强化的手段将使该小孩的良好行为出现的机会越来越多。随机性强化是强化的一种，是指强化出现的概率很小，又难于预料何时会出现，但对人的诱惑极大。如购买彩票中头彩、赌马赢得巨奖、求神后疾病奇迹而愈等都属于随机性强化现象。随机性强化事件会被广泛传播，赋予神圣色彩，群起而效之。决定随机性强化出现的规律是统计学规律，依照特定的概率出现。祈雨时天降大雨就是典型的随机性强化的例子，因为这种现象很罕见，但又是那么激动人心，看到的每个人都会留下深刻的印象，并为此而激动不已，广为宣传。

修练法轮功的人比较多，在修练过程中，不能排除有个别人，由于巧合、心理作用等因素，身体或心理出现明显好转，这种变化本来与李洪志、法轮功没有关系。但在李洪志的刻意引导下，在修练法轮功的特定氛围中，这种正常的现象被赋予特殊的意义，被认为是李洪志神通广大的显现，法轮功被宣传为神功。通过对比法轮功弟子、其他气功功法的弟子、正常人之间的对照研究，就能够揭露李洪志的谎言。

（三）隔离心理现象

隔离心理现象是一种常见的心理现象，是一种自我保护的心理活动机制。有些事带给人们某些不愉快的心理感受，比如“厕所”，给人的感觉是脏、臭，提起“厕所”一词时，人们在脑海中自然会出现那些令人不愉快的感觉。为了消除这类不愉快的感受，人们常采用的办法是换一个词，比如用“洗手间”这个概念代替“厕所”这个概念。当说“洗手间”时，不愉快的感受就被隔离掉了。日常生活中最常见的例子是用“升天”“驾鹤西去”“仙逝”等词代替“死亡”一词。

李洪志在传播法轮功时，巧妙地利用了隔离心理现象，控制法轮功学员的心理感受。李洪志告诉其弟子，修练法轮功之后，不会再生病，也就是暗示其弟子不要再用“疾病”这个概念。那么出现的不舒服状态又应该如何表述呢？李洪志利用了佛教的“消业”概念，不舒服是在“消业”，而不是纯粹在生病，“消业”意味着得到好处，下辈子得到回报，这样的概念给修练者，尤其是法轮功痴迷者的感受是截然不同的。

由以上可以看出，法轮功并不是什么神奇功法，身体变好也不是因为法轮功。信众们一旦对这些正常的生理、心理现象没有清醒的认识，陷入李洪志等邪教教主设计的迷幻怪圈，则有可能得不偿失，不但治不好病，还可能被他们牵着鼻子走，成为任人宰割的鱼肉。

辅导站长一家的“福报”

李琴半夜偷偷拿出藏在身上的小铁片，用力割向左手动脉处，并在心里一直默念“法轮大法好”。鲜红的血液从李琴的身体缓慢流出，浸透了枕巾，染红了床单。

广东肇庆因盛产端砚而出名，有“中国砚都”之美称，乃广府文化的发源地之一。这座城市不但充满着浓浓的人文气息，还有丰富的旅游资源，吸引了很多外来的乡客在这里定居。

幸福的女校长

李琴就是这样一位外来乡客。她于1966年出生，28岁就当上小学校长，并连续多年被评为“优秀校长”，是肇庆市教育系统重点培养的领导干部后备人选。在众人眼中，她不仅事业有成，还有一个令人羡慕的家庭：丈夫（钟阳）是理工大学毕业的硕士研究生，在一家国营企业当领导，收入可观；4岁的儿子（钟天昊）在中心幼儿园读中班，聪明伶俐，人见人夸。这位年轻的女校长在众人眼里光芒四射，姣好的面容背后蕴藏着富有知性的女人味，脸上洋溢着不用言说的幸福，令人好生羡慕。

命运像一只大手推着李琴走到了今天，一路都是掌声和鲜花。假如，她没有跌跌撞撞地走进法轮功，生活会不会就这样一直幸福满满呢？然而，生活没有假如。

邂逅法轮功

1994年8月30日，晨曦徐徐地拉开了帷幕，带着清新降临人间，当一缕晨光射穿薄雾，校园迎来了又一个温馨的清晨。

秋天的清晨，空气已经开始有一丝丝的清凉，李琴像往常一样很早就来到了学校。她漫步于校园主干道上，秋风吹拂着她的脸和发丝，犹如一缕缕的清泉流入心田，顿时全身惬意。她走进办公室，轻轻地推开窗户，窗外那棵桂花树正开得灿烂，弥漫的花香飘进了房间，溢满了办公室的每一个角落。

李琴深深地吸了一口气，坐在办公桌前，准备趁着时间还早，先看一会儿书。勤奋好学的她特别喜欢阅读，多年来晨阅的习惯一直不曾改变。她习惯性地打开了办公室的抽屉，发现自己原来还有一份包裹，大概是放暑假前忘记拿了。打开包装一看，哦！原来是大学同学小兰寄来的一本《中国法轮功》（修订本）。李琴心想，小兰真够意思，知道她喜欢看书，毕业几年了，还不忘送书给她。看着书名，可能是一本气功类的书籍吧？她好奇地翻开，看着看着，对书中提到修练法轮功就可以“上层次”感到半信半疑，真的有如此神奇吗？

李琴对“修练佛法”这些字眼并不陌生，因为外婆经常诵经念佛，对她早已产生潜移默化的影响，当时小小年纪的她就时常会想：真的有另外的空间吗？人死了会到另一个世界继续生活吗？长大求学后，她依然对这个宇宙充满了无限的好奇，天性善良的她内心深处装着一尊救苦救难的佛祖。

李琴靠着自己的不懈努力当上了校长，尽管她在众人眼里是佼佼者，但她不满足现实世界里拥有的一切，一直都有一个修练梦，她向往“佛”的极乐世界，没有死亡，没有离别，没有痛苦。由于自己是一名教师，而且身份又是校长，这颗骚动的心一直按捺着，这下突然被《中国法轮功》点燃了。她对书中提到的“真善忍是宇宙特性”等等内容很感兴趣，而且这本书是指引人们在常人中修练，意思是不必出家，也不必皈依，在常人中按照“真善忍”做好人就是修练了。这些说法很吻合李琴在精神世界里的需求，这不就是她一直想找的修练之路吗？李琴顿时对这本书爱不释手，一有空就捧着它反复阅读。

自从接触了这本书，李琴好像被打了一针兴奋剂，对这个世界和人生有了不一样的体验。通过几天的诵读，“法轮功”这三个字就像一块巨大的磁铁，将李琴吸得紧紧的。

练功学法

李琴当了校长以来，感觉到压力很大，腰椎时常犯疼，想起同事说用倒走的方式锻炼，能缓解腰椎压迫神经的症状。周末，她便来到了公园，发现很多人在练功打坐。

禁不住好奇，李琴上前问一位老阿姨："你们练的是什么功啊?"老阿姨神采奕奕地回答："我们练的是法轮功，可以祛病健身，师父的'法身'可以帮你清理身体，达到无病状态。"

李琴眼睛一亮，想不到法轮功居然真的有这样的好处！还吸引这么多的人在习练！

抱着试试看的心理，李琴开始了习练法轮功的生涯。

从此，李琴每天起早贪黑，不但在繁忙的工作中挤时间"学法练功"，而且一抽空就和一群"同修"去公园练功，以往早晨阅读的习惯改为了练功打坐。她为了争取更多的练功时间，特地为自己制作了一份练功时间表，练功几乎填满了所有的业余时间，通过几个星期的"练功学法"，李琴的腰椎居然不疼了。

1994年12月，听说李洪志要亲自来广州给弟子"讲法"，李琴顿时欣喜若狂，心想终于可以见到"师父"一面，据说李师父当面做报告是带功能的，能够面授的弟子少之又少。因此，李琴好不容易托熟人弄到入场券，连忙从肇庆飞奔广州。带着兴奋的心情听完8天所谓"带功"报告，李琴简直感觉自己脱胎换骨了，精神焕发，连困扰她多年的妇科病也明显好转。

初尝甜头的李琴，兴奋得好像飞上了天，原来真的是这么好的功法，不但可以祛病健身，而且是"宇宙大法"，是李师父往"高层次"带人，给人类留下的唯一可以上天的梯子，人能通过修练返回天上去！李琴越想心里越美滋滋的。

引"狼"入室

李琴练功一年多之后感觉精神抖擞，浑身是劲，时不时就跟丈夫钟阳宣扬法轮功如何好！由于夫妻俩感情一直甚好，钟阳对李琴向来宠爱，每当妻子眉飞色舞地讲述法轮功如何神奇，钟阳只是笑而不答，只要妻子高兴，他不会过多干涉。

然而，一场灾难正在这个原本幸福的小家庭里悄悄酝酿。

1996 年 2 月，李琴的父亲因患心肌梗死住院，母亲也经常风湿疼痛，李琴想到法轮功可以祛病健身，便鼓动父母开始了练功之路。逐渐，家庭的练功队伍日益壮大，就连李琴的妹妹也加入了练功队伍。

法轮功的“魔爪”不仅仅只伸向父母和妹妹，甚至伸向了幼小的钟天昊。

有一个周末，钟阳去单位加班了，钟天昊还在被窝里睡觉，李琴很想去公园练功，但又不放心把年幼的天昊一个人放在家里，怎么办呢？李琴在房间里踱来踱去地思考。有了，她突然想到一个两全其美的办法。她把钟天昊从睡梦中叫醒：“宝贝，跟妈妈去公园练功吧？妈妈给你买麦当劳的冰淇淋。”钟天昊睁开蒙矓的双眼，歪着脑袋问：“妈妈，什么叫练功啊？”李琴一边把儿子抱起来穿衣服，一边对他说：“反正你跟着妈妈去就有麦当劳吃了。”

6 岁的小天昊经不起麦当劳的诱惑，就跟着妈妈去了公园。此后，李琴经常起早贪黑地参加集体练功，小天昊总是屁颠屁颠地跟在母亲背后，母亲去哪里练功，他就跟到哪里，成了肇庆市年龄最小的名副其实的“小法轮弟子”。

谁又知晓钟天昊是为了麦当劳的冰淇淋呢？孩子的天真可爱在大人的世界里却变成了可以被利用的工具，小天昊就这样和法轮功结缘了。

有一天晚上，半夜醒来的钟天昊睁着迷迷糊糊的睡眼，突然抓住李琴的手说：“妈妈，我看见你旁边有一个女人，头发长长的。”李琴睁大眼睛什么也没看见，连忙打开屋子里的所有灯光，并没看见有人，顿时吓出了一身冷汗，后来转念一想，师父说练功可以“开天目”，能看到“三界”以外的事物，莫非儿子是传说中的“阴阳眼”？李琴想到这，既害怕又兴奋地搂着儿子说：“宝贝，别怕，你太厉害了，比妈妈的悟性高。”

小天昊得到妈妈的赞赏，似懂非懂地点点头，难道这个“小法轮弟子”真的开了“天目”吗？恐怕只是一个 6 岁孩子在半睡半醒之间的一种幻觉，或许他无形中在迎合母亲的期待，却被李琴诠释为“开天目”罢了。

当上站长

家人的认可和跟随让李琴得到莫大的鼓舞，她在法轮功这条修练的路上越来越“精进”。

由于李琴年轻，聪明好学，在“学法练功”上特别积极，不仅“经文”背得滚瓜烂熟，而且对经文的“诠释”和“参悟”都比别人更加准确、深刻。大家都说李琴“层次高”，因为肇庆市能够亲眼目睹李洪志师父尊容的只有寥寥几个人，而李琴就是其中之一，这是多么让众多“大法弟子”羡慕的殊荣！很多“大法弟子”慕名来拜访她，主动上门与她交流修练的心得体会。

在李琴的带动下，很多亲朋好友陆续走上了修练法轮功之路。每当李琴来到广场，就有一群人围着她，虔诚地向她请教，问东问西，李琴的内心也得到莫大的满足感。

“李琴，这个‘抱轮’的动作怎么做？我总是做不好。”

“对，我也做不好，你教教我们吧！”

…………

李琴也很热心，乐此不疲地帮助着每一个人，给他们带头示范，释疑解惑。可是，她每每回到家，已经累得筋疲力尽，连话都不想跟丈夫说，儿子的学习也懒得管。这个时候，人间的亲情已经无法吸引她去关注了，她梦想着通过修练到天国世界，按李洪志所说修练就是要过“情”关，要放下“名利情”，不然“圆满”不了。

从此，每个月的工资基本上被她拿去“做好事”“积功德”，买书、录音机、录音带等送给同修。慢慢地，她的生活圈子逐渐都是功友，昔日的同事很少来往，她天天不忘与功友学法切磋，交流心得，甚至带着他们一起外出到怀集、四会、广宁、封开、云浮、罗定等地义务教功、“弘法”。在她的带动下，肇庆市的法轮功“弘法”活动搞得十分活跃。

李琴的突出表现，得到了肇庆市法轮功组织的高度认可，1997年3月，她当上了法轮功组织在肇庆市城西辅导站的站长。

抛家弃业

在法轮功群体高度认可的虚幻聚光灯下，李琴愈行愈远，完全投入一个虚幻的世界里，去完成一个永远也不可能实现的幻想。

1998年的中秋节，窗外下着蒙蒙细雨，雨是上天的恩赐，惠世的甘泉，若是徜徉于雨中，任由纯净的雨丝尽情地洒在身上，倒是可以洗涤心灵中的灰尘，让人变得透亮。然而，李琴却无暇顾及这份雨中的浪漫，天还没亮，她就起身穿好衣服，准备出门。

钟阳无奈又心疼地对妻子说：“吃完早餐再走吧?”

“顾不上了，得赶紧去练功点交代辅导员一些事。”李琴说完就匆匆忙忙出门了，给丈夫留下一个模糊的背影。

就连除夕阖家团圆的日子，李琴也是雷打不动地必须去练功点。钟阳实在无奈，对李琴苦笑着说：“你能坐下来陪我嗑一会儿瓜子、聊会儿天吗?”李琴回答：“我才不会像你这样不务正业呢，师父说了，错过了这次修练的机会就再也没有了，我得抓紧时间。”身为妻子的她，就连这点温柔都不愿意给丈夫。

李琴“弘法练功”不但影响了家庭，也影响了工作。有一次，学校马上就开学了，身为校长的她正组织全校的老师在会议室开会。突然，一阵急促的电话铃声响起，李琴接通电话后，才记起当天是肇庆市法轮功大聚会的日子，身为站长怎么能不到现场呢?李琴稍加思索，低语把会议的内容交代给了副校长，然后撒谎说家里有急事，就急忙赶赴另一个“会场”。

此刻，在她心里，校长的工作远没有“站长”重要了。

“福报”初降

如此为法轮功付出的李琴，到底得到了怎么样的“福报”呢?

1998年6月，全家5口人正在一起“学法”时，李琴的父亲突发心绞痛，全身冒大汗，四肢冰冷，钟阳正想送岳父去医院，李琴却拼命阻拦。

“绝对不能去医院，爸爸是因为‘修得不好’，‘师父’在让他过关，要‘消业’治病就必须要‘过关’。”李琴呵斥着丈夫。

“连药也不给爸爸服用?”钟阳疑惑地问。

“不行，吃药会将‘业力’打回去，练功就没效果了!”李琴坚定地说。

在李琴的坚持下，大家都听她的，不仅因为她是法轮功组织里的站长，而且家里几个都是法轮功练习者，自然明白关于法轮功的“消业论”，只有钟阳心里不踏实，但也拗不过李琴。

一段时间后，李琴的父亲发病频率越来越高，心绞痛的持续时间也越来越长，身体虚弱得连话都讲不出来。万般无奈之下，钟阳只好趁李琴不在家的时候，将岳父火速送到医院。医生告知病情十分严重，必须马上住院治疗，再不治疗，随时可能危及生命。在钟阳的干涉下，李琴的父亲终于从鬼门关被抢救了回来，但李琴却认为父亲这个时候是被“淘汰了”。不仅对这次教训根本没有放在心上，只想着“上层次”“圆满”，还怪钟阳“多管闲事”，令父亲多年的修行付诸东流。

李琴的母亲原本仅是患有常见的妇科疾病，练功后因听信李洪志“练功能净化身体”“生病是前世欠下的业力”“吃药会把业力压进身体”等歪理邪说，开始拒医拒药，最终导致普通的妇科疾病发展成了宫颈癌，不得不切除整个子宫。

尽管如此，李琴认为母亲是因为“去不掉执著心”，才得了宫颈癌。发生在父母身上的活生生的例子，依然无法唤醒李琴迷失的灵魂，她仍然坚信法轮功能祛病健身，还在做着“天国世界”的梦。

识别

“消业”邪说：李洪志说人都有“业力”，生病是“业力”的作用，看病吃药只会把“业力”压回去，只有修炼法轮功才能“消业”，他会清理法轮功弟子的身体达到无病的状态。不少法轮功学员受这套邪说的蒙骗，生病后拒医拒药，落得终身残疾甚至丢失生命。

看着亲人并没有因为练法轮功而身体健康，相反，一个个都疾病缠身。李琴有时也纳闷，为什么自己的妇科病练功一段时间就见效了，而亲人却病情日益严重了呢？这个念头只是一闪而过，她马上开始自责了，认为这样想是对“大法”的不敬和对师父的不敬，自己一定要坚定不移地走下去。师父说过“破坏大法的一定是内部弟子”，也许亲人就是师父安排来证实“大法”的威严的，这是“宇宙大法”，不是人人都能得法的，总得要淘汰一部分人。令李琴感到庆幸的是自己的儿子钟天昊一直很听话，学习成绩也好，在修练法轮功的问题上也是听她的，李琴感到特别安心。只可惜这几年钟天昊为了学业，几乎把修练法轮功的事抛诸脑后，只能等待机缘了。

护法之路

1999 年 7 月 22 日，国家依法取缔了法轮功，公安部颁发了六条禁令，还发出对李洪志的通缉令。电视新闻不断重复播放 4 月 25 日“法轮功弟子”20,000 多人聚集中南海的事件，并把它定性为一起有政治阴谋的围攻事件。李琴在电视新闻看到了这些消息，顿时惊呆了，她怎么也想不通，这么好的功法怎么会被国家取缔呢？明明就是教人“做好人”，按“真善忍”的标准去做的，同修去中南海只是“讲真相”，怎么叫作“围攻”了呢？不行，得去为法轮功讨一个公道。

这时候，李师父发表“经文”说“走出去证实大法的弟子是伟大的”。也许，是为了证明自己的能力和信仰，也许，是顽冥不化地抱着受拯救的幻想，李琴再也按捺不住了。不顾单位领导的劝说，为了维护法轮功，到处“讲真相”，进京上访，扬言势必要为法轮功说句公道话，李琴完全失去了理智，在法轮功的魔幻世界里不能自拔。

由于李琴上北京闹事，2000 年 4 月被依法劳教两年。在劳教所里，李琴认为自己上京“护法”“讲真相”没有错，时刻在脑子里提醒自己：“不能配合邪恶，不能转化，守住自己的一思一念。”在这种思想的控制下，李琴带头闹事，不参加学习和劳动，并且隔三岔五就绝食抗议。

直到有一天，李琴在劳教所里亲眼看到有同修为了维护“大法”跳楼自杀，幸好那人只是手臂骨折，这件事情触动了李琴，她突然想到，自己不是修“真善忍”吗？怎么会修到了劳教所？李师父不是说不能自杀吗？

怎么会有人跳楼呢？师父不是说有“法身”保护吗？怎么会骨折了呢？她开始反思自己的行为，在帮教人员的帮助下，2001年2月，李琴在劳教所转化了，回归了社会，单位也给她恢复了工作。

一切似乎又恢复了以往的平静，然而，曾经踏足邪教泥潭的李琴，真的可以摆脱精神控制了吗？

变本加厉

后来的一年时间里，李琴变得比以往温情，时常坐在电视机前和钟阳一边嗑瓜子一边看电视，一家子其乐融融。在钟阳的眼里，这一年的时间是近几年来最幸福和快乐的日子，原本以为这样的日子可以延续下去，却没想到好景不长。

有一天，李琴去市场买菜，车篮子里被人偷偷放了李洪志的“经文”，每一篇“经文”就像毒品一样吞噬着李琴的神经，蛊惑着李琴那颗想追求“圆满”的心。

昔日的“同修”不断上门给李琴做工作，渐渐地，李琴开始动摇了：“不行，我不能让‘千年的等待毁于一旦’了。”想起自己之前还转化了，李琴觉得特别愧对师父，为此后悔不已。同时，生怕自己因为转化一次，将来会被“大法”淘汰，她变本加厉，更加精进了，又一次在法轮功的泥潭里越陷越深，不断组织练习者出去派发法轮功的宣传品，李琴要赶在“末法时期”为“正法”尽力，她又重新在法轮功里寻找到虚幻的精神寄托！

无论丈夫如何苦苦哀求，她依然不改初衷。3年里，钟阳又当爹又当妈，照顾着钟天昊，还有李琴的父母，整个人看上去老了十几岁，而这一切在李琴的眼里都不算什么，她一心只想着修练，上层次，“圆满”。

2007年，面临企业倒闭，钟阳即将下岗。肇庆市政府考虑到李琴一家的生活困难，安排她到学校的图书室工作，李琴却以不配合“邪恶”为由拒绝了，整天在家里“学法练功”，对家里的一切都不管不顾。

没过多久，钟阳下岗了，一家的生活没了着落。李琴的姐姐看到这种情况，把自己辛辛苦苦攒下的200多万元投资了一个厂，让李琴和钟阳去打理，希望他们好好经营，可以过上正常的生活。

2008年金融风暴，厂里生意维持得很艰难。即使这样，钟阳也毫无怨言，不辞辛劳地为厂里的大小事情奔波着。而李琴经常往外跑，哪怕厂里工作再忙，只要法轮功需要，她就说走就走，严重影响了工厂的正常生产和管理。钟阳一再劝说，叫李琴为了这个家，别练法轮功了，别再出去闹腾了，但李琴置若罔闻，谁的话也听不进去。

棒打鸳鸯

2010年7月，钟天昊考上了广州的一所大学，全家都挺高兴的。

李琴回想起儿子从6岁就跟着她去公园练功，一直很有悟性，从小就“开天目”，但这几年儿子为了完成学业，基本上已经忘了练功这回事，听说还交了一个女朋友，如今他考上大学了，可以让他腾点时间跟自己一起“学法练功”了。

“妈，你不是答应我考上大学就可以谈恋爱吗?”钟天昊悄悄地问李琴。

“这个周末你把女朋友带回家给妈妈看看，妈妈邀请陈姨过来，她可以看三生的因缘。”

“妈，人家现在只是刚开始恋爱，离结婚还早呢，而且我觉得小静的性格不错，我们高中一起同班三年，她对我帮助不少。”钟天昊有点害羞地回答母亲。

“好，好，这个周末带过来给妈妈瞧瞧!”

“好嘞，一定!”钟天昊得到李琴的允许特别高兴。

周末的下午，陈姨早早就被李琴邀请到家里，关乎钟天昊的“大事”，马虎不得。钟天昊向来也很听母亲的话，这对母子因为法轮功的缘故，倒是更多了一份亲密。

下午3点多，钟天昊带着女朋友小静来了，李琴和陈姨的眼睛齐刷刷地盯着小静看。

“妈，这是小静。”钟天昊特地打破尴尬。

小静不好意思地低着头，喊了一声：“阿姨好!”

端详了好一会儿，陈姨把李琴拉到旁边悄声说，她看到小静前世是一只“狐狸精”，是不安分、不守妇道的女人。

李琴脸色马上一变，不言不语，过了一会儿，她郑重地对钟天昊说：“妈妈不同意你们俩交往！”

“为什么?”钟天昊十分诧异。

“不为什么，反正就是不允许你们交往！”

这时，小静捂着脸哭着跑了出去，钟天昊连忙追出门。

“你给我站住！”李琴大声呵斥。

钟天昊迟疑地停下了脚步，恳求地问母亲到底是怎么了，不是答应了考上大学就可以谈恋爱吗。李琴沉默了好久，这时候陈姨开口了：“天昊，我们都是为了你好！”

“陈姨，谢谢你，你先回去吧，我来跟天昊解释。”

陈姨告辞了，屋子里就剩下李琴和钟天昊，空气好像被凝固了，天昊沉浸在悲伤之中，他无法理解妈妈怎么突然变卦了，坐在那里不言语，似乎等待着母亲的解释。

李琴平静地说小静的前世是“狐狸精”，是陈姨在“另外空间”看到的，千真万确！李琴坚决要求钟天昊与小静分手，否则就断绝母子关系。

钟天昊万分痛苦之下，接受了母亲如此荒唐的理由，但他 3 天不吃不喝，心情极度悲伤。

李琴趁机诱导儿子说：“如果你想忘却痛苦，就继续和妈一起练功吧。”

从小就耳濡目染法轮功的钟天昊，对“学法练功”并不陌生，只是这些年并未全心投入，加上父亲钟阳的反对，钟天昊一直是半信半疑的态度，如今情感受挫的他心灰意冷，母亲说什么就听从吧，也许母亲真的是为了自己好，世界上没有不爱孩子的妈妈。

于是，钟天昊跟着李琴开始抄写《转法轮》，想以此平复内心。

就这样，李琴棒打鸳鸯，钟天昊阴差阳错地又开始和法轮功结缘了。

“福报”再临

2011年3月，由于厂里效益不好，工人的工资发不出，很多工人都跑了，李琴想到昔日的功友们很多没有工作了，不顾丈夫的反对，把十几名法轮功练习者招进工厂上班，白天他们一同手抄“经文”，错一个字就重抄，晚上集体练功。为了“圆满”，李琴坚决放弃最后的“情”，与丈夫钟阳提出分居，索性住在厂里，一有时间就“学法练功”。

钟天昊也跟随着母亲一起，瞒着父亲偷偷地抄写“经文”。什么“开天目”啦，所谓的放下“名利情”，一下子让他深陷进去，没日没夜地打坐练功，并且重新开了“天目”。钟天昊告诉李琴说“看”到书里所描述的所谓“三界内”的景象，还“看”到自己坐在李洪志的“莲花宝座”旁边，自己在天国世界里原来就是师父的“儿子”。

李琴为儿子感到无比兴奋，马上把这个令人振奋的消息告诉同修们。钟天昊在功友中时常以李洪志之子自居，利用“开天目”为功友们解答心中疑问。一时间，赞扬、欣赏，甚至是崇拜的目光不断向钟天昊涌来，他就这样不知不觉迷失了自我。

这一切，钟阳一点都没察觉到：儿子已经发生了翻天覆地的变化。

有一天，钟天昊兴奋地对李琴说：“妈妈，无论宏观或者微观，我比大学教授知道得多，我是李洪志的‘儿子’，将来我圆满到了天国世界，我自然就是‘王子’了，这个大学本科文凭对我来说没有实际意义了。”

“那你打算怎么办?”李琴显得异常地冷静，似乎这一切早就在她预料之中。

“我打算退学，就跟校方说是回家帮你们打理生意!”

李琴沉默了，儿子的决定假如被钟阳知道了，会怎样呢？毕竟这是他们的儿子，钟阳对儿子寄予了很大的希望。可钟天昊的话并非没有道理，倒不如就尊重儿子的选择，这也是他和“大法”的缘分吧。

第二天，钟天昊马上去学校办了退学手续，手续上的家长意见是李琴签字的。为了更好地修练，虔心练功，这对疯狂的母子都认为书没必要读，大学也没有必要上，只要学好法轮功，将来“圆满”了，一切都会有的。

2011年9月，大学校园早已恢复了昔日的热闹，学生们陆续返校了。

钟阳从外面跑订单回来厂里，无意中发现钟天昊正在那里抄写“经文”，钟阳气得撕烂了儿子刚抄写的“经文”，愤怒地给了他一巴掌。

“你怎么不去学校上课？怎么也在这跟着妈妈瞎闹？”钟阳捂着胸口，气得声音都颤抖。

“你是破坏大法的魔！”钟天昊看到抄写的“经文”被父亲撕烂了，指着父亲大声地喊。

“你……你说什么？你再说一遍。”

“你就是魔！我要杀了你，我有利剑，我要除魔。”钟天昊狠狠地瞪着父亲，继续大声地叫嚷，一边骂父亲是魔，一边举起右手对着空气比画着，朝着父亲扑去。

这个时候，李琴听到了叫嚷的声音，走出来看到父子俩正在相互拉扯，连忙拉开了他们，天昊嘴里还不停地说父亲就是“破坏大法的魔”。

“疯了，你们全疯了，我问你，昊昊为什么还不上学？”钟阳回过头来问李琴。

“我现在解释你也不明白，以后再跟你说。”李琴面对丈夫的质问不知道如何回答。

“我退学了，你不知道而已。”钟天昊一副不屑的表情。

“你……”钟阳一下子愣住了，两腿站不住，瘫倒在沙发上。这个男人为李琴和这个家付出了所有的爱，却眼睁睁地看着妻子和儿子陷入邪教泥潭而无能为力。这个家，一开始从法轮功得到的“福报”是李琴的父母疾病缠身，老岳父随时可能送命，而如今这个“福报”又降临儿子身上。钟阳一脸无奈和茫然，昔日的妻子和儿子怎么变成了今天这样人不人鬼不鬼的，整天说着自己听不懂的语言，儿子还当面破口大骂自己是魔。钟阳实在难以接受，但愿这个噩梦可以早日醒来吧。

走向绝路

李琴和丈夫钟阳分居一年多了，她每天除了带着厂里的功友练功，别的一概不管，靠钟阳一人来打理工厂实在是应付不来，况且还要面对厂里十几个法轮功的功友，整个局面特别混乱，工厂面临倒闭，钟阳也回天乏力了。

然而，面临如此的困境，也依然阻止不了李琴“修练大法”的步伐，甚至，还更加疯狂。

2012 年 4 月 25 日的晚上，李琴站在窗台前沉思着自己这么多年在法轮功里的坚持和付出，感觉到自己身心乏力，不断地拷问自己为什么还不能“圆满得道”，到底哪里出了问题。她不敢往“至高无上”的师父和所谓的“正法”上找原因，李琴想到肯定是自己修练有漏，有“执著心”，不行，我得抓紧时间去“讲真相”，不能只是抄写“经文”。于是，李琴组织厂里的十几个同修一起印刷了大量的法轮功邪教宣传品，准备去为“法轮大法”轰轰烈烈地干一场。

4 月 28 日，附近的群众感觉李琴这个厂的员工行为鬼祟，向公安机关举报了他们，公安依法对厂里进行搜查，李琴和钟天昊为了躲避民警，想分别从三楼的窗口跳下。

“昊昊，抱着师父的画像再跳！”李琴赶忙叮嘱儿子。

钟天昊赶紧跑回去抱着李洪志的画像，母子俩以为抱着李师父的画像就会有“法身”保护了，正当他们准备往下跳的时候，被民警及时拽住了，李琴作为工厂的法人代表，被依法拘留。

拘留期间，李琴想起以前的同修曾说她“怕死，抱着入门时想与‘宇宙同龄’的执著不放”。于是，她决定要放下生死，向世人来证实“大法”，希望换来早日的“圆满”。

5 月 2 日的晚上，趁着干警不注意，李琴半夜偷偷拿出藏在身上的小铁片，用力割向左手动脉处，并在心里一直默念“法轮大法好”。鲜红的血液从李琴的身体缓慢流出，浸透了枕巾，染红了床单。心想师父应该能看到她的诚心了吧？师父的“法身”会来点化她吧？

李琴没等到师父的“法身”出现，就昏迷了过去。当她从昏迷中醒来时，看到的是民警和医生忙碌的身影，原来，她被送到医院抢救了。李琴陷入了沉思，自己如此虔诚，如此付出，怎么不是到天国世界？还依然在人间？而且是躺在医院……

这就是法轮功带给李琴的“福报”。18年的迷失，18年的噩梦，修练法轮功让李琴及她的家人都付出了沉痛的代价。

一个大学生的“疯子”人生

苏颂想到了《转法轮》上讲的话：“真疯，修练的人是尿也敢喝，大便也敢吃。”他恍然大悟，为了弥补自己因吃药而背叛师父这一过错，可以早日修得“圆满”，做出了更加荒谬的举动，竟然真的吃屎！

苏颂疯了，一时间，消息不胫而走，在他母校和家乡传开来了。他们怎么也想不明白，一个一直以来都聪明伶俐的大学生，怎么可能一下子就疯了呢。

1976年春，苏颂出生在广州的一个城中村里。从小他就聪明伶俐，纯朴善良，懂事好学，是父母的骄傲，也是村中孩子的好榜样。1995年，他没有辜负父母的期盼，以优异的成绩考上安徽工业大学，跻身于20世纪90年代较为稀缺的本科大学生行列中，一时成为村里的佳话。9月，他在父母望子成龙的期盼中，满怀信心地开启了自己的大学求学之路，然而，他的美好蓝图还没来得及描绘，却因痴迷法轮功开启了一段“疯子”人生。

大学二年级，迷上法轮功

9月的合肥，天气已转凉，秋意渐浓，一股寒风从他红润的脸颊掠过，这个来自广东的青年感觉凉飕飕的，不由得打了个冷战。他似乎有点不适应，的确，这个时候在老家广州还炎热难耐得很，但合肥秋天的凉意很快被他抛之脑后，他心里想的只有大学深造梦，他要努力学习，他要茁壮成长，以更完善的自己立足大都市，干出一番事业，让家人过上好日子。

初次出省，稚气未脱的他显得特别内向，本来就不善言辞，加上一口浓浓的广东本土口音，很难与同学打成一片。

“当时很难跟同学沟通，我们在语言上有障碍，我们广东人平时说的是粤语，普通话地方口音很重，他们都不怎么听得懂我说话。”十几年后，苏颂回忆起当初刚进大学时的情形。

在漫长而孤单的大一生活里，苏颂喜欢把自己置身于安静的图书馆内，形单影只，他显得越来越自闭。书，成了他大学里唯一的朋友。

苏颂从小身体就不好，体质弱，经常患病，但他深知家庭困难，平时省吃俭用，一直舍不得花钱看病，有时候身体疼痛难耐就在学校医院里随便抓点药，后来听村里人说气功有行气活血的功效，就一直想通过练气功来锻炼身体。基于这一缘由，平日里他最爱看的书就是有关气功方面的，在这个过程中，他了解了很多气功方面的知识，知道气功在强身健体方面有一定帮助，所以总想找到一种适合自己的气功，渴望能强身健体。这种想法，随着他看书的深入而愈加强烈。

“那是1996年10月13日的一个上午，一位退休校医介绍我练法轮功，之后我痴迷得一发不可收拾，这个日子我记得很清楚，就是忘了生日我也不会忘了它。”苏颂对自己当初如何接触法轮功仍记忆犹新。

1996年10月13日上午，苏颂像往常一样，一个人静悄悄地看着自己喜欢的书籍，无意间他看到了图书馆角落一处有几个人在手舞足蹈。他觉得好奇，想上前探个究竟，可腼腆害羞的性格让他无法走出这一步，只好在附近坐了下来，呆呆地看着他们。

不一会儿，练功结束了，大家都陆陆续续地散去。这时，一位大叔从人群中缓缓向他走来，友好地对他笑了笑，在他身边坐了下来，还主动与他搭腔攀谈起来。

“你是刚上大学的学生吧?”大叔慢条斯理地喝着水，突然问起了苏颂。

“我今年大二了。”苏颂有点不好意思地说。

“我看你样子不像，挺稚气的一个小伙子。”大叔微微一笑。

苏颂却显得闷闷不乐，上大学一年多，他总感觉自己就这样糊里糊涂地过了，没学到多少知识，也没什么成长，依然还是那个刚进大学时乳臭未干的小伙子。本来正苦恼这样的自己，大叔这样一说，他心里自然不高兴。

“大二才好啊，年轻人，大二轻松着哩。”见苏颂没理会，大叔又似乎深有体会地说着，“大一是适应期，蒙头蒙脑就过了，大三得开始为日后做准备，大四就要烦恼找工作的事啦。”

“大概是吧。”苏颂根本就不想回想大一的生活，更无法得知大三、大四的样子，便敷衍着说了一句。

“听你口音不像本地的，你哪里人?”大叔见苏颂无意搭理，又追问着。

大叔这一问，苏颂显得有点尴尬："广东的。"

"哦，沿海地区啊，比我们这边好多了，我们这里广东人少，你大老远过来读书，不容易啊。"大叔拍了下他的肩膀说。

"反正也就这样。"苏颂把视线横向地上。

"我以前读书的时候也跟你一样，一个人到外省，人生地不熟的，有时候想找个人聊天都难啊。"

苏颂没吭声，不过大叔的话确实说到他心坎上了，在异乡读书这一年多，的确很难找到伴，心里多少有些失落。

"我现在自个儿住，老伴走得早，小孩又不在身边，有时闷得慌，你空闲的时候过来陪我喝喝茶、聊聊天。"

大叔的几句问候，逐渐打消了苏颂心里对外乡人的陌生感。他原以为大叔会看不起外地人，没想到他如此和蔼可亲，上大学这么久，这还是头一次有人这样跟自己聊天，他也头一次感觉到异乡的温暖，不由得觉得大叔亲切起来了，开始与他闲聊着。他跟大叔讲起了自己的大学生活，聊了下家庭和家乡，也说了一些读书体会和兴趣爱好什么的，大叔却像一位学者一样滔滔不绝地跟他聊起了大学的所见所闻，还教导了他很多学业上和为人处世上的经验。在交谈中，他得知这位大叔原来是刚退休不久的校医，眼睛突然一亮，心想，原来他是位医生啊，连医生都在练的气功肯定是好气功，如果我能加入他们的行列就好了。

"你们刚才练的是什么？"苏颂终于鼓足勇气问。

"我们练的是法轮功。"大叔说。

"法轮功？"苏颂好奇地问，"是气功吗？"

"当然，不仅是气功，还是层次较高的一种佛学气功，在我们中国气功研究会上都有注册登记的。"见苏颂对气功挺感兴趣的，大叔得意地说着，"这个功法对身体非常有帮助，不用吃药也不用打针，只要按要求坚持修练，就能治好病！"

听大叔这么一说，这功法与自己一直渴望练功健身的想法一拍即合，他的好奇心一下子被激了起来："能健身还能治病？真有这么好的功法吗？"

“是啊，很好的功法，我以前有高血压，也有糖尿病，现在都好了，效果非常明显。”大叔见苏颂还半信半疑，继续说着，“我们这帮人有老师也有学生，我们一直在练，感觉很好，而且这个功法也得到了社会群众的亲身体验，确实是好。”

世间真有这么好的功法，不用吃药也不用打针就能治好病？这似乎不合常理，有病吃药是常识，从小到大长辈教他的以及在书本上学到的都是这样说的，可一想到大叔是退休的校医，连医生都练，应该不会是骗人的。

校医似乎看出了苏颂的心思，从背包里摸出一本书递给他：“拿回去好好看看，看了你就什么都明白了。”

苏颂的目光一下子聚在了书本上，原来是一本名叫《转法轮》的书。

“这功法不仅可以祛病强身，还能教人‘做好人’，悟性高的话甚至能成仙成佛哩。”

大叔这样一说，苏颂突然觉得这个功法很不简单，好奇心大增。先前，苏颂一直生活在校园，社会阅历浅，对各种社会现象知之甚少，很快，他的心理防线就被轻易突破了，完全失去了一名高校大学生所应有的科学独立思考特质，科学常识和理性思维消失得无影无踪，轻易地相信了这位退休校医的话。他利索地把书接了过来，小心翼翼地翻开一看，扉页硕大的“真善忍”三个字首先映入他的眼帘，原来这本书真教人“真善忍”“做好人”的啊。

带着强烈的好奇心，苏颂回到宿舍后迫不及待地打开书，从头到尾看了一遍。书上讲到法轮功如何祛病健身，还描述了生命来源、生命意义，还有神、佛、道等现象，这些都是他从来没接触过的，他觉得很新鲜、很神秘，顿时感觉法轮功博大精深。

第二天，他又迫不及待地找到那位退休校医，问了很多书中所讲到的问题。从校医的耐心解答中，他强烈地感觉到《转法轮》包含的内容高深莫测，决心要继续细读，好好领悟其中的内容。从校医家回去后他再次把《转法轮》看了两遍，越看越被它吸引，越看心情就越激动越澎湃，心想这功法能治百病，不用花钱就能治好自己身体的病，这不是自己一直想要的结果吗，真是“踏破铁鞋无觅处，得来全不费功夫”啊。以前父母和老师一直教导自己要以人为善，做一个善行之人，这功法刚好教人“做好人”，治不好病做个好人也不错啊，若说不好还真能成仙成佛，那就更了不得啦，到时候我想要什么就有什么了，家人也有好日子过，利人利己，这么好的功法何乐不为呢？他决定加入这个群体，开始跟着他们修练这个“百益无一害”的法轮功。

深陷泥潭，吃屎喝尿求“圆满”

修练法轮功后，苏颂在大学里有了第一个群体。退休校医很关心他，时不时把他叫到家里，问候他身体情况，询问他读“经文”进度，赠送他一些法轮功书籍和李洪志“经文”，也经常与他交流学习心得，沟通顿悟感受；功友也很关心他，带他体验他们的群体生活，天天跟他一起练功、默念“经文”，也一同到合肥闹市派发法轮功小册子，挂拉法轮功横幅，还经常带他到学校周边村庄涂写法轮功宣传标语。这样忙碌的大学生活，苏颂突然感觉过得很踏实，有了自我存在感，没有了先前的孤单苦闷，似乎找到了人生的最终目标，那就是法轮功描绘的“美好世界”，他们的嘘寒问暖更是让他感觉到了集体的温暖，像家一样温馨踏实。

苏颂自以为找到了一条正确的人生道路，暗自欣喜，满怀憧憬，却不知自己正一步步陷入邪恶泥潭，走向虚无缥缈的不归路。

两个月后，苏颂感觉身体好了很多，也似乎出现了一些很奇妙的感受，特别是打坐时心里时不时有一种轻飘飘往上升腾的感觉。对于自己的这个新体验，他异常激动，聚会时还兴奋地跟功友们进行了交流。

“小伙子不错啊，看来你悟性不错。”

“我刚修练的时候也是这样的，这是法轮功起的作用。”

“有‘法轮’在你身体转啊，你这是要出功能，开天目啦。”

“这只是开始，以后你还会有很多奇妙的感觉的。”

功友你一句我一句，把苏颂心头的火焰彻底燃烧了起来。是不是真有“法轮”在转啊，是不是我的小腹部也被“法身”装上个“法轮”啦，我会不会“圆满”“升仙”到天国世界去呢？师父说天国世界：“树是金的，地是金的，鸟是金的，花是金的，房子也是金的，到了那里找不到一块石头，花的钱据说就是石头。”那我岂不是有花不完的钱，有享受不完的美好生活……各种奇思妙想在他脑海里不断涌现，他完全沉醉在李洪志描绘的天国世界里，沾沾自喜，自以为真的有“法轮”附身，对李洪志和法轮功更是尊崇不已。

这次交流后，苏颂对练功学法的兴趣更加浓厚。为了尽快能让自己精进、上层次，他暗下决心：一定要学好法。因为师父说过，只练功不学法的人是不会“圆满”的。他花了几天时间，辗转多个地方买了李洪志在广州和济南讲法的录像带，还有几本“经文”。自那以后，他的书包里只有两样东西，一样是李洪志的“经文”，另一样是录音机和讲法录像带。每天一大早，当别的同学还在酣然大睡的时候，他独自一人躲在宿舍楼梯口练功，白天上课时间，他偷偷拿出“经文”，津津有味地品读，认真领悟，晚自修后他独自到校道路灯下学法，默念“经文”，常常凌晨时分才姗姗回宿舍。

这样封闭的疯狂学法练功生活，几乎占据了他大二生活的全部。在这段时间里，他身心常常处于高度疲惫的状态，精神恍惚，脑子里只有法轮功，周而复始，头脑逐渐被法轮功的歪理邪说占据。

寒假了，同学们都纷纷离开学校回家了，而苏颂完全没有回家的念头，依然与功友一起学法、练功。家里人以为他出了什么事，三番五次打电话问情况催他回家。苏颂十分厌恶，心里埋怨家人阻碍他练功，影响他的精进，无奈之下回到家里，还沉醉在“法轮世界”里的苏颂与以往很不一样，两眼呆滞无神，对家人不闻不问，不与人交往，天天待在家里学法、练功，情绪也变得反复无常，常常因为小事就与家人大吵大闹。他的这些异常把父母吓坏了，一开始都以为他中邪了，后来得知他痴迷法轮功后，一家人都极力反对，一而再再而三地劝说他放弃修练，回归正路。可苏颂却坚决认为是他们不懂法轮功，也不懂自己，气上心头，不但没有听父母的话，反而更加憎恨他们。其实，看到家人这样，他暗自欣喜，因为他想到了李洪志讲过“修练法轮功就要抛弃名利情，才能上层次，达到‘圆满’”的话，自认为家人的反对，是李洪志“法身”安排的亲情考验关，让他放下父母之情。这样一想，对于父母多次哭求他都无动于衷，更加感觉自己的层次又得到了提高。

1997年9月，苏颂进入了大学三年级，对于他们这一级学生来说，这一年是个重要时期，经历了大一的懵懂和大二的浮躁，大三时已经真真切切地体会到了毕业后个人的发展问题，同窗们都在为今后走怎样的路而做准备。而苏颂也在为日后的路努力奋斗，只是他的路与别人的不一样，他走的是一条违背科学常理的荒谬的求成仙成佛之路。尽管他发现自己与同窗不一样，但他认定他们是“常人”，层次太低，是不会懂得“法轮世界”的美好的，况且李洪志说过“人一出生就被安排好的”，学业这东西根本就没用，只有专心学法练功，才能实现美好理想。为加快精进、“圆满”，于是他更加卖力学法练功，完全置其他事于不理，满脑子只有“圆满”。

1998年3月，苏颂在一次学法中看到李洪志一篇“经文”上的一段话：“高层次的理和低层次的理是反过来的，在常人社会中认为是好的，在高层次中看来就是不好的。”他想，既然常人社会里的好在高层次的人看来就是坏的，那我不是要把好坏的观念颠倒过来才能回到高层次的世界？那我必须要脱离常人社会才行啊。他欣喜若狂。冷静后，他又想起了《转法轮》中也曾讲到疯僧扫秦及“真疯”修练的方法，这时，一个让他雀跃的想法在脑海里浮现：为了尽快舍弃“名利情”，放弃对世间的留恋和“执著”，早日修成，自己要装疯！他的这种想法也得到了众多同修的认同。

3月里的一个周四早晨，苏颂开始实施心中的装疯计划。

正当舍友们沉醉在自己的梦乡时，他却一大早起床，趴在自己的床上喃喃地胡言乱语，时而手舞足蹈，时而敲打床板，疯疯癫癫。

被惊醒的舍友见苏颂那疯癫状态，忙问他怎么了，发生了什么事。苏颂却假装不认识他们，还大喊大叫，时哭时笑，乱打乱踹，甚至把自己的衣服扯破，把蚊帐撕烂，连桌子也翻倒了几张。舍友见到他这样的异常行为，都被吓得不知所措，有两位胆大的上前劝阻，结果都被他大力推倒在地。巨大的响声惊动了楼层的其他同学，他们都纷纷过来看热闹，门口和窗外一下子挤满了人。几位老师闻声跑了过来，看见疯癫的苏颂，赶紧叫几个同学把他抱住。苏颂见老师过来，暗里偷笑，为了让他们都相信自己真疯，他更加放肆地装疯，拼命挣脱舍友跑进厕所，跪在马桶上要喝尿。老师和同学都傻了眼，赶紧把他拉了出来，他们都以为他真的疯了，几次制止无果后只好把他捆绑起来抬到学校医院。

“起初我们以为他梦游什么的，想把他推醒，谁知道他更疯。”一个姓李的同窗回忆说，“混乱中我都被他踹了几脚，抱都抱不住，跟一头疯牛一样。”

“那时他疯癫得厉害，平时我们都是在电影里才看到发疯的情形，现实中还没见过，看到他发疯的样子，都快吓死了。”

“他那情况有点像中邪，因为他自言自语，说玉皇大帝什么的，但又像个疯子，翻箱倒柜，乱拉乱踹，恐怖得很。”

“他平时只是少点话，但行为举止都很正常，我们从来都没发现他有疯癫的病状，怎么就突然变疯了呢，他连尿都喝，真是不可思议。”

几个在场的舍友回忆起当时的情形，仍心有余悸，但对于平时好端端的苏颂突然发疯，他们都百思不得其解。

在学校医院打了镇定剂之后，苏颂渐渐觉得疲倦，慢慢平静下来了，但他马上又意识到自己不能就这样屈服，要将装疯进行到底。这样想着，他吃力地控制着自己仅有的一点意识，继续疯言疯语，大吵大闹。对于他的异常举动，校医也一筹莫展，初步诊断他神智不清，行为疯癫，又赶紧把他送到了合肥市的一所精神病医院。

“他当时被送过来的时候疯疯癫癫的，我们都没遇到过这样的学生，以为他真的是精神失常。”

苏颂被送进精神病院后，依然吵吵闹闹，举动疯癫狂乱，医生认为他的情绪极不稳定，便用束缚衣和束缚带将他绑在病床上，医生这一突如其来的治疗措施，一下子把苏颂吓坏了，只好慢慢平静下来。第二天，医生看他情绪得到了稳定，就安排他和其他病人一起活动，但医生喂他吃药的时候，他死也不肯，非常抗拒。

即使在精神病院里，苏颂也时刻没有忘记要默念“经文”，一有空余时间就默念，反反复复顿悟“经文”内涵。一天晚上，他在顿悟“经文”时，冥冥中突然想到了《转法轮》上讲的话：“真疯，修练的人是尿也敢喝，大便也敢吃。”他恍然大悟，觉得这是师父给他的暗示，是要他装疯装得更加彻底，尽快去掉对食物对身体的“执著心”。为了弥补自己因吃药而背叛师父这一过错，可以早日修得“圆满”，苏颂做出了更加荒谬的举动，竟然真的吃屎！

“医生过来查看我们的时候，我故意跑进厕所，拿起自己拉的屎就吞了下去，当时臭得我吐了几次，但是为了达到疯癫的状态，为了能精进，也不顾一切了，现在回想起来都觉得很恶心，真的无法想象当时自己的行为。”苏颂对于当时自己的荒谬举动无法释怀。

“我在精神病院工作了将近20年，什么病人都见过，但像他那样疯狂喝尿吃屎的病人我还真是头一次见。”现在已退休的郑医生对这个特别的疯子印象十分深刻。在郑医生印象中，一般精神病人都是无法控制自己而做出无意识的行为，而苏颂似乎是有意识去做的，只是这些事非正常行为罢了，当时郑医生也感觉到了苏颂的怪异，但一时又难以做出判断。

家里收到苏颂精神失常的通知后，吓得手忙脚乱，他父亲连夜从广州赶到了合肥。

“我儿子一直都很正常，怎么可能有精神病，肯定是你们搞错了！”苏颂父亲怎么也不能接受儿子变疯的事实，在精神病院里与医生大吵了起来。看见父亲后，苏颂又想到了李洪志《转法轮》书中所讲的“亲情考验关”，为了去除对家人的留恋之情，早日放下“名利情”，达到师父过关的要求，他竟装作不认识自己的父亲，当着父亲的面骂出侮辱自己母亲的话，甚至端起病人专用的痰壶喝痰，还拿起东西追打其他病人。看见自己儿子的这一系列疯癫行为，父亲彻底愕然了，这是他的儿子吗？这还是他熟悉的那个苏颂吗？父亲怎么也无法相信自己的眼睛，但事实就摆在他面前，这个疯疯癫癫的人就是他的儿子。父亲一下子软瘫在地上，泪流满面，痛不欲生。

“我当时到精神病院看见他那样，疯疯癫癫的，真的想死的心都有，他是单传啊，如果他真的疯了，我们苏家就彻底没了，我哪有脸面对苏家列祖列宗。”苏颂父亲说起儿子的疯狂往事，依然感觉后怕。

苏颂从小就是家里乖巧懂事的好孩子，看见老父亲那痛苦的样子，他内心其实十分煎熬，几次想放弃装疯。他想好好地喊声爸，想跟他说自己并没有疯，可是为了抛弃亲情的“执著”，为了“圆满”，他不能这样做，他需要坚持：忍忍就过去了，没什么大不了的，连“亲情关”都过不了，还修什么，只要我能“圆满”，还怕他们过不上好日子吗。这样想后，他咬了咬牙，继续装疯。

在装疯的这段日子里，向亲情妥协还是继续装疯求“圆满”，这种矛盾心理一直在折磨着苏颂。若选择前者，自己的“圆满”之路就彻底无望了，之前的所有努力所有付出都白费了；若选择后者，又与他从小到大受到的家庭教育背道而驰，违背了一个正常人的思想、道德和行为。这样煎熬的抉择，比他上学时遇到的任何一道选择题都要难上百倍、千倍，他显得进退两难，只要一静下来，脑海里就会浮现这样的矛盾，似乎总有个声音一直在拷问自己，甩不掉也抹不去。

精神恍惚，挥刀要杀父

苏颂在精神病院一个月左右，主治医生说他须回家静养，通知家人把他接回家。父亲赶紧去学校帮他办理了休学手续，把他接回了广州老家。

苏颂疯了的消息很快在村里传开了，一时成为村里人茶余饭后的热议话题。乡亲们怎么也想不明白，好好的一个人，怎么可能一下子就疯了呢。

“我们都不相信他疯了，他从小就是个聪明伶俐的孩子，又听话，学习又好，好端端的一个人怎么就一下子疯了呢。”村里一位姓林的老人家说，“不过我们去到他家一看，他还真的变成了另外一个人一样，自言自语，行为疯癫，都不像一个正常人，当时我们感觉，哎哟，坏了，这孩子还真疯了。”儿子突然变疯子，家里一下子乱成一团糟。全家老少都坐卧不安，心急如焚。为了不让唯一的儿子再出任何差错，父亲把工作辞了，母亲农活也不干了，两个老人暗下决心，把余生都放在这个唯一的儿子身上，天天陪在他身边照顾他。每一次苏颂发疯，他俩都在旁边守护着他，安抚他的情绪。怕他夜里做傻事，父亲决定跟他一起睡，天天晚上像哄孩子一样拍着他入睡。几天下来，二老头发花白了，脸上的皱纹也逐渐多了起来，变得很憔悴。看见这样的父母，苏颂内心十分痛苦，但他冥冥中觉得，要想“圆满”就必须有所付出有所舍去。这样疯狂装疯的日子，苏颂又持续了差不多一个月，可是，越是装疯，他就越是迷惘。

“我慢慢觉得有点不对劲，好像这条路有点行不通，感觉自己没有得到什么精进，还是老样子，所以我总是在想，是不是哪里出了问题。”这样的疑问，随着他装疯的持续而逐渐频繁出现，他开始怀疑法轮功，得不到师父的保护？那岂不是成了破坏“大法”的魔？想着想着，他对李洪志和法轮功产生了极大的恐惧，精神濒临崩溃。他已经隐约意识到，自己似乎真的要疯了，感觉精神已经错乱，一闭上眼睛就会出现可怕的幻觉，总是有一种邪恶的冲动。

在精神模糊、意志迷乱之时，他甚至要杀掉自己的父亲。

6月的一天夜里，苏颂从噩梦中醒来，神情惊慌。看见身边熟睡的父亲，他迷迷糊糊中似乎听到一个声音，越来越响亮，越来越急促：必须去掉最后的“执著心”，杀掉你父亲，杀掉他！

要杀掉自己的父亲，这是苏颂想都不敢想的事。他虽然很想过亲情考验关，尽快去掉“执著心”，早日精进，他也深知去掉“执著心”过程中必然要与亲人疏远，但他怎么也没想到要亲手杀掉自己的亲人。他心里认为，这是师父的暗示，是师父托梦给他的指示，这些“圆满”路上的所有“障碍”必须得扫除。这样想后，他大吐了一口气，迷迷糊糊中，他摸到厨房，拔起一把菜刀，轻轻走到父亲面前。

夏日的夜，特别宁静，苏颂就连自己轻盈的脚步都听得清清楚楚，“嗒嗒嗒”的声音一直在脑海里盘旋，越来越急促，越来越响亮。窗外，繁星闪烁，皓月当空，月色透过老旧的玻璃窗银光般洒在床边，苏颂清晰地看到了父亲那张早已布满皱纹的脸。顿时，他停住了脚步，脑海里突然浮现起父亲以往的点点滴滴，想起了小时候常常绕在父亲肩膀上嬉戏的温馨情景，想起了第一次去上学时父亲把他背到学校的尴尬往事，也想起了人生第一次失意时父亲耐心安慰他的良言箴语……这个从小到大为他遮风挡雨的人，这个他一直尊敬而又深爱的父亲，他感恩尽孝都还来不及，怎么能下手杀他呢？在疯癫与崩溃边缘，他心底里仅有的一点理性控制住了他，让他放弃了杀父的恐怖念头和行动。

试图杀父这件事之后，苏颂已经强烈意识到，自己精神好像真的出了问题，变得冷血无情了，也有些疯癫，他越来越反感这样的自己，想尽快结束这样的痛苦生活。

恍然大悟，走出邪教困境

“当时我们看到苏颂，他两眼呆滞，自言自语，口里不停默念李洪志的一些‘经文’，完全不像个人样，我们感觉到这个人已经极度痴迷，思想中毒很深，得赶紧让他觉醒。”一位姓李的社区工作人员说。

几次谈心后，苏颂精神慢慢平静了下来，他开始审视自己，回顾自己的所作所为：这一年多时间，一心一意学法、练功，置亲情不顾，置性命不顾，置前途不顾，毫无保留地按照李洪志和《转法轮》的要求去做，如今病没好，更没成仙，身体反而更差了，甚至给家人带来痛苦、折磨，这是我所追求的吗？苏颂一次又一次地叩问自己。在社区工作人员的帮助下，他看了很多关于法轮功的揭批材料，对法轮功有了全面的认识和了解，认识到法轮功所谓祛病健身和成仙成佛是骗人的伎俩，是子虚乌有的，对气功的调理身心作用也有了一个科学的认识，逐渐从法轮功的误区中走了出来，回到了正常人的现实生活。

抱不住的“佛脚”

他缓缓搬过凳子站在绳结下，准备把头放进去：“师父，你的法身要保护我在另一个世界继续练功，这个世界的人不理解，我要离开这里了。”

李泉，男，1952年生，韶关乐昌人，原乐昌铅锌矿工人，正值中年时经历下岗、丧兄之痛，加上贫病交加，从而走进了法轮功，从此深陷其中不可自拔，几近丧命。

下岗丧兄，迷失人生

李泉是韶关乐昌铅锌矿工人，他所在的矿场过去是数一数二待遇好的企业，矿场兴旺的时候他们的福利劳保让其他人眼红。可是1994年，企业改制，李泉下岗了。那一年，他42岁，孩子初中还没毕业。

几十年吃惯了皇粮，也习惯了这种什么都有保障的生活——旱涝保收，衣食无忧。工作了20多年，他只会跟矿石打交道，现在这年龄退休排不上，干其他的又不会，妻子一个人的工资家里开销不够。命运把他推到了一个尴尬的境地！他郁郁寡欢，每天躲在家里睡觉，长吁短叹，谁也不见。此时，李泉的大哥托人给他找了几份工作，他都不满意，借故推托掉了。最后他大哥出资给他开了个小店，卖点五金零件之类的。刚开始生意还算可以，谁知过了一段时间，开店的人多起来，竞争激烈，加上他这人性格内向，本来就不爱和人打交道，不主动与客户拉关系，情况就更糟了。小店维持了半年多，最后以亏本转让收场。

后来，他大哥通过朋友给他找了一份矿物检测的工作。老板人豪爽，开了高工资，比在矿场拿得多。李泉终于松了一口气，总算有个理想去处，可以高高兴兴上班了。

好景不长，才干了一年多，他所在的公司因业务发展要搬到江西，李泉不愿离开韶关，于是再次失业。生活又一次陷于混乱之中，他感到无奈，不过还好，经历过前一年的下岗打击后，现在他的心态没那么糟糕。妻子也安慰他不要难过，工作总会有的。

对，有大哥在，总会有办法的。他所住的房子也是几年前他哥帮忙争取下来的。下岗后经济紧张，他哥经常接济才使他熬了过来。

李泉的大哥，是家族里的骄傲。大哥比李泉大13岁，幼时接受私塾教育，后来读了师范，是乡里数一数二的知识分子。毕业后从政，仕途平顺。虽然兄弟俩年龄差距不小，感情却深厚。从小到大，一直是哥哥照顾他，从高中毕业找工作，到结婚住房，下岗后工作安排、生活接济，一直是大哥出力。可是1997年冬天，哥哥在毫无征兆的情况下突发脑溢血去世，倒在了工作岗位上，享年58岁。听到消息时李泉如雷轰顶，瞬间失去知觉。哥哥是他的依靠，哥哥走了，天也塌了。他曾在这片天里得到最好的呵护，现在一切都没了。

哥哥离世后，李泉开始整夜整夜地失眠，体重直线下降，精神状态极差，好像丢了魂一样。他一想起哥哥就掉泪，止也止不住。他变得颓废、消极、抑郁，就像生活在暗无天日的世界里的游魂。胃病经常发作，连颈椎病也有了，他感觉自己就像个废人，没有一点力气，每天都想睡觉，怎么睡都不够。妻子劝不动就吵架，他也不理，关起门来管他外面天翻地覆。

工作没了，大哥走了，李泉病了。这样的状况持续了一年多。

偶遇大法，欲做神仙

1999年春节，一位以前的工友上门探访。见到形容憔悴的李泉，工友大吃一惊，详聊之下知道了大概。这位工友介绍说有个叫法轮功的功法很好，他一个朋友的母亲练了一段时间治好了失眠，不妨试试。李泉一年多来被病痛折磨得人不人鬼不鬼，妻子早已怨声载道，长此以往也不是办法，不如试试。

3月的一天，李泉在中山公园散步时遇到法轮功练功点。一个年约60岁的老阿姨热情地给他介绍说这是法轮功，专门教人强身健体，做好人，师父很好，不收钱。李泉听到是工友介绍过的法轮功，有了兴趣。

第二天，他早早来到公园。练功人看起来都很热情和善，李泉每天准时到达练功点，从一招一式学起，半个多月过去了竟然学会了全套动作。除了早上学功，在家他也坚持练习，不知不觉他的睡眠有了改善，身体有点力气了，上下楼也没那么气喘吁吁。这让李泉很意外，也很惊喜。

练功的第三天，那位阿姨还给了他一本《转法轮》。初看《转法轮》，李泉马上被书上的内容吸引住了。书上说要想病好、祛难、消业，必须修练法轮功才能返璞归真，而且师父说的他出山的目的就是把人带到高层次。仿佛黑暗里遇到光明，李泉对师父崇拜得五体投地，认为终于找到了人生方向。他经常拿着《转法轮》，看了一遍又一遍，巴不得把每一个字都刻进脑子里。自从大哥去世后他以为这个世界早就没有什么可以依靠的了，遇到法轮功让他突然有了枯木逢春之感：“原来还有师父，还有法轮功可以让我脱离苦海。练功不是常人能做的事，我要让那些看不起我的人刮目相看，我有师父的法身保护身体一定会越来越好……”每天精进练功学法，李泉“进步”神速，就像打了鸡血一样兴奋。李泉还拉拢妻子一起练，妻子说家务都忙不完，哪有空瞎扯这些东西。

4月底的一天，妻子下班后慌慌张张地跟李泉说法轮功出事了，叫他不要练。怪不得这几天公园的人少了，消息灵通一点的功友说有人上北京了，去了不少人。接着听说韶关也有人上访，他们想向政府说明“真相”——法轮功好。大街上不少功友拉横幅向政府表态施压，可政府态度越来越强硬。

到了8月，妻子惊恐不安，苦苦哀求李泉不要惹事，千万不要出去练功，单位领导已经三令五申不准职工参与法轮功了。李泉心里不屑，那么好的功法能遇到是运气，不给到公园练，在家练谁知道？家里有书和资料，不影响我学习。师父说了“真善忍”，这个时候要忍住，把心性提高上去，把常人的欲望、不好的心都去掉，这样才能上层次。他好不容易上了一点层次怎么舍得放弃？

只是他有点不解，那些功友跑出去干吗？师父说了要“忍”，人家爱怎么说是人家的事，自己觉得好就可以了，他们怎么“忍不住”？不管了，各人有各人的路，以后在家练就是了，他也不想惹事，等过了这阵风头再说吧。

妻子见他身体尚可，而家里经济困难，儿子正在上大学，就建议他到外面找份工。李泉答应了，自从大哥去世以后家里生活陷入混乱，是该出去混混了。可是工作不好找，他身材瘦弱，重活干不来，轻活没人要。他干过载客、帮人看过店铺，工作很辛苦，工资低不说，还影响学法练功。

他换过几个工作岗位觉得还是做保安员比较合适，既不那么累，又可以看书练功，只是工资才五六百块一个月。迫于经济压力，无所依靠，他也只能硬着头皮去上班。

就这样，他时不时看看书，在家练练功，日子过得倒也平静。他很喜欢《转法轮》，翻来覆去不记得看了多少次。因为有时要值夜班，他的身体有点吃不消，时不时会感觉不舒服，妻子劝他看医生，他都是咬咬牙挺过去，师父也说了有病是“消业”。妻子和儿子对他练法轮功始终不放心，特别是儿子很反对，说学校宣传过法轮功是邪教。道不同不相为谋，他也懒得解释。他不会告诉儿子练功时出现过的神异现象，他感到整个人都飞了起来；还有打坐时曾看到金光闪闪的法轮在周围转，那感觉舒服极了……儿子长大了不用操心了，妻子和他吵吵闹闹一辈子，也没什么好牵挂的，现在只剩下法轮功这门大学问值得用余生献身。所以无论出于何种目的，练法轮功非常需要，也很有必要。妻子和他吵，他说不了两句就不理人，他想鸡同鸭生活在一起能有什么共同语言？练功人和常人能一般见识吗？

自从迷上法轮功，他很少和人来往。时间长了，原来的亲戚也疏远了。他巴不得这样，走动、聊天太浪费时间，连下楼买菜他都觉得最好一次买上半个月的，因为可以腾出更多时间钻研他的大学问。他连走路都不忘念叨“法轮大法好”。当然，这些他都瞒着家里人，主要是不想听太多啰唆话，浪费生命。何况一人得道，全家得福，等自己上到一定层次，他们自然受益，所以师父说把名利情放淡一点是完全正确的。连人这一层关都破不了，怎么做“神佛”？

当李泉沉浸在法轮功的世界里扬扬自得的时候，却不知道周围人已经发觉他越来越陌生。邻居们发现他不爱说话，木讷呆滞，喜欢一个人低头走路，招呼都懒得打。保安队里，他比较沉默，极少主动和人说话，对安排的工作倒还算负责，就是好像很忙，一下班就匆匆忙忙往家赶。妻子的感受更强烈，李泉和她分房睡，一回到家就关起门来不知道在倒腾些啥。妻子也知道他可能偷练法轮功，质问他又不承认。两个人除了吃饭在同一张桌子上，其他时间各顾各，形同陌路。儿子在外工作偶尔回家，父子间话也不多。儿子还怀疑父亲得了老年痴呆。

这种状况一直持续到2009年3月。

纸包不住火。3月7日那天晚上，李泉照例拿出《转法轮》看起来。这段时间颈椎又有点不舒服，可能跟自己不够用功有关，赶紧补上。他看得太入神了，没听到有人叫开门，这已经不是第一次了。新来的保安队长近来也接到投诉说李泉上班经常听不到人叫唤，让他留意一下是否上年纪了耳聋。保安队长那天晚上特意留下来观察，他走到岗亭前，李泉丝毫没有发觉。队长一把拿起李泉的书发现是《转法轮》，原来这家伙信邪教法轮功！保安队长直接报警，李泉就这样被抓进了派出所。家里人知道消息后大为光火。3月12日，政府相关部门出于教育挽救的目的，邀请反邪教志愿者对李泉进行帮教。

善念尚存，走出泥潭

一开始，李泉对反邪教志愿者非常抵触，他情绪低落，话少，自称没力气，身体状况欠佳，不愿意交流。习惯了每天练练法轮功，突然没功练没书看，让他像被蚂蚁咬着那么难受。这种感觉就类似于抽惯了大烟的人突然被强制戒掉，身体难以适应。练功依赖被剥夺，李泉出现了胃痛、关节不舒服、失眠的症状，时间拖得越长，他越难受，每天就想练功，不练功毋宁死。

拓 展

痴迷邪教行为，在行为医学中被归类为成瘾行为之一。成瘾行为包括两大类：物质成瘾与行为成瘾。物质成瘾大家很熟悉，如吸毒成瘾、酒精成瘾、烟草上瘾等；行为成瘾则包括痴迷赌博、高危探险、痴迷邪教、迷信成瘾、性行为成瘾、上网成瘾、传销成瘾等。成瘾行为表现为一种额外的超乎寻常的嗜好和习惯性，该嗜好和习惯性是通过刺激中枢神经而造成兴奋或愉快感而形成的。具体是指个体不可自制地反复渴求从事某种活动，虽然该活动会给自己或已经给自己带来各种不良后果，但仍然无法控制。如不进行该类活动则处于非常痛苦的状态。相对而言，某些嗜好对人无害甚至有益，如有人酷爱读书。病态的成瘾行为则会导致严重的心理卫生问题，危害个体和社会，且有戒断症状。如果发现成瘾行为，应该寻求专业人员的帮助。

儿子24小时贴身照顾，苦口婆心希望父亲回心转意，李泉根本听不进去，他扬言如果要他放弃法轮功他就不活了。练法轮功身体好了，才有力气赚钱，他甚至辱骂儿子不识好歹。

静下心来，他想着自己半生得意半生凄凉，现在的他生活贫困，疾病缠身，人生无望，名、利、情都可以舍下，却一直坚持练功学法，为什么还没有“圆满”？难道还有什么“执著”没有放下？此时，他想起李洪志“经文”《放下最后的执著》中要求“放下一切世间的执著（包括人体的执著）”，以及在多篇经文中强调的“放下生死你就是神，放不下生死你就是人”。原来，师父的考验是看自己能不能放下生死。想想以前那么艰难都熬过来了，现在为法献身的时刻到了。

一天晚上，李泉趁着家人不注意，把裤子打成绳结挂在卫生间的梁柱上准备上吊自杀。他缓缓搬过凳子站在了绳结下，准备把头放进去：“师父，你的法身要保护我在另一个世界继续练功，这个世界的人不理解，我要离开这里了。”就在这时，妻子破门而入，一把把他扯下来：“你宁愿要法轮功也不要我们了？法轮功比我和儿子都重要吗？”哭声响彻暗夜，李泉神情呆滞地坐在地上不知如何回答，脑子里只有法轮在转。

经历自杀未遂之后李泉似乎清醒了一些，他想：“师父好像没有法身保护我啊，否则怎么没让我直接到另一个世界继续练功？”更重要的是妻子那一句要亲人还是要法轮功似乎惊醒了他，本来信了法轮功是想让自己和家人都得福报，真要死了让孩子和老婆经历生离死别的痛苦，算不算“自私”呢？

他的困惑促成了他的反省。反邪教志愿者陪同李泉一起观看法轮功人员围攻中南海和天安门自焚事件的视频资料，有一名曾经的法轮功练习者讲述了自己参与中南海围攻事件的经过，如何接到通知，什么时间到哪里集合等都有人通知，很明显这是一起有组织、有预谋的事件，不像法轮功人员说的那样不参与政治。李泉默默地听，细细地想。

师父说不参与政治，事实好像没那么简单。如果围攻中南海是真的，那些同修闹得也太过了。志愿者还把李洪志遥控指挥的凭证——机票影印件拿给李泉看，把李洪志做过阑尾炎手术等事实告诉李泉，原来师父不能自保，看来练功身体好了是自己坚持锻炼的结果。偶像形象一点一点坍塌，李洪志根本不是神，而是个地道的骗子！

经过反思，李泉终于从法轮功的泥潭里爬出来，经历脱胎换骨的重生。原本以为抱住了“佛脚”，不料抓住的是烂泥，脏了一身不说还扣上了邪教徒的帽子。一日练功，10年痴迷，幻想得道，反堕歧路。从法轮功里走出来后，李泉好像从一个暗无天日的世界里回到了阳光下，生活恢复正常了，脸上也有了笑容。

关键先生的关键决定

既然我这个肉身是父母给的，现在我就还给他们！我要削肉还母，削骨还父！说时迟，那时快，关键先生立即冲向厨房，伸手就去抽那把锋利的菜刀。

关键，男，1979 年 12 月 20 日出生于广西壮族自治区桂平市偏僻农村，汉族，大专文化。由于家境穷困，体弱多病，自小受到过分溺爱，族人寄予过高期望，致使关键性格怪异，幻想有朝一日飞黄腾达，光宗耀祖。关键 17 岁接触各种气功，19 岁开始习练法轮功，逐步陷入痴迷境地。他痴狂至极，乃至险些用菜刀削肉还母、削骨还父，企图了结生命，彻底气疯了母亲。更为可悲的是，父亲患上癌症，他坚决反对治疗，最后导致父亲不治而死。

掌上明珠，养尊处优

关键先生在家族里享有很高的“地位”。他父亲文化程度低，母亲是一个迷信色彩浓厚的文盲，本来兄弟姐妹 7 人，4 男 3 女，大哥和大弟都早年夭折，他排行老二。虽然排老二，却是大家族同辈分里的长孙，所以一直被爷爷以“长孙当晚仔”来宠爱着。关键的爷爷和父亲都是单丁独苗，而且父亲的第一个男孩早夭，关键出生时就是一个胖娃娃，不久就因体弱多病，消瘦得厉害。父母为了保住他的小命，急忙找个当地“德高望重”的算命先生占上一卦，因所谓“投胎星宿大于父母”，为了防止克父克母，不能称父母为“爹、娘”或“爸、妈”，必须称为“阿兄、阿嫂”。就在关键满一岁的时候，家族长辈在他面前摆放了铜钱、毛笔和剪刀，他伸手就抓取了毛笔，当时族人马上群情激动，一致认为他读书一定有前途，是“文曲星”入命，以致他自小就头顶“光环”。受农村重男轻女思想的影响，他从呱呱落地到青少年就一直得到爷爷、奶奶、契伯伯、契叔叔和所有胞姐、堂姐的疼爱，父母更视他为掌上明珠，宠爱从来有增无减，可谓家族地位“尊崇”。这种尊崇的感觉，在沉迷法轮功之后的他认为，正符合李洪志宣扬的“无求自得”等理论，顿时他对师父佩服得五体投地，觉得师父真是有先见之明啊！

关键先生自小也很争气，为家族赢得不少的荣光。从9岁读小学三年级到16岁初中毕业，年年当班长，每次考试都名列前茅。因为成绩好又稳定，19岁那年高考，他领取了广西玉林师范学院数学系大专班的录取通知书，还嫌弃数学专业而不愿意就读。在那个年代，大学毕业后国家是包安排工作的，而且当老师还比较吃香，放弃就读，无疑就等于白丢了这么好的“铁饭碗”“香饭碗”。在这样关键的节骨眼上，父母和大多数亲朋好友都极力劝阻，但决定权最后还是在关键手里，第二年他报考时，毅然把专业从原来的理科改为文科，竟然顺利成为广西玉林师范学院文秘系大专班学生。就凭这样的学习成绩，他使得父母在乡亲们面前脸上有光，也引来同村同龄人的无比羡慕。

关键先生在家庭这个“蚁窝”里，俨然就是养尊处优的“蚁王”。家庭的所有事务，仿佛都在围着他转。由于关键从小就娇生惯养，他一切都以自我为中心，形成了“家庭为我是天经地义的事”的观念；同时在各种各样的期望下，他希望自己有朝一日能飞黄腾达，光宗耀祖。

误入邪途，灵魂受毒

关键先生一家7口仅靠田地里的收入维持生计，家庭环境极差，经济非常拮据。用关键自己的话来表述，就是“只能用极度贫寒来形容了。父母所住的屋顶一半是泥砖瓦，一半是单层预制板，每逢大雨必定漏水”。关键自小就比较自卑，但是在内心里总是渴望自己能不鸣则已，一鸣惊人。

机缘巧合，关键先生从10岁起就开始习练气功，先后习练了张宏堡的“中功”、张香玉的“香功”和严新的气功，希望能跟香港武打片中的武林高手一样飞檐走壁，或者获得什么特异功能。时间一晃就是两三年，可惜他一点长进都没有，还是跟身边的同学一样，凡人一个。

1999年5月，他在广西桂平市第一中学复读高三。有一天，他闲着没事，就到学校附近的书店里逛逛，随意地在气功类书目里翻。突然，他看到两本书名与众不同的书——《中国法轮功》（修订本）和《转法轮》，他就像铁块给磁铁吸引住了。他不禁想，周围的人都在习练气功，假如这本书的功法奇特，我不是可以炫耀炫耀啦！他一下子忘记自己家穷，身上的钱本来就不多，左衣袋右裤袋地勉强凑齐了书款，把两本书一起买了下来。跟他一起去的冼姓同学见状，也跟着买了两本。

两个人乐滋滋地回到学校宿舍，连忙翻书认真学习起来。冼姓同学刚读了几页，就说头疼，很难理解，不久就把书给扔了。可关键看着看着却入迷得很，好像中了邪一样，当天晚上立即在宿舍“开夜车”至凌晨，打着手电筒躲在被窝里一口气就把那本《转法轮》读完了，细细品味，读到“奥妙”之处还在书中做了重要批注，学习心得可谓“惊天地，泣鬼神”。因为如此，后来，他俩命运迥异，人生往往就是这样，虽曰天命，岂非人事哉！

关键先生回忆说：“当晚我马上就有了奇妙的感觉，迷糊中做了一个梦，梦见自己身上有一个椭圆形的光圈保护罩，恶鬼见到我都很害怕，接着有个外星人找到我，我们相互握手进行思维传感，外星人告诉我要找到圆明公主，她是我前世有约定的人，最后，我在老家坐着一个硕大无比的‘法轮’升天飞走了。”

由于李洪志说梦也是“真实”的存在，在“另外空间”比现实还要“真实”，所以他当时天真地认为这书会使自己变得强大起来，能够学到神通异能，而且不会得病，修练成功后想要什么就有什么。他如获至宝，心想谁也别想从我手中夺走这么好的天赐良机。

在法轮功的“启迪”下，他还把以前学过的其他气功书刊当成是干扰自己“得法”的“魔”，冲冠一怒，将其付之一炬；并竭力劝说其他同学也要把气功书刊清理干净。高考结束后，有一次，关键的小妹将家里的法轮功书刊全部烧毁，仅有一本《辅导员答疑》幸免于难。小妹还嘲笑李洪志根本无法保全自己的功书。对此，关键很生气，本来就受李洪志煽动而不满的心，开始仇视社会和家人，并暗下决心要凭着“真善忍”坚持修练到底，修练不成功绝不罢休。

1999 年 9 月至 2002 年 7 月，关键先生就读于广西玉林师范学院文秘大专班。这时，政府已经明令取缔法轮功。学院有时候开展反邪教活动，他就表面上跟随大家一样批评声讨李洪志，暗地里却静静地研读法轮功歪理邪说，偷偷地习练几套“动功”。随着读练时间的不断推移，他的人格开始逐步分裂，思想言行慢慢地被邪说的精神所控制。在法轮功邪教宣扬的“去掉情的执著”“消业”等邪说的影响下，他开始对家人和他人变得感情冷漠，麻木不仁，甚至残忍成性。

最令关键先生后悔至今的是他扼杀了一段纯洁的爱情。当时，学院里有一位温柔漂亮的女同学阿秀主动向他示爱，本来可以攀上高枝的他却以法轮功诸如“人间俗气的爱情”等理论冷漠无情地予以拒绝，令这位情窦初开的女生痛不欲生。后来，当他彻底醒悟后回忆往事，他说：“如果往事可以重来，我一定会珍惜这份爱情，我的历史可能将会从此改写。”

2002年大学毕业后，关键先生拒绝当老师，而是谋求自主就业，想闯一番大事业。可是，理想很丰满，现实却骨感，多少让这位刚走出校门的天之骄子感觉到世界的寒意。他先后在广州、东莞、中山、珠海、深圳、佛山等地到处流落和打工，10年就更换工作单位19次，还曾经被骗进黑工地，工资拿不到手，还要倒贴费用。他考虑在哪里打工的唯一条件是“是否有让我练功的环境存在”。只要有人发现他在偷偷地习练法轮功，并有举报他的可能，就算工厂待遇很好，老板也信任，他都会义无反顾地选择离开，甚至连工资都不要就不辞而别。

为什么当时没办法打一份长工呢？关键先生通过反思，是这样回答的：“我练法轮功之后，人格分裂得很明显，受到法轮功诸如‘不二法门’‘消业论’等歪理邪说所控制，我故步自封，不思进取，愤世嫉俗，精神恍惚，在处理工作、生活、情感、人际关系等方面经常是一塌糊涂，令人感觉莫名其妙，人人避而远之。打工10年，我总是把自己关在最黑暗的角落里，我的出租屋从来不搞卫生，很少有朋友来往。所以，只好东家打一会，西家干一阵，漂泊不定。”

因为法轮功说要放下亲情，而且家里人也极力反对他练功，所以他对父母和兄弟姐妹的亲情淡漠得几乎荡然无存。从2002年至2012年在外打工10年，他仅在春节期间回家看望父母3次，每次总是感觉“道不同不相为谋”，很不自在，恨不得快点离开。

自从习练法轮功，他认为那些阻止他“练功”的人就是李洪志所说的

“魔”。他家7口人，6个反对他习练法轮功，所以家里除了自己，其他都是“魔”。他对党和政府的怨恨心也随着自己认为一直以来“受尽折磨”的境遇而变得越来越狂躁，在愤怒之下他把自己的党校培训结业证书一把火烧掉，将家中所有与党和毛主席有关的书刊统统销毁，还多次强烈劝说当过村生产队长的父亲一定要退出共产党。后来，关键经常利用电脑、网络、QQ、网络空间大肆宣扬和散播法轮功邪教资料，习惯性地在网上直接造谣诽谤中国政府，或者转传法轮功网站诋毁中国政府的资料，还刻录和非法传播宣扬法轮功的光碟，严重危害了社会安定。

执幻为真，疾病缠身

在李洪志的吹嘘下，关键先生相信法轮功是“神功”，可以让他达到“青春常驻，长生不老、不死”的神奇境界。李洪志在《气功与体育锻炼》中极力贬低体育锻炼对强身健体的重要作用，吓唬信徒说体育锻炼加快了细胞的“排泄”，从而缩短了人的寿命，只有练他的“神功”，才可以练出一个“金刚不坏之体”。正是在这种歪理邪说的误导下，关键尽管历来体弱多病，但再也不敢去参加正常的体育锻炼了，所以身体素质越来越差，疾病越来越多。更为致命的是，他迷信李洪志鼓吹的修练法轮功就不会有病的一套理论，把疾病症状理解为“消业”的反应，并认为只有“消业”和“吃苦”，才能“得德，长高功”。所以，关键经常暗地里自虐，残害自己的身体，即便生病也自欺欺人，讳疾忌医，执迷不悟。

2008年以后，关键先生一直沉浸在修练法轮功中，经常出现各种各样的幻觉。曾经梦见自己身体在另外空间里的“婴孩”，梦见“法正人间”的幻象，并执幻为真，经常进行自我暗示——“正法必成！”在李洪志有关“属于‘大根器’之人功修得高，要吃的苦也多”等邪说诱导下，他联想自己从小就经历很多苦难，加上算命先生说他是“大有来头”的人，就更相信他就属于李洪志所说的“大根器”之人。李洪志说这样的人是注定要来“得法”的，师父对这部分人早就安排好了，所以，关键先生是已经被选定的了。

在强烈的心理暗示下，关键先生中毒更深了。他长期在外漂泊，住的地方潮湿阴暗，不注意保养身体，以致经常止不住地咳嗽。但他觉得这是“业力”返照出来的，只要通过修练就能彻底消除；况且自己是“大根器”之人，这种小毛病根本不用放在他的“法眼”里；按照李洪志的说法是不能吃药治疗的，所以就这样一直拖着，直至病情恶化。

关键先生回忆说：“2009年至2011年期间，我基本上天天都要高强度地压迫双腿来盘腿练功，致使大腿内侧和屁股都压出黑压压的一大片皮癣，还得了肺结核。但我不以为意，认为是‘消业’的正常反应，所以不看医生，也不吃药。那几年，我真的是病魔缠身。现在，我的肺结核还没能痊愈。说真心话，我太后悔了。”

削骨还肉，气疯母亲

关键先生从小胆小怕事，喜欢像小鸡跟着母鸡一样一天到晚黏着母亲。但是随着他慢慢地长大，从家族人的话里得知自己母亲有些精神分裂的症状，不会带孩子，就对母亲产生了厌恶的感觉，觉得她很“肮脏”，连她碰过的东西都很“肮脏”，感觉很“恶心”。当照镜子的时候，他感觉自己长得像母亲，就非常痛苦，他憎恨自己的母亲，更加憎恨自己。

由于受李洪志“去掉对情的执著”和“不拜祖先，不拜神”思想的影响，他觉得自己不是一个“常人”，因此变得越来越傲慢，看不起自己的父母，更看不起身边的契伯伯、契叔叔和堂兄弟姐妹们。

2008年初，那是一个春暖花开的时节，关键先生28岁了，因为他的无情，已经跟3个女孩分了手，还未带过女朋友回家，这对于家在农村的父母来讲，能不着急吗？母亲通过别人的多番介绍，终于物色到一个觉得还不错的女孩子，马上叫儿子回家相亲。

接到电话后，关键先生极不情愿，迫于父母的三催四逼，他只好厚着脸皮向公司的工友借了一点钱，回家相亲。女孩家见关键招呼客人态度冷淡，不善言语，就有点不高兴，又了解到他外出珠三角地区打工6年多，居然身无分文，不禁起了疑心，怀疑他是社会上的小混混，或者是个低能儿。相亲进行了小半段，关键就开始“弘法”，一听他是习练法轮功的，女孩立即脸色变黑，起身告辞。

他父母气得火冒三丈，父亲直指着关键先生的头大骂他是“不孝子”，母亲蹲在一旁哆嗦着喃喃自语：“老天爷啊，我们造了什么孽啊，家门不幸啊！”关键则暗喜——终于把这女孩撵走了。

第二天早上，本来就有间歇性精神分裂症的母亲经受了整夜的煎熬，终于受不了这样的打击，开始胡言乱语，有时候还手舞足蹈，精神完全失去了控制。关键先生把母亲彻底气疯了！从此之后母亲一直未能康复，至今仍然住在精神病院里。

母亲被气疯的消息不胫而走。关键先生的二舅和契伯伯、契叔叔们闻讯都赶过来看望。他们过来以后，开始轮番对关键进行批评教导，但这些语重心长的话语却让关键觉得非常刺耳，还觉得自己很委屈。一直沉默的关键突然站起来大声反驳：“钱财、爱情、亲情，这些都是人间的东西，按照‘法轮大法’的要求都是要放下的。我没有错！既然我这个肉身是父母给的，现在我就还给他们！我要削肉还母，削骨还父！”说时迟，那时快，关键先生立即冲向厨房，伸手就去抽那把锋利的菜刀，想要削下骨肉，了结生命，还清人间“业债”。幸好他契叔叔迅速把他抱住，才没有酿成惨剧。回想荒唐往事，关键现在还心有余悸：“如果让我拿到菜刀，当时在法轮功愚昧疯狂思想的驱使下，我的举动将不堪设想，造成死伤的很可能不只是我，过来劝阻的亲友们也可能会倒在地上，场面肯定是血淋淋的！”

反对治疗，父亲病逝

关键先生读书成功的背后，蕴含了父母和家庭长年累月的辛酸。父母一心想要把关键培养成才，倾注了毕生的心血，为的是期望他不用再像自己一样一辈子奔波劳累。在家庭非常困难的情况下，父亲在农务之余，不分白天黑夜地到处去抓毒蛇和青蛙，为的是想攒下一些钱，可以为关键先生缴纳“择校费”，供他到县城里读书。第一次高考成功时，关键先生嫌学校不好而放弃就读，父亲虽然心里不太满意，但最后还是尊重儿子的人生决定，继续咬牙攒钱，让儿子复读。母亲也勤干农活，还尽可能地找些手工活，补贴家庭日常开销。

“天有不测风云，人有旦夕祸福。”关键先生父亲由于长期劳累，终于病倒在床。经医院诊断，确定为癌症中晚期。在长期生活在荒村僻野的人们看来，这意味着命不久矣！

亲朋好友闻讯后都非常悲伤，唯独关键先生很气愤，他冲着父亲大喊说：“叫你练法轮功你不听，现在后悔都来不及啦！”

这时，关键先生的爷爷立即召开家庭会议，商议怎样安排医治。大家纷纷表示所有亲朋好友都要慷慨解囊，筹集足额资金后，马上送其到医院化疗。除了父亲之外，关键既是小家庭中最年长的“大男子”，也是家族中的最高“知识分子”，更是在此关键时刻做出决定的“关键人物”，所以，最后大家的目光都聚焦在他身上，要他定夺主意。

这时，关键先生却坚决反对送父亲去医院化疗，说父亲需要“消业”。当时其父也已经病入膏肓，加上家境十分穷困，其父也不想再“折腾”，主动放弃医治，最后痛苦病亡。

对于父亲的去世，关键先生在醒悟之后很后悔，他说：“我是一个忤逆不孝之子！父亲为了我成长，为了我治病，为了我上学，倾注了毕生的爱和心血，他宁可自己节衣缩食，也要帮我缴纳昂贵的择校费。而我，在他生命垂危之际，却受邪教蛊惑，不让他到医院治疗。我没能给父亲吃一顿好饭，穿一件好衣服，如今自己也因误入歧途而一事无成，碌碌无为，我真的对不起父亲啊！”

迷途知返，下跪谢罪

2013年3月，对关键先生而言，是幸运好日子的开端。机缘巧合，他认识了几位好心的社区志愿者，终于有了认清法轮功邪教本质的好机会。在他们热情耐心的帮助下，他知道了法轮功发展的过程，了解了“天安门自焚事件”和法轮功学员自杀、杀人等事实的真相，弄清了法轮功所有“经文”的错误和矛盾；通过邪教与佛教的对比，看穿了李洪志利用佛教包装法轮功而把自己装扮成救世主的虚伪，清楚了法轮功投靠反华势力的事实；通过对气功知识的学习，清楚了自己幻觉的来龙去脉；通过对传统文化的学习，构建了自己正确的世界观、人生观、价值观。同时，他更认清自己自私和愚昧的嘴脸，认清了自己所造下的罪孽。

关键先生迷途知返后，痛哭涕零："我这个认识过程是非常痛苦的，就好像把我身上的皮一层一层地剥掉，我不记得哭了多少回，每当发现法轮功的一个致命错误，我就深深地被刺痛一下，我感觉自己太无知太愚昧了。我非常感谢恩人对我的挽救，让我有了新生的机会。如果有机会，我一定要用自己的经历来劝说还在邪教泥潭中的朋友，帮助他们解脱出来。"

2015年6月，在一个阳光灿烂的日子，关键先生从广东回到老家广西桂平市。当了村主任的堂哥早就在村口等着他。堂哥告诉他，他母亲目前在当地的精神病院里，兄弟姐妹们都外出打工了，一切都还算平静。他们还商量着如何解决关键的工作和生活问题。

堂哥带着关键先生去看望母亲。这时，儿子给母亲轻轻地一勺一勺地喂粥，他们默默相对竟无言。

他们又上了山，来到关键先生父亲的坟头。关键不禁热泪盈眶，"扑通"一声跪了下来，大喊一声："爸爸，儿子回来了！"

法轮功学员为何自杀、杀人现象频现

■ 广东省反邪教协会 陈文汉

对于法轮功学员中不时出现的自杀、杀人等惨剧，法轮功组织总是着急地“划清界限”，如拒绝承认天安门自焚的学员为“大法弟子”，把除魔杀人、自剖找法轮的弟子归因为练功不精、不够虔诚、被“旧势力”所害等。其实，只要对李洪志的说辞稍加分析，就能找到惨剧发生的根本原因。

一、引导信众“放下名利情”，变得泯灭人性

为割舍信众与正常社会的联系，去除对信众实施人身控制的障碍，李洪志处心积虑地迫使弟子放下人的欲望和感情，把他们变成无情无义的行尸走肉。他在《转法轮》中说：“修练就得在这磨难中修练，看你七情六欲能不能割舍，能不能看淡。这个情要是不断，你就修练不了。”在《转法轮法解》中说：“人能在世上活着，就是为一个字：情！……亲情、友情、爱情、父母之情，一切的一切，人的一切都来源于这个情。那么这个情可以产生所有的“执著心”……那么人具体修练就得去你这个心，逐渐地磨淡，你磨没了更好，因为它是层次的体现。”在《法轮大法·精进要旨》中，李洪志更直接点明“亲情”是大法的累赘，他说：“执著于亲情，必为其所累、所缠、所魔，抓其情丝搅扰一生，年岁一过，悔已晚也。”在李大师连骗带吓的不断灌输之下，许多法轮功学员逐渐把自己修练成没有情感的“冷血”动物，躯体只不过是一副妨碍他们升天成仙的臭皮囊，如此“累赘”之物，哪里还有什么珍惜可言。

二、教导信众“放下怕心”“放下生死”，变得视生命如草芥

我们每一个人来到这个世界上，都会有畏惧之心，从小我们受到的教育就是为人要心存敬畏、有所畏惧，行有底线。可是李洪志却一再唆使其弟子“放下怕心”，强调“怕心”是区分“人”与“神”的标准。在《走出死关》中，李洪志把“怕心”称作“人走向神的死关”，说“你没人心了你就是神”，他不停告诫弟子，“抱着常人的怕心或者是不纯的念头，都不能达到目的”，提醒说“任何一个怕心本身就是你不能圆满的关，也是你向邪恶方向转化与背叛的因素”，“可是有没有怕心，却是修练者人神之分的见证，是修练者与常人的区别，是常人一定要面对的，也是修练者要去掉的最大的人心”。他在《瑞士法会讲法》中训斥弟子怕杀生：“我说既然能够做到放下情，放下名、利，那么何不把怕杀生的本身也放下呢?”又教导弟子无视生命：“放下生死你就是神，放不下生死你就只是个人。”人一旦没了感情、漠视生命，发生自杀、杀人等恶性事件就只视乎是不是遇到合适的时机和需要了。在他的教唆之下，“大法弟子”佟岩认为“把女儿杀了就能修成佛”，将年仅 6 岁的女儿徐澈杀死在床上，不少法轮功学员为求“圆满”“白日飞升”变“神仙”，竟挥刀自杀、自残，也就不足为奇了。

三、把杀戮美化为“善解恶缘”，诱发信徒的暴力冲动

李洪志为颠覆信众的正常伦理观，减少因接受大法思想而可能产生的认知失调，竟告诉弟子：“如果一个大的生命被人杀死……被杀的生命所以得到的补偿要比自己在人中得到的相比之下，无法比。那么这就是善解了恶缘。”又说：“你们有一部分伤害的生命将在你们天实圆满的世界里成为你世界的众生，就把这件事情变成了好事了。如果被伤害的生命它知道：噢，我将去佛的世界，它会挺着脖子让你杀它，它会高高兴兴让你杀它。”在李洪志颠倒是非的教唆下，一些“大法弟子”为“度人”大开杀戒，连经常陪伴在他们左右的亲人也成为他们“救度”的对象。如 2001 年 11 月 25 日，北京市西城区法轮功弟子傅怡彬在家中用菜刀将其父亲和妻子当场杀死，将其母亲砍成重伤。案发以后，记者采访他时，他解释说：“我把他们杀了，整个我们一家，修练成了以后，到了极乐世界，永享欢乐，”说

“家里面我唯一的惦记，可能就是我的父母，还有我的爱人。现在这点心愿我也了了。”当被问及“你这算不算大逆不道?”时，他回答说：“我想这种事情，要看你站在什么角度上看问题。站在儿子、丈夫的角度上，面对的是父母、妻子，是大逆不道；如果站在国家角度上，那是违法犯罪；如果站在‘大法’的角度上，这是人间正道。我是站在‘大法’的角度做这件事的。”

四、制售“除魔”说，促使信众面对阻拦时举起屠刀

在法轮功不断传播发展的过程中，其颠倒黑白、是非不分的歪理邪说逐渐被多数人认清，许多人在亲情感化和社会教育下脱离法轮功，重回人生正常轨道。李洪志深知亲情感召是其传播法轮功的巨大绊脚石，所以一而再再而三地告诫弟子要放下亲情、度“亲”上天，甚至担心这样不够彻底，还要进一步教唆弟子杀“亲”除魔，以维护大法。他说，“家里人可能有魔一类的控制着”，“谁破坏大法，谁就是魔。大逆之魔就是该杀的了”。为了煽动弟子，李大师甚至“以身作则”、为弟子树立“榜样”，亲口说出“我的母亲是魔”等背弃亲情孝道的话。在李洪志的诱导下，许多弟子为了早日实现“圆满”，把血肉相连的亲人视为必须斩杀的“大逆之魔”，必欲除之而后快。如河北省承德市不满18岁的李亭认为阻碍自己练法轮功的父母是“魔”，他要“除掉两个魔”，趁父母熟睡，用30多厘米的尖刀杀死了自己的亲生父母；江苏省吴江市供销社职工吴德桥，认为出来制止自己练功的妻子是“魔”，竟狠心用菜刀将妻子砍死。就这样，一条条鲜活的生命无辜被害，不幸成为李洪志及其法轮功发展传播路上的冤魂。

五、声称在弟子体内“下法轮”，导致信众剖腹自残

“下法轮”的心理暗示也是法轮功学员自杀、自残的一个重要原因。在李洪志的诱导下，法轮功弟子把自己身体剖开寻找“法轮”的案例屡见不鲜。李洪志说：“我们这套功法是在小腹部位修练一个法轮。我在讲法轮大法的时候，我们要陆陆续续给大家下法轮的，有的人有感觉，有的人没感觉。”又说：“我给修练者下在小腹部位的法轮每天24小时旋转不停。”在法轮大法的世界里，弟子们那被剥夺了感情和欲望、早已天不怕地不怕的躯体里，竟然装着一个叫“法轮”的宇宙之宝，这些急于精进的弟子们谁不想迫不及待地把它拿出来欣赏欣赏、炫耀炫耀呢，就算割的时候有点痛，对于已“放下生死”有如行尸走肉的“大法弟子”而言，那点皮肉之苦又算得了什么呢。就这样，在李洪志的欺骗和心理暗示下，有的信徒产生精神幻觉，迫切希望看到“法轮”，上演了一出出惨不忍睹的剖腹惨剧。如，1998 年 9 月，华北油田职工、法轮功痴迷者马建民用剪刀剖腹寻找“法轮”失血过多死亡；2010 年 2 月，哈尔滨法轮功练习者金洙德在“练功”时出现幻觉，认为师父的“法身”出现并告诉他身上的“法轮”锈住了必须拿出来擦亮，于是找来剪刀剪开了肚子，抢救无效身亡……只可惜他们最后看到的还是无异于“常人”的器官，那个“具有无比威力”的“法轮”只不过是水中花、镜中月，是李洪志许给他们的一个天大谎言。

由此可见，在李洪志的诱导下，法轮功学员自残、自杀甚至杀人等现象频发是那么“顺理成章”。

法轮功把他的家庭推向绝境

李珍把所有的希望寄托在“神功”医病上，不相信医院能治好她的病。其实子宫肌瘤导致出血，及时手术根本不至于丧命。可怜小病拖成大病，大病要了命，李珍到死也想不到自己如此虔诚，却成为法轮功的牺牲品。

李常，男，1951年生，南海和顺人，初中文化，佛山南海供销社原下岗职工。1995年末，李常开始接触法轮功，并向周围熟悉的人传播，成为当地法轮功辅导站辅导员。身为家中长子，他把母亲、姐姐和两个妹妹都发展成为法轮功练习者，导致其中一个妹妹拒医病亡。

因病得“法”

说起供销社，上了一定年纪的人一定印象深刻。它在物质匮乏的计划经济时代无人不知、无人不晓，它连接上下、沟通城乡，稳定物价，促进流通，是无数人艳羡的“肥水”部门。然而随着市场经济的发展，物质日益丰富，人们不再依赖供销社购买日常所需，供销社的地位悄然发生转变。20世纪90年代，供销部门转制，下岗大潮扑面而来，李常就是在这阵浪潮中被拍打上岸的一个。

70年代中期，从部队转业后，李常被分配到当地玻璃厂，因为工作努力，脑瓜子灵活，上进心强，被父亲一个老朋友看中，调到供销社。这让李常如鱼得水，兴奋不已。他是家中长子，除了一个姐姐，还有两个弟弟和两个妹妹。工作后他一直担负着帮父母照顾弟妹的重任，工资基本都上交，分文不剩。去了供销社，他把分到的各种米、油、牙膏、香皂之类的物品都往家里搬，父母看在眼里，甜在心上，把他当成了顶梁柱。弟弟妹妹们也因兄长的身份沾光，对哥哥敬佩有加、言听计从。就这样，在他的关照下，弟弟妹妹长大成人，各自成家，李常却在改革大潮中下岗了。

为了维持生计，下岗后他承包了几十亩鱼塘，最终经营不善被迫关门。心情郁闷之下他结交了一帮游手好闲之友，沾染了很多不良习气。90年代珠三角乡村，经济蓬勃发展，赌博之风也随之盛行。经营鱼塘亏本，李常消极之余竟想借赌发达，梦想一夜翻本。人的贪欲一旦失控就像潘多拉的盒子打开了，关也关不上。无业在家，他和赌友一起夜以继日地聚赌，还沾上了抽烟、喝酒等不良习气。

经常熬夜、作息无常、放纵无度，1995年春，李常的身体出现毛病，经常心绞痛、冒冷汗。开始他不以为意，但是病痛却不随他的意志转移，心绞痛频率越来越高，膝盖关节也出现问题，行动上变得迟缓，还失眠腰痛，看病吃药收效甚微。有个做医生的朋友劝他学学气功，对身体有好处。刚好一个住在广州的原单位同事身体不好，要去气功班学习法轮功，于是让李常和她一起做伴，李常抱着试一试的心态去了。

这一去彻底改变了他的人生轨迹。接触法轮功以后，李常进入了亢奋状态，天天练功打坐，他的心绞痛竟然没那么严重了。这个神奇的功法好像一下子改变了他的生活，不吃药、不打针，最重要的是不花钱就能把病看好，还教人做好人。吃喝嫖赌的生活时间长了确实有点厌倦，法轮功教他突然找到了“方向”。他平常本来就喜欢研究风水、看相这些江湖术士之道，喜欢和人谈些玄虚神幻之事，法轮功非常符合他的胃口。他带回一大堆书，热情地向周围的亲戚朋友推荐，还协助成立当地辅导站，做了辅导员。

他首先教家人学法轮功的动作。父亲年事已高，老记不住，嫌麻烦放弃了；母亲学了一段时间，有时记得有时记不得，三天打鱼两天晒网；姐姐和妹妹们倒是好徒弟，特别是两个妹妹，从小就很听哥哥的话，加上女人生过小孩身体这不舒服那不舒服的，听哥哥说法轮功好并且亲身验证过，肯定错不了，所以学得特别认真。

接着，他向周围的邻居、熟悉的朋友、同乡卖力推荐这个神奇“新气功”。为了方便和功友联系，他搬进原单位分配的房子独居，老婆孩子也不管了，天天练功打坐，向功友传授此功法的“秘籍心要”。他教会同村的吴锦豪、叶光良等20余人，不认识的邻村或“慕名前来”讨教的就更多了。他投入大量精力研究《转法轮》，越看越欢喜，仿佛找到了拯救世界的唯一神药，他相信有了法轮功自己就能走上金光大道。

一下子坐到了“练功人”的位置，和“常人”拉开一大截距离，李常有点飘飘然。他那学了法轮功“高人一等”的错觉好像一下子把下岗后的不如意、挫败、肮脏全部洗白了。

就这样，他一边贫困潦倒，一边如火如荼地开展着他的辅导员生涯，成了周围练功者的核心。没钱了他就跑去帮人修煤气灶、小家电以维持生活。有空了他就呼朋唤友一起练法轮功，谈心得体会。因为他最早学会，又肯下功夫钻研，所以每次聚会总是滔滔不绝，头头是道，让其他练功者佩服不已。下岗前那段受人尊重、周围人都围着他转的时光好像又回来了，他很享受付出被认可、以自己为中心的感觉。

上蹿下跳

后来，法轮功迅速蔓延，各地相继出现练功者自杀自残、围攻政府及媒体单位等恶性事件，造成了极坏影响，1999 年 7 月 22 日法轮功被依法取缔。李常和一帮练功者非常气愤，觉得肯定是政府搞错了。于是他们商量响应李洪志的号召上京护法，意外的是在广州火车站被发现截回。

2000 年 6 月，眼看法轮功组织遭到重大冲击，练功者人心惶惶，李常再也憋不住了，他决定为“法”做些大事、来点猛料，让政府改变对法轮功的立场。他召集一帮铁杆法轮功分子开会，最后大家认为到省政府门前公开练功、打横幅影响会比较大。他们分头行动通知功友集合时间、地点，按照预先的安排统一行动。结果可想而知，全部参与者被劝退或处理，李常被劳动教养两年。劳教期间，李常没有半点转化意向，反而在劳教所认识了一帮来自全省各地的痴迷分子，他们私下交流心得，更坚定了李常誓死护法的决心。

2006 年，李常和原来的练习者共同制作法轮功非法资料到处张贴、派发，成了南海一带让派出所头疼的“牛皮癣”，造成了极其恶劣的社会影响。一些不明真相的街坊看了法轮功资料后也加入了法轮功组织，区里已经出现多例法轮功练习者因病拒医的案例，群众意见很大。不久，李常在外散发传单时再次被抓，公安人员在其住处搜出大量护身符、宣传单张和小册子等，这次他被判有期徒刑 3 年。

兄弟反目

在李常的弟弟李恩看来，自从哥哥李常练上法轮功，家庭就开始滑向深渊。

话还得从哥哥在供销社上班的日子开始说起。那时哥哥把发的工资、分的生活用品全部拿回家，而自己的小家几乎没有。嫂子是民办教师，工资不高，还要养孩子，日子过得很紧张。偏偏哥哥不懂平衡，也不会解释，时间长了嫂子有怨言，两个妹妹又不争气经常和嫂子怄气，时不时制造事端联合起来对付嫂子，哥哥夫妻俩因此经常吵架。

哥哥练了法轮功后，嫂子和李恩看出了法轮功的端倪，极力反对，母亲、姐姐、妹妹却跟着练，家里分成两派，矛盾愈演愈烈，大家经常因为立场不同而吵架，成为名副其实的吵架"大家庭"，李恩为此头痛不已。

1999年国家依法取缔法轮功后，身为人民教师的李恩意识到问题的严重性，再让他们痴迷下去将会给家人带来灾难。他动员姐夫、外甥做姐姐和妹妹的工作，因为姐夫立场坚定，坚决不准姐姐练功，结果只有姐姐的问题得到控制，而两个妹夫态度不坚定，结果妹妹们也跟着李常越走越远。

一家人分成两道战线。李恩对哥哥屡屡犯事十分恼怒，心灰意冷之下他和另外一个哥哥再也不过问李常的事，自此兄弟绝交。

听多了反对的声音，李常和两个妹妹干脆不和反对者们来往，他们一意孤行，兄弟姐妹间日益疏远，从此原本每年两次的家族聚会再也凑不齐人。

2002年，大妹李瑞遭遇车祸重伤，在医院住了3个晚上就嚷着要出院，不出院就闹绝食，家人迫于无奈把她抬回家。她在家强行练功，嘴里神神叨叨念"法轮大法好"，3个月后终于可以下床走路，至此更加痴迷。她还想把两个孩子也拉进法轮功，逢人就叫人信法轮功。她只认是法轮功让她好了，却把女儿辞去工作悉心照顾的功劳撇一边，女儿因此怪她把法轮功看得比自己还管用。

儿子女友上门探访，被李瑞左一句"法轮功好"，右一句"真善忍要记住"吓跑，关系马上告吹。女方的父母说，嫁什么人也不能嫁信法轮功的。

此事传开以后知道内情的女孩都不愿意和李瑞儿子做朋友。儿子一气之下把她的书烧了，搬出去住了。李瑞还不觉悟，见到儿子就骂他没良心，说要不是法轮功他早就没妈了。儿子说："你现在是有法轮功，没儿子。宁愿要它不要我！"但是李瑞听不进儿子的痛苦呐喊，她不想听也不愿听。

在李常和大妹的影响下，小妹李珍有病也不看了。她本来身体就不好，长期脸色苍白，走路轻飘飘的。一群功友经常跑到她家悄悄聚会，趁着其丈夫不在一起练功、偷偷出去发传单。小妹胆小，她心里很钦佩李常护法勇毅，但是自己就不敢到处去，怕被人发现。因为病总是不好，她也经常怨自己不够精进，为法轮功做得不够多。她经常想，姐姐重伤都能练好，我的病肯定也行，只是我"业力"太重，可能需要的时间要长一些。周围练功的姐妹也一直安慰和鼓励她有病不要上医院，"业力"还是要自己消，上了医院先前的苦就白受了。李常也肯定妹妹的付出，叫她一定要坚持，"消业"是没错的。为了所谓福报，李珍对法轮功死心塌地。

拓展

理性的人都认为疾病有心理或生理等自然原因，如病毒细菌感染，或自身生长代谢出了障碍等。生病之后去看医生，就是希望医生通过专业方式找到疾病准确的发生原因，并采取针对性措施加以治疗。但是法轮功等邪教却对疾病采取完全错误的归因，认为是所谓看不见摸不着的"业力"、师父的考验等神秘因素引起的。由于归因错误，在其基础上采取的处置方式也是错误的，结果很多时候酿成悲剧。

可惜，虔诚的她等不到"福报"降临的那一天。

2012 年 2 月，春节刚过，李珍的病况开始恶化。原来她一直抗拒看病，这一次卧床半个多月，变得非常虚弱。丈夫觉得不对劲，强行把她送到医院抢救，医生的诊断是严重贫血，必须马上治疗，否则有性命之危。因为长期与其他反对练功的兄弟和姐姐断绝来往，大家都不知道李珍到底得了什么病，只有大妹了解一点，但她也是不停安慰李珍不会有事，师父的"法身"会保护她平安。

3月，李珍情况稍微稳定了一点，她趁丈夫不在身边，叫同修到医院帮忙办了出院手续，说在医院费钱，不如在家养着。大家把她送回家后，几个同修每天围着李珍做功课，念“法轮大法好”，读《转法轮》给她听。

然而回家后，李珍气若游丝，病情很快恶化，最终还是抢救不及时撒手人寰。原来她得的是子宫肌瘤，因子宫长期出血过多造成重度贫血，已到无力回天的地步。本来她的病不是重病，她一直羞于启齿从来不告诉别人，只有几个法轮功练习者知道。而她们一致认为子宫出血是很丢人的，女人的血肮脏，更需要虔诚膜拜在“师父”的加持下。最重要的是李珍极度痴迷法轮功，把所有的希望寄托在“神功”上，不相信医院能治好她的病。其实子宫肌瘤导致出血，及时手术不至于丧命。可怜小病拖成大病，大病要了命，李珍到死也想不到自己如此虔诚，却成为了法轮功的牺牲品。

原本一直反对李常练功的弟弟李恩得知噩耗痛哭流涕。他从医生口中得知李珍的病情，悔恨交加。他很后悔因为分歧而没有关注李珍的身体状况，因为对待法轮功的观点相左，李恩见了她就骂，李珍一开始躲着他，后来干脆不见家里人，几乎与他断绝来往。李珍变得越来越封闭自己，兄妹间隔了一道深深的鸿沟，无话可说。想当年，小的时候兄妹无话不说，最后竟然落到这个地步。这是何等地悲哀！

李恩恨透了法轮功，也恨透了把妹妹带进去的哥哥！

他见到李常，指着他的鼻子大骂：“我今天是替李家骂你，虽然你比我大，但你不配做大哥！爸爸走的时候唯一惦记着的就是你，他念你当年养大我们，为家分忧。但是他重病需要你照顾的时候你在哪儿？临走前想见你一面的时候，你在哪儿？你在为法轮功卖命，几次三番，三番几次出去捣乱，被关进劳教所、监狱，你有没有想过家里人的感受？我们家几代良民，从来没有人做过辱没家风、违法犯罪的事，你叫父亲的脸往哪里搁？他临走前最担心的是你，你知道吗？他叫我们劝你不要信法轮功，你听劝过吗？没有！自从你走上邪道，就跟我们恩断义绝。你层次高为什么东躲西藏偷偷摸摸净干些见不得人的事呢？自己练功还要拖大妹小妹下水，自从你信了法轮功你得到过什么好处？没能为父送终算不算？牢狱之灾算不算？妻离子散算不算？法轮功好，为什么李珍练了会入魔？她才四十出头，那么年轻，孩子又小。我们都不敢告诉母亲她走了，一家人瞒着她说李珍外出打工没空给她电话。你知不知道我们的痛苦？什么神功，你醒醒吧，分明是夺命功、害人功！你以后不要叫我弟弟，我不认你这样的大哥，我没有你这样的大哥！”

李恩情绪激动，压抑了多年的痛苦无法控制。他们家因为法轮功付出了亲人生命的代价，这是血泪的教训啊！

兄弟俩已有10年没见过面，李常没料到见了面就遭到李恩一场恶骂。更没有料到的是父亲临走时还惦记着他，妹妹李珍那么年轻也走了。

李常的心像被刺了一下，想说些什么又说不出来。但是很快《转法轮》里那句“放淡名利情，直到没有”又把心里的那点颤抖淹没了，他想，也许那是妹妹的命，说不定是师父让她“享福”去了。长期浸淫在法轮功的歪理邪说中，他已丧失基本的是非判断，感情冷漠，黑白不分。

邪路上处处是绝境。李常众叛亲离，可悲的是，他不悔悟，毁了他，也毁了这个家，可谓“一人练功，全家遭殃，鸡犬不宁，家破人亡”。

女白领修练法轮功卵巢被切

“走开！”魏玲瞪着眼睛，用力甩开儿子的手，大声地说，“吃吃吃，就知道吃，是你吃重要，还是我练功重要啊，你们父子两人就知道干扰我练功。我练功还不是为你们好啊，一人练功，全家受益，你们有今天，都是我练功给你们带来的福报。”

夏天的清晨，天刚露出鱼肚白，仿佛一幅淡淡的水墨画。水墨画里弥漫着沁人的青草芳香，纯净得让人心旷神怡。

清晨的街道是静谧的，当第一缕晨光射穿薄雾，街上迎来了一个温馨的早晨。习惯早起的魏玲已经梳洗完毕，带上她心爱的太极剑准备去广场上和武友们一起“切磋武艺”。接下来会是忙碌而充实的一天，早饭后练书法，午休后参加街道举办的爱心公益活动，傍晚还要到老年活动中心排练节目。

魏玲，广东省河源人，原法轮功练习者。在这平静悠闲、健康充实的生活背后，没人能想到曾在她身上发生过惊心动魄的事情，还险些要了她的命。这到底是怎么回事呢？

久病乱投医，好奇入邪教

“哎哟，哎哟……”胃的剧烈疼痛让魏玲不得不放下手中的活，捂着腹部，呻吟着，弯坐在凳子上。缓解一些后，她打开抽屉拿出昨天在医院开的胃药，和着水吞下去。

由于自小体弱多病，加上生活压力大，魏玲长年患有头晕、偏头痛、胃痛等多种疾病。病痛的折磨，苍白的脸色，黑发中浮显的银色，让这位刚刚三十出头的人显得比同龄人苍老了几许。免受病痛的折磨，拥有一个健康的身体是魏玲最大的心愿。为了实现这个心愿她到处寻医问药，不管是各地医院的药方还是民间的土方，她都去尝试，然而一直不能去掉病根。

1997 年 6 月的一天早上，魏玲像往常一样，来到家附近的茶山公园锻炼身体。这几天坚持晨练，让她感觉身子骨好多了，精神也比以前强。正当她跑了一段路停下来拉伸身体时，旁边来了一位老太太。

“大妹子，你也来跑步呀？”老太太走过来搭讪。

“是啊，过来跑跑，锻炼身体。”魏玲说。

“身体好是最重要的。”老太太说，“大妹子，我看你的气色不怎么好啊，是身体不舒服吧?”

“唉，别提了，我这是30岁的年纪80岁的身体，周身都是病，到处看医生都看不好。”

“大妹子，我介绍你一个功法吧，保证能帮到你，让你的病全好，还不用花一分钱。”老太太说。

“真的有这么神奇的事?”魏玲说，“是什么呀?”

老太太把魏玲拉到一边，说：“这个叫法轮功，是世间大法，练了它可以祛病，可以健身，还能圆满到要什么有什么的世界。”

“真的有这么神奇吗?”

“那当然，好多人练了这个功什么病都没有啦，又不用花钱，你干吗不去试试呢，说不定就好了呢。”老太太说完，从袋子里拿出一本《转法轮》和一张光碟递给魏玲。

魏玲接过书，心想：“也是啊，反正也不用钱，就试试看吧。”

魏玲翻开书，认真地看起来，慢慢地被里面讲的“真善忍”和做好人吸引了，她庆幸自己遇到了这么好的“大法”。通过一段时间的动功锻炼，她感觉身体上的不适有所缓解，头没那么晕了，胃痛发作的次数也减少了，以前的偏头痛也不痛了。魏玲认为这都是法轮大法的功劳，是李洪志的“法身”保护了她，为她“消业”祛病，并坚信通过习练法轮功一定能达到书中说的无病状态，甚至可以解脱生老病死的烦恼，超脱六道轮回，最终达到今生成佛，圆满上苍穹的境界。然而，魏玲没想到的是，在她憧憬美好未来的同时，一双无形的黑手正向她伸来……

邻人眼中的怪女人

黑，渐渐布满天空，无数的星星挣破夜幕探出来，夜的潮气在空气中慢慢地浸润，扩散出一种伤感的氛围。仰望天空，遥远的星辰闪耀着，像细碎的泪花。

“妈妈，妈妈，我要妈妈……”幼儿的哭声划破了宁静的夜空，“爸爸，妈妈去哪里了，我怎么总是见不到她?”

“妈妈很快就回来了，宝贝先睡，妈妈很快就回来了。”男人抱着幼儿无奈地在房间里转着，望着门外，眼里闪过一许期望，但很快又被失望淹没。

这是魏玲的丈夫，自从妻子带回那本害人的《转法轮》后，这样的夜晚就不断地上演，这样的谎言也在不断地重复，机械、麻木、绝望地。

在县城的另一个角落，有一群幽灵般的人在黝黑的夜里游荡，其中就有孩子呼唤的妈妈。

“加入我们大法吧，师父能保佑你的。”魏玲在夜色的掩护下，拿着宣传单在街上游荡着，见到一个人马上塞一张过去，还说“一人练功，全家受益”。路人不是厌恶地避开就是敷衍地接过来，转身又扔到地上。魏玲也不在乎，继续和功友走街串巷地散发、张贴传单……

雾渐渐散去，东方的天有了点红光，旁边的云，也被染上了微微的粉红。慢慢地太阳探出了头，一点点地露出来。城市开始慢慢醒了，身体舒展的声音，街道转角小贩的吆喝声，汽车鸣笛的声音……汇成了一曲动听的乐章。

魏玲拖着疲惫的身躯从街头走来，一群刚送完孩子上学的妇女围在一起聊天。

“这个阿玲真是怪人，听说是练了法轮功，整天往外跑。”

“是啊，是啊，家里也不顾，小孩也不管。”

“她以前可不是这样的，不是说还是广发银行的业务经理吗?”

“经理有什么用，沾上了那东西，就成这样。”

“可怜她的男人和孩子了。”

“嘘嘘，别说了，快走，等会又来找你了。”

魏玲推开家门，客厅一片狼藉，孩子的衣服和玩具散落在各个角落，厨房里的碗筷还在水里泡着。抬头看看墙上的挂钟，时间指向 8 点 30 分，估计丈夫已经去上班，小孩上托儿所了。刚好家里没人，可以看看“大法”的书。魏玲心里盘算着，每次自己看书丈夫就来干扰，总是不能让自己安安心心学法，这正是好时候。魏玲穿过杂乱的客厅，回到自己的房间，盘好腿，拿起书，虔诚地看了起来。

还没看一会，手机响了，是公司经理的声音：“魏玲，你今天怎么又不来上班？你不是上班心不在焉，就是好几天不来，这样影响很不好，你知道吗？”

“我今天没空，我还有更重要的事情要做，不去上班了。”

“你这样下去，考核过不了的。”

“我在习练‘大法’，到时我可以圆满到要什么就有什么的天国世界，要你们这些常人的东西干什么？”说完，魏玲把手机关机，专心地练起“大法”。

昙花一现的曙光

1999年7月22日，国家依法取缔了邪教法轮功，那几天对魏玲来说是痛苦、煎熬的。当时的报纸、电视等各种媒体都在大量揭露法轮功害人夺命的实例。原来的功友好多也不练了，练功点、聚会点都解散了。魏玲感到前所未有的焦虑和空虚，她心里在纠结和矛盾：自己练功后身体好像是有所好转了，出去宣扬做好人也是在救人，是做好事，这么好的功法怎么会是邪教呢？可是媒体报道的那些触目惊心的案例又时刻在耳边响起，那些案例到底是不是真的？会不会是政府故意栽赃陷害？自己到底该何去何从？

银行的领导和同事又一次来到家里。“阿玲，国家现在已经依法取缔法轮功了，我们银行原先在练的那几个同事也已经醒悟过来，没有练了，希望你不要再继续练下去了。”部门主任说。

“对啊，我们都希望看到以前的你。”

“只要你愿意回来，银行的大门永远为你打开。”同事们劝说。

听到昔日同事真心的呼唤，魏玲想变回原来的自己，可是书中的“圆满”实在太吸引人了。“我已经坚持了这么久，不想放弃，我到底该怎么做？”她不断地问自己。

“隔壁的阿强告诉同学们说我的妈妈是邪教人员，我和他打起来了。”刚放学的儿子，浑身脏兮兮地跑过来说，“妈妈，你不要再练法轮功了，老师说那是邪教，我不想我的妈妈参加邪教。”

看着儿子稚嫩的小脸，眼神里透露着渴望，魏玲的心再一次纠结了起来。想想这几年，自己忙着学法练功，没有怎么管过儿子的生活学习，都不记得多久没有辅导过儿子做作业了，也不记得儿子长多高，喜欢吃什么菜了。

丈夫下班买了菜回到家，在厨房里忙活着，很快就把饭菜做好了。一荤一素，儿子很快吃完就去做作业了。魏玲破例没有回房去练功学法，看着丈夫洗碗的背影，这几年的压力让这位原本身高一米八的男人，显得不再挺拔，两鬓隐约的白发显得格外刺眼。丈夫是坚决反对自己修炼法轮功的，为了这事没少吵架。原来温馨的家，因为自己练功现在变得整日吵闹，整洁的家也因为自己练功变得凌乱不堪。

“妈妈，你不要参加邪教”，“阿玲，你快点醒悟过来吧”，“这个家需要你”，“法轮功已被定性为邪教，国家依法对其进行取缔，请广大市民远离邪教，珍爱生命”……众多声音汇集在魏玲的脑海里，众多画面交错在魏玲的眼前，她决定试着不再习练法轮功，做回原来的自己，并随丈夫来到珠海，决定在珠海养好身体，带好儿子，安稳地过日子。

幸福的日子总是过得那么快，不知不觉来到珠海已经一年多了，这一年里，魏玲在珠海平平静静地生活着。可是6月上旬，魏玲的胃又开始隐约作痛了，晚上失眠的次数明显增多，联想起因病痛去世的母亲和婆婆，小小的胃痛使魏玲非常恐惧，即便是轻微的痛也让她感到特别害怕，整天忧心忡忡。

2004年的一天，魏玲遇到了一位曾经认识的珠海本地法轮功练习者李田田。

“没见一会，你的气色怎么变得那么差?”李田田问。

魏玲见到昔日的功友，一下子把这几年的情况全都告诉她，说这段时间胃痛得特别难受。

“你这样没有坚持练功，师父当然会把‘业力’返还给你了，这是对你的惩罚。”

听到是因为自己没有坚持练功，师父来惩罚自己才会胃痛的，魏玲十分害怕。之前自己答应不再习练法轮功，本来就不是本意而是迫于众多的压力，没想到真的受到师父的惩罚了。“难怪我这段时间身体越来越不舒服，怎么办呀？我后悔了！”魏玲着急地说。

“继续练功学法，师父会为你‘消业’祛病的，要虔诚。”李田田说。

从这一刻起，魏玲忘记了对家人的承诺，忘记了同事的期望，再次一头扎进了法轮功练功学法的泥潭里，一发不可收拾。

一人练功，全家受益，这病不用治

“你之前怀疑大法，你的病痛就是师父对你的惩罚”，功友的话时刻在魏玲耳边响起，对比自己练功前后及放弃练功后的身体状况，魏玲坚信一定是由于自己的意志不坚定，放弃了练功，所以现在的胃痛才复发，这就是师父把“业力”返还给自己了。

“不能再这样下去了，一定要坚持，要相信师父，要为自己过去的动摇赎罪。”魏玲暗暗下决心。

再次进入法轮功，魏玲更加痴迷，不管白天黑夜，除了练功就是学法，相比之前的痴迷程度有过之而无不及。为了弥补过去几年落下的进程，有更多的时间练功学法，魏玲还主动跟单位解除劳动合同，辞去了令人羡慕的高收入银行工作。家里又变得邋遢不堪，儿子的学习和生活她又不管不顾了。

“妈妈，我饿了。”晚上，丈夫还没下班，儿子跑到房里跟魏玲说。

“别打扰我，你没看见妈妈在练功吗？”魏玲打着坐，眼睛也没睁开，慢悠悠地说。

“可是我真的饿了。”儿子再次说，还摇着妈妈的手臂。

“走开！”魏玲瞪着眼睛，用力甩开儿子的手，大声地说，“吃吃吃，就知道吃，是你吃重要，还是我练功重要啊，你们父子两人就知道干扰我练功。我练功还不是为你们好啊，一人练功，全家受益，你们有今天，都是我练功给你们带来的福报。”

儿子被魏玲这副表情吓呆了，眼前的妈妈怎么变得那么陌生，那么吓人，他哇的一声大哭起来，而魏玲对此竟无动于衷。

一天晚上，儿子反反复复地哭闹，怎么也不肯睡觉。魏玲对此很烦躁，因为儿子的哭闹声干扰到了自己学法。她大声呵斥儿子也没用，儿子还是哭。

魏玲摸了摸儿子的额头，原来是发烧了。魏玲心里一喜：这是好事啊，我练功，儿子是常人，是在替我“消业”，师父的法力无边，会保护我儿子的。我现在正是要突破宇宙最高层次的时候，或许这正是师父的“法身”安排给我的修练考验，看我是不是诚心，在亲情面前是否能放下，是否把修练法轮功放在第一位。想到这，魏玲不再管儿子的哭闹，继续虔诚地练功学法。

拓展

法轮功的特别要害之处是“学法”。通过学法，李洪志实现对信徒洗脑。在法轮功的精神控制下，信徒会言行怪异，做出许多违背常理的事情，如丧失亲情，不要家庭；有病不治疗，甚至拒医拒药，不少痴迷人员因此丧命或留下后遗症。

看到下班回来的爸爸，儿子哭着跑过去，抱着爸爸的腿说头疼。丈夫摸了摸儿子的头，天哪，怎么那么烫，看来是发烧了，一量体温 38.5 摄氏度。丈夫赶紧找来退烧药，准备喂给儿子喝。魏玲见状，赶紧夺过药，说：“不能吃药，这是师父在‘消业’，吃了药‘业力’就消不了了，千万不能吃。”

“你疯啦，哪有生病不吃药的。”丈夫把药夺过来。

“真的不能吃啊，一人练功，全家受益，我在练功，师父也保佑了你们，也在替你们‘消业’啊，现在儿子也受益了，这病痛就是在‘消业’，坚决不能吃。”魏玲大声说。

“疯女人！”丈夫不管魏玲，给儿子吃了退烧药。

“你这是害他啊，这样消不了业了。”

到了半夜，儿子的高烧反反复复，总是退不下来。丈夫没办法，只好带儿子去医院看急诊。

魏玲拦住丈夫：“你不听我的话，硬是要吃药，现在也不见好，你还要去医院，师父会生气的，只有相信‘大法’，才能‘消业’祛病。我现在正要突破宇宙更高层次了。”

丈夫怒声喝道："那个邪教害死多少人，你还没醒悟啊，你要不要跟我去，不要就给我滚开。"

魏玲见说服不了丈夫，走到一边，嘴里还嘟囔着："你们不听我的会后悔的，你们会后悔的。"

第二天早上，丈夫带着儿子回家了，儿子因为是病毒感染导致高烧，去医院退烧后，还在医院里留观了一晚，等病情稳定了才回家。丈夫回来的时候，魏玲也正急匆匆地往外走，她没有过问儿子的情况，也没跟丈夫打招呼。现在的魏玲，亲情与她无关，儿子的病情与她无关，夫妻的情分与她无关，在她的眼里除了法轮功还是法轮功。

丈夫绝望，提出离婚

魏玲起初由于害怕法律的威严和丈夫的压力，第二次接触法轮功后刚开始还能忍住，不敢走出去讲"真相"，还只是在家偷偷练和私底下跟功友一起学法。但一想到李洪志说不走出去讲"真相"，光练功学法就不是"大法弟子"，心里就很矛盾纠结，最后在功友的带动下，还是忍不住偷偷参与了制作资料。

在李洪志的《走向圆满》《去掉最后的执著》等一篇篇"经文"的催促下，魏玲实在按捺不住了，她后悔之前那几年自己没有跟上进程，心里总想为"大法"做些事情来弥补。在功友们的怂恿下，魏玲先后 3 次去北京"上访"，为法轮功"平反"，因违反了相关法律法规，被公安机关拘留。这并没有给魏玲敲响警钟，回家后她再次和惠州籍的法轮功人员李秀梅往各地邮寄违法宣传资料。2005 年新年过后，珠海的功友给了魏玲一张光碟，里面的内容让她觉得有义务去告诉世人"真相"，于是和其他的功友一起到处派发传单，到处"讲真相"。

这几年魏玲经常在外游荡，家对于她来说只是个符号而已。丈夫曾多次恳求她为了这个家、为了孩子，不要再信法轮功了，但魏玲都无动于衷，她坚信自己的病痛是李洪志治好的，坚信只要自己虔诚修练就一定能"圆满上苍穹"。

消失了几天的魏玲，今天破天荒出现在家里，忙着整理她的宣传资料，这是要和功友们一起出去散发的，她宝贝着呢，叠好、抚平，小心翼翼地装进袋子里。听到丈夫进门，她也没抬头，继续在摆弄她的资料。

丈夫看到她这样，儿子哭着找妈妈的画面浮现在眼前，决定好好静下心来跟魏玲谈一谈。

“阿玲，儿子已经好久没见妈妈了，为了这个家，为了儿子，你能不能不要再往外跑了，不要再信这个法轮功了?”

“师父让我们大法弟子都要走出去讲真相，这是世间至高无上的大法，能祛病健身，消灾避难，我就是练了这个才有现在的好身体的。”魏玲反驳道。

“你觉得练了你所说的世间大法这个家有变好吗？你的身体真的有变好吗？你这气色是身体好的表现吗？你整天往外跑，有考虑过我和儿子的感受吗？儿子现在在班里都抬不起头，说自己有个参加邪教的妈妈很丢脸。”

“你们懂什么？这是师父在帮我‘消业’祛病，这个过程越是不舒服，说明消的业越多，你们敢说大法是邪教，小心师父惩罚你们。”魏玲恶狠狠地对丈夫说。

“你清醒一下吧，你看看这个家还像是家吗?”丈夫无奈地说。

“你们这些常人，不跟你说。”魏玲说着拿起整理好的法轮功宣传资料准备往外走。丈夫一把拉住她，夺过那把资料，狠狠地往地上一摔，生气地喊着“我叫你走，叫你再去散发资料”。

“你疯啦，你这个恶魔，你会受到神的惩罚的。”魏玲边喊边趴在地上捡散落的资料。

丈夫生气地拿出打火机，把那些资料和家里的法轮功书点着了火。魏玲一看着急了，疯了一样，忘记了疼痛，徒手拍在燃烧的火苗上，歇斯底里地喊道：“你就是魔，你就是恶魔，你会遭到神的惩罚的，你这个恶魔，你不得好死。”

看到失去理智的魏玲，丈夫彻底绝望了，向魏玲提出离婚，要脱离这种非人的生活。原本想着魏玲念在多年的夫妻情分上会有所犹豫，没想到魏玲毫不犹豫地答应了，还说这正是她想要的，唯有修掉这些尘世间的名利情才能“圆满上苍穹”。一个家从此就这样散了。

“消业”祛病，险些要了性命

抛弃了家庭后，魏玲更加勤奋练功学法，整天想着“消业”“上层次”，对李洪志说的深信不疑，尤其是在“消业”祛病上，更加是严格按照法轮功里要求的，不沾半点药，不进医院门。

自从练了法轮功后，魏玲就没有再踏进医院门半步，更别说做一些常规性的身体检查。她一直都坚信自己有“大法”的保护，不会有事的。这些年来，虽然魏玲每天勤练，但还是不时有失眠、腹泻、痛经、胃痛等病症，可是法轮功书籍里面说这些病症都是前世的“业力”在作祟，现在身体没好，只是在“消业”，只要一心一意修练就能“消业”，疾病就一定会好，痛苦也会减轻。所以不管身体怎样难受不舒服，她都坚持不去看病吃药，自己咬牙忍过去。

在“病痛就是业力作祟，消业才能祛病”的影响下，近几年下腹痛越来越厉害的魏玲仍坚持不吃一粒药，不去看医生，即便是痛到满床打滚，也咬牙坚持住，坚信这就是在“消业”，是师父在帮她清理身体。

然而，意想不到的事情发生了……

2009年5月12日，正逢魏玲的月经期，她小腹疼痛难忍，虽然这些年的生理期疼痛越来越严重，但此次疼痛比以往更加猛烈，而她始终认为自己习练法轮功，身体就不会有病，即使有不舒服，也是师父在帮她“消业”，是在考验自己。因此，连续痛了3天，痛得直冒冷汗，痛得腰没办法直起来，她也坚持住。

那几天，魏玲都是捂着肚子弯着腰出门的，脸色发白，额头直冒冷汗，邻居劝她去医院看医生，她说自己是“大法弟子”，是师父在给她“消业”祛病，还说对方是常人不懂。

然而，这次的疼痛并没有像往常一样，忍忍就有所缓解，相反是越来越痛，深入骨髓般的剧痛，让魏玲冷汗直流，蜷缩成一团。即便是这样她还是坚持不去医院。有好几次，魏玲感觉自己要痛晕过去了，但是她想：

如果去看病吃药，那就不是“大法”的弟子了，就会把“病业”重新压进身体里去，就没法“圆满”了，于是她咬紧牙关，任凭冷汗湿透衣服，任凭蚀骨的痛一次一次向身体袭来。

家人实在看不下去了，不顾魏玲的反对，坚持将她送到了医院。到医院后，经检查，医生诊断为魏玲子宫附近组织严重糜烂、脓肿，腹腔发现有大量积水，必须马上手术，否则会危及生命。

手术历时 8 小时，非常成功。可是由于病情发现得晚，没有及时进行有效的治疗，产生了一系列的并发症，加上长时间的营养不良，魏玲的身体非常虚弱。半个月后，出现感染，她的病情再次恶化，在腹腔发现大量的脓水积液，之前糜烂部位周围的组织已经出现坏死，再次出现生命危险。5 月 28 日，医生不得不对她实施第二次手术，切除了一侧已坏死的卵巢，并清理出大量脓水积液，这才保住她的性命。

经历了生死关的魏玲，在反邪教志愿者的劝导下，终于幡然醒悟。她对自己之前相信法轮功所做出的抛家弃子的荒唐事情感到后悔万分，对迷信法轮功导致有病不治疗、小病变大病险些要了性命感到无比后怕。

如今的魏玲，已经彻底醒悟，科学地对待疾病，重回正常的生活。

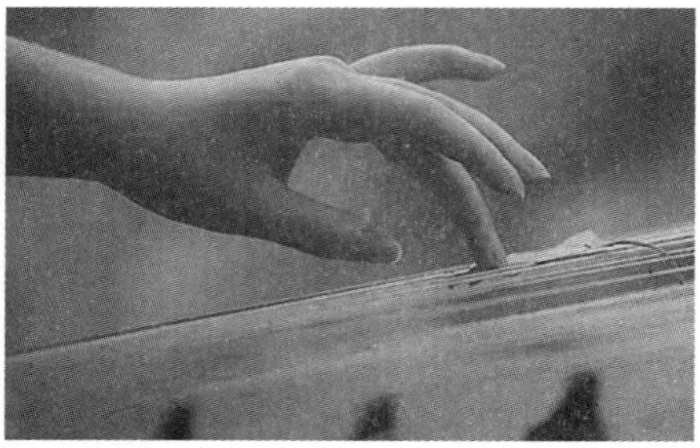

世界那么美，我差点看不见

这个青光眼肯定是师父考验我，现在是考验面前见真性的时候。我决定不做手术，不顾医生的劝告，急匆匆离开了医院。回家的路上，我趁老伴没注意，把医生开的药全部丢进了路旁的垃圾箱里。

我叫刘传华，男，今年63岁，是广东省始兴县一个从业40多年的老裁缝。我原本有一个幸福的家庭，儿女孝顺、子孙满堂，凭着一手过硬的裁缝技艺，经营的小店生意一向很好，而且还培养了30多个徒弟。但自从我开始习练法轮功后，幸福的大家庭被我害苦了，我不仅把裁缝店生意推给了不懂裁缝技能的儿子、儿媳，还不肯再去店里做技术指导和帮忙，致使小店经营不善被迫转行，家庭收入一落千丈，家庭矛盾重重。更可怕的是，由于痴迷练功用眼过度，我的眼睛视力越来越差，又因相信法轮功邪说长期拒医拒药，耽误了手术的最佳时间，我差点再也看不见东西。

初遇法轮功

1999年7月的一天，我一早来到始兴县儿童公园晨练，看到一名中年妇女在草地上打坐练功，我觉得好奇，就在她旁边站着观看了一会儿。

那妇女见我好奇，就主动过来和我打招呼："这位大哥，我刚才练的是法轮功，是宇宙大法，全国有好多人在学。如果想学，我们免费教功。我姓马，在丝绸公司上班。"

听她这么热心介绍，我决定试一试。然后，这位马阿姨就把法轮功的5套功法一一演练给我看。不久，我看见陆陆续续赶来了几十人，他们在一个高大的老年男子带领下集体练功。马阿姨告诉我说那是县辅导站朱副站长，想介绍给我认识。由于初次见面并不熟悉，我找借口推托了。

随后几天，我每天早上准时来到公园晨练，在那位马阿姨的教习下，逐渐学会了法轮功的一些功法动作。7月22日，我依然定时赶到公园锻炼，却见不着练功的人群了，我向别人打听，得知法轮功在这一天被国家依法取缔了。我不是很相信，赶紧回家打开电视看新闻，才知道这消息原来是真的。当时由于生意很忙，我也没做多想，渐渐就把习练法轮功之事淡忘了。

2006年初，我因牙痛找到了县城的一家牙科诊所看病，发现坐诊的医生好面熟，慢慢想起来这个人就是前几年在公园教人习练法轮功的法轮功辅导站副站长，于是我主动跟他提起当年在公园见过他带头练功之事。相互介绍后，他告诉我他叫朱大龙。

朱大龙问我："你现在还有没有练功了？"

我告诉他："自被取缔以后，我就没有接触过法轮功了。"

他对我说："你这样真是错了，法轮功能祛病健身。圣王已来世，错过悔断肠。"

由于年龄相当，又聊得来，他偷偷地向我介绍法轮功的好处，并送给我一本《转法轮》和练功光盘、音乐带。我当时有腰痛，身体不是很好，为了能够祛病健身，回到家后我悄悄地把带回来的资料看了一遍又一遍，并在家里打坐习练法轮功。

练了一段时间后，我感觉身心似乎有了好转。后来，我一有空闲时间就会偷偷去朱大龙的诊所，找他交流练功心得体会。在修练过程中，我不知不觉就沉迷进去了，甚至想到通过练功成仙成佛。

迷邪变性情

习练法轮功前，我的裁缝生意一直很好，我通过勤劳的双手打拼，建立了一个幸福而温暖的大家庭。但自从我学了法轮功后，受法轮功的思想诱导，原本性格温和、脾气很好的我渐渐变得非常自私和无情。我天天把自己封闭在家里看书练功，一心只想着提高层次，对家庭的所有事务都不管不问，连裁缝店的生意也推给不懂裁缝技能的儿子、儿媳经营，也不管不问不教他们技能。有很多老顾客慕名而来找我订制衣服，我都毫不客气一一推辞，不再帮人裁剪、制作衣服，这样的结果只能是将所有的客户都得罪了。儿子、儿媳苦苦经营着裁缝生意，但是由于不懂裁缝技能，只好哭着求我到店里帮忙，求我每天抽一点点时间到店里指导他们裁剪，即使是这样合情合理的请求，我都根本不理会。因为我那时心里已经装着李洪志说过的话，"这辈子子女是前世的安排，并不是真正的子女"。不是自己的自然就不管了。

由于我习练法轮功后性情突变，辛辛苦苦经营了40多年的裁缝店生意渐渐走向衰落，不到一年时间就被迫转行经营，堆积了价值10多万元的布料也无法处理，可是我那时一点也不觉得可惜。儿子、儿媳多次劝说我不要痴迷法轮功，我却嘲笑他们这些常人不懂“大法”的奥妙。沉迷进法轮功后，亲情被我一点一点撕破，父子之情基本被我断绝。

那时我的老伴因患“三高”，每月光吃药花费就100多元。见她身体不好，我就想强迫她一起练，可她对法轮功没有兴趣，只是坚持去跳广场舞。

我对老伴说：“你跳广场舞没有用，你看你跳来跳去，还不是有高血压、高血脂、高血糖，每个月都要花钱买药吃，还不如跟我一起学法练功。”

老伴拒绝我：“我才不学你的法轮功，偷偷摸摸、古古怪怪的，我们姐妹们一起跳广场舞有说有笑的，开心又热闹。”

老伴坚持不学法轮功，我心中很恼火。当时按照李洪志说的“不二法门，以法为师”，我霸道地待在家里打坐练功，不看电视、新闻，也不准老伴看，为此我几乎天天和老伴吵架，原本和睦的家庭气氛被我练功打破了。

荒唐讲“真相”

那时候，我接触了一些法轮功资料，看了之后感觉很震憾，误以为那些资料所说的事都是真实的，特别是法轮功造谣的《苏家屯活摘器官事件》令我对政府产生了不满情绪。按照李洪志所讲的做好“三件事”要求，我每天除了用大量的时间习练法轮功外，还按其所讲的四个正点“发正念”，并想办法出去讲“真相”。

2006年10月的一天下午，我拿着一份法轮功宣扬的“天安门自焚事件”资料，去我的小学同学周华生家讲“真相”，正好我同学不在家，我就把这份资料给了他老婆。

第二天，周华生特意找到我，把资料甩到我面前，生气地说：“法轮功已经被国家取缔很久了，你还这样搞，真是荒唐。这种明显造假的资料我不想看，也不能要。作为老同学，我奉劝你不要相信法轮功的歪理邪说了，更不要去习练法轮功了。你若参加法轮功的活动，那可是违法犯罪的。”

我不服气地替法轮功狡辩："你是个教书的，你当然认为国家政策好。我们法轮功弘传全世界100多个国家，可是以真善忍为标准做好人，这有什么错？李洪志传的是宇宙大法，他是法轮圣王下世来度人的。"

听我狡辩完后，周华生冷静地对我说："你这样沉迷下去迟早会走上犯罪道路的，我劝你还是早点清醒过来脱离法轮功，不要再去搞事了。你有那么好的裁缝技能，你不发挥自己的特长多去赚几个钱为将来养老，反而想着做这些违法又没意义的事，我看你的智商还不如一个3岁小孩。快点醒醒吧，不然以后后悔莫及。"

周华生说完这些话就走了，可我心里还是不服气，认为是他误解了法轮功，根本就不懂法轮功的好。

2007年元旦，我的徒弟刘明带着礼物到我家看望我。茶水还没烧好，我就递给他一份法轮功宣传资料和两张"护身符"，并迫不及待地跟他讲起"真相"来。

我告诉刘明："修练法轮功有祛病健身、消灾免难等诸多好处，你回去后好好看看这份资料，想学的话随时跟我学。"

刘明听了我的宣传后用很困惑的眼神看着我，质疑地对我说："法轮功已经被国家取缔多年了，你难道不知道这件事？法轮功所宣扬的资料都不可信，那些所谓神迹和特异功能不过是骗人的把戏而已，所以我不愿意习练，也绝对不会去接触法轮功。"

刘明临走时，我那些向他宣扬的资料，他一份都没有要。见两次讲"真相"都碰壁了，我有点心灰意冷，此后再也没向他人讲过"真相"。

拒医酿苦果

在修练过程中，我被《转法轮》所描述的"真修的弟子不会有病，不用吃药""地狱除名""消灾免难"等幻象吸引住了，于是更加痴迷法轮功，每天用在看书、看法轮功光盘和练功上的时间越来越长了。几个月之后，我发现我的视力大不如前，眼睛看《转法轮》和光盘资料都有些模糊了，我就想是不是师父在考验我，我还要加强习练。此后我把闹钟从凌晨5

点响调到4点，每天凌晨4点按时起床练功，并准点“发正念”，想要托师父的“法身”，让我的身体好起来。可是我越努力学身体就越差，越“发正念”我的眼睛就越蒙翳。

后来老伴发现我的眼睛有问题，见我看东西老是模模糊糊的，交代我找的东西总是找不着，就叫我去医院检查。而我认为自己没有病，因为李洪志说过“大法弟子”是不会有病的，有他的“法身”保护着呢，所以固执着不肯去。老伴见说我不听，就把儿女们都叫了回来，把我的情况一五一十告诉了大家。大家听了她的话后认为我很不理性，轮流劝说我去医院检查，可我还是坚定地认为自己没有病，并把他们都轰了出去，气得老伴和女儿当场痛哭。

女儿说服不了我，只好去找我三弟传辉求助。

三弟是个中学教师，他对我说：“法轮功是邪教，已经被取缔很久了，你还相信它干什么？你这样是很危险的，你快去把眼睛治好，好好做生意照顾好家庭，你忘记父亲是因为青光眼成了瞎子的吗？”

我对三弟说：“我与父亲不同，他是常人，我是大法弟子，我学的是宇宙大法，现在走在成神的路上，我有师父李洪志的法身保护，不会和父亲一样瞎眼的。”

三弟毫不客气地对我说：“你是不见棺材不掉泪，父亲有过这样的教训，你还执迷不悟，你再不去治好你的眼睛，将来眼瞎了连门都出不了，只能待在家里摸爬滚打。”

听到三弟说得这么严重，我很不耐烦地回应他：“我不会有事的，我的师父说马上就法正人间了，到时候你们就会看到我圆满成神！”

弟弟、妹妹们得知了我的事，都陆陆续续赶过来劝我去看病。早已远嫁他乡的大妹敬群和小妹丽群，专程为此事分别从潮州和佛山赶回始兴娘家，哭着求我别练法轮功，快去医院检查看看。可我就是顽固不化，拒绝了他们的所有劝说。之后，他们再来劝我，我就会恼火地将他们痛骂一顿。由此严重伤害了弟妹们的好心，此后弟妹们几乎与我断绝了来往。深陷法轮功的我，根本意识不到自己的问题，更不敢去想这一切的变化都是法轮功的毒害造成的。

到了2007年2月，在修练这条路上越走越“精进”的我，这时却再也看不清脚下的路，出门经常磕磕碰碰，有时还摔跤摔得鼻青脸肿。尽管老是摔跤，可我不敢往生病那方面去想，总是想着这是不是师父对我的心性进行考验呢？如果是师父考验我，那我就更要坚定信念修下去。

老伴见我的身体状况越来越糟，天天担心得睡不着觉，三番五次哭着求我到医院检查。我很厌烦她哭哭啼啼、啰啰唆唆的做法，但又实在执拗不过，一周后便在她的陪同下来到了韶关市粤北医院，经过眼科专家的详细检查，诊断结果是青光眼晚期，医生要我赶快住院做手术。我心想这个青光眼肯定是师父考验我，现在是考验面前见真性的时候，我决定不做手术，不顾医生的劝告，急匆匆离开了医院。回家的路上，我趁老伴没注意，把医生开的药全部扔进了路旁的垃圾箱里。

回到家后，见我不听医生劝告，还故意把医生开的药都扔了，老伴越想越生气，把儿女们都叫了回家，当着我的面数落我的不是，交代儿女们赶快强行带我去做手术。

2007年3月底，女儿怕我不“听话”，怕我不肯去医院或中途偷偷溜掉，特意请了一个星期的假，全程陪同我到粤北医院。我很不情愿她们这样做，认为自己是“迫不得已”，一路上埋怨她们浪费时间浪费钱，还说哪个医生不是为了钱，把没毛病说成有毛病，把小问题说成大问题，说医生的话不可信。这一次，女儿不管我怎么啰啰唆唆，执意要陪我到医院检查治疗。

到医院后，眼科医生又一次对我的双眼做详细检查，并根据检查报告告诉我已经错过了最佳的手术时间，再晚来10天眼睛可能就失明了。那次视力检查左眼是0.15，右眼是0.1，就算当时做手术，也只能挽救最后一点点视力。在家人的强烈要求和监督下，我不得已在3月26日接受了眼科手术。手术后眼睛总算保住了，可我却把治愈眼睛的功劳记在了李洪志的名下，坚定地认为是他的“法身”保护了我，期待在他的保护下能恢复视力。

手术后我回到家休养，按照李洪志的“业力”论，我认为自己的青光眼不是病，当然还是不肯吃药，老伴天天劝说我都没有用，我把药偷偷拿进厕所冲掉了。过了一段时间后，我发现我的视力依然很弱，只能看清3

米内的人脸。我每天用大量的时间读李洪志的“经文”，“发正念”，希望奇迹能发生。

3个月后到医院复查，医生告诉我：“青光眼疾病要早预防、早治疗，手术要越早做越好，你属于青光眼晚期手术，由于你耽误了做手术的最佳时间，又不配合吃药，所以术后恢复效果并不理想，目前只能保住你0.1的视力，而且可能伴有其他后遗症。”

听了医生的结论，我顿时目瞪口呆，想不明白怎么会这样。李洪志对我的“法身”保护去哪儿了呢？

迟来的醒悟

我很“精进”地修练法轮功，可是李洪志并没有给我带来益处。在女儿的强烈要求下，我在医院做了详细的身体检查。不查不知道，一查吓一跳，除了青光眼外，我还患有高血压和静脉曲张，特别是高血压指标达到了高压210 mmHg、低压100 mmHg以上，难怪那段时间我老是头晕眼花，身体状态那么差。我百思不得其解，李洪志给弟子的承诺怎么一样都没有兑现呢？

后来我在医生、三弟、反邪教志愿者等人的反复教导下，渐渐醒悟过来。现在，我清醒地认识到《转法轮》就是一部恶法，认识到李洪志所传的法轮功根本就是假佛法，是害人功，明白了李洪志及其法轮功通过造假、造谣等种种恶劣手段欺骗、恐吓、诱惑控制法轮功学员，达到为其所用、为其卖命等目的。

如今，每当想起过去为法轮功所做的蠢事，我真是愧疚万分，后悔不已。我是既可悲又可恨，可悲的是法轮功害我差点瞎了眼，我还执迷不悟，认贼作父，感恩李洪志这个恶魔；可恨的是我因为痴迷法轮功扭曲了人性，伤害了所有的亲人，给他们造成了无尽的痛苦和烦恼，自己也因练功不肯看病，耽误了做手术的最佳时机，落下了青光眼后遗症。

误入歧途练法轮 拒绝医治终残疾

一辆摩托车对着程莉飞奔过来。咔哧，程莉感觉到骨头断裂的声响，左腿顿时失去了知觉。“哇，流了好多血！”有人大声尖叫。自己的左腿骨头断裂得碎了，参差不齐地裸露在外，血淋淋的，看着就瘆人，程莉却淡淡地说了句，“有大法保护很快就会好的”。

走路一瘸一拐、年已五十的程莉左腿骨头错位了，每次最多走 100 米骨头便会钻心地痛。非但痛，稍一劳累还会出虚汗、发烧，全身红肿。想到自己被撞的左腿，现在的程莉无比后悔，后悔当初沉迷法轮功拒绝去医院治疗，不打针、不吃药，也不敷药，幻想这是师父让她受磨难，帮她“消业”，坚信只有李洪志的“法身”才能保佑她的腿早日康复。

飞来横祸撞裂腿，拒医拒药成残疾

2008 年 6 月的一天，程莉和其他法轮功练习者一起去镇里的广场偷偷发传单，正准备往家走的时候，只见一个毛头小伙骑着一辆摩托车失控地向她呼啸着直撞过来。还没等程莉反应过来，摩托车已经重重地从她的右腿碾过她的左腿，停顿了一下，摩托车惯性地往前趔趄着翻倒在地，车上的小伙子继续往前扭了一下，“砰”的一声摔倒在地。

咔嗞一下，头脑还清醒的程莉感觉到骨头断裂的声响，左腿顿时失去了知觉。一时围观了不少人。“哇，流了好多血!”突然，有人大声尖叫。骨头断裂得碎了，参差不齐地裸露在外，血淋淋的，看着就瘆人。

程莉躺在地上不能动弹，她自己明显感觉到左腿裤管湿漉漉，八成是流了不少血，有人还打 120 叫救护车，好心人还问了她弟弟的电话。

救护车来了，程莉的弟弟也来了。弟弟扶她上担架去医院，她却坚持不去，弟弟担心她失血过多会休克，她却说弟弟的担心是多余的，心想这是师父帮她“消业”，提前还“业债”，好早日“圆满”，因为《转法轮》里讲：“相生相克的理，痛苦越大，消业越快。”

肇事的小伙子才十六七岁，刚骑着叔叔的摩托车出来兜风，广场人多而嘈杂，一时慌神，错把油门当刹车，对着程莉就呼啸飞奔过来，于是就发生了这桩惨剧，他自己也摔倒在地不省人事。警察到场了，小伙子的父亲也来了，表示要送程莉去医院治疗，并承担程莉的医药费、误工费。

可是无论如何，程莉都不肯去医院，所有在场的人都觉得很惊讶。拗不过程莉的坚持，弟弟只好背她回家。不管怎样坚强的人都难以忍受这般剧烈的疼痛，而此时的程莉却是一副大义凛然的样子，表现得很淡定、很坚强，因为她坚信：有“大法”保护很快就会好的，不怕不怕。

弟弟却急得像热锅上的蚂蚁团团转，他专程去请镇上最好的跌打郎中带来跌打草药，捣烂了要帮程莉敷在伤口上，并严肃地对她说：“你既不去医院又不让我敷草药，过三五天这条腿就会溃疡腐烂而废掉了，必须锯掉这条腿才能保命，到时你后悔都来不及的。”

此时的程莉满脑子都是李洪志的大法歪理，坚持拒医拒药，家人个个哭着央求她去医院，她就是坚持不去。过了五六天，在弟媳妇的精心照料之下，她的腿没有废掉，却出乎意料地略有好转。

程莉心想，哪有郎中讲的这般凶险？我不是还活得好好的吗？等腿好了过了这一劫，我再好好学法练功、发传单，师父一定会帮我早日“圆满”、早点“白日飞升”的。那时我将返老还童、永葆青春、长生不老，可以摆脱人世间的六道轮回，通过修练而成仙成佛，到“天国”去过神仙的日子。

程莉每天想着当神仙的美事，想着想着就不觉得那么疼痛了，不想的时候那当然会撕心裂肺地疼痛，所以她每天使劲地想啊想……

回到家半个月，她都无法躺下，一直靠着床。因为腿不能动弹，她无法打坐练功，一有空就看“经文”、背“经文”，构想着今后怎样和功友们练功传法。家人看着她，心里更心痛、更难过，但程莉却从不体谅家人为她担心的那种煎熬。

三四个月后，程莉才能像小孩刚学走路那样，慢慢地移步。来看她的功友们看到此番景象，啧啧称赞她的忍耐力，将之归功为“大法”的威力，认为要是没修练过“法轮大法”，撞成这样腿早就废了，如果当时去医院治疗，至少要花上几万元，最亏的是会把来之不易的“业力”推回去。

看着功友们兴致勃勃地称道法轮功的效力，程莉心里美滋滋的，把身上的2000块钱给了功友阿橙，让她拿去制作“大法”宣传资料，感谢“大法”保佑她“消了一大业”，腿也保住了，可谓是一举两得，两全其美。

殊不知，程莉在家休养的时候毕竟没有进行科学的治疗，受伤的左腿没有用钢钉和螺丝固定好，修复时也没有按照医生说的去做，再加上失血过多，左腿严重缺少营养，断裂的骨头没有对正。最后，程莉的腿无法痊愈，错位地长在了一起……

少女辍学做生意，婚后不育遭嫌弃

程莉出生在20世纪60年代的广东省茂名市，父亲因为上抗美援朝前线打过仗，所以在镇政府谋得了一份工作，妈妈是农村户口，成家后孩子们户口落在农村，也跟随妈妈生活在农村。

从小就生活在贫穷落后封闭的广东山区农村，由于家庭困难，再加上重男轻女的思想，程莉只上到小学五年级就辍学了。她也不喜欢读书，只向往自由自在的生活，辍学后的她很勤快，白天边放牛边打猪草、赶鸭子、喂鸡，什么事情都干。

程莉就喜欢这种没有压力，既不用考试又不用竞争的生活。13岁的时候，父亲当上了镇林业站站长，他们举家搬迁到镇上，住进了镇上的公寓房。

十七八岁的时候，程莉的姐姐在林业站租了3间门面房，带着程莉一起做杂货生意，油盐酱醋农资用品应有尽有，镇上农村紧缺什么就做什么，生意也红火。19岁的时候，姐姐介绍了一个对象给程莉，就是斜对面三四十米远的一个药房老板的二儿子，真可谓门当户对，近在眼前的好姻缘。

两人交往了4个多月就结婚了。婚后的程莉感到很幸福，每天忙着做家务，给婆家人做可口的饭菜，侍候公婆，家里生意也红火，很快赚了不少钱，他们就到镇上的外围买了一亩二分地，建了几间平房，后面围了一个院子，院子的后半部分建了6间猪舍，用来贮放猪苗。

80年代刚刚改革开放，农村里很多人养猪，卖猪苗是程莉最看好的生意，因为帮姐姐做农资生意的时候，很多来买农资的顾客都问哪里有猪苗卖，如果本镇有得卖就好了，省得去茂名买，来去也不方便，而且那时运输的车辆少，买得少自然是不划算，所以当地的农民迫切需求镇上有个猪苗分销点。程莉看到了做猪苗生意的前景，就毫不犹豫地选择开起了猪苗店。

这猪苗店一开生意真是特别好，每天都有人来订猪苗，丈夫整天忙着进货出货，程莉忙着接订单，联系生意、做账，生意做得风生水起。不到两年，程莉和丈夫又相中了一块地，在镇上建了一栋新房子。

新房子有了，家庭也幸福，生意更蒸蒸日上，这日子美得程莉整天都很开心。不过时间久了，程莉有一件事还是不开心，因为结婚3年了，程莉却流了两次产，每一次都是怀孕不到4个月就流产了，特别迷信的她在家里供起了送子观音菩萨，每天都准时上香。然而，无论夫妻俩怎样努力，肚子就是鼓不起来。

丈夫家里是开药店的，常常请郎中开好药方，然后到自家药店里配好药并煎好了端到程莉面前，而程莉却说汤药太烫了，会烫伤喉咙和口腔的，等到温热的时候再喝，可等丈夫刚一转身，程莉就把药给倒了。

因为程莉从小就特别害怕打针吃药，甚至闻到药味就想吐，更不用说吃药喝药了。打针也是程莉特别畏惧的事情，别看小小的针管，程莉见到它常常是全身颤抖，身上起鸡皮疙瘩。

记得小时候，有一次程莉得了重感冒，卧床不起，全身乏力，高烧40摄氏度，但她就是不敢吃药，每次妈妈把药硬是灌给她吃了，还没有下肚她就吐出来了，吐了又灌，灌了又吐，比发高烧还要难受。那次发烧是妈妈让她喝开水，额头上敷冷水，采用物理降温的方法，拖了很长时间才好的。

那时，程莉就想，如果人活在世上生了病，有办法既不打针又不吃药病就能好就好了。她又幻想人能健康长寿不受折磨，没有烦恼，不用为生计奔波，过无忧无虑优哉悠哉的生活。她向很多人咨询过这个问题，别人都给她一个答案：除非做神仙，做凡人就是要受苦受难受折磨的，无论有多少财富，无论做多大的官，最后都逃脱不了生老病死的自然规律。

在镇上，程莉看到的都是生老病死，没有看到活过100岁的。程莉曾听说过，有一个村子里的老人长年只吃五谷杂粮，以素食为主，很少吃大鱼大肉，生活在空气特别清新的大山里，竟然活到了99岁，他是全县最长寿的一个老人，但最后还是老死了。

程莉渴望长生不老，渴望极乐世界。对于生孩子这件原本就很痛苦的事情，程莉一开始就很排斥，再加上两次怀孕两次流产，对她的心理造成了一定的阴影，她只能是得过且过，抱着无所谓的态度。程莉无所谓，但丈夫和家婆却心急如焚，巴不得她能像母猪一样生上十个八个，多子多福。不孝有三，无后为大的思想在婆家人的心里根深蒂固。

那时程莉特别烦恼，白天忙于生意，晚上睡觉时丈夫却缠着她没完没了，渐渐地，程莉觉得自己仅仅只是个生孩子的机器和泄欲的工具而已。丈夫结婚初期的那种关怀体贴消失得无影无踪，剩下的只是打骂，心情不好就拿她出气，经常在外喝得酩酊大醉，回到家后就对她发泄。

程莉向往的美好生活渐渐地随着她生不了孩子而褪色，她不像刚结婚时那么开心了："对，一定要找一种新的生活，我要新的开始。"程莉心里每天琢磨她的生活会有奇迹出现。

正当程莉一筹莫展的时候，"福音"出现了……

痴迷法轮不顾家，丈夫外遇酿婚变

十几年了，程莉一直没有给丈夫生下一男半女，丈夫对她彻底失去了信心。时间久了，丈夫也觉得没希望没意思了，除了白天做生意，晚上一般去找人喝酒，常常半夜三更才回家，甚至有时彻夜不归。程莉觉得丈夫不回还好，反正回来了对自己也不好。其实这时丈夫在外早就有了女人，由秘密转为公开。

程莉倒是不像别的女人，当自己的丈夫在外有了女人时要死要活的，她表现得无所谓，觉得反正自己不能给丈夫生孩子，何不放手让他有人身自由呢?

后来，卖猪苗的店渐渐多了起来，程莉家的生意没有原来那么好了。白天忙完生意，晚上吃过晚饭冲完凉，程莉又用不着管小孩，所以大部分时间就去朋友家里搓麻将，输了也好，赢了也罢，程莉都无所谓。反正，钱对于程莉来说已经不重要了。

程莉这人特别好客，很多过路的人有时停留在店里找她讨杯水喝，只要有时间，程莉都会给大家沏上好茶，所以大家都亲切地叫她程姐。

1997 年 9 月的时候，程姐这里有一名叫阿燕的中年妇女常客，常和过路客讲法轮功，说只要练了这种功就会祛病健身，只要按法轮功的要求去做，就能“圆满”，到美好的天国去。

有这么好的事？真不敢想，阿燕还说即便是有了病也不用打针不用吃药。哇！真是太好了，这不正是自己梦寐以求的吗？

阿燕本是无意中说给过路客听的，却不料正说中程莉的心怀。程莉问阿燕这种功在哪里学，要多少钱，阿燕说，就是镇上的老林家，离程莉的店才500多米，学法练功是不要钱的。

当晚，吃过饭冲完凉，程莉就去了老林家的练功辅导站。这是一栋5层楼的房子，一楼是老林家开的士多店，二楼是老林夫妻两人的卧房和会客厅，孩子们都出去打工了，只有过年才回家。其他房子都是用来学法练功的地方，老林也专门在楼顶把地面铺了瓷砖给学员打坐练功。在这里学法练功都是免费的，只要大家愿意来练，老林一概欢迎，无论老少。

就这样，程莉就成了老林这个辅导站的学员，白天忙完猪苗生意，吃过饭冲完凉就来辅导站练功念“经文”。很久没上学了，程莉看着这些久违的文字还是有些吃力的，刚开始是听别人读一遍，然后自己背。这里很多老人连学校门都没进过，却能很娴熟地背诵很多“经文”，真是奇怪得很，看来只要认真，学什么都不是难事。

由于程莉的痴迷，全心全意地练法轮功，有时进入忘我的境界，整天对家里的事务不管不顾，丈夫的衣服也不洗，家里的饭也不做，时间久了，丈夫更不回家了。丈夫多次劝程莉不要练法轮功，可是程莉从来只当作耳边风。丈夫实在无法忍受程莉练法轮功，加上程莉多年未生育，而且外面的情人也怀了他的骨肉，所以丈夫干脆向程莉提出了离婚。

程莉正是求之不得，这种束缚自己手脚已经没有爱的婚姻不要也罢。

2002年10月，离了婚的程莉觉得特别开心，再也没有人管她学法轮功的事情了，再也不用操心孝敬公公婆婆了，可以专心致志习练法轮功了，这是多么幸福的事情啊！

枉顾法律传大法，幡然醒悟悔不已

离婚后没过多久，程莉就搬出了婆家，也没做猪苗生意了，而是在林业站租了一间门面房，买了一台缝纫机做起了缝缝补补的生意。每天生意还不错，镇上很多人的衣服破了、拉链坏了都找她去补去换，程莉养活自己、孝敬妈妈后还有些结余。

程莉的妈妈不知什么时候也练上了法轮功，程莉的哥哥曾多次劝她们不要练了，要强身健体可以练练气功，也不要出去发传单了，可程莉和妈妈却依然如故。

刚开始练功时程莉只是为了强身健体，可是李洪志却说要想“圆满”，到极乐天国，必须“消业”、传法，甚至攻击政府。无知的程莉为了能达到圆满，法轮功组织要她做什么她就做什么。而且她还坚信：2012 年像她这样完全诚服于法轮功的人肯定会“圆满”并“白日飞天”去极乐世界的，而人类却会毁灭而不复存在，只有练法轮功的人才能过无忧无虑的生活。

接着，程莉开始散发传单，有时带妈妈一起把资料放到别人家的门口就匆匆离开。在自家店里，只要是来补衣服的，就向他们讲“真相”，讲“法轮大法好，信大法得福报”的口号。尽管顾客不一定是练法轮功的，程莉也一个都不放过。她还教顾客每天念“法轮大法好，真善忍好”，如果遇到天灾人祸，念这 9 个字就会有神佛保护，大事化小，不会有生命危险。

她还翻录练功带和讲法带，印制“护身符”到处散发。

程莉鼓动父母退党、姐姐和大嫂退团、侄子侄女外甥退队，还经常帮功友窝藏法轮功的书籍和录音带，并买来电脑上网学习法轮功的“新经文”。

2009 年 7 月，程莉和其他功友一起打印和复印法轮功宣传品。程莉还把人民币分类排好，用电熨斗熨平，然后再打印，用来打印“真相”的人民币有 1 角、2 角、5 角、1 元、5 元、10 元等。程莉还窝藏了《转法轮》30 本、《大圆满》3 本、《明慧周刊》20 本、《李洪志地方讲法》30 本，《真相》小册子 60 本、《真相》传单 500 多张、《真相》碟子 500 多张、“护身符”1000 多张，“护身符”吊坠 1000 多个，已经打印的《真相》人民币大约4000多元……

2009年11月，程莉被公安机关依法逮捕，并因利用邪教组织破坏法律的实施被判处有期徒刑9年。

通过学习，程莉清醒地认识到，法轮功刚开始是打着强身健体的幌子将一些人引上路，然后一步步以“消业”、去天国为诱饵让人陷入痴迷。法轮功说不吃药不治疗就能治好病，而自己腿被撞断了，完全按法轮功的要求去做，却落得终身残疾的下场。

程莉前不久收到弟弟家的来信。信是弟媳写的:“家姐，家里的房子正在装修，我们特意给你备了一间朝南的阳光房，床、柜子、被子都是新买的，过段时候你大侄子阿海用刚刚买的新车去接你回家，以后我们来照顾你。”阿海也在信中说：“姑姑，这里永远是您的家，早点回来吧，我和阿洋就是您的儿子，以后我们孝敬您，为您养老……”

看到家里的来信，泪水模糊了程莉的眼睛，关键时候还是家人好，只有家人才是自己永远的港湾。她提起笔，一笔一画地给亲人们回信……

谁毁了“打工皇帝”的幸福家庭

有时他能感到身体中有热流循环，有时依稀可以看见空中的仙女和台面上的光环，甚至有一次还模糊看到了师父的“法身”，感觉到师父帮他把修好的部分隔开……天国世界里树是金的，鸟是金的，一切都是金的，人间这一切算什么！

杨西，男，1968年11月出生，珠海市湾仔人，中富工业集团公司（上市公司）旗下某厂原厂长助理。杨西一家，包括母亲苏月明、妻子刘红燕、女儿杨紫都是法轮功练习者。15年来，他们把自己的青春和金钱都用在了练功、学法、讲“真相”上，收获的却是一家人养成邪教思维，没有工作、钱财散尽、疾病缠身、心理扭曲的恶果。一个原本幸福的家庭就这样被法轮功毁掉了。

初遇“大法”

1997年国庆节刚过的一天清晨，珠海市香洲区湾仔的街道上，商铺前的国旗迎风飘扬，不知哪里播放着歌曲《春天的故事》，商户们忙碌的脸庞上洋溢着愉悦的笑容。

杨西走在回家的路上，又是一个半夜被工厂紧急叫回去处理疑难技术问题的不眠之夜，但他疲惫中带着兴奋，回想着厂长寄予厚望的殷殷嘱咐，如无意外，担任厂长助理两年后他就能升任副厂长了。

杨西是湾仔中富工业集团公司旗下某厂的传奇人物，创造了多个第一，是旁人眼中的“打工皇帝”。他是地道的珠海湾仔人，1986年初中毕业后进入工厂工作，凭着过硬的技术和务实的工作作风，成为厂里第一批被选派到德国学习装机技术的工人，回国后他不分昼夜地钻研，把原来8%的原料损耗率降为不到4%，每年光是在原料上就为公司节省成本数百万元，总公司的董事长还为此亲自接见了他。技术和勤奋克服了学历的不足，杨西在10来年的时间里，从普通的技术工人到班长再到技术主管再升任现在的厂长助理，他已经数不清有过多少个这样彻夜工作的日子了。

转过熟悉的街角，就是住着多位名人的鸿景花园。杨西在其中拥有两套商品房，不过他仍然跟母亲和哥哥一家住在自建的老房子里。在认识他的人眼中，杨西高大英俊，年轻有为，前途无量，街坊邻里有时候教育下一代都会拿他的奋斗史作为榜样。昨天听厂长的意思，好像有意介绍亲戚的女儿给他。说实话，他虽然快29岁了，但这些年忙于工作，根本没时间多想男女之事，心想着只要是善良、能孝顺母亲的就好。

想起母亲，杨西不由得加快了脚步。前段时间母亲不慎摔伤了脚，做服装生意的哥嫂根本腾不出身来照顾，每天都是他帮母亲清洗伤处、重新上药的。这些天好转后，母亲每天都会到公园去，神神秘秘的，不知道在忙些什么，不过看她的样子倒是挺开心的。

走进家门，杨西感觉有点奇怪，往常这个时候，母亲早就迎上前，开始张罗吃喝了。他环顾一周，才发现母亲正坐在客厅里认真地看着书，连他进门都没发现。

苏月明终于发现杨西回家了，忙举着手中的书对他说：“小西啊，你快来看看这本书，这是前段时间你赵姨来看我的时候带过来的，她说练了这个法轮功，李洪志师父就会保佑我们不生病、不出偏的，比你教我练的香功还要好，不但能祛病健身，还能修‘真善忍’做好人，福报全家，修得好还能成仙成佛呢!”

“有这么百求百应的好事？赵姨？是你以前供电公司的同事?”

“对啊，她做会计，我做出纳嘛！跟我同一年退休的。你赵姨说，她练了一个星期，折磨她多年的胃病就好了，李洪志师父说了，人啊，有病不是病，是人生生世世做了坏事积累下来的‘业力’返出来，表现在身体上就是病，吃药打针不管用，只是把‘业力’压回去，下一次病得更厉害，只有相信李师父，练法轮功，师父用功力帮助‘消业’，病才能好呢!”

“生病不用吃药？有点过了吧？这个什么李洪志有这么厉害吗?”

“你这个小子懂什么，不要乱讲话!”苏月明左右看了一眼，好像家中还有人能听到似的。杨西觉得有点好笑，但还是忍住了。

“书上说了，李师父可厉害了，他有四大功能呢!”

“四大功能？什么功能?”杨西开始有了点兴致，他对特异功能、神异之事比较感兴趣，闲时没事也会练练气功。

“李师父有搬运、定物、思维控制、隐身四大功能呢！这本书上还说了他的很多神奇事迹!”

“哦？这么神奇?”杨西接过书，往封面上一看，《转法轮》，难道是佛教的书？他对“法轮”是属于佛教的用语多少还是有点了解。

“好啦，有时间我会看的，现在先送你到医院复诊吧。”

杨西正想起身，却被母亲拉住了，苏月明说：“都跟你说了，练功不用看病！一进门师父就会把练功人的身体推到无病状态，看病就是不相信师父，不是修练人他就不管了，会把‘业力’还给我的。这些天我一直跟你赵姨去公园练功呢！附近住的欧伯，他高血压都练好了呢！”

杨西皱了皱眉，正想反驳，苏月明又加了一句：“早几年遇到法轮功就好了，你父亲也不会死了。他们说了，癌症也可以练好的！”说完后，脸上的光彩一下隐去，沉浸在哀伤中。

杨西欲言又止，想起1993年父亲患胰腺癌的那段日子，他们守在病床前不眠不休十多天，父亲还是在手术后走了。母亲心力交瘁，整日魂不守舍的，直到现在还一见到猪血就会想起父亲吐血的情景而呕吐，甚至听到菠萝也会伤心落泪，因为医生说父亲的胰腺已经肿大得像菠萝一样。这么多年了，母亲总会时不时关心他的身体状况。他知道母亲的担忧，因为大伯是食道癌去世的，三伯的儿子是消化道癌去世的，他也曾想自己会不会也有消化系统的遗传疾病。不过处在他现在的位置，有时候免不了喝酒应酬，他也很无奈，生老病死，谁能避免呢？

当杨西回过神时，发现母亲已经出门练功去了。恍惚之间，不知是光线的反射还是一夜未眠眼花的缘故，杨西仿佛看到了书本封面上有一片金光。他摇了摇头，金光消失了，但心里却有点疑惑，不由得翻开书看了起来。渐渐地，杨西被书中所说的神奇吸引住了，李洪志说法轮大法是“宇宙大法”，是他给人类留下的唯一的上天的梯子，人能通过修练返回天上去！这可能吗？把它当奇幻小说读的杨西并没有发现窗外开始乌云密布，笼罩在这个美丽的海滨城市的上空。

泥足深陷

一开始半信半疑的杨西并不太积极，但孝顺的他经不起母亲的一再要求，因此不时陪同母亲一起前去公园参加集体练功。

这一天，杨西在几个功友的盛情邀请下去功友家参加了“学法练功交流会”。他们先是一起读了《转法轮》上的一些段落，然后几个功友说自己提高认识后，师父帮助“消业”了。诸如病好了，孩子听话，夫妻和睦，工作顺利，虽然有一些小事不如意，也只是磨练自己等，大家听后都很受鼓舞。

当一个女孩提出为什么自己的病没有好，家里的困难也没有好转的疑问时，主持的人马上纠正她：“你是新学员吧？师父说了，交流会上不要讲些乱七八糟的影响大家的话，你要查找自己做得不如法的地方。怀疑师父是思想业，对师父不敬，在另外空间的神看来是要销毁的生命！”女孩一脸惶恐，诺诺称是。

紧接着，一个下岗的中年妇女，先是虔诚地当空一拜，才说：“师父说得没错，现在人类道德下滑，地球是宇宙中的垃圾站！感恩师父，把地球爆炸的时间推迟了，师父会安排好一切的，我要抓紧修练，修成到新世界中去，才能躲过世界末日。”

轮到一个戴眼镜的斯斯文文的男青年时，只见他清了清嗓子，用低沉的声音报告了自己打坐时看到的神奇景象，最后他昂了昂头，说：“李师父说了，练功人看到的神奇之事都是另外空间的真实影像，还说修得不错的有些人，师父不再锁着，允许他出功能。”杨西心里暗暗神往，问他如何才能提高层次。男青年很快接话：“多看书，学法是关键。修在自己，功在师父！”

自此之后，杨西开始精进看书学法，所有法轮功的书他都买来看，不断用“法”熔炼自己，所遇的一切人、事、物都以“法”为标准去衡量取舍。他频繁参加“学法交流”会，并渐渐找到了感觉，仿佛皮肤病也好转了，而且还出现了“开天目”的现象：有时他在练功时能感到身体中热流循环；有时依稀中可以看见空中的仙女和台面上的光环，甚至有一次还模糊看到了师父的“法身”，感觉到师父帮他把修好的部分隔开。有一次，他身体不舒服，感觉到家中有恶鬼邪灵骚扰，但一练功后就消失了。最神奇的是，他有几次梦到自己到寿了，本来应该死于癌症，但因为是练功人，师父帮他续命了！

慢慢地，杨西开始相信李洪志就是下世度人的宇宙主佛！他虽然从来没有见过李洪志，只是看他的书，但内心却充满了对师父的感激崇拜之情。他出资到辅导站买了很多法轮功的书籍和音像制品，跟母亲一起积极地到处“弘法”，很快成为了法轮功在湾仔辅导站的骨干。

在交流会上，杨西常常是“主角”，分享自己的神奇体验让他觉得自己的层次在不断提高，大家的推崇让他享受着飘飘然的感觉，仿佛“成仙成佛”就在眼前。

工厂里的工友见到杨西身影的次数少了，最近领导已经找过他几次，暗示过这个问题，但杨西不以为意，心想人间的名利何必“执著”呢？加紧修练提高层次，“圆满”到法轮世界去才是头等重要之事。师父说了，到时他要给人类一个创举，“圆满”时让大家“白日飞升”，不要身体的就在空中虹化掉，要身体的就带着身体回去。天国世界里树是金的，鸟是金的，一切都是金的，人间这一切算什么！而且时间很近了，实修两年。只要想到这些，杨西就感觉到热血沸腾，恨不得一天24小时都用在学法练功上。

杨西结婚了，跟租他房子的海南女孩刘红燕成了家，女儿在1999年出生了。妻子也在中富公司旗下的瓶厂工作，眼睛大大的，样子端正，只是性格有点倔强任性。不过正如母亲所说的，结婚一定要找同是练法轮功的人，这样才能共同提高。当初他向刘红燕提出结婚就要练功时，她虽然有点犹豫，不过最后还是答应了。现在想想，幸亏妻子是功友，不然一般人看他经常“不务正业”地到处“弘法”交流，耽误工作，早就跟他吵800回，督促他上进了，哪会像现在这样全力支持他为“大法”做事。

杨西庆幸自己一家都是“法轮大法”的修练人，经常感觉到自己与众不同，就像师父所说的，已经不是常人，而是走在神路上的人。杨西边想边走出鸿景花园，去年结婚时他们夫妻和母亲已经与哥嫂分开住，因为常人的认识太低，经常话不投机闹不愉快。就像前几天大哥跟他商量清明节祭祖之事，他明明已经告诉大哥，作为修练人，不能去拜祭祖先，师父说了，因为练功人层次高，祖先是经受不起他的一拜的。大哥却大发雷霆，骂他忘恩负义，还说他带着母亲妻子练什么乱七八糟的功，练得连父亲的遗照都不供奉了，祖先也不认了。杨西心想，大哥哪里懂得，师父说了，生我肉身的父母不是真正的父母，生生世世的父母多得数都数不过来，只有天上生我元神的父母才是真正的父母。不过他没有把这些话说出来，他们都是不练功的常人，根本不会理解。

可是杨西不知道的是，他在领导、同事的眼中变了，以前那个热心上进的有为青年不见了，亲切待人的态度慢慢转变成“修练人”比“常人”高的傲慢，总是喜欢讲一些不切实际的怪异之事。

风起云涌

这一天，杨西匆忙请了假，赶去参加站长通知的紧急会议，说是有要事商量。会是什么事呢?

赶到聚会点一看，站长、辅导员、骨干都在，但与平时轻松交流的神态不同，每个人都脸色凝重。杨西赶紧找了个位置坐下来。

站长李贵民开口了：“4 月 19 日发生在天津教育学院的事，你们都知道吧？事情有新的变化，传公安抓了不少功友，现在上面有新的要求，找你们来商量一下。”

杨西知道好像是天津教育学院里的一名教授，也是中科院的院士，叫何祚庥的，写了一篇《我不赞成青少年练气功》的文章，里面提到他研究所里有个学生，练法轮功两次得精神病的事，发表在校刊《青少年科技博览》上，对法轮功产生了一定的负面影响。当地辅导站的人组织了一些人，好像有五六千人，围聚在教育学院里讨说法！到现在，应该有四五天了。

想到这里，杨西一阵愤怒，想着这些“科痞、文痞”（师父语）真可恶！媒体这几年不时有报道练法轮功有病不吃药死亡、出偏，甚至自杀、杀人的事，迷惑了一些“不明真相”的人。但师父早就在“经文”里说了，练功人没有病，出现病的症状只是安排弟子吃苦“消业”，他们之所以会病死会出偏，都是因为没有把自己当作真正的修练人，放不下有病的心，没有去掉人的“执著”所造成的，放不下有病的心就是常人，常人能不死吗，而且还有的是看到另外空间的美好景象，不想回来而造成肉身死亡的，甚至更可恶的是有些本来功练得好好的，突然就死了，这些都是来破坏大法的魔干的！而且师父说了，本来就不允许精神病人练功的。

杨西现在知道对这些问题该如何正确认识了，一开始他知道珠海有功友死于肺癌时心里还犯过嘀咕，交流时还问过为什么练功还会病死，宣传单上不都说只要念“法轮大法好”，癌症都能好吗？被大家狠批了一顿，说他怀疑师父，是思想业，要排除。李贵民就是因为认识得很正，所以才当上站长的。李贵民是他的发小，也是湾仔人，还是中文系本科毕业的才子，是公职人员，算是少有的几个令杨西佩服的人了。

“上面来通知了，说是希望各地组织一些人上北京中南海去，向中央讲清‘真相’，反映情况，营救被抓的功友。”杨西的思路被站长的话拉了回来。

“而且，上面强调说了，去的时候有人问起，就说是自己想去为大法说句公道话，不能跟人说是我们通知的，明白吗？”李贵民紧接着又补充了一句，“你们回去后要把能发动的人都发动了，要把这事提高到认识大法的高度去做。”

杨西心里一阵犹豫，回到家跟母亲、妻子说了后，她们也犹豫了，孩子还小，离不开人照顾。最后商量来商量去，还是觉得练功人不要管那么多事，这也是师父说过的，但还是尽量动员其他人去。

电闪雷鸣

1999 年 7 月 22 日，杨西沮丧地走在回家的路上。今天国家正式把法轮功取缔了！公安部发出了六条禁令，禁止公民练法轮功，还发出了对李洪志的通缉令，真是岂有此理！电视里滚动播放说 4 月 25 日法轮功同修到中南海静坐示威是违法行为；说截至被取缔前，法轮功组织就已经组织了大大小小 300 多起围攻电视台、报社、政府机关的事件；还列出了这些年有病不吃药致死、致残、自杀、杀人的案例，有 1600 多人的名单；说法轮功组织与国外政治势力勾结在一起，有险恶的政治图谋。

杨西想不明白，法轮功明明是教人“真善忍”“做好人”，祛病健身，修练“圆满”上苍穹的功法，师父 1996 年就说过不能做违法的事，不参与政治，怎么就变成邪教组织了呢？怎么会有政治目的呢？虽然有一些电视上说的那些事，但那只不过是中央不了解情况，不知道病死的那些人是没有按照师父的要求做才这样的，是个人悟性的问题，练功人围攻媒体、政府机关也只是想讲清“真相”而已。

厂长今天也找他谈话了，说现在修练法轮功是违法的，提醒他要划清界线，以免影响前途。还斥责他的反驳是颠倒糊涂，反问他一个做好人、锻练身体的团体会这样置国法于不顾、不断扰乱社会秩序，会有那么多人非正常死亡和出偏吗？还说李洪志不负责任，又说他主宰安排一切，但病好的都是他所赐，死了出偏了却都是练功人自己的问题。最后还语重心长地告诫他，转任副厂长后按规定可以分配到公司的原始股，以后就可以参与分红了，提醒他要谨言慎行。杨西当时愣住了，气恨厂长对李洪志的不敬，但也知道他是好心为他着想，就要满两年了，自己奋斗了十多年的目标很快就可以实现了。但放弃法轮功？绝不可能！杨西内心一阵烦躁，连邻居跟他打招呼的声音都没有听到，径直进了家门。

虽然经历了好几个月的内心纠结，但杨西最终还是未能把认识调整过来。现在他一家人都非常后悔当初没有上北京护法，错失了“最后一次圆满的机会”。原来上京是考验，能“顶住压力走出来的弟子是伟大的”，自己却是师父“经文”所骂的“毕业考试都还不动，还说什么在家实修，都是邪悟，圆满也不想要了”的那类不合格弟子。师父是特地利用政府的迫害，把形势反过来，把所有练功人的心都暴露出来，谁真修谁假修一目了然！每个弟子思想中想什么师父都知道，都有他的“法身”在看着呢！他得想办法弥补这个错误，加紧表现才行，绝不能再错过任何一次上层次的机会了！

自此以后，杨西从辅导站骨干那里学会了上法轮功网站，上面会即时更新李洪志的讲法，还有同修的练功心得，以及应该用什么方式去讲清“真相”。如在居民小区安装定时喇叭、有线电视等，网上都有技术指导。他知道很多同修因触犯法律被抓，被判刑坐牢，站长李贵民也因此被开除公职了。但是李洪志对此是大大肯定的，说这些弟子都是伟大的。还在《去掉最后的执著》《走向圆满》《我的一点声明》等“经文”中警告“中国流氓政府”，弟子们为维护大法会不惜代价，鼓励弟子“放得下生死就是神，放不下生死就是人”，“可以用不同形式铲除不同层次的邪恶”，“不管是否被迫害致死的弟子最后都会圆满”。

杨西深受鼓舞，决心要紧跟“正法”的形势，响应师父“充分运用手中资源”的号召，在单位也复印法轮功宣传资料，尽最大努力为“大法”奉献。至于领导同事的摇头侧目、升任副厂长的讨论被搁置、厂长和董事长的叹息等，他已经没有心力顾及了。他们一家已经完全被李洪志的歪理邪说俘虏，人间的法律算什么，不过是“把人当动物一样限制起来”而已，“宇宙大法”才是最重要的。

执迷不悟

2001年3月，杨西夫妇因制作、传播邪教宣传品、破坏公共秩序被依法逮捕，考虑到其女儿年幼，依法豁免了对其妻子的处罚。

法律的警钟能让杨西一家人清醒过来吗？

没有！刘红燕甚至认为是师父保佑才让她逃脱了法律的制裁，从而变本加厉地外出弘法讲“真相”；而苏月明也无心照顾年幼的孙女，仍然抓住一切机会讲“真相”！街坊邻居不堪其扰，投诉到湾仔社区的综治维稳中心那里，要求工作人员管管她。街道办也无可奈何，只能找来杨西的大哥规劝母亲，杨西的大哥却被骂出了门。

这天，杨西的哥嫂去看望杨西，希望能劝醒这个弟弟。

久未谋面，一见到消瘦不少的杨西，大哥眼眶就红了。

“杨西，你怎么走路好像有点不顺畅？”

“没事，可能伙食不好，走路腿脚有点发软而已。”

“杨西，不要再信法轮功了，你看你人不人鬼不鬼的！家不像家，妈妈年纪也大了，你女儿杨紫现在放在我这里养，你要想想这个家啊！”

“杨紫每天都要问为什么爸爸妈妈不接她回家，是不是不要她了，几乎每天半夜都会哭醒啊！”旁边的大嫂讲着讲着就哭了起来。

杨西心里一阵紧缩，想起几岁女儿可怜的样子，心中一阵酸楚。但他很快调整过来，默默想：“这是情关，我一定要坚修大法心不动！”

见他一脸固执的样子，大哥气不打一处来，骂道：“你清醒一下吧！看看你，为了练这个什么法轮功，前途尽毁，工作丢了，股票分红也没了，对你有什么好处啊!”

“大哥，这个你就不要管了，我们这是过关、考验，师父会看到我们的付出的，等我圆满了，会福报你全家的!”

“你这是鬼迷心窍啊！这个李洪志真是害人精!”

“大哥！你不能对师父不敬，会有报应的!”

“光荣之家”

通过“考验”的杨西夫妻，原本以为一切都会像师父所说那样好起来，却没想到“考验”接踵而来，而且一个比一个难以应付。

杨西发现自己的脚越来越没有力气，有时候练功练着练着就“咚”的一声摔倒，或走着走着就坐了下去。一开始他还以为是“业力”返出来，更加紧学法练功，可后来情况越来越严重，有段时间基本上只能躺在床上，成半瘫痪状态！最后拗不过大哥的劝导，找了个熟人医生一看，发现得的是“重症肌无力”。看见医生皱眉叹息，杨西脑袋一片空白，练功怎么会得病呢?

妻子和母亲急了，几次组织功友到家里一起学法、练功，集体读《转法轮》，发“正念”除“魔”，也没见有什么起色。最后，他们悟到可能是因为忽略了走出去讲“真相”，没有为“大法”付出的缘故。特别是师父现在揭露出旧势力的“真相”，必须把不明真相的人唤醒，让他们“退党、退团、退队”，才能不至于在世界末日中被淘汰。于是，刘红燕和苏月明开始频繁印制资料，到珠海各地散发法轮功宣传品。

对李洪志死心塌地的杨西一家却没有得到师父的任何眷顾，除了重症肌无力，杨西还患有风湿、痛风，根本无法工作。为了“弘法”，他家财散尽，房子卖掉了一套，只能守着一个两三平方米的小铺子卖茶叶，每月挣个几百元帮补家用；刘红燕则患有皮肤病，到处做钟点工维持家庭生计；苏月明患有严重的高血压，腿脚也不是很好。更令人痛心的是年幼的杨紫，被软硬兼施的父母诱导练上法轮功后，不时在课室里打坐，开口闭口都是“神话”，个性孤僻，心理问题严重。

周围的街坊邻居看到杨西一家落到这般模样，无不摇头叹息。

“他们就像吸毒的，只不过是精神上瘾。”在杨西茶叶店旁边开店的大叔说，“有时还说什么最后会真相大白，他们会圆满到新世界去，不信的人会遭报应，形神全灭。真像赌红了眼的赌徒，不甘心之前下的本钱，总想着最后翻盘！唉，可惜可惜！”

“刘红燕每次来街道办，都是先喊法轮功口号，接着无缘无故就会笑起来，一会哭，一会骂，骂着骂着又会突然笑起来，感觉她怪怪的，既可笑又可怜。”综治队长阿伟说。

遗祸后代

“又是黑暗的一天，同学们都在取笑我一家都是邪教分子，都不愿意跟我一起，好像我身上带有神秘的细菌病毒一样，碰一下都要躲得远远的。”杨紫被泪水染得斑斑驳驳的日记本上写着，“我跟妈妈说了，可是她骂我没出息，‘大法弟子’是‘超常人’，书随便读读就可以了，最重要的是学好‘大法’，将来才能上天，叫我不要跟‘常人’在一起，可是我多希望能跟他们一起玩耍啊!”

“她说看着血从手臂里冒出来，一点也不觉得痛，心里反而痛快极了！”杨紫的伯娘边抹眼泪边心疼地说，“他们夫妻为了练功‘弘法’很少关心女儿，杨紫从小就郁郁寡欢的，经常放学回来就躲在房间里，后来我们才发现她拿小刀划自己的手臂，说是只有这样做，内心才平静！最气恨的是她父母还认为是有魔在干扰女儿，叫她练功驱魔！这孩子真是被他们毁了，脑袋里全是邪教的东西，她还这么小，怎么办啊?”

“她从小就怕黑，其实她是怕爸爸妈妈总会突然不见，特别黏我们。”杨紫的堂姐说，“有时候杨紫也会跟我们讲法轮功的东西，我妈怕我们姐弟受影响，有次说了她几句，她就离家出走了。那时应该是2011年2012年的样子，一个小姑娘家，出去会不会被坏人欺负啊，我们都快急疯了！到处找！我爸的头发都急白了！还好她后来自己回来了，看她呆呆愣愣的样子，满身脏污，我们都不敢问啊！”

闷头抽烟的杨紫大伯狠狠地把烟头一摔：“李洪志如果在我面前，我恨不得杀了他！他是恶魔，把我弟弟一家都毁了！”

父子的痴迷之路

孙女转到汕头医院进入急诊室后，林广宏还要求儿子林杉燧在门口背李洪志的“经文”，祈求“法身保护，渡过难关”。在医生的精心治疗下，林广宏孙女一天天好了起来，但因为延误最佳治疗时间而导致病情恶化，留下了说话口齿不清的后遗症。

有的人，向往天堂，一路狂奔，方向却是地狱；有的人，一路从容，活在当下，收获的是内心的安宁。

林广宏、林杉燧父子出生于广东省揭阳市惠来县，林广宏父子如果能够脚踏实地，辛勤付出，也应该是个幸福的三代同堂家庭。然而，他们怎么也想不到自己的命运会发生如此大的转变，这一切要从他们接触法轮功说起……

迷信“圆满”，痴迷邪教

1998年底至1999年4月期间，林广宏的母亲在广州的女儿那儿学会法轮功后，回到家里自己修练。一段时间里，林广宏看到折磨母亲40多年的腿关节病好像减轻了。以前母亲天天喊疼，一直没停过看医生、吃药，也没见好转，曾让他不胜其烦。母亲对他说：“练功之后，感觉腿脚没那么痛了。”林广宏觉得很惊讶。1999年5月，在母亲的鼓动下，他抱着好奇的心态拿起《转法轮》看，不看则已，看着看着就一发不可收拾。林广宏从小自卑懦弱，胆小怕事，迷信神佛，希望自己能够强大、长生不老。《转法轮》里面的“真善忍”“上层次”“圆满”“一世可以修练成金刚不坏之体”等说法符合他的心态，得到了他内心的强烈认同。他窃喜自己找到了一条可以成就自我的道路，开始编织“修成金刚不坏之体，等待着去天国世界当‘法王’”的美梦。就这样，林广宏一步步地陷入法轮功组织精心炮制的美丽陷阱里不可自拔。

拓展

识别骗术有一个原则，即“越简单越可疑”。现实生活中，每个人都会遭遇生活的压力，甚至有时陷入无能为力的境地。多数人都明白没有一蹴而就的办法，除了自身努力、寻求帮助之外，就只有放宽心态，耐心等待。可是别有用心的人会告诉你，他有一个简单的、能解决所有问题的办法。听到这一类所谓忠告时，留一个心眼总是没错的。如李洪志说，练功学法就可以免除一切痛苦。相比起看医生、吃药打针做手术等待疾病痊愈，真是简单到不能再简单。问题是，肥皂泡虽美，但总是会破！

人性扭曲，言行怪异

痴迷修练法轮功的林广宏人性渐渐扭曲，他一心沉浸在李洪志编造的各种谎言当中，与现实生活、人伦常理脱节越来越严重。以前，他谦虚忍让，性格温和，勤劳淳朴，对父母有关爱，对家庭有担当。修练法轮功后，林广宏总以“大法弟子”自居，想着自己成佛成仙，变得自私自利，自以为是。他认为自己快要修成“可以长生不老，在天国世界掌管众生的‘法王’，想要什么就有什么”，丝毫听不进邻居、朋友的意见。在李洪志“生你元神的母亲才是你真正的母亲”“这个情要是不断，你就修练不了”“造成有病和所有不幸的根本原因是业力”等歪理邪说的威逼利诱下，林广宏变得寡情薄义，不但对亲戚朋友情感冷淡，对子女的供书教学也毫不关心，连父母生病了，也认为是在还“业债”，不愿带父母去看医生。每年清明祭拜先人，林广宏总是避而远之，他认为“大法弟子是高层次的人，拜逝去的人会将他的阴魂冲走，对他不好”。他把李洪志所说的“现在的任务是抓紧时间修练，只管去修，功在师父，师父会把最美好的、你都想象不到的美好给你”这样无比美妙的前景，作为自己心里唯一追求的目标，一心一意就想修成“圆满”，等待着去“天国世界”做“法王”。当地村民谈起林广宏家，也是直摇头：“村子里就只有他们家修练法轮功，怎么劝都不行，不理不睬，村里的人都很讨厌他们，说放着什么不好好做，非要弄这些歪门邪道。”路上碰到林广宏，大家都唯恐躲避不及。

林广宏一心认定了法轮功的好，不但与亲朋好友渐行渐远，把亲朋好友的善意劝言当作是干扰他修练的“魔”，还向亲人“传经说道”。1999 年上半年开始，林广宏大肆向二妹、四妹弘法，说修练法轮功可以祛病健身，经常组织她们在家习练。两个妹妹本来就没什么文化，想着自己的亲哥哥不会害自己，也就跟着修练起来。后来因为各自的丈夫强烈反对，甚至不惜暴力相向，才不得不停止修练。妹夫家里人也对林广宏的做法极度反感，从此之后，兄妹几家之间也极少来往。为了劝阻林广宏，他父亲、小妹和妹夫都曾试图说服他，但林广宏全然不顾，心里还替他们难过："等着瞧，你们没有福分，等末日淘汰后就知道后悔了。"看着儿子整天不务正业，神神叨叨，他父亲气得大骂："忤逆不孝。"说起自己的儿子，85岁的老人家也不禁老泪满襟，反复说："法轮功是害人的，法轮功是害人的……"林广宏的岳父知道他修练法轮功后，巍颤颤地走过来，一边流泪一边劝，林广宏不但不为所动，心里还为岳父诽谤"大法"而不满，试图对他讲"真相"。无奈，道不同不相为谋，双方都觉得对方无可救药，此后也甚少来往，就连大舅子出殡，林广宏也不参加。林广宏整天活在法轮功编织的美梦中，做着令亲者痛心的事。

违法犯罪，死不悔改

1999年7月，国家依法取缔法轮功组织后，林广宏不但没有迷途知返，心里反而愤愤不平："这么好的功法不被传播造福人民，是天无眼，是政府打压。"此后，他内心便悄悄地盘算着如何为法轮功讨个说法。2000年6月中旬，林广宏看到李洪志"经文"中说到"破坏大法的只是一小部分恶势力""顶着压力走出来证实法的弟子是伟大的"，他心潮澎湃，急得像热锅上的蚂蚁："再不出去证实法就晚了。"他当即与妻子商量决定要出去证实法。6月24日晚，夫妇俩趁着晨露未干偷偷出门，与其他功友一起登上了驶往北京的列车，做出了违法违规的事情，被公安机关拘留，遣送回当地。

这次拘留没有让林广宏吸取教训，他反而认为这是政府的打击压迫，内心对政府增加了更深的怨恨。为了尽快修成"圆满"，他不遗余力地跑出去讲"真相"。他从妹妹那里拿回宣扬法轮功的小册子、"神韵光碟"以及标语，有时明目张胆地送给亲友，有时趁着晚上月黑风高偷偷跑出去放在其他村民家门口。在广州与儿子一起开电话超市时，林广宏在零钱上写上法轮功标语，利用兑换、找零散发给别人或者找机会与顾客搭讪宣扬法轮功。他以为这是向世人讲“真相”，是“普度众生”做好事。然而，顾客知道他修练邪功，就像见了瘟神一样，唯恐躲避不及，对这些所谓真相币，也纷纷要求林广宏退换。从此他的电话超市生意一落千丈，最后不得不关门而终。林广宏在法轮功网站上看到李洪志新发的一篇“经文”，里面说“走出来你就走出来了，走不出来就淘汰你”“救着众生还要否定旧势力的那一套干扰，一路也都是这么过来的，反迫害救众生中成就着大法弟子，走好自己最后的路吧”。他再次欣喜若狂：“自己修练了这么多年，等了这么久，现在时间到了，在关键时刻，要做点事情好好表现一番，让师父看到自己心性的提高。”他连续两个晚上跑到广州市天源路、广园路的天桥底下用油漆喷了“法轮大法好”“真善忍好”等10多条标语。

向儿传法，拉入邪教

林广宏练功后，整天忙着看书、打坐，再没时间和精力去管孩子。有时候也向3个儿子讲法轮功的“神奇”，他想：“一人练功，全家受益，儿子们趁早修练，说不定哪天就得‘大圆满’，自己也是功德无量。”儿子林杉燧从小就喜欢听神佛妖魔故事，在听林广宏吹嘘李洪志“是宇宙唯一主佛，8岁得上乘大法，具有大神通，有搬运、定物、思维控制、隐身‘四大功能’”时，心里羡慕不已。他心想：“要是自己也能修有这般法术，该多好。”在这样的环境里，在父亲的蛊惑和带动下，懵懵懂懂的林杉燧也开始修练法轮功。

法国启蒙思想家、哲学家卢梭在《忏悔录》中说道：“儿童第一步走向邪恶，大抵是由于他那善良的本性被人引入歧途的缘故。”林杉燧从接触法轮功那一刻起，就注定了他的童年是悲哀的。1999年，林杉燧13岁，在镇上读小学五年级。穷苦孩子早当家，生活的贫苦没有让他消沉，反而让他更加早熟。林杉燧在学校聪明好学，礼貌待人，在家里乖巧懂事，早早就为父母分担家务、照顾弟妹，但他对父亲心存恐惧。林广宏每逢在外面受到欺凌或委屈，回家里便把气撒在孩子身上，轻则责骂，重则痛打。林杉燧在父亲的影响下接触法轮功后，感觉自己找到了一个可以变得更强大的方法，便一心把自己封闭在法轮功的虚幻里。从此他再也无心向学，成绩一落千丈，性格也由之前天真活泼、经常与同学玩耍，变得沉默寡言，孤僻消沉。老师见到他变化这么大，家访知道他修练法轮功后，苦口婆心多番劝说，不但未能把他挽回，还被林广宏责怪说老师是干扰他们修练的“魔”。老师最后也只能摇头叹息：“这么好的一个孩子就这样被毁掉了。”

随着年龄增长，林杉燧越发相信法轮功的歪理。在李洪志宣扬“天体的变化，人类的发展，一切都不是偶然的。人类社会的动向都是历史的安排，是天象带动下出现的”，“其实我所做的一切，都是在无数年以前就已经安排好的了”等“经文”洗脑下，林杉燧坚信这个世界由神操纵，再怎么努力读书、奋斗也是无用，唯有加紧修练精进，提高层次和心性，才能获得师父青睐。他再也没有心思读书，考试成绩直线下降，最后在初二时放弃学业，结束了求学生涯。

2002 年走上社会的林杉燧先后到了深圳亲戚家住和到汕头、广州的工厂打工。当时国家已经依法取缔法轮功邪教组织，社会上形成了反邪热潮，不少原法轮功修练者及时醒悟，回到正常生活。但林杉燧依然认为“是政府怕法轮功威胁到政权，才打击弟子修练”，所以内心一直没有放弃。在亲戚家及打工期间，林杉燧都是偷偷躲在厕所练功，他提心吊胆，担心被别人知道。终究纸包不住火，工友知道后向厂老板反映，林杉燧最后只能收拾包袱走人。在外面打工的日子里，林杉燧不仅自己习练法轮功，还和亲属一起外出讲“真相”。2005 年 4 月，他和弟弟、四姑骑着自行车，晚上出去偷偷张贴标语；同年 10 月，他又和二弟用纸写了 100 多张关于“三退”的标语及所谓护身符出去散发或悄悄塞进别人家门。

父子练功，共同痴狂

2007 年，林杉燧在广州打工期间，认识了一个善良温柔的女孩。恋爱的甜蜜让他幸福满溢，但他内心同时苦恼不堪——他不敢对女朋友说自己是“大法弟子”。他知道女朋友非常反对法轮功。那段时间，林杉燧确实收敛安分了不少，老老实实打工挣钱，在女孩子面前表现正常而且充满了朝气活力。结婚后，林杉燧第一次感受到责任和担当，他也想过要改变自己这种生活状态，和妻子好好过日子。于是，他开始计划自己未来的生活，千方百计找门路做生意，用勤劳双手创造自己的幸福。逐渐地，生活开始殷实起来，随着女儿的降临，一家子幸福而快乐。

正当林杉燧踌躇满志、有些成就感时，父亲林广宏的到来让他再次陷入万劫不复之中。当时林杉燧在广州承包了一家快餐店，夫妇俩起早摸黑，勤快热情，生意很是红火。女儿出生后，因为没人照顾，便叫父亲上来帮忙。林广宏到广州后，一边照看孙女，一边与一些老乡功友聚集，传递“经文”，交流练功心得。他见儿子整天忙于生意，极少练功，看在眼里，急在心头。一天，他悄悄地把儿子拉到一边说：“杉燧，你千万不要放弃练功啊，师父已经说得很清楚了，人类社会不可能这样发展下去，人类面临毁灭，不抓紧修练，钱赚得再多，到时也是一场空，命都保不住还要钱有什么用，你之前有这么好的基础，放弃了多可惜啊。”父亲一番“语重心长”的话，让林杉燧平静的内心再次泛起了波澜。

法轮功就是一种精神鸦片，从腐蚀一个人的意志开始，最后吞噬一个人的灵魂。林杉燧在父亲的劝说下，又重新回到了法轮功里面。他一有时间就和父亲打坐练功，家里大小事务全压在妻子柔弱的肩膀上，甚至连自己的小孩也懒得照看。一天晚上 11 点多，妻子忙完店里的生意回到家里，看到林杉燧和父亲在房间里打坐练功，小女儿在旁边的小推车上哇哇大哭也没人理，便指着他们说：“孩子哭得那么惨，你们也不哄一下，还是人吗?”说完在林杉燧背上推了一下。林杉燧本来在练功时听到女儿哭声心烦，认为是一种干扰，也是一肚子火，还听妻子指责自己，破坏自己练功，二话不说狠狠在妻子大腿上拍了一巴掌，两个人开始扯打起来。林广宏在旁边劝架边指责：“我们练功，你也受益，是为这个家好，你不信就算了，不要干扰我们。”林杉燧的妻子见他父子俩疯疯癫癫的，劝也不行，骂也不行。母亲叫她离婚，但无奈她心里放不下嗷嗷待哺的女儿，也只能打碎牙齿把苦往肚子里吞。她事后回忆说：“我之前认识的林杉燧很有活力，很积极向上，练法轮功后，变得寡言消极，好吃懒做，自私自利，自以为是，除了练功，对什么都没兴趣，整个人都颓废了。”

疯狂父子，孙女遭罪

2009年 11月的一天，孙女突然发烧咳嗽。林广宏第一时间想到的不是带她上医院看医生，而是深信李洪志所讲的“消业祛病”歪理，认为孙女生病是在“消业”，有师父“法身”帮孙女净化身体会好的。于是，他在孙女旁边盘腿打坐，自言自语地背起《转法轮》和“发正念”。一遍又一遍，一天又一天，到了第5天，孙女病情不但没有好转，反而变得更加严重了。这时候林广宏才慌了神，抱起孙女去看医生。医生说要去大医院检查，于是又转去惠来县人民医院。治疗了3天后，医生告诉他孙女肺部积满了脓水，已几乎张不开了，这里没办法，必须转到汕头市大医院做手术治疗。当时8个月大的孙女已经脸色苍白，奄奄一息，不但需要借助氧气机呼吸，还要用针筒从背部打进肺里把脓水抽出来。更为荒唐的是，孙女转到汕头医院进入急诊室后，林广宏还要求儿子林杉燧在门口背李洪志的“经文”，祈求“法身保护，渡过难关”。虽然在医生的精心治疗下，林广宏孙女一天天好了起来，但因为延误了最佳治疗时间而导致病情恶化，留下了说话口齿不清的后遗症。可笑的是，林广宏父子俩还以为是自己“发正念”求得师父的“法身”保护才让孙女脱离危险，逐渐康复的。

然而，年幼孙女的悲惨命运并没有因此停止。2010年初，林广宏在房里打开手机听李洪志的讲法录音，让孙女独自在地上爬玩。当他全心投入、物我两忘时，突然听到孙女凄惨的哭声。林广宏回过神来，发现孙女碰倒了桌子旁边的热水壶，热气腾腾的开水洒满了双脚。他六神无主，一边打电话叫媳妇回来，一边把孙女穿的袜子脱下来，谁知，孙女稚嫩的皮肤粘在袜子上一并撕了下来，孙女哭得撕心裂肺。后来，孙女的双脚和大腿虽然经过医院治疗痊愈却留下了一大块难看的烫伤疤痕。林广宏不但不收敛，还把孙女发烧、烫伤的原因归咎于媳妇不相信法轮功，干扰他们修练，小孩才没有受益，要不然小小的咳嗽发烧根本就不用看医生吃药，也不会被开水烫伤。

活在愚痴颠倒迷梦中的林广宏父子俩有时候为了“救度世人”，晚上偷偷跑出去散传单、贴标语，利用找零、坐公交车机会散发“真相币”。2012年5月下旬的一天晚上，林杉燧和父亲找到一份李洪志的“经文”，看到里面李洪志讲到“正法走到了最后，没有被救度的，在这个期间大法弟子讲真相不听的，或者是讲了真相没有明白过来的，那也就没有机缘了，对于没能救度的生命，那也就只能那样了”时，父子俩内心惶恐不安，睡觉辗转难眠，心想：“世界末日即将到了，如果这时再不走出去讲清真相救度世人，就真的要面临毁灭了。”于是父子俩不顾家人的苦苦哀求和劝阻，一起出去张贴标语，最终未逃过法律的制裁。

回首往事，感叹唏嘘

古罗马哲学家马可·奥勒留说过：“抛弃种种心念，你便可获救；又有谁阻止你把它们抛弃?”林广宏父子受到制裁后，终于可以静下心来好好看看书，反思自己这些年来的所作所为。他们逐渐对法轮功有了清晰的认识。林杉燧回想自己走过的路时说：“自己就是李洪志的一个棋子，任其摆布，修练这么多年，我得到了什么？事业没了，亲情淡了，人心坏了，亲人痛了。”林广宏在写给他老父亲的一封信里说：“父亲，我对不起您！我非常后悔！当初不听您的教育才有今天的下场，给家庭带来了很大的痛苦，现在明白法轮功是不能相信的邪教。”

时过境迁，现在父子俩坐下来回想那段痴迷法轮功的日子，既揪心后悔，又无限感叹唏嘘。这正是——

几分执著几分痴，
亦魔亦幻亦泡影。
转眼成空终是梦，
半生泪水半生痛！

从“包工头”到失业老头

我想世界末日就要来了，挣再多钱也没有用，干脆就不再承包工程了，有客户来咨询生意我也一概拒绝，家里一下子断了经济来源。

我叫吴伟泉，男，1959年8月出生在广东省梅州市。21岁那年（1980年），我在梅州市某住宅建筑公司从事施工技术的工作，梅州市区很多有名的建筑设计都是出于我们之手。在公司做了5年多后，年少气壮的我决定自己承包工程，当上了包工头。由于在公司5年里学习到的知识比较扎实，我接的工程越来越多，身家也越来越雄厚，买车买房不在话下。那些年里我一直从事建筑工作，由于工作环境差、强度大，造成体弱多病，不知不觉中患有慢性鼻炎、肺气肿等病症，心情一天比一天差，生怕自己辛辛苦苦赚的那么多钱没命享受，从而痴迷上能“祛病健身”的法轮功。然而，学法练功10多年，家财耗尽！当在政府的挽救下清醒过来后，看到佛教《楞严经》上讲到邪恶的信仰会“令其家资，无故耗散”时，我悔恨交织。

误入法轮功

我从1997年10月开始经常锻炼身体，有一天早晨去跑步，经过市邮电大楼大门口时，刚好有练法轮功的人聚在那里习练，我出于好奇走过去看一看，这时有一位阿姨走过来跟我打招呼：“我姓冻，这是法轮功，我们都在这里习练大法。”她向我介绍法轮功的情况，还说能祛病健身。当时我的身体不太好，过敏性鼻炎有几年了，肺气弱、咳嗽，热的不能吃，吃了会上火，冷的不能吃，吃了拉肚子。我就问她：“要不要交学费？”她说：“免费教功。”当时我就买了一本《转法轮》，书中讲法轮功是教人向善、做好人的功法，特别提到练习者按照“真善忍”修佛修道，还可以修到很高层次，直到圆满。

我以前没有接触过任何气功，看到法轮功的书后，认为法轮功是教人向善、做好人的，要按书中说的“真善忍”要求去修练。为了祛病健身，我首先把烟酒给戒掉了，逐渐戒掉了其他坏习惯，每天早上6点起床到练功点练功，晚上学法，有时与同修交流练功心得。经过一段时间，我感觉师父管我了，身体好多了，也没有吃药，有点感冒、小病、不舒服就认为是“消业”，不再三天两头请病假，烦恼事少了。我认为是法轮功救了我，改变了人生，于是更积极地练功学法，甚至晚上也经常出去“弘法”。为了提高层次，我还多次参加乡镇的“弘法”活动。

为了“弘法”，按照“有钱出钱、有力出力”的要求，我负责了全部交通费用，还自掏腰包印刷了宣传资料，花费了大约8万元。我们往往选在电影院门口等人流比较多的地方，每个人明确分工，有人挂横幅，有人摆放宣传品，有人教功法，我专门散发资料。那时我自认为是做了善事，积了德，提高了层次。我不辞劳苦地载着他们四处奔跑，根本顾不上接工程，也没有精力去设计图纸，还导致其中一个工程出现了质量问题，倒赔了26万元合同款不说，还损失了信誉。我把这一切归因于“遭罪就是在还业债，所以谁也不能够随便改变它”。

我认为学了法轮功受益了，身体好了，吃东西不怕冷热了，更加相信了李洪志所说的“只要你真心修练，就在为你清理身体，在另外空间把你的病拿掉”。现在才知道不是法轮功的神奇，改掉不良生活习惯，戒烟、戒酒、按时作息、早起锻炼对一般的病是起作用的，可以不用吃药，不用看病也能好。为什么很多法轮功练习者会不正常死亡呢？就是因为得了病不去医治，病越来越重，还不去看医生、吃药，所以死掉了2000多人。

有两件事让我非常后怕。一件是1998年7月，我在市粮食学校装修卡拉OK舞厅时，有一天上午突然拉肚子，不知道跑了多少回厕所，我认为这是学了法轮功在“消业”，李洪志正在帮我清理身体、净化身体，就没有去医院，后来回家竟然好了。当时我心里还扬扬自得，庆幸自己是个练功人，是不会出问题的。第二件是在1998年冬天，我在晚上睡觉的时候，突然感到肠胃翻江倒海，坐卧不安，心想李洪志又在帮我“消业”，我又要上层次了。妻子见我难受，准备带我去看医生，我说上次拉肚子都没有事，这次一定也能挺过去。后来我坚持到中午12点，居然不痛了，还能吃东西了。这使我对法轮功更加坚信了。现在回想起来都觉得害怕，如果当时是要命的病，后果就不堪设想了。

1999 年 7 月的一天，练完功，练功点负责人陈群英说：“政府宣布取缔法轮功，不能再练功了，我们有时间的、不要上班的，8 点到市政府信访办去反映情况，大家尽量参加。”我 8 点赶到市政府门口左侧空地，已经有很多人在那里聚集。我看见有 5 个人进了信访办，约 1 个小时后他们都出来了，大声说：“正式宣布取缔法轮功，大家马上离开现场。”我回到家里想不通，为什么要取缔法轮功？这是在教人做好人、按照“真善忍”的标准没有错，是政府没有调查清楚搞错了吧。有功友来找我，说要去北京国务院信访办上访，费用不够，我意识到我也要去，临出门时突然想起有几份工程图纸必须要亲自设计，我停下脚步，转身回房把家里的现金 36,000 元交给了他们，亲自开车把他们送到火车站。后面陆陆续续地还有功友找到我，不管认识还是不认识的，我都有求必应，家里的现金没有了我就去公司把客户预付的工程款拿出来资助他们。

痴迷法轮功，就会走向绝路

送走上访功友后，居委会主任、派出所民警来我家找我，他们对我说：“法轮功被国家取缔了，不能再练了。”当时我答应他们，但心里对法轮功坚信不疑，偷偷在家里练功，很少去接触其他功友。我反复地看书学法，沉迷在李洪志的歪理邪说中，认为现在人类道德败坏了，相信人类马上要有大劫难，地球要爆炸了，脑海里把李洪志当成了救世主。

我想世界末日就要来了，挣再多钱也没有用，干脆就不再承包工程，有客户来咨询生意我也一概拒绝，家里一下子断了经济来源。父母的生活费和 2 个女儿的学费我也不闻不问，心想抓紧时间“救度众生”。在李洪志的新“经文”“不会再有 10 年了、时间不多了、最后的最后了”的蛊惑下，我到处讲“真相”、讲“三退保平安”、散发法轮功的资料等，还毅然卖掉车子和房子，凑了 30 万元，购买了电脑、打印机和光盘等，联系功友黄银英和曾恒涛，制作了“法轮大法好，真善忍好”的条幅、标语等宣传资料，利用半夜时间到梅县、五华县、丰顺县和兴宁县等地的乡镇，在公路两旁电线杆、树木、公共场所墙面等悬挂、张贴和散发。人手不够时，我就带上我妻子杨利霞一起去帮忙，偷鸡摸狗般宣传法轮功。一旦做起这些事，人就没有了理性。我被李洪志的歪理邪说精神控制，不顾国家法律，不顾一切后果去做事。

如果继续痴迷法轮功，精进实修的话，一定会受到李洪志歪理邪说的诱导，为了提高层次、度人到天国世界、自己圆满升天，说不定就会像天安门法轮功自焚者一样。林春梅、温玉平杀人就是度人的惨案，关淑云掐死女儿说是除魔，董立打死妻子又打伤女儿的惨案，陈福兆投毒杀 17 人的惨案，说是提高功力等这样的例子太多了。他们痴迷法轮功，没有了人性，失去了理性，完全受到了李洪志的精神控制，不能自己控制自己，走火入魔，做出了伤天害理的事情。

认清本质，教训深刻

我很庆幸自己及时清醒了过来，认识到了法轮功的危害性。我认真反省，练功学法后得到了什么？失去了什么？我其实是什么都没有得到，就是一场空。我不仅扰乱了社会秩序，破坏了国家法律法规，更是给亲人带来了无尽伤害，连累了妻子，特别是给行动不便已八十高龄的父母、岳父母带来了巨大的痛苦，而两个女儿原本学习成绩优异马上高考，因家庭没有了经济来源不得不放弃大学梦，早早地辍学外出广州打工补贴家用，一个原本幸福的小康家庭就这样毁在了我的手里。我为人子、为人夫、为人父没有尽到应尽的责任，这一切的一切，都是法轮功这个邪教害的。

一名天之骄子的涉邪心路

下午下班回到家时，刘姨还没有走。我问妻子，刘姨不是说今天走吗？妻子也感觉莫名其妙，说也不清楚，估计还有什么事，明后天应该走了吧，又不好意思问她。

陈军原是一名天之骄子，他给我们讲述了自己从天之骄子到痴迷法轮功，从强身健体到身陷囹圄，最终醒悟的曲折经历。

天之骄子

我叫陈军，于1991年考入北京科技大学。我自幼懂事、好学，从小学到大学，学业一直比较顺利，很少让父母操心，一直都是父母的骄傲，也是邻居们用来教育孩子的榜样。小学的学业很轻松，有很多的空余时间，并且周围有很多同龄的孩子，我们每天一起上学放学，然后在一起玩耍，童年生活过得很快乐。在这个过程中，我体会了友情带给我的快乐，也学会了和人相处的方式，为以后的人际交往打下了很好的基础。学习之余，我也会帮助父母做些力所能及的家务，减轻父母的负担，这让父母很欣慰。

快乐的时光总是过得很快，转眼我以优异的成绩升入了初中，开始新的阶段的学习。由于有着很好的基础，加上平时的努力，我的初中学习成绩一直很好，和老师同学的关系也很融洽。中考很顺利，我如愿以偿地进入了重点高中。

升高中后，因为是封闭式管理，平时都住校，我对高中生活适应得很快。学习方面，由于学习负担比初中时重了很多，科目繁多，且教学模式有很大变化，一开始学习我明显感觉吃力。在这种情况下，我及时跟老师和同学沟通，得到了他们的鼓励和帮助，加上自己更加勤奋学习，掌握了更合适的学习方法，成绩有了较大提高。

1991年，我如愿考入北京科技大学，开始了我的大学生活。一个人来到了离家很远的地方，感觉很新奇。新的环境、新的同学、新的学习、新的生活，一切都是那么新鲜。来自不同地区的同学各自分享着自己的经历，在交谈中变得熟悉，在交往中变得亲切。相对来说，大学里自由安排的时间很多，除了上课，很多业余时间都是由自己自由支配，有很多的社团活动可以参加。我参加了一个志愿者团体，利用业余时间去给社区的残疾人或者下岗工人家庭的子女进行义务家教。每当看到这些父母期盼而热切的眼神时，我都感觉到自己的价值，也感觉到身上的责任。尽管是义务的，但我要求自己一定要尽最大的努力去辅导他们。由于家庭情况比较特殊，这些学生普遍存在自卑心理，比较少言少语，所以在辅导他们的学习的同时，我也注意帮助他们调节心理。由于那时候年级还比较低，掌握的专业知识有限，我每次辅导回来还会特地学习些相关的知识，以便下次去的时候能够更好地帮助到他们。看到他们慢慢地开始接纳和配合我的辅导，我感到由衷的高兴，为他们，也为自己。我认识到付出也是一种获得，正所谓“赠人玫瑰，手有余香”。

大学阶段，我的很多闲暇时间都是在图书馆度过的，接触了很多书籍，这对我的思想产生了潜移默化的影响。在那里，我开始意识到自己是个成年人了，需要对自己的人生有一定的思考和规划。我开始思考人生的问题，开始明白人生是一个不断积累的过程，只有付出才可能有收获，人生不只有快乐也有痛苦，它们都是生命的一部分。同时，人也应该努力向上，不断完善自己，努力去追求自己的幸福，实现自我的价值，在这个过程中，人会慢慢变得成熟。1995 年 7 月大学毕业后，我被直接分到了珠海某上市电器公司工作。

学法练功

到公司，我被安排在工艺部工作。由于我自小体弱多病，一直对气功比较感兴趣，1997 年还练了当时比较流行的香功，但身体也没有强健起来，检查不出什么大病，就是感觉身子虚弱，做什么事都提不起劲头来。练气功不见明显效果后，我就看了中医，抓了些中药，折腾了好一阵子，也没有什么“妙手回春”的感觉，为此事我还苦闷了许久。

当时我办公室有个同事叫林旭，比我大几岁。有一天闲聊时谈到这个话题，他听到我的情况，脸上露出惊讶的神色，告诉我：“香功最好不要练了，那是一种不好的功，练下去对身体有害无益，我介绍一种功法给你，健身的效果很好，我的胃溃疡就是这么练好的，你不妨试试。”我问他是不是眼下流行的中功，他说不是，是法轮功。第二天，林旭递给我一本书，说：“哪有练功了还用吃中药的道理？你先看一看这本书。”那本书就是《转法轮》，刚好那天一整天单位没有什么事，我花了一个白天的时间把整本书看了一遍。

《转法轮》的内容一下就吸引了我，书中讲到了很多神秘现象以及对这些现象的解释，都是以前没有听说过、没接触过的，我当时的感觉就是《转法轮》给我打开了一个全新的世界，心里一下子就澎湃起来。第二天早上，我对林旭说：“这本书很不错，你教我练功吧！”

林旭将我领到柠溪的一个女同修周静家，在那里，我学会了法轮功的五套功法，从此开始了我的修练生涯。

1999年7月，国家依法取缔法轮功。由于之前在法轮功组织内已被打过“预防针”，所以我并不太感到意外，也没受到太大冲击。大家都坚信这只不过是政府被蒙蔽的暂时现象，是“大法弟子”受考验的一个特殊时期，黑暗很快就会过去！

拓 展

“打预防针”是提前把有可能出现的情况向某人说清楚，让其做好准备，不至于感到突如其来或手足无措。“打预防针”是邪教组织消除信徒疑虑的惯用手法。此案例中，李洪志早就向学员大肆编造“政府无用论”“法轮大法至上论”，鼓吹“常人社会可能不理解或迫害法轮功”等说辞，当政府真的取缔法轮功时，信众们就会看作是临时的、不用大惊小怪的事情，因为“师父早就说过了”。

之后，林旭由于触犯国家法律被劳教两年，我接受法轮功相关信息的渠道被中断了，我的修练也就到了一种近似封闭的状态。

以上可算作我修练的第一阶段。

顽固痴迷

练功之后，我觉得自己的身体似乎得到一些强身健身的效果。对于这种效果的缘由似是而非的认知，使我自然而然地将其归功于法轮功师父“法身”的神奇，从而不知不觉地树立起对李洪志、对法轮功的一种信任乃至于崇拜的心理。进而全身心地接纳了法轮功的一整套歪理邪说，一步一步地深陷泥潭而不自知！

2001 年发生的“天安门自焚事件”，拉开了我修练的第二阶段序幕。当时中央电视台播出这事件的时候，我内心是很排斥的，从情感上我根本就不相信自焚的人是法轮功人员，多年来养成的思维定式一下运作起来，我立刻认定这是一个“阴谋”，是政府为了抹黑法轮功，为“迫害”寻求理由所炮制的丑剧！理工科出身的我，那天下班之后独自留在了单位，在一大堆报纸中，在一篇一篇的报道中寻找这个事件的“疑点”。

现在想起来，自己的这种思维、行为模式非常典型。当你沉浸在法轮功之中，你的所思所想、一举一动，皆是典型的法轮功模式，根本就不会跳出来冷静、客观地调查、分析、思考和推断整件事，而是凭情感、凭直觉先定下一个论调，再为这个论调寻找支撑的“论据”。

在这样的心态和思维模式下，我还真找到了一些“疑点”：王进东的盘腿方式和结印手势，以及他腿间的雪碧瓶，口中喊的口号；王葆荣喝的汽油；刘思影烧伤后响亮的嗓门；天安门上的摄像头…… 后来我得知法轮功网站在自焚事件之后同样列举了大量的类似疑点，不由生出一种“于我心有戚戚焉”的同感，以及“纸哪里能包得住火”的感慨！

不过，那个时候的我，只不过抱着一种自我支撑的动因在做这件事，毕竟天安门自焚事件对于我有着一种巨大的冲击，它撼动了我坚信“大法”的根基，我迫切地需要寻找足够的理由再次夯实这一根基！而当找到自认为充足的疑点之后，我松了一口气！觉得成功过了一大关！

不久之后，我从住处的信箱中收到一份法轮功的传单，上面的内容促使我萌生了“走出去”的念头！这是一份名叫《善良的人们，请来了解法轮功的真相》的传单，里边列举了一些从催产剂、死亡率等角度切入阐明事实“真相”的内容。受到启发后，我决定结合这份材料，把自己所发现的自焚“疑点”充实进去，制作一份全新的、全面的真相“传单”，以便更好地揭露当局“妖魔化法轮功、残酷迫害法轮功的阴谋”。

接下来的几个月内，我制作了大量的“新版”传单，在珠海香洲区的多个小区肆意派发。2001 年 7 月案发后，公安人员从各小区收取上来的传单就有 2500 多份共 5000 多张。年底开庭时，法院给我指派的援助律师以我“身上只搜出百余份传单”为理由，要给我做轻罪辩护。我拒绝了律师的好意，跟法庭表明，所有收上来的传单都是我一个人制作、传播的！

2002 年 9 月 18 日，珠海香洲区人民法院对我进行了公开判决，我被判处有期徒刑 7 年。同日判决的还有当时驻珠海的法轮功网站两名记者。同年 12 月，我们被送到监狱服刑。

在监狱的头几个月，由于我完全陷在法轮功之中，对所有针对法轮功的言语、书籍，我无一不是从对立的角度出发予以驳斥。这个时候的我，除了坚信自己对天安门自焚事件的分析、认识之外，还牢牢地坚守着自己对法轮功的认识。

2003 年，我的思想仍然非常顽固，固守着自以为是的自焚“伪案”的各类疑点不放，即使监狱警察一遍又一遍地给我播放王志刚有关自焚事件的疑点剖析，也没法完全说服我，因为我已然钻到牛角尖之中，“抓住一点不计其余”地顽固抵抗。

这种偏执的思想，让我错失了几年的光阴，错失了一次又一次迷途知返的机会。现在想来，这是一个令我毕生难忘的教训！

真正的转折点在 2006 年底到 2007 年初。经过几年的学习，我知道了法轮功的一些新动态，包括“三件事”指什么，“劝三退”的要求……这些事情经过民警陆陆续续的透露，让我对法轮功的发展、去向有了一个新的认识，法轮功真正的样貌渐渐地变得扑朔迷离起来，渐渐地与自己心目中的原形愈行愈远，我的内心也愈来愈不安起来。后来，看了中央电视台对天安门自焚事件中两个女主角——郝惠君、陈果的回访，我对自焚所坚守的防线一下崩溃了。

因为，当我真正理性、客观、清醒地去重新认识这件事情的时候，我一直所坚持的那些“疑点”，在一个铁铮铮的事实面前，都显得那么苍白无力！这个事实就是：谁也无法否认郝惠君、陈果她们曾经练过法轮功！

监狱警察一方面为我的转变而高兴，另一方面又为我感到遗憾，高兴的是挣扎这么多年，我终于从法轮功这个泥潭中走出来了！遗憾的是，我错过了减刑的机会，坐满了 7 年！7 年，毕竟不是 7 天或者 7 个月，在我最青春的时候，在我年华之中最宝贵的阶段，我居然为这份所谓信仰对抗、付出，在与正常社会隔绝的地方固执地坚持着，现在想来，这是我的悲哀！

2008 年 7 月，我走出了监狱的大门，这才发现，一切都已经物是人非了！

那个时候的我面临着举步维艰的状况。后来，我给原公司当时的董事长写了一封信，董事长对我有些印象（因为在 2001 年案发后我刚好有一篇关于空调器分配器的论文在珠海首届科技论文大会上获了奖，董事长曾拿着这篇论文去找过我，才知道我因法轮功一事被刑拘）。董事长约见了我两次，在向我原直属上司深入了解之后，又咨询了市里的意见，最后两人担保，将我接收回原公司工作。

公司两位领导对我的关怀，以及很多老同事的关心，对我的帮助非常大，让我感觉到社会并没有遗弃我，我重燃生活的信心！接下来我组建了家庭，对象是单位的同事。在工作上，经过一段时间非常艰难的努力，我的业务水平也逐步上来了，部门领导也开始赏识和重用我。

不过，7 年青春荒废所造成的巨大影响不是一下子能弥补回来的，包括在技术上、心理上、社会活动上、经济上……诸多方面的巨大落差、障碍，不是我短时间内能完全克服的。举个简单的例子，2009 年到 2010 年之间，正值房价狂涨，而刚刚结婚的我，在近一年的时间里，工作之余便是四处去找房子，找当时自己能买得起的房子！那个时候，我的妻子怀孕 3 个月又流了产，而我老家的高龄父母带着一个身患严重抑郁症的妹妹，生活上只能靠我来支持。工作上由于多年的荒废，技术的日新月异让我捉襟见肘。内外交困，令我十分绝望，身体也日渐虚弱，给了别人可乘之机。

自毁前程

2010 年，珠海有个叫李田的人辗转托人给我送来了一套法轮功的书籍。由于是陌生人转交给我的，给的时候也没说明是什么，我当时并没有把这些书扔掉，一直搁置在那里，当万分失意的时候，我又一次翻开了这些书籍。不过，7 年的牢狱生活所带来的深刻教训，让我一直警醒自己，千万不要再做什么“走出去”的事情。

困难时期渐渐远去，由于自己的努力，工作上、生活上也越来越顺利。2011 年，我儿子出生了，一家人为这个来之不易的幸福万分激动。

2012 年初，一个老功友杨姨找到了我。我在 1999 年之前珠海的集体大练功时见过她一两次，有些印象。她听说我生了个儿子，很替我开心，特意来探望一下小孩。从此之后，杨姨就时不时来探望一下，来的时候一般会带一些法轮功的“经文”、资料过来。因为听杨姨说她是没有“暴露”（意思是没被有关部门登记、处罚过）的，而且她也比较赞同我在家练功，不出去“做什么事”，所以我对她没有什么太大的防备，看她对我小孩又特别喜欢、特别关心，所以心里挺欢迎她来。

5 月的时候，我母亲怕我带不了孩子，特意从广西过来帮忙。但是，在折腾了三四个月之后，老人家身心俱疲。一方面是年龄大了的原因，这边的生活习惯完全适应不了；另一方面是与孩子的妈妈矛盾重重，老人家提出了回家的意愿。

我自己也不愿意母亲太操劳，而且听妻子讲老人家有时候自言自语，还莫名其妙地发笑，担心母亲有点我妹妹的症状，实在不放心。考虑到我们夫妻俩都要上班，在杨姨来访的时候，我托她帮忙找个放心的保姆，杨姨爽快地答应了。

快临近中秋了，本来打算中秋节带小孩回老家见一下未见过孙子的老爸，顺便把老妈送回去，可是杨姨那边迟迟没有消息。我妻子说：“干脆我辞职看宝宝吧。”无奈之下我答应了，就这样她单独带小孩，并准备东西回我老家。可是，在临走前几天，杨姨来了，还带来了一位老同修，是一位从湖南邵阳来的刘姨。

听说刘姨带孩子的经验很丰富，曾经带过 3 个孩子，我们也很高兴，虽然妻子已经辞职，但看刘姨的意思也只是过来帮一下忙，不会长待，所以这件事就定下来了。10 月 6 日左右我们一家三口从广西回来之后，刘姨就在我们家住了下来。

刘姨来的时候我曾经叮嘱过她“不要出去做什么事”，她也点头答应。由于平时我要上班，下班之后刘姨也将孩子交给我们，而且她喜欢一个人躲在保姆房里练功，所以我和她交集的时间较少。我偶尔会看一下碟，都是杨姨送过来的宣传法轮功之类的光盘。但妻子老是抱怨，说刘姨看孩子不太上心，有时候宝宝拉了大便在纸尿裤里干了都不知道，我听了这些心里也不舒服，但考虑到是同修，对方也是过来帮忙的，不会长做，所以也不好说什么。做了差不多 1 个月左右，当刘姨说回家有些事要办时，我们也就顺水推舟地答应了，我还叮咛妻子要及时把薪酬结清给她。

2012 年 11 月初，杨姨过来了，还跟我说起借车的事情，说要陪刘姨出去买一些东西回家。我瞒着妻子答应了她们，并告诉她们鞋柜上的车钥匙她们可以随时拿去。杨姨弄清楚我们晚上一般不用车之后就离开了。

11 月 6 日，我记得很清楚，因为距离我们国庆放假回到珠海刚好一个月。我上班前吩咐妻子把工资给了刘姨，但下午下班回到家时发现刘姨还没有走，我问妻子说：刘姨不是说今天走吗？妻子也莫名其妙，说也不清楚，估计还有什么事，明后天应该走了吧，又不好意思问她。我还嘀咕了一下说：早上我还让宝宝跟她告别了呢。

工资毕竟已经结了，刘姨也不再为我们抱孩子了。那几天她早出晚归，有时候也提着包，我以为她忙于给家里亲人买什么礼物，也没有去过问她。

11 月 10 日凌晨，警察过来敲门，从保姆房查出了印章、印油等东西，把我客厅里许多法轮功资料、物品等也一并扣了去。在看守所的时候，通过警察的透露，我才知道刘姨那几天拿着印章在我家周围印了很多反动标语，还在我家附近的商铺买了许多喷漆，存放在我家车子的尾箱，附近公共场所、私人小区喷的那些标语也是她所为。

那段时间里，我十分痛恨刘姨！一方面是交代过她在我家期间“不要出去做什么事”，她是当着我妻子的面答应下来的，结果暗地里又弄出这些事情，尤其难以容忍的是她居然在我家附近“遍地开花”；另一方面，这样一来我的整个大小家庭又一次被拖进了水深火热之中！这种恨意一直在我心里生根发芽。

当案子调查接近尾声的时候，事情也差不多弄清楚了，办案人员对我进行了劝导，他让我结合自己的实际遭遇，思考这样一个问题：“仅仅在家里练功，就能避免惹祸上身吗?”那几天他从多方位多角度给我剖析了整件事情，让我清楚地认识到：只要与法轮功藕断丝连，难免惹祸上身！我现在不仅仅是一个个体，还身兼着父亲、丈夫、儿子等诸多责任。从善的人，应该是具有责任心、有大担当之人，而非仅是着眼于私利之人！更重要的是，要跳出法轮功去看整件事情……

我很懊悔自己的执迷不悟导致人生之路的几度迷失，本该美好的前程就这样被耽误了。最后，我终于迈出了重要的一步，与法轮功彻底决裂！

邪教修练带来的各种身心效应

■ 广州中医药大学应用心理学系 邱鸿钟教授

根据“因病获益”理论，如果邪教参与者不能从修练中获得某种利益的话，就不会出现趋之若鹜，执迷不悟的痴迷现象。一般，邪教修练可能会带来以下几种身心变化效应：

一、暂时减轻社会焦虑和心身性疾病症状

邪教大多强调练习者要摆脱家庭和组织等世俗生活、感情与工作的羁绊，专心致志练功，甚至要做到“不二法门”。事实上，这样一来的确可减轻不少修练者存在的焦虑和愤怒等消极情绪。中国古代道家的“道”的概念为不少修练术所剽窃和利用。究竟什么是道？形象地说“道者，虚无、平易、清静、柔弱、纯粹、朴素”。在个人修心养性中如何实现治道？根据道的特性，首先要减少对外界刺激诱惑的关注，因为“五色令人目盲，五音令人耳聋，五味令人口爽，驰骋畋猎令人心发狂，难得之货令人行妨”；不少修练者因放下了对房子、票子、职称等原来撩人心动的问题的“执著”之心，得到了暂时的安静。其次，治道的核心就是自我修练与自我控制的艺术。何为治道？老子言：“原天命，治心术，理好憎，适情性，即治道通矣。”用今天的话说，所谓精通治道其实就是通过追究天命的根源（类似精神分析和生存分析），使自己的心术得到修整（类似认知疗法），使自己的好憎得到调整，性情得到相合（类似理性情绪疗法）。如何实现上述这些任务呢？经典里说：“凡此四者，不求于外，不假于人，反己而得矣。”意

思是解决心理问题的方向只有反观自己一条道路。不少修练者因为用反省自己代替了过去一味对环境和他人的抱怨和不满，或用精神的幻想取代了对功名利禄的追求，从而减轻了由欲望和生存竞争所引起的社会焦虑，一定程度上实现了由“制命在外”转变为“制命在内”，心态在一定程度上获得了表面的平衡，许多心身性疾病，如高血压、冠心病、消化性溃疡、精神性多尿、慢性结肠炎的主观症状也因心灵减少了对躯体的干扰而得到明显缓解。然而，如果上述这种效应是建立在邪教的超价信念基础之上，那么，这种效应当然是不会持久的。

二、取得减轻药源性疾病的效果

据报道，药源性疾病已经泛滥成灾，成为当代突出的公共卫生问题之一，小病大医、一病多医已经成为普遍的不良医疗习惯。据调查和观察，修练者中有相当一部分是药源性疾病的受害者。苦苦寻医问药，但久治不愈，因而悲观失望，丧失了对医学和医生的信任。事实上，传统中医早认为，凡药三分毒，不仅有大毒、小毒，即使是甘草、人参，久服必有偏旺，也会伤及人命的。因此负责任的医生应该引导人们重在预防，治病应先调神，食疗，后针灸药物；而且用药应以平为期，适而可止，切不可过多或长期服药。一些修练者因放弃了本来就不应该乱服用的药物或无效治疗，从而减轻了药源性疾病，并因身体的自然康复能力使原来失调的生理功能得以自动恢复。虽说健康状况的好转是因为放弃无效治疗，但修练者却因此而误以为是邪教之教义训诫的结果，并对教义更加深信不疑。其实，这只是歪打正着所取得的效果。

三、具有去个体化与从众效应

人害怕孤独，因而总是有参与到一个群体的自然趋向。内心孤独的人参加一个修练群体，将对修练者原来的人际关系带来重要的影响：一方面，邪教群体的修练活动使修练者脱离了原来的人际交往圈子，具有破坏原社会人际关系结构的离心力，包括与配偶和亲朋戚友的关系；另一方面，又重新建构了一个具有共同信念、共同兴趣、相似语言风格和统一文化标识的人际圈，具有去个体化和从众的向心力。事实上，前一个人际圈是一种具有竞争性的、现实利益冲突的、价值多元的、充满挫折和失败的、有风险的复杂关系；而后一个人际圈却是由崇拜同一个对象，想象有共同愿景、有共同话题的人所组成，所以信众之间具有一种貌合神离的亲和力。甚至可见少数原本对婚姻很恐惧的青年男女在参加修练后，与同一群体中的异性缔结了新的婚姻关系。在访谈中了解到，一些邪教痴迷者坦言，在他们人生最失意和孤独的时候正是群体聚集的练功方式带给他们安全感，在他们最困惑沮丧的时候带给他们肯定感。但观察表明，邪教痴迷者之间并不具有真正内心的真诚和群体的亲和力，更多的时候见到的是他们各自内心的孤独性和对正常亲伦关系的破坏。

四、具有诱导精神疾病和自杀的效应

各种邪教群体宣扬所谓神通或特异功能，常直接诱导出修练者的幻觉和妄想。神通原是古印度许多宗教的一种观点，即认为修行有成就的人会获得一些神奇的能力，包括天眼通、天耳通、他心通、宿命通、如意通、漏尽通 6 种。祖师一再告诫说：神通是入定后的副产品，切莫舍本求末，忽略戒定慧，而去追求神通。道家早就指出，精神修练是一把双刃剑，它既可以使人性净，也可以使人疯狂。最容易出现的两类“回光差谬”（后也称走火入魔）的状况，就是“堕入顽空”和“堕入魔境”。前者是用意太过，“执著”诸事万缘；后者是无法制止随之涌来的众多杂念，随其杂念反觉舒服，即反主为奴。如静坐时看到闪光和各种颜色，或看到菩萨天神降临，这诸种幻觉都属“魔境”。心理学家荣格认为，如果这些假象和幻觉被固定下来，就会成为心理障碍，并摧毁人格的完整性。这也即完整的意识被无意识肢解成许多自主的碎片或出现精神分裂。

一些邪教教主公然将幻觉、妄想等心理性质的东西宣称为物理的东西，因此更容易误导痴迷者出现精神分裂的病态。列宁正是从这里看出了精致的唯心主义和粗俗的神学的一个共同的本质特征，即“唯心主义的实质在于：把心理的东西作为最初的出发点；从心理的东西引出自然界，然后再从自然界引出普通人的意识。”[1] 在超价信仰的支配下，人是很易被别人诱导出来的想象力所欺骗的。

自杀是邪教群体中常见的精神障碍。为什么邪教痴迷者会自杀？表面上看，信徒好像是将自杀作为进入“天堂”的途径，但实质上却是对自己所患“绝症”的最后的医治。正如费尔巴哈的透彻分析：“即使是基督教的天堂，就其真正的宗教意义而言，也不过是那被设想成为基督徒的存在的人的不存在。死是一切罪恶和错误、一切情欲和食欲、一切需要和斗争、一切苦难和悲痛的否定、终端。因此，古人把死称为医生。”“自杀者所以希望死，不是因为死是一种祸害，而是因为死是祸害和不幸的终结，他希望死并选择与追求幸福相矛盾的死，只是因为死是唯一的（虽然只在他的观念里是唯一的）良药，可以治疗已经存在的或只是带威胁的、难以忍受和忍耐的、与他追求的幸福不相符合的那些矛盾。”[2]

综上所述，邪教痴迷者的修练行为为其带来多种身心效应，正因为如此，那些相互指责，说对方背叛了师训的修练者们其实是不识庐山真面目，只缘身在此山中。

参考文献

[1] 马克思、恩格斯、列宁、斯大林论宗教和无神论[M].北京：人民出版社，1999：226.

[2] 费尔巴哈哲学著作选集[M]. 荣震华等译. 北京：商务印书馆，1984：301.

我被色诱了

有一个晚上，和张小雅在一起的时候，我在看电视新闻，于是她就不高兴了，不理我，也不肯和我亲热。没办法，我只好顺从她的意思乖乖看书，这样她才会高兴，给予我肉体奖励，满足我的欲望。

我叫李洪福，今年48岁，小学文化，广东省梅州市人，在农村长大。

2008年初，我在梅州市一家粮业公司找到了锅炉工的工作。尽管我在这家公司只是临时工，但是待遇还是很好的，公司还给我提供了员工宿舍。我没多少文化，但是能吃苦。我很知足，对这份工作非常珍惜，每天都认真做好本职工作，尽职尽责。

工作一段时间之后，我感觉上班烧锅炉的时间比较短，对我的体力而言不算很辛苦，就想再多做一份兼职，这样能够多赚点钱。我去找车间主任申请兼职，公司答应了我的请求，把我安排到包装部打杂，帮忙在包装部搬运产品。此后，我每天在烧完锅炉后，就去包装部帮忙。没想到，我在这里遇到了一个桃花劫。

桃色陷阱，我被步步诱骗

慢慢地，我和同事们都互相熟悉了，和大家相处得很和谐。在公司里，包装部的员工基本上都是女的。我在那里打杂，经常给大家做帮手，大家对我印象还不错，她们都叫我“阿李师”。

一转眼我在公司已经工作两年多。2010年8月，由于公司生意很好，就新招了一批女工来包装部工作。到了10月，有一天我正在包装部照常搬货，突然听到后面有个女人叫我“阿李师”，声音甜甜的，很柔软。那一刻，我感觉心旷神怡，很舒服。我回头看看是谁，那个女人，身穿一件粉红色上衣，一条牛仔裤，头发卷起来盘在后面，脚穿黑色半高跟鞋，看起来很有女人味。她身高约有1.6米，中等身材，圆脸蛋，皮肤特别白皙，长着一张让人动心的樱桃小嘴，还有一双水汪汪的眼睛，眼睛简直就像会说话一样，一笑起来脸上就有两个小酒窝，特别温柔，特别迷人。但是这个美女我并不认识，她怎么会认识我呢？而且她还叫我“阿李师”，叫得那么亲切。当时我一回头看到她，她又笑着对我说：“需不需要我帮忙啊？”我赶快对她说："不用了，多谢了。你那么辛苦，不用你帮忙了。这些产品每包有 20 斤，太重了。"这就是她第一次跟我打招呼时的情景。

自从那天之后，我们在公司里见面时都会互相点个头，打个招呼，慢慢地，一来二往，有时候聊几句，这样，渐渐地互相比较熟悉了。后来，她告诉我她的名字叫张小雅。这真是一个很美很好听的名字，人如其名。我问她怎么知道我的绰号，她说是一个老员工告诉她的。这个老员工是我的同村老乡。

在接触张小雅的过程中，我了解到她是外地人，嫁到梅州已有 10 多年。她跟我说，她跟前夫因感情不合已经离婚，本来小孩归她带，但是，她因为要出门打工，带个小孩在身边不是很方便，所以法院也就把小孩判给她的前夫，她前夫只给了她一笔生活费。现在她单身一人，住在姑姑家里，因为她姑姑一家人很少回来，所以等于是她一个人住一套房子。尽管她主动告诉了我这些情况，但是，当时我并没有多想什么，我以为这只是闲聊。

有一天，我像往常一样烧完锅炉后去包装部搬货，张小雅又过来跟我说话聊天。她问我："为什么你每天要这么辛苦干这么多活？"我说："我生活条件不是很好，没有办法，要多赚点钱用。"她又说："其实钱是赚不完的，身体累坏了就不好了，要多保重自己的身体，要多关心自己的健康，别把身体搞坏了。"当时我听了心里特别高兴，没想到她会这么关心我，自从我进公司打工这么久，从来没有人来跟我说这种温暖的话，当时我真的很感动，我说："非常感谢你这么关心我。"有个美女关心我，我心里还真是美滋滋的。

又过了些日子，有一次在我搬完货快要下班的时候，她主动来找我，问我说："今天晚上有没有时间，如果有时间的话，陪我去文化公园玩好吗？"当时我想，是不是我听错了，出来打工这么久，还没有女孩子主动约我出去玩，而且还是去公园里玩。现在竟然有位美女约我出去玩，我心里感觉好高兴，好激动！我马上就答应她："有时间。"那天晚上，我和她一起到文化公园。她穿的衣服很漂亮，红红的上衣搭配牛仔裤、黑色高跟鞋。我对她说："你今晚穿得很好看，人也长得很漂亮。"她听后高兴地笑了笑，我又对她说："你笑的时候更漂亮、更迷人。"她听了之后特别开心，主动拉着我的手一起来到公园的小卖部，买了一点小吃和饮料。我们在公园的草坪上坐着，边吃边聊天。她对我说："你的家庭情况和人生经历我都知道了，是公司里你那个同村老乡和我聊天时告诉我的。"她还对我说："我跟你接触，和你做朋友，是因为我觉得你很厉害，很有胆量。"得到她的肯定，我觉得很得意，一点也没有觉察这里面有什么蹊跷。

我们的关系一步步地发展。记得有一个星期天，公司放假，张小雅打电话约我到人民广场去散步。佳人有约，我当然要去。张小雅是个很会打扮的女人，我们见面的时候，她总是穿得很漂亮，她看出我喜欢红色，所以，她经常会穿红色的衣服。这次也一样，她穿粉红色的上衣配蓝色休闲裤，一下就把我迷住了，忍不住总要多看她几眼。我们俩在人民广场上买了点零食小吃，边走边吃边随意聊天。我对她说："你对我这么好，我现在什么都没有，一个农村里出来的乡下人，有什么能值得你关心的呢？要钱没钱，要房子没房子，要长相没长相，年纪也比你大好几岁，你现在才30来岁，还很年轻。"她说："我觉得你这个人很能吃苦，而且胆量也很大。"我问她："你是怎么知道我的胆量很大的？"她说："是你那个老乡告诉我的啊，她说你每次回家途中要经过很多小山岗，旁边有很多坟地，你都不怕的。这样的胆量还不够大吗？"张小雅的话，让我开始幻想她是不是喜欢我了。

就这样，我们一直保持着"互相关心的好朋友"的关系。认识张小雅4个月后，也就是2011年2月底，我们公司因被征地用于扩建街道停业了。不得已，我去了另外一家纺织厂找了份工作，并在市区租房子住。而张小雅则到一家手机店打工，销售手机。不久后，张小雅姑姑的房子也被征地，她也只好租房子住，但是离我租的房子有点远。我们暂时没能像以前那样天天见面。

过了大约一个月，2011年3月底，我突然发高烧，不能去上班，在出租屋里躺着，一个人感到很寂寞，好像我已经开始有点离不开张小雅了，见不到她就好像缺点什么。于是我打电话给张小雅，跟她说我发高烧了，问她有没有时间过来照顾我。她接到我的电话之后，马上请假过来照顾我，还把我送去医院看病，又是端水给我喝，又是拿药给我吃，就连医药费都是她帮我付的，对我就像对亲人一样。说实在的，我出门打工这么久，从来没有遇到过像她这样好的人来关心我、照顾我，而且还是个美女。当时想，这是多么好的女孩子啊！我逐渐真的以为是桃花运来了，觉得她就像是我女朋友一样。而且，最让我感动的是，她的经济和生活条件比我好，居然不嫌弃我这样一个“糟老头”，还对我那么好，让我觉得不可思议，但是，我也相信她真是一个好人！当时，我也没有去想太多为什么，因为她又年轻又漂亮，性格又温和，很合我心，我对她根本就没有防备之心，也没曾想这么好的一个美女会来伤害我、欺骗我。

从此以后，我对张小雅越来越信任，对她产生了一种依赖感，觉得我的生活已经离不开她了。随着时间的推移，我们发展为恋人关系。2011 年 5 月，我们开始时不时地同居，虽然没有结婚，也没有天天住在一起，但是过着比夫妻还要幸福的生活。那段时间里，我们始终都保持着相互关心、相互依赖的甜蜜生活，并没有发现她有什么异常行为。在我心里，她已经是我的老婆。当时的我，根本就不可能想到，张小雅所有的甜言蜜语和关心都只是她编织的一个网，撒向我这条浑然不知的“鱼”。

没想到，我过了 40 岁还有个年轻漂亮的“老婆”。我不由得回想起自己以前的女朋友，她长得不漂亮，但是我们同居了，还生了个女儿。我和她感情不好，她为赚钱长期在深圳打工，我们一直两地分居。脾气很暴躁的我，不懂得关心她，有时反而还会打她骂她，她渐渐对我失去了信心，带着小孩离开了我，只剩我孤家寡人。现在回头来想，其实那都是我的错，我很后悔和她分手，她为我付出了很多，而我从来没有关心照顾过她，这是我人生中一个深刻的教训。我现在又有了“老婆”，而且人还那么好，我非常珍惜当时的生活。可万万没想到，我却因为这个女人而走上了违法犯罪的道路。

沉溺情色，我堕入邪教

我们开始同居才不到两个月，2011 年 7 月的一天，张小雅打电话给我，约我和她一起出去逛街。我们一边逛街一边聊天的时候，她突然对我说，她是修练法轮功的。当时，我根本不知道法轮功是什么，因为我一向不关心国家和社会上的事，而且在我所认识的朋友圈里，也没有听谁说过法轮功的事情。但是张小雅对我很好，我是信任她的，她既然说练法轮功，我觉得也没有什么不好。她说，修练法轮功可以修心性，可以修“真善忍”做好人。我听出她的意思是想叫我也学法轮功，但是我一向都不相信什么鬼神，也真的没兴趣学，就对她说：“目前我的生活条件不是很好，没有心情去修练什么法轮功，我现在主要的还是要多赚些钱，钱才是最实在的，没有钱寸步难行。”当时我就这样拒绝了她，可是，她听了我这些话之后很不高兴，此后大概有一个多月不肯理我，我打电话给她，她也不接电话。过了一个多月后，她才肯见我，又和我在一起。她很不高兴地说：“我对你这么好，又买衣服给你，又买鞋给你，还拿钱给你用，你为什么不相信我？这样的人去哪里找？还跟你一起，干吗你还老不相信我呢？”我觉得她说的好像也有道理，她一直都对我很好，让我练法轮功肯定也是对我有好处。

张小雅又对我说：“你的脾气很暴躁，这是很不好的，只有修练法轮功才能帮助你改变你的坏脾气和坏习惯。”我听到她把法轮功说得那么好，毕竟我一点也不了解，就很好奇地问她：“真的有那么好吗？”她说：“我不会骗你的！”虽然我还是没有兴趣学，而且半信半疑，但还是口头上答应了她。我想，表面上做给她看吧，省得整天说这个事情。她跟我推荐说法轮功的书有多么多么好，我让她拿过来给我看一看，她就拿了好几本给我看。

我本来就没什么文化，要叫我看书我根本看不进去，所以，一直拖到2012年初，我才开始看法轮功书籍。张小雅跟我说每天都要坚持看书，我说我没那么多时间，她就叫我利用下班时间来看，我不得不表面上答应她，否则她会不高兴，她一不高兴，就不理我，不来找我，也不跟我亲热。我在这样半推半就的状态下开始看法轮功书籍。由于我的文化低，刚开始看的时候，我一点都没看明白，根本不知道里面讲的是什么玩意，但是我又怕张小雅不高兴，所以故意做样子给她看，哄她高兴。平时，她和我一起的时候，我就看看书，她不在的时候，我就不看书。再说，当时我也很忙，白天要上班，晚上还要做兼职多赚点钱，哪里有什么时间学法轮功呢？

接下来的几个月里，我们一起生活得很和谐，因为只要我拿着书看，她就会很高兴，她高兴我也跟着高兴。而张小雅也看透了我这一点好色喜淫的心理，一步步地“威逼利诱”我。

在我断断续续看了几本法轮功的书之后，张小雅开始要求我习练法轮功的五套功法，我也不好拒绝她，只能说“我很忙，不可能天天练，有空就练一练吧”。于是她断断续续地教我练几套功法，虽然我没耐心学，但不得不应付，最终我还是没有全部学会。

2012 年 4 月中旬，张小雅带两个法轮功女学员来跟我见面，想介绍给我认识。她向我介绍的这两个人，一个叫张姨，一个叫王姐，都是法轮功的老学员。她们说，听小雅说有个新学员，很高兴所以想来看看我，跟我认识一下，以后大家可以互相交流促进。她们还跟我讲了很多我也听不懂的话，主要是说要珍惜修练法轮功的机会，叫我要好好修练。她们临走时特意对我说：“好好看书，以后还要出去弘扬大法。”

自从跟张小雅学法轮功之后，我虽然没学进去多少，但到底还是被法轮功忽悠了。我以为法轮功真的是在教人做好人，也觉得“真善忍”挺好的，而且这也是因为我对张小雅的信任，相信她不会骗我。我没有意识到，那两位同修这次来见我，其实是在为下一步利用我做铺垫。在不知不觉中，我已经中了法轮功的毒。

在色情的诱惑下，我越来越沉迷于张小雅，所以屡屡顺从她的意愿办事，渐渐地我的路越走越邪。例如，有一个晚上，和张小雅在一起的时候，我在看电视新闻，于是她就不高兴了，不理我，也不肯和我亲热。没办法，我只好顺从她的意思乖乖看书，这样她才会高兴，给予我肉体奖励，满足我的欲望。

后来，张小雅准备让我从事更多的法轮功活动，开始对我说：“现在是末法时期，如果要想把命留下来，平安度过劫难，只有抓紧修练法轮大法，而且，还必须去弘扬大法，宣传‘法轮大法好’，这样才能提高层次，将来不会被灾难淘汰。”其实我并不相信张小雅讲的什么“灾难来时命能保”，只是觉得，既然法轮功那么好，那弘扬它也是做好事，更何况，只要我去做，张小雅对我更主动。有一次，她叫我晚上去喷“法轮大法好”的标语，我临走时她暧昧地对我说：“早点回来。”听到她这样说，我感到很兴奋，就像有一股强大的电流一下涌遍全身，热血沸腾，精神倍增。我内心很纠结，不太想就这样离开。张小雅立即把脸一沉，转身走开不理我。我只好乖乖按照原先说好的，先出去喷标语再说。张小雅就是这样，一步步、一次次地利用我的欲望，驱使我去为她做她想要的事。

成为牺牲品，反思与觉悟

本来梦想着生活会这样一直美好下去，没想到，2012年9月5日，公安人员到我上班的地方把我抓捕了。因为我宣扬邪教法轮功的行为已构成犯罪，被法院判处有期徒刑5年，身陷囹圄。经过政府对我的挽救教育，我才幡然醒悟，才知道原来法轮功是个邪教。我中计了！但是，已经太晚了！我是多么愚昧，连法轮功到底是什么都还没弄清楚，就为了这个女人去宣扬它，结果竟然做了这么多违法犯罪的事情，我已经年近50岁，眼看前途尽毁！

色迷心窍，使我落入了法轮功的圈套，成为了炮灰，走上邪路而不自知，牺牲了我的人生。

冷静下来之后，我开始反思和张小雅认识的整个过程和一些当时被我忽略了的细节，才意识到，我真的是被她诱骗了。

当初，我并不知道张小雅为什么要靠近我，只是以为她人很好，根本不会怀疑她什么。况且她是美女，我也很愿意跟她接触，我甚至以为，我是碰到桃花运了。现在才明白，原来她是有预谋的。仔细一想，疑点一个个浮现。我只是一个年过40岁的人，要长相无长相，要钱财无钱财，为什么她这样的美女会主动跟我打招呼？为什么她要通过我同村老乡了解清楚我的人生经历，还要主动跟我接近？为什么她要主动告诉我她单身住空房的情况？为什么她要主动约我去公园里玩？为什么她说因为觉得我很有胆量才跟我接触？为什么她要在我生病时像对亲人一般照顾我？为什么她这样的美女竟然不嫌弃我这个一无所有的“小老头”？为什么我并没有能力给她生活保障，她还以身相许和我成为“恋人”并过起同居生活？为什么她甘心以她的肉体作为交换条件来引诱我去学法轮功？为什么她每次让我出去喷标语之前总是要用她的美色诱惑我？……

往事在脑海里一幕幕掠过，我不禁觉得惊心。我突然想起有一次她和我一起出去喷写法轮功标语。我走在前面，她在后面跟着，但是我发现我在喷写标语的时候，她突然就不见了，等我喷写好后，她又冒出来了，这一幕当时我只是觉得奇怪而没起疑心，现在我才明白，张小雅太狡猾了，她就是要我给她做替罪羊。

张小雅之所以对我好，完全是她设下的温柔陷阱，目的就是让我充当她的替罪羊。面对这一真相，我真的很难接受，但是也很无奈，我真是恨透张小雅了，恨死法轮功了！

回首往事，我痛心疾首！我原本过着稳定的生活，这下子一切都没有了。我为我的无知付出了沉重的代价，我想用我的经历来警示大家，无论是正在沉迷法轮功的人，还是从未涉足法轮功的人，一定要擦亮自己的双眼，不要被法轮功所蒙骗，否则一定后悔终生。

柳暗花明春来迟

“师父说过，‘大法弟子’有师父的‘法身’保护着，谁也伤害不了。”于是，秦芳趁他人不备迅速拿起热水瓶，揭开壶盖猛喝了一口滚烫的开水，一瞬间嘴巴和咽喉就剧烈疼痛起来。她立马慌了怕了懊悔了，感到这滋味比面对事实难受多了。

秦芳，女，1969年出生于广西永福县一个普通的农村家庭，父亲原是当地一个小厂子的普通工人，母亲在家务农。秦芳打小在家中做家务，同时照顾智障的妹妹，承担着本应是成年人的责任。在这样的家庭长大，秦芳从小懂事、乖巧，是一个让父母很放心的孩子。

到了读书的年龄，父母对她寄予了很高的期望。秦芳读书非常刻苦，但学习成绩平平，到了初中完全跟不上学习进度，大多数科目都不及格，实在读不下去了，只好选择退学。就这样，她和家人寄希望于读书改变命运的憧憬破灭了。

在家待了几年后，秦芳顶了父亲的位子成了一名工厂工人。可25岁那年，工厂倒闭，她失业了。这时候秦芳父母想到了远在广东佛山三水工作的秦芳姨妈汤华芳，她在三水一个人生活，膝下无子嗣。一番联系沟通后，姨妈很快就同意接收秦芳为她的养女，并把秦芳在老家的户籍迁至她的户头下，从此，秦芳就由农村户籍转变成城镇户籍，成了城里人。

为求身体好，成了气功迷

此后秦芳在三水靠打工养活自己，每个月领到工资后会寄些钱给远在广西家乡的父母。在异乡，她没有朋友，但她有三大爱好——看书、听音乐、集邮，这让她的生活并不单调。20世纪八九十年代，武术、气功热兴起，各种武侠小说、气功杂志如雨后春笋般遍地开花。秦芳也接触了大量武术、气功方面的书、报纸和杂志，从中了解到香功、中功、菩提功等功法创始人的故事。秦芳由此相信有很多身怀绝技的当代高人，各种疑难杂症手到病除，癌症都不再是绝症，小病小痛更是不在话下。

在三水文化公园，每天早、晚都有各种气功团体在练功，人群中男女老少皆有。秦芳心动了，可这么多功法，到底哪一个才是最好的呢？在新华书店里，她看到一本介绍凡腾功的书，据说连癌症都能治好，于是买下了这本书，开始练习。

秦芳身体没什么大毛病，但小病不断，三天两头扁桃体发炎、化脓，几乎每个月都要发作，连医生开药给她都要比常规用量多一倍，还要打针，每次发作总要折腾半个多月才能好，打工的收入每个月都要送一半给医院，这让她很痛苦也很无奈。当时练功的目的只有一个，就是想身体好，不用花钱去看病。

就这样起早摸黑，照着书本习练了三四个月，结果没有什么效果，希望越大失望就越大，秦芳觉得这些书都是骗人的，至于公园里那些练其他功法的，一律要先交几百元才能去学，效果不知怎样，更觉得是信不过。

找到法轮功，再也不撒手

1998 年 2 月，文化公园出现了一个新的功法练功点：法轮功。那里有人教功，看上去非常热心。他们热情地向围观的人群介绍这个功法，说是义务教功，不收钱，师父还有“法身”“法轮”保护练习者。

在受过假气功欺骗的秦芳看来，那些收钱才教功的，多数是骗子，因为练了功没有效果也不会退钱，而敢说不收钱义务教功的，一定是高人，于是法轮功赢得了她的信任，她一头扎了进去。

因为对法轮功的相信，她对《转法轮》也有了信任，觉得书里的话肯定是有道理的。按照书里的要求，她每天早上到练功点练功，晚上参加集体学法。在异乡，她有了一批能交心的朋友。生活规律了，每天坚持运动，心情也好了，体质随之改善。过去只要扁桃体一发炎，她就要赶紧吃药打针，如果延误一两天，就会发展到扁桃体化脓，治疗时间更长，花钱更多。现在扁桃体发炎也不怕了，她在心理上认为那是“业力”，“业力”消了，病也就好了，不用吃药打针，何况徒弟还有师父管着，不会出事。于是得病的她照样天天练功学法，不治疗，但病痛真的在不知不觉中好了。秦芳不懂得这是心理和身体双重得到改善、免疫力提高的结果，反而认为是《转法轮》里说的，只要弟子真心修练，师父会在另外空间帮他们清理身体，把他们的病拿走。通过自己身体的改变，秦芳相信了李洪志自诩的他是一个济世度人的大佛，是宇宙的主宰。

由相信法轮功是真气功，到相信法轮功的理论，到之后体质得到改善，她开始坚信李洪志是神，可以让她“圆满”。而神说的每一句话都是正确的，她练功的目的由强身健体变成了追求“圆满”。为了达到目的，她成了虔诚的弟子，所有行为都按照法轮功的要求去做，不敢有一丝差错。

以前秦芳有三大爱好，现在为了尽快提高层次，把所有“常人的思想”去掉，她在一个星期内把所有跟修练无关的“常人的爱好”全面杜绝：把借书证退还给图书馆，把所有歌曲磁带丢进床底，写信向亲戚弘法时，把原来苦心收集的邮票用来贴信封。热心人要帮她介绍对象，她也拒绝，她只想找一个练法轮功的人做终身伴侣，共同精进。

为了避免“在常人社会的大洪流大染缸中被污染”，她尽量少跟人接触，除了上班工作，回到家就学法、练功。秦芳的同事都觉察到了她的变化，明显地话少了，和同事情感疏远了。不明就里的同事还以为她家里发生了什么状况。这时候秦芳的养母已经退休在家，秦芳把法轮功传给她，她们两人一起去参加集体学法、集体练功，在家里一有空就看书、交流心得体会，尽量不说与修练无关的话，不做与修练无关的事。学员们十分羡慕，说秦芳一家练功，家庭环境真好，秦芳母女也以此为傲。

这种一心修练法轮功的状态，在 1999 年 7 月 22 日被打破了。这一天，法轮功被国家依法取缔，随后电视台相继报道了 1 万多法轮功学员围攻中南海的“4·25”事件、围攻天津教育学院和各地电视台、火车站等公共场所的事件以及练功人走火入魔、杀人、自杀、自残、拒医拒药致死的案件等。对师父充满敬仰与膜拜之情的秦芳根本就不相信这些报道，她只相信是宇宙主佛的师父，相信法轮功是被人诬陷。对任何说法轮功不好的报道她都不听也不看，不管政府说法轮功如何不好，自己觉得好，就一定要坚持修练下去。秦芳想起师父说过的“谁练谁得”，于是更加坚定了自己，并悟到这是师父的安排，通过这件事考验练功人是否真修，那些混日子、居心叵测的人就会暴露，被清除出去。

于是，秦芳继续在家里练功、学法。她想起师父说过的话：“修练人不要和常人去争斗，说你好说你坏是常人的事情，自己修好了走了，让常人去说吧。”并认为“坚修不动”“静心学法”才是师父的要求，所以没想去上访的事。

秦芳母女一直没能看到“新经文”，有一次法轮功辅导站的辅导员拿了些“新经文”给秦芳母女，她们还未来得及细读，就被派出所收缴，秦芳养母被警告。这件事使她们更加谨慎，不再主动联系其他功友，只闭门练功、学法。母女俩夜以继日地手抄李洪志的“经文”、讲法，以及《转法轮》，每天沉浸在李洪志的法轮世界中，专注、投入、忘我，在外则想方设法游说已经不练法轮功的人转让一些没上交的法轮功书籍给她们。

2005年左右，母女俩决定把收集到的法轮功书籍、资料打包，带回秦芳广西老家，希望秦芳父母能习练法轮功，得到师父的庇护。她们的一厢情愿很快就碰了一鼻子灰，俩老得知秦芳及其养母练起了法轮功，感到万分震惊和担忧，苦口婆心地劝她们不要一意孤行，赶快放弃法轮功。可是满脑子法轮功的秦芳及其养母哪里还听得进这些话呢。见劝其家人练功无望，她们只好返回三水继续修练。

在此期间，虽然没有李洪志和法轮功的任何最新消息，秦芳仍然相信只要真修，师父就会管她们。通过长时间不断反复地自学法轮功的“经文”，她们也越发觉得得法不容易，不能辜负师父的慈悲苦度，一定要修“圆满”。

至此为止，李洪志所承诺给她们的“法身”“法轮”“圆满”，一个都没有实现，但秦芳仍然一厢情愿地坚信这一切都是真的。仅仅是抄写李洪志的“经文”、讲法，她就用了150支以上的中性笔和各种圆珠笔，买了许多笔记本和练习本，复印的资料有多少都记不清了。李洪志说“多看书、圆满近”“付出多少得到多少”“甚至你们的付出和你们得到的都不能成正比”，言下之意有超值回报，秦芳心想能不努力吗？

得知“新经文”，疯狂讲“真相”

秦芳母女躲在家里练功的状态在2006年底被打破。功友陈生夫妇2006年底和2007年初两次到秦芳家，给秦芳母女带去许多资料：李洪志在1999年被取缔后到2005年间发表的“经文”、讲法资料，有十多本，还有天安门自焚真相、预言、三退宣传等十多个光碟，以及讲“真相”的小册子……这也是秦芳第一次看到“新经文”。

在这些“经文”讲法中，秦芳母女得知李洪志对“大法弟子”的“圆满”有了更高的要求，不仅要自己修好，还要“发正念”、讲“真相”，做好这三件事才能符合“正法时期大法弟子”的标准。对于像她们这些不出去，只顾个人在家修练的弟子，师父做了严厉的批评，警告再不出去讲“真相”，就是不听师父的话，不符合“大法弟子”的标准，就是帮助“旧势力”，这是将来要淘汰的对象。正法时期，就要救度众生，救度的人越多“果位”就越高。师父慈悲，不愿放弃任何一个弟子，所以对弟子们“一等再等”，希望弟子们珍惜修练的机缘，“每一次机会都不会再有”。这些“新经文”让秦芳母女大为吃惊，原来自己落后很多了，而且完全背离了师父的要求！

2008 年，功友钱伯夫妇来到她们家，又给她们带去李洪志最近的“经文”和讲法。里面的措词更是让她们感觉到，“正法”已经接近尾声，再不抓紧时间就会彻底错过“圆满”的机会，还要面临形神全灭、被淘汰的危险。这一切驱使秦芳母女下定决心出来讲“真相”，她们虽然很害怕被抓，但更害怕失去“圆满”的机会，落得形神俱灭的下场！

起初，她们不敢去外面讲，于是决定从自己家里人讲起。秦芳和养母在 2007 年 10 月带着李洪志的“新经文”和讲法资料、“真相”小册子等等，回到广西，动员秦芳的父母“三退”，免得大难临头。但是秦芳父母根本不相信，反过来再三劝秦芳两人赶紧退出法轮功，不要执迷不悟。其他的亲戚对她们俩的讲“真相”也持拒绝态度，反应冷淡。秦芳及其养母认为，他们都被“旧势力”控制得很厉害，需要多“发正念”，铲除他们周围的黑手烂鬼。于是秦芳私自帮他们每个人都起个假名，打电话到美国办了“三退”，觉得这样他们的人身安全才能有保障。

从广西回来后，秦芳母女就开始向外讲“真相”。秦芳养母负责复印资料，秦芳在西南街道各个小区将资料塞进住户的门缝。资料的来源除了功友提供以外，甚至秦芳的一个阿姨从香港回来探亲时，用来垫行李箱的法轮功报纸，也成了她们获得法轮功最新信息的来源。她们为了获取法轮功哪怕是一丝一毫的消息真是绞尽了脑汁、费尽了心思。秦芳母女还在人民币背面写上反动标语，到各大菜市场买菜时用。做这些事情时，她们一边发“正念”一边做，不敢掉以轻心。

“这是每个大法弟子必须要走的路，要过的关。”李洪志终于把秦芳及其养母诱骗成了听话的工具。每去一次派发资料，秦芳母女就感觉又提高了一个层次，于是胆子越来越大，去复印资料的次数也逐渐频繁，数量也越印越多。俗话说“上得山多终遇虎”，2009 年 9 月 22 日，她们再次去复印资料时，被执法人员逮了个正着，受到了法律的制裁。

至此，秦芳走进法轮功已经整整 11 年有余，人生有多少个 11 年？这些逝去的岁月都无法重来。从 28 岁到 40 岁，人生的黄金阶段她完完全全奉献给了法轮功，而法轮功回报她的是法律的严惩。

面对反邪教志愿者的探访，其父亲十分痛心地回忆起女儿：“没练法轮功时秦芳是个孝顺乖巧的女儿呀，会经常给我们写信，向我们介绍她的生活，询问我们的身体和生活状况，每月发工资也一定会记得给我们寄些钱过来，自从和她养母迷上法轮功后，整个人都变了，信没了，不再关心我们了，钱也不给我们寄来了，感觉这个女儿人间蒸发了，不存在了，心那个痛啊，劝也劝不了，不听你的，感觉天都要塌了！我们是一丁点办法都没有呀！拜托你们一定要救救我女儿，否则她这辈子就毁了！”

行路到穷途，回头又一春

这时，已被邪教思想牢牢控制住的秦芳正在经受一场精神上的冲击。面对反邪教志愿者不断呈现给她的事实材料，她根本无法接受和相信，认为这是对法轮功的栽赃陷害。秦芳感到不能容忍，可是又拿不出什么有力的证据去驳斥。终于有一天，秦芳悟到要用实际行动来捍卫法、证实法，“师父说过，大法弟子有师父的‘法身’保护着，谁也伤害不了”，于是，趁他人不备迅速拿起热水瓶，揭开壶盖猛喝了一口滚烫的开水，一瞬间嘴巴和咽喉就剧烈疼痛起来，秦芳立马慌了怕了懊悔了，感到这滋味比面对事实难受多了。秦芳默默地接受医生的治疗，等待大家的嘲笑。可事情并不像秦芳预想的那样。志愿者日夜在她身边陪护、照顾她、医生天天来看她。经过半个月的精心治疗，她的伤口渐渐痊愈了。

这些亲身经历的事情，和法轮功网站报道的练习者遭到迫害、被活摘器官等大不相同，反而让她想起，法轮功网站曾说过，天安门自焚事件参与者王进东是假冒法轮功学员，搞假自焚。秦芳开始怀疑了，自己喝一口开水都被烫得不敢再喝，王进东一个正常人，他就敢于为了拍这么一部戏，不惜以生命为代价，把自己烧成重伤？王进东、刘葆荣、陈果的自述，让秦芳感觉到一阵阵心寒。一直以来，秦芳都非常相信法轮功炮制的所谓自焚真相，但是现在，这些自焚幸存者的言行举止，使她确定他们真的是法轮功练习者，李洪志和法轮功网站为什么要极力否认？秦芳终于意识到自己上了一个很大的当，在李洪志的“经文”反复教唆下，他们悟到要以这样的方式来“圆满”一点也不稀奇。

秦芳心中那个无所不能、德高望重、慈悲度人的“李大师”形象，一下子被现实击得粉碎。这么多年，“圆满”是她为之奋斗的目标。法轮功已经成为她生活中最重要的一部分。难道自己为之苦苦追寻十多年的“圆满”美梦是个泡影？秦芳感到很绝望。

当发现走在一条死胡同的时候，秦芳彷徨无措，她不想从头再来走别的路。她开始怀念法轮功这么多年来带给她的平静、安逸的生活。自从练法轮功后，她可以不考虑工作前途，不找男朋友，不成家，不关心父母，什么都不用操心，无忧无虑，只等着成神成佛。秦芳沉迷在过去，想得津津有味，恍恍惚惚。现实世界离她很远，别人跟她说话，她仿佛在另一个世界听到，反映到表面，给人感觉就是神情呆板、目光呆滞。秦芳自己也知道，要面对现实，逃避不能解决问题。可是现实里没有神佛、没有神道、没有大自在、没有她感兴趣的东西，她愿意封闭在法轮功虚幻的世界中，虽然这个梦早就破灭了，她仍然不想放手，秦芳感到自己真是无可救药。

幸运的是，秦芳遇到了许多有爱心又有耐心的好心人。两位曾经痴迷法轮功、中毒颇深的过来人几乎天天陪她聊天，给她讲做人的道理，谈他们自己怎样从法轮功中走出来，现在的生活、精神状态等，帮助她从法理上破除对法轮功的盲从，谈人生应该怎样过得充实……志愿者小苏带着她去参加各种集体活动，跳舞、唱歌、做游戏；心理医师小马定期对她进行耐心细致的心理辅导，推荐她看一些心理健康方面的书，鼓励她勇敢面对生活、面对人生。

不知不觉中，秦芳感到自己逐渐恢复了活力，对很多事情提起了兴趣，和大家开始有说有笑，相处融洽，头脑里不再是一团糨糊，开始理智地面对法轮功。

当听到封莉莉已患癌症不治而亡的消息，秦芳惊呆了，封莉莉——国外的法轮功“医学博士”，秦芳曾经看过关于她在讲台上感情真挚地宣扬法轮功理念的碟片，当时就很感动，钦佩她对“大法”的理解那么透彻。这么一个追随李洪志多年，对法轮功忠心耿耿的，在患病后坚持练功不吃药以身实践法轮功的坚定弟子，李洪志都救不了，他还救得了谁?

秦芳为所有像封莉莉一样的追随者感到悲哀，也为自己的过去感到悲哀，练法轮功的11年间从没有吃过药，当时还愚蠢地认为，是师父在保佑自己。现在才明白，那是自己没有什么大毛病，再加上坚持不懈地锻炼，增强了身体的抵抗力，以及保持良好心态的结果。

正义终将战胜邪恶，阳光终将驱散迷雾。秦芳从法轮功的精神控制下挣脱了出来，跳出法轮功再看法轮功，一切是那么清清楚楚、明明白白！“自己真是太无知、太愚昧了！”秦芳深深地自责与懊悔，“幸好明白过来了，没有一条道走到黑呀！”这时秦芳想到了封莉莉的悲惨结局，心里又是一阵阵地发凉，后怕不已。

回过头来的秦芳充满了羞愧与悔恨，对帮助过她的人充满了感激之情，对法轮功则深恶痛绝。临回广西老家之际，她主动将其藏于三水居所的1068份法轮功宣传资料全部上缴，其中包括：写有反动标语的人民币纸钞合计62.5元、讲法练功录音带42盒、教功光碟1张、书41本、手抄本6本、经文59篇、反动宣传资料20篇、卡片898张。望着堆积如小山般的各种资料，她自嘲地感慨道：“这些垃圾，我以前竟然把它们看得比命还重！”

几年过去后，志愿者再次回访秦芳，得知秦芳已经有了一份较为稳定的工作，感情生活也已经“开花”，期待着“结果”。

噩梦醒来是清晨

她感觉到有个污秽的东西在她面前晃来晃去，觉得这是师父对她的考验！于是伸手就打下去，儿子号啕大哭她才清醒过来，她却冷漠地继续打坐练功。从此儿子再也不敢请教她作业，不再对她撒娇，见到她都是畏畏缩缩的。

陈小梅，女，广东南海人，自幼聪颖好学，由于家庭原因，从小就形成孤僻、爱幻想的个性。她向往超凡脱俗的人生，立志跳出农门、出人头地。通过自身努力，她考取师范学院，当上一名老师，婚后丈夫事业有成，儿子活泼可爱。然而，法轮功的出现击碎了她的美好生活。

不再练法轮功后，她仍然放不下“圆满”的执念，又陷入多个法轮功的变种。长达13年的修练，让她失去工作、家庭，耗尽家财，债台高筑，修练和生活都无路可走时，才迷途知返，回归正常生活，找到了平凡人的幸福。

曾经——迷雾弥漫

1998年11月，母亲带着她到南海街心公园，听说习练法轮功对身体有好处，还能上层次、“圆满”，想到自己从小患有乙肝、鼻炎等病，身体一直不好，她立即和母亲一起加入。经过一段时间的习练以后，她觉得身体好像有了好转，深信法轮功不仅能给人“消业”治病，还能“圆满”成佛，于是痴迷了起来。

1999年7月，国家依法取缔法轮功，她却在法轮功境外网站上发表的李洪志“新经文”影响下认为，在这种形势下，是否坚持法轮功，是对她能否得到“圆满”的考验。为了实现“圆满”梦，她更加“执著”于学法、练功，更努力地投入修练中。她按照法轮功的要求放下名利情，对工作不再用心，对儿子不再关心；与老公之间的感情从亲密到疏远，直至分居。学校的告诫无所谓，丈夫的劝说不在乎，她头脑里除了“大法”就是师父。为此，丈夫把她的《转法轮》烧了，她却把丈夫当成是干扰其修练的魔，要与他拼命。丈夫被气得七窍生烟，她却觉得自己又上了一个层次。8年过去了，她对法轮功越来越“执著”，丈夫从失望变为绝望。2005年2月，她悟到自己很快就要“圆满”，爽快同意丈夫提出的离婚要求，离开了讲台，放弃了家庭和工作，把修练当成唯一的事。

后来，在反邪教志愿者的帮助下，她走出了法轮功，但内心追求“圆满”的愿望没有放下。很快，在昔日功友的介绍下，她又痴迷上了法轮圣王。

法轮圣王是法轮功的变种功法，它的教义为《无字真经》，要求入门的人必须是修练过法轮功的人。具体修练方法就是“云游”，即离开家庭，走遍全国各地去找 8.4 万个王共同参道，与师父签上约就能当王（也即“圆满”）。为了能够实现“圆满”梦，陈小梅一头扎进《无字真经》，直到能够倒背如流。

2006 年 6 月至 2007 年 1 月，陈小梅先后 4 次外出云游，身上的盘缠不多，就风餐露宿，饿着肚子、迷了路也是常有的事。她走遍了广东的每一个县市，游历了广西、云南、江西、四川、北京、天津、河北、河南、湖北、湖南、山东、浙江、江苏、山西、陕西、内蒙古等省。在云游过程中，她接触到如意法、无缘、修行者、男女双修、买果位、无生老母、昆仑神等诸多变种功法，并涉足其中。

云游过后，她觉得已经形成了自己的“心法”，并开始接受如意法。如意法传授《无缘》，说“先生”是来自“无”的空间里的一个比法轮圣王更高的觉者，只有脱离了“真善忍”宇宙的有缘人才能接受如意法，学法、懂法、用法就能创造家业、事业，达到美好境界，心想事成，事事如意。

如意法的理论勾起了她压抑已久的正常人的欲望。2007 年她找了一份临时工作，并在 2008 年闪电般再婚。本以为从此能过上幸福如意的生活，但是婚后生活并不如意，她开始对“更高层次”的如意法等感到失望。2008 年 9 月她在开摩托车时发生车祸，摩托车被撞坏，人却没事。她认为是师父李洪志“法身”保护的结果，又修回了法轮功。

2010 年 8 月，中山的一位功友告诉她往回修练法轮功就是掉“层次”，并给其传授先天大道，她乐意接受，很快又痴迷进去。

就这样，在长达 13 年的时间内，陈小梅在多个邪教中兜兜转转，寻找着“圆满”成佛的路。

懊恼——损失惨重

初进入法轮功的时候，陈小梅是南海里水二中的初中语文老师，本来家庭幸福、事业顺利。但自从练功后，她每天早上5点钟不到就起床到练功点练功，有时练得课也不去上，几乎所有业余时间都是练功或与同修们交流。她没时间备课，教学任务没法完成，还多次违反学校纪律。国家依法取缔法轮功后，她公开在同事面前宣扬法轮功，甚至对学生讲法轮功，还号召学生罢课对抗。校领导多次劝说无效，对她做出辞退处理。

被学校辞退以后，她一度有所收敛。2001年，在多方面的帮助下，她恢复了教师工作，在里水植才小学当语文老师。在李洪志《放下最后的执著》等“经文”影响下，她觉得应该放下名利情，走出去护法！2002年初，她在课堂上公开向学生宣扬法轮功，由此再次失去教师资格。她毫不在乎，认为不用工作可以更加专心修练了。

修练法轮功使她不仅对工作不尽职，对家庭也不再负责。20世纪90年代中期，她在工作之余与丈夫开了一间五金厂，经营得有声有色。但自从迷上法轮功，她认为经营工厂是“圆满”路上的魔障，从此不再过问厂里的生意，还嫌弃丈夫满身铜臭味庸俗，丈夫想与她亲热一下都被推开。

在那段时间里她的脑子里只有“修练”二字，丈夫、儿子都被抛到脑后。1999年3月的一天，读小学三年级的儿子在她打坐练功的时候，摇着她问询作业，当时她已经练到神志不清，只感觉到有个污秽的东西在她面前晃来晃去，觉得这是师父对她的考验！于是伸手就打下去，儿子号啕大哭她才清醒过来，她却冷漠地继续打坐练功。从此儿子再也不敢向她请教作业，不再对她撒娇，见到她都是畏畏缩缩的。

儿子生病时，她根本不管，还责骂丈夫不该带儿子去打针吃药，说只要她练了功，师父会保佑她全家没病没灾。2003年，她丈夫因劳累引起肺炎，发烧几天她一直不理睬，丈夫只能拖着病弱的身体独自去医院。丈夫晚上发高烧说梦话：“小梅，别练了，别练了！”到第二天陈小梅却骂他：

“你这个魔！你就是来阻碍我‘圆满’的！快给我滚得远远的！”丈夫一声不出，依然独自去医院打吊针。

2004 年，她无意中发现丈夫在外面找其他女性寻求精神安慰，她却一点醋意都没有，还高兴地认为一切阻碍她修行的东西（丈夫和儿子）都已离她而去了，这是师父告诉她，她就快“圆满”了！当丈夫向她提出离婚时，她痛快答应，离婚分割财产时她一分钱都没要，也不要儿子，唯一要的是一部摩托车，目的是出门“护法”“弘法”方便。

在一个人生活的几年里，她把自己封闭在修练的世界，进出法轮功，辗转徘徊在法轮圣王、先天大道、如意法等派生变种功法之间，尝尽了苦头，可她始终没有等来期盼中的如意生活和“圆满”。为了云游，她耗资数万元，没有工作，只能靠借，为此负债累累，与家人关系闹僵，已经到了难以生存的地步。

重逢——阳光明媚

修练及生活都山穷水尽后，社会没有抛弃陈小梅。2010 年，在志愿者的耐心帮助下，陈小梅终于与邪教彻底决裂。醒悟之后，她为自己的过去悔恨不已，她想弥补过去被她伤害的家人，可是，已处于少年时期的儿子却不理她了。回想往事，儿子在童年最需要父母关爱的时候，她不在身边，还要让他在继母的冷眼下长大，她真是不配做母亲。

而她的母亲，依然痴迷着法轮功，留下因车祸后遗症行动不便的父亲无人照顾……

痛定思痛，她把全部精力用来重建新的生活。2015 年夏天，笔者在广东南海见到了陈小梅。如今的陈小梅，与 5 年前简直是判若二人。

说起目前的幸福生活，陈小梅娓娓道来：“回归现实，在地方政府部门的关怀帮助下，我搬了新家，顺利入住‘关爱之家’，第二任丈夫也从湖南辞职返回南海工作，陪伴在我身边。很庆幸，我回家了，不再在外漂泊，四处流浪。我通过努力，考到了会计从业资格证，进了一家公司，从事会计工作。

“我有了新的工作和新的朋友，生活也逐渐回归了常态。我不再寂寞和孤独，不再好高骛远，孤芳自傲。我真真切切地感受到生活是如此地丰富多才彩而充实！现在的我没有太多的想法，只想简单快乐地工作，只求平安愉悦地生活，活在当下！如今，工作上我是轻车熟路，同事间大家互相支持帮助，工作氛围融洽，做得开心。

“生活安定下来后，我最重要的事就是多多陪伴儿子，好好弥补10多年来对儿子的亏欠，重新得到儿子的谅解，修复由于妈妈角色的长时间缺失对儿子造成的心灵伤害。平时除了上班，业余时间就是看看书，陪老公去写写生、散散心，让他寻找画画创作的灵感，和朋友逛逛街、聊聊天或是到公园里跳跳健身舞，不时也带上儿子约上几个好朋友到郊外去游玩，享受回归大自然怀抱的轻松。

“天下没有免费的午餐，迷恋神佛、误入歧途是因为我自己的自私贪婪。人生最大的敌人是自己，人生路上谁人不摔跤，重要的是摔倒了要自己重新爬起来，继续往前走。

“至于说对于未来的规划，都已经是40多岁的人了，我没有太多的奢望，也就顺其自然吧，养生健身，帮儿女带带孩子，享受天伦之乐。很幸运，我已经重获新生，我会好好珍惜，快乐过好每一天！”

曾经，她年少轻狂，愚昧无知，为了自己所谓的超常理想和目标，背负愚蠢的包袱，南辕北辙，践踏国家法纪，不顾一切地离家出走，抛弃了丈夫、儿子，到处流浪，还美其名曰云游，尝遍酸苦辣累窘。

回顾那些年，往事不堪回首，陈小梅流下了悔恨酸楚的泪水。

法轮圣王

法轮圣王是法轮功邪教的变种，也称定位圆满派，由长春市原法轮功人员庞丽华在2002年根据法轮功的歪理邪说演变而来，2004年发展成型，其活动由东北发展至全国。其特点是不再称呼李洪志为师父，法轮圣王庞丽华才是李洪志的师父。发展的对象为原法轮功老学员、骨干，其成员歪理邪说中毒深，自认为层次高，多数有转化经历，但认为是过关，对政府取缔法轮功不仇视。

法轮圣王声称李洪志只是假传，而法轮圣王传的是“口传心授”的正道，劝法轮功弟子应尽早脱离法轮功，投入法轮圣王；认为“法轮圣王是所有大法弟子的师父，也是李洪志的师父”，李洪志也只不过是奉命出山，他只是所有法轮功学员的大师兄，李洪志传法轮功只是让师弟妹们吃苦“消业”，消完业的师弟妹们才有机会认识真正的师父法轮圣王；只有你认了“真正的师父”后才会传给你；师父要招8.4万个徒弟，现在当务之急就是寻找到这8.4万个弟子；学法练功就是学师父的话，出去找法王就是练功。为了早日帮师父找到那8.4万个王，信徒到处秘密串连，骗人入教，蛊惑人心，聚敛钱财，危害社会。

邪教组织发展信徒的常见手法

■ 广东省反邪教协会　陈文汉

邪教组织的产生往往与社会政治、经济生活的发展变化相关，具有十分复杂的社会文化背景。在一般情况下，当前我国邪教组织关注并企图引诱的对象大概有以下几种人：由于种种原因生活理想信念缺失，或精神受到创伤的人；学业或工作受到挫折，心情焦虑的人；长期失业，对生活失去信心的人；家庭生活出现危机的人，以及体弱多病、久病不愈而寻求解脱的人，等等。这部分弱势群体遇到的各种困难较多，希望得到救助和心理慰藉。法轮功等邪教组织乘机对他们加以利诱和蛊惑，将其中一些人骗上了邪教的歧路。一般而言，邪教组织发展信徒的手法主要有以下几种：

一、披着宗教外衣

如法轮功盗用了很多佛教、道教的名词和概念；全能神、门徒会等在发展成员时常常谎称所传的是基督教，主要是让人行善积德，改掉恶习、做好事、当好人，且声称基督教是全世界所有国家都允许传播的宗教。一些宗教知识缺乏、封建迷信思想严重、鉴别能力较差的群众很容易上当受骗。

二、利用亲情、“熟人”间的信任

如同传销一样，采用“人际关系网络滚动法”，单线联系，一般先传家人、亲戚、朋友、熟人，再传其他人。亲朋好友，地缘关系，既方便、可靠，又不会轻易被揭发。传非“熟人”时，把对方的姓名、籍贯、住地、工作单位、兴趣爱好等信息都掌握了，然后再进行有针对性的拉拢。

三、施以小恩小惠，笼络人心

运用人情、物质等各种“恩惠”收买、诱惑，设置“恩惠陷阱”。如平时到传播对象家里勤快地帮忙扫扫地、做做饭，过年过节到别人家里送“温暖”，功友之间“互帮”“互济”，给些小礼物，借一些急救钱等。让受骗群众得到一些实惠，从心里感恩或碍于情面，从而被一步步拉下水。

四、装神弄鬼，编造“神迹”

使出种种戏法魔术，如在鸡蛋上写上全能神，再偷偷放进被争取者家里；用珠光笔在鸡蛋、鸽子蛋上写字，然后放到菜地里，等农民刨地时挖出来，骗他说是天意让他信教等；同时还会在夜晚人们熟睡时，针对被争取对象播放歌曲等。如马某在凯风网《亲历“全能神”内幕》中讲述：“有一次半夜1点多了，隐隐约约有歌声把我惊醒，唱的是：红龙当权，老百姓遭殃，实际神救世……一连3天如此，唱得我又惊又怕，朦朦胧胧的不知道是在梦里还是醒着，但白天邻居都说没有听到。”

五、设立“情感陷阱”

利用人们的情感需求，在被争取对象情感低落时，设置“情感陷阱”，博取好感，逐渐拉人入教。如全能神要求“可以根据对方的心理状态，利用他们的弱点，对症下药，来维持与他们的关系”，“传福音”的信徒要积极寻找与被争取对象的相同点，以感同身受的同情姿态出现，伪装成“知心大姐”拉拢人心，造成“志同道合”的假象，骗取他人，最终加入该组织。

六、利用人们“排遣孤独、找到认同”的心理需求

一些群众除了日常工作、生产，可以打发时间的活动较少，特别是一些留守老人、妇女等，精神生活比较空虚，很容易因此加入邪教活动。甚至当政府明令取缔后，仍有一部分人因为已经在精神上产生了依恋而不愿脱离。

七、唤起“恐惧”

利用人们对死亡的恐惧，反复呈现洪水、地震、海啸、非典、瘟疫、饥荒等天灾人祸的灾难场景，唤起人们的恐惧感和依赖感；编造“世界末日”谎言，谎称地球就要爆炸，“末日审判”即将到来。如全能神邪教宣称信全能神得救，不信者永灭。

农妇误入邪教
引未成年女儿上歧途

何凤如跟着阿玲坐了 1 个小时的公交车，又步行了 20 分钟，来到了一条隐秘的小巷子里，从拥挤的居民楼间穿过狭窄的过道，来到一幢二层小楼的阁楼上，只见不足 10 平方米的小房间里已经坐着三女一男。

何凤如，女，现年 46 岁，小学文化，家在广东省佛山市三水区西南街道鲁村，2013 年 5 月开始接触全能神。这名普通的农村妇女，由于相信全能神能改变人的性情，能让人躲过灾难，几乎将自己的所有时间和钱财都用来侍奉神。即使这样，何凤如仍觉得不足以表明自己对全能神的虔诚和信服，她让自己两个正在读书（大女儿 17 岁，读高二；小女儿 14 岁，读初三）的花季女儿也走上了信奉全能神的道路。青春年少的两个女儿正值世界观、人生观和价值观形成的关键时期，由于受到母亲影响和全能神的毒害，她们变得任性、偏激，“三观”扭曲。对于亲人、周围邻居以及老师的劝阻，母女 3 人不仅听不进去，反而恶语相向，一个原本幸福的家庭从此被全能神搅得乌烟瘴气。

噩梦开始

何凤如原本有个幸福的家庭，丈夫老实本分，两个女儿乖巧懂事。丈夫在城市附近打一些散工养家，何凤如也经常在村里的市场上卖一些自己种的蔬菜补贴家用。虽然家境不算富裕，但是在夫妻俩勤劳的双手下，这个农村家庭倒也过得顺顺利利。努力攒钱供两个女儿读书，将来找一份好工作成了夫妻俩最大的愿望。

但这个四口之家的平静生活却在 2013 年 5 月被打破了。

2013 年 5 月 5 日的早上，何凤如在村里市场上卖一大早刚采摘回来的蔬菜。一个 30 多岁、中等身材的短发女人在她的菜摊前来回走了四五趟，终于停了下来，问：“你这青菜怎么卖啊?”

“3 块钱一斤，最近老天爷总是下雨，青菜都烂在地里了，不会卖贵的。”何凤如赶快热情地回应这位买主。

“你的青菜这么好，我不会觉得贵，给我来 3 斤吧!”

何凤如没有想到今天会遇到这么爽快的买主，赶紧给她称好 3 斤青菜。

付过钱之后，短发女人说："我觉得你们很辛苦，一大早就起来卖菜，所以我都不跟你讲价，更不会因为一点小钱跟人吵架。"

也许是平日里见多了为了几毛一块钱也要跟她讲半天价的买主，何凤如顿时对这个爽快的短发女人有了好感："是啊是啊，你真是个好人。"

短发女人毫不谦虚地说道："我真的是个好人，现在经常看到有人吵架，这样很不好。"

"吵架当然不好啊，我都不喜欢吵架啦，尤其是我们做些小本生意的。"性情有些暴躁的何凤如想起几次跟别人因为小事而争吵的不愉快经历，"我性子有些急躁，很想改。"

短发女人环顾四周后，停顿了一下说："我介绍你一些东西，对你有帮助的，有些资料你可以看看。"说完从随身携带的包里拿出几张印刷纸递给何凤如。"你回去好好看看，如果不明白就问我，我明天会再来的。记住，你先不要告诉别人哦。"说着，短发女人就拎着菜离开了。

回到家，何凤如拿出那几张纸，上面写着"老天爷下凡来救人""神帮你躲过灾难，保你平安"等字样。只有小学文化的何凤如看得不太明白，就没有太当一回事，随手给扔掉了。

第二天一大早，何凤如像往常一样来到市场卖菜，没想到，昨天那位短发女人又来到她的菜摊前。

"昨天给你的资料看了没有？"短发女人面带微笑小声地问她。

"看不太明白，我把它给扔了。"何凤如老实地回答。

"什么？那个东西不能扔，否则神不保佑你，会有灾难的。"短发女人面带惊恐地说，表情似乎有些夸张。

扔几张纸就会有灾难？何凤如不解其中缘由。

接下来，短发女人向何凤如介绍了信这个神的种种好处，例如能改变人的性情，能保平安，灾难来临时信神的人才能得救并躲过灾难，并特别提醒不能做对神不敬的事情。

因为何凤如平日里性格急躁，经常会因为一些小事跟丈夫吵架，她认为有自己的原因，也很想改。她听后觉得能帮自己改变性情，很符合自己的内心想法，就半信半疑。

几次接触之后，这个自称“姊妹”的短发女人说感觉何凤如是一个老实可靠的人，就告诉她自己叫阿玲，来自广西，同时还陆陆续续给了何凤如几本书：《羔羊展开的书卷》《歌书》《2012年信全能神才能得救》等。有空时何凤如就拿出来看一看，对其中如何去掉败坏性情的内容尤为感兴趣。对书中一些不太明白的地方，何凤如便去请教阿玲。阿玲也表现得相当热心，对何凤如提出的问题都做出解释。何凤如认为阿玲从不收一分钱，是好心帮她，心里很是感激。

在阿玲的教导之下，何凤如对书里面的内容越来越感兴趣。原来信神有这么多好处，不仅可以改变性情，还可以躲过灾难保平安，只要跟随神的脚步，被神成全了，以后就可以过上好日子。多好啊！慢慢地，几年来补贴家用的小买卖何凤如也不放在心上了，村里菜市场也难再见她的身影。

这神的全名叫全能神，何凤如对它由开始的半信半疑发展到了后来的深信不疑。

深陷泥潭

自从接触全能神后，何凤如的日子似乎突然变得轻松起来。每天她不再辛苦地去田间地头劳作，也不起个大早去市场卖菜了，她只是在家看看那些书，向神做做祷告，默默祈祷：“万能的全能神啊，我是你的子民，祈求你改掉我身上的败坏性情，让我变得越来越好，让我的生活也越来越好。”每祷告一次，何凤如就觉得自己和神的距离进了一步，自己的坏脾气改好了一点。虽然生活中还会出现一些令她想生气发火的场景，但她告诉自己神要她忍，不要去计较。

以往庄稼茂盛的田间地头，由于没人耕作打理，现在已经长满了野草。一个不知情的老农指着何凤如家的地块说：“阿凤可能是外出打工了，很久没见她来种菜了。”

此时此刻的何凤如，正在努力经营她内心的试验田，她希望对神的所有祷告都会灵验，对神许下的所有愿望都会实现。从阿玲那里，何凤如了解了很多发生在别人身上的有关神的神迹和见证，例如有的信神的人可以未卜先知料福祸，甚至有人买彩票中了1000元。何凤如听了之后好生羡慕，多么希望这样的神迹也发生在自己身上。同时，她也听说了一些由于对神忤逆不敬、不虔诚或是背叛而导致祸害的事例：一个20多岁、追随了神有两年时间的小伙子表示不想再学习“神话”，有一天骑着摩托车出门无缘无故摔了一跤，小腿骨折。何凤如被告知，这都是由于这个小伙子背叛了神，说了一些对神大不敬的话，所以才会遭到神的惩罚。

这是背叛神的下场，神是不容被亵渎的。

何凤如听了心里很是害怕，对小伙子的遭遇也表示同情和惋惜，心想追随神都有两年了，不应该放弃啊，更不应该说一些忤逆神的话啊，否则没什么好下场。何凤如便暗下决心：一定要好好侍奉神，听神的话，绝不做任何背叛神的事情，不说任何忤逆神的话语，只要对神虔诚，神一定会成全自己，让自己过上美好的生活。

一天上午，天色阴沉，何凤如正在家看资料，阿玲找上门来，神神秘秘地问她：“你今天下午有没有时间？我带你去个地方。”

何凤如想了想，丈夫这几天外出打散工，两个女儿上学，都不需要管，便回答：“我有空啊，去哪儿？”

“这样吧，下午1点我过来叫你一起去，去了你就知道了。”阿玲说。

下午1点，一场大雨过后，阿玲如期出现在何凤如家门口。何凤如跟着阿玲坐了1个小时的公交车，又步行了20分钟，来到了一条隐秘的小巷子里，从拥挤的居民楼间穿过狭窄的过道，来到一幢二层小楼的阁楼上，只见不足10平方米的小房间里已经坐着三女一男。经阿玲介绍之后，何凤如才明白他们都是信全能神的兄弟姊妹，聚在一起是为了交流想法，帮助各自提高。从说话口音可以判断，他们有的是外地人。至于他们叫什么名字，具体从哪里来，阿玲让她不要多问，只是告诉她以后大家见面会有人通知，不必打听他们的情况，交流各自的心得就可以了。

自从那次“聚会交通”后，何凤如感到在跟随全能神的脚步上自己走得太慢了，聚会时其他几人都侃侃而谈，汇报了很多信神的心得体会和神的见证，自己却什么也说不出来。兄弟姊妹们的发言何凤如听得很用心，觉得他们是自己学习的榜样，以后要多学习“神话”，争取下次也能发言。

在不停地看书、祷告和吃喝神话中，很快，两个月过去了。何凤如心里却一直在纳闷：别人身上都显神迹，自己身上为何还不出现？

一天，阿玲来家里送资料，何凤如把自己内心的疑问向阿玲提出。阿玲沉思了一会儿后，抬头看了看何凤如家里灰暗斑驳的墙壁以及简陋的家具，这栋占地不足60平方米的两层破旧砖瓦小楼，在村里外观明亮、装饰不凡的洋楼群里实在是太不起眼了。

“看到你家庭情况这个样子，我都不忍心说出来。”阿玲面露难色地说道。

“你说，一定要说，是什么原因。”何凤如急忙追问。

“别人信神都交奉献款来预备善行，所以神就会保佑他们，神就会在他们身上显神迹，你能像他们那样上交一些奉献款吗？”

何凤如迟疑了一下：“奉献款？要交多少？”

“这个就看你自己的善心了，神会保佑所有侍奉她、忠诚于她的子民。”阿玲说完后就离开了。

原来是这样！一定要向神表达自己的诚心和决心，神才会保护自己，才会显神迹。何凤如甚至有点怪阿玲不早点告诉她，虽然自己家境不好，但是神以后会让自己过上好日子，全家都会受益，上交一点奉献款算不了什么，况且还是很划算的。

等下次阿玲再来的时候，何凤如毫不犹豫地交出了200元。阿玲接过钱高兴地说：“好，奉献款不在于多少，你对神有这份善心就好了，你现在已经正式成为神家的人，以后要全心全意为神服务，把自己的全部交给神。你也要清楚，奉献款交得越多，神就越会保佑你。记住了，神来到人间是隐秘作工，不能对外人说的，否则就是自己的责任，因为没有按神的旨意去办事。”

为了得到无所不能的全能神所承诺的健康、平安、和睦等种种好处，何凤如先后向组织上交了近8000元的奉献款来表达自己的虔诚和善心，并一直相信自己所做的善行，神是能够看到的，神一定会降福除魔、消灾免难、保己平安。“吃的、穿的、你的前途都在我的手中，我都会合适地安排。奉献与捐献是每个信神之人的本分与职责，你是捐给神的，不是捐给教会或哪一个人的。有的人临终时也没有将自己所有的完全奉献给神，这是信神最大的失败。”何凤如手捧着《话在肉身显现》一书，默默地念着这一段话。她知道，钱财捐献得越多，得到神的眷顾就会越多，越能保平安。

何凤如觉得自己的生活有了新的盼头，田间地头的劳作她早已忘却，以前锃光发亮的锄头等农具也已生锈，布满灰尘，被主人冷冷地遗弃在一旁，地里的野草也如她内心的欲望一样在疯长。她更加认真地学习神话，日夜不停地向神祷告，只盼着有一天神能帮助她实现所有的愿望，满足自己所有的需要。

自从向神预备善行以后，何凤如认为自己身上也出现了一些神迹。例如，有次外出，天色已晚，她没有搭上回家的末班公交车，正在路边焦急等待的她就在心里向神祈祷：马上有人出现，把我送回家。结果没过5分钟，同村的一个小伙骑摩托车刚好路过，就把她顺路送回家。天啊，简直是太神了！这在何凤如看来，是自己的祷告灵验了。神说得没错，无助的时候向全能神祷告，神就会帮自己。再如，鸡窝里的两只老母鸡之前不怎么下蛋，后来连续一个星期每天都下蛋，在何凤如看来，也是神看到了自己的诚心后显的神迹。

这些事情至今也让丈夫张文胜哭笑不得。

拓 展

“在此之后，因是之故”是一种常见的思维谬误，意思是认为先后相继发生的事情之间就有必然的因果联系。这是一种以现象推本质、以偶然推必然的错误逻辑思维。此案例中，何凤如把“心里向神祈祷有车出现”与“摩托车刚好出现”这两个完全没有关联的现象认为是必然关系，误以为是“信神”而出现“神迹”，就是犯了“在此之后，因是之故”的错误逻辑。

后来，何凤如参加了多次神家的交通聚会，她终于能在其他兄弟姊妹面前大胆地发言了，而且，她的发言常被“上级”表扬。

丈夫从何凤如日常的表现中察觉到了她的变化，原来都是因为相信了全能神。对于何凤如满口的“顺从神、侍奉神，最终拯救全人类”等豪言壮语，丈夫嗤之以鼻，不以为然，并劝她别再相信这些虚无的东西。辛苦在外打工挣钱的丈夫得知何凤如把钱都交给了神家，大为恼火。生活本来就不富裕，还要供两个女儿读书，这个家的经济状况越来越捉襟见肘。面对丈夫的痛斥和抵制，何凤如无动于衷，反而提醒丈夫不要说对神不好的话，否则会遭到报应。同时她还宽慰丈夫，神会照顾好他们的一切。

“福音”传给两个女儿

何凤如在跟随神的脚步上越来越用心，越来越痴迷于神的各种所谓真理。

阿玲隔三岔五就来到何凤如的家里，一来就是一个多小时，她们会在一起唱歌，也就是所谓神曲。更多的时候，是阿玲对何凤如讲神的道理，例如全能神会保佑广大子民，会让他们躲过灾难蒙拯救，只要他们对神信服。否则，神就不保佑。

何凤如还知道，这些真理教导广大子民，要把神的光芒辐射到整个大地，让更多的人尤其是身边亲近的人都能得到神的荣耀，被神成全。她更怕有大灾难，怕遭到毁灭，她想带全家脱离灾难。

这就是所谓的传福音，何凤如也在不遗余力地向身边的人传福音。

先是自己的丈夫，但之前因为捐献奉献款的事情被丈夫骂得狗血淋头，何凤如怕再次招来丈夫的痛骂，就作罢。

再是自己的姐姐，没想到自己刚对姐姐说完要信神的话，姐姐就严厉地斥责说：“我是不会跟你相信这种东西的，你自己也醒醒吧，别再执迷不悟了，信这个东西对你有什么好处?”家人真诚的劝慰，何凤如怎么能听得进去：“对我们大家都有好处的，你们以后就知道了。”

接着是村里的邻居街坊。最近一段时间以来，邻居们对“何凤如着魔了”的传言都有所耳闻。在邻居眼里，以前那个吃苦耐劳、能干善良、邻里和睦的何凤如不见了，现在张口闭口就是神，邻居们唯恐避之不及。周围邻居对自己的闲言碎语和回避态度，何凤如并不放在心上，甚至替他们感到惋惜，心想当世界末日和灾难来临的时候，我看你们怎么躲得过去，只有神才能拯救人类。邻居的劝告，何凤如更是无法接受，邻居们多说一句，她就会恶语相向。至于何凤如那套信神的说辞，邻居们也都不相信，受阻的次数多了，何凤如在村里也没有市场了，也不再与村民们多交往。

何凤如多处碰壁，最后她把目光和心思放在了两个女儿身上。书上说，要让自己最爱的人也一起信神，神就会保佑他们平安。两个女儿一直都是自己的心头肉，是自己珍爱的人，何凤如岂能坐视不管，所以必须让她们俩跟着自己一起信奉神。

大女儿张梓琪，17岁，风华正茂，正读高二，学习成绩一直是班上前10名，获得的证书奖状贴满了家里的一整面墙，正是对未来充满梦想的年纪，她希望通过刻苦的学习，一年多以后能考上理想的大学。小女儿张梓桐，14岁，读初三，这个生性活泼好动的女孩，没有因为家境贫寒而变得自卑，相反她性格开朗，与同学相处得都不错。

何凤如为了传福音，开始叫两个女儿也信全能神，告诉她们信神可以躲避灾难保平安，甚至要阿玲带两个女儿去学赞美全能神的歌曲和舞蹈，这样全能神就能保护全家人了。虽然女儿开始有些不愿意，但在母亲愚昧无知、一心求避灾的强势要求下，也只能听从。

随着与全能神接触越来越多，两个女儿对此投入的时间和精力也越多，有时在何凤如的怂恿之下还逃课去参加全能神的活动。有一次，何凤如接到通知要去聚会，为了表达自己的忠诚，为了让两个女儿也能得到全能神的眷顾，她想带两个女儿一起去参加活动。

女儿说：“妈，我们要去学校上课啊。”

何凤如却轻描淡写地说：“没关系，我去替你们跟老师请假，缺几节课也没什么大不了的。”

于是，何凤如分别给她们的班主任打电话，撒谎说两个女儿相互传染都得了重感冒，不能去学校。

又有一次，何凤如强迫两个女儿看全能神的书，并且要她们背下有关章节，耽误了她们做功课。何凤如给她们出主意说："明天你们拿同学的作业过来抄就行了。"两个女儿在母亲的纵容之下变得对学习满不在乎，这无疑对她们的学习造成了很大影响，学习原本优异的姐妹俩成绩也开始下滑。潜移默化之中，两个女儿接受了信全能神才能得拯救、才能躲过灾难之类的谬论。大女儿张梓琪甚至还说："读书有什么用，信全能神才能让我们过上好日子。"

在全能神的影响下，原本性格活泼、开朗、热情的两个女儿也开始变得内向、自闭、敏感多疑。周围邻居也反映，好像很少见到两个女儿去串门，即使见到，也不像以前那样主动热情地和街坊们打招呼了。两个女儿却觉得，自己是信神的人，必须跟普通的老百姓保持距离，不能自降身价地和他们来往。有一次，小女儿张梓桐从外面回来后神神秘秘地跟何凤如说："妈，今天我发现有个人一直跟着我，他肯定是来破坏我信神的撒旦。不过你放心，我把他甩掉了。"为此，何凤如还表扬了女儿一番，认为她做得对。

以前和同学相处融洽的两个女儿，也越来越少跟同学来往了，甚至主动疏离同学们。以前谦虚低调的她们，在同学眼中言行也变得狂妄自大和古怪。有一天，大女儿张梓琪跟母亲说："妈，今天我跟几个要好的同学说了，让她们以后不要老是找我玩，我现在信神了，以后会过好日子。我让她们也跟我一起信神，她们却斜眼看我说：'有毛病！'"母亲鼓励女儿说："你现在好好信神，其他的不要管。总有一天，神会让你的同学看到的。"

两个女儿的种种变化和相信全能神的事实终究没有逃过学校老师的眼睛。有一次，大女儿的班主任李老师来家访，询问大女儿成绩下滑、性情变得古怪的原因是不是跟信全能神有关，马上升高三了，这样肯定会影响她高考，并劝何凤如不要再让女儿信全能神。原来班主任是来阻止自己带领女儿去往"千年国度"的前进脚步，何凤如一听就火冒三丈，很无礼地把李老师轰出家门，并大声呵斥："你不要再来搞破坏了，我们家不欢迎你，我自己的女儿我会管好她们，不用你管。”李老师只能无奈地离开，看到这个母亲把两个女儿害成这个样子，李老师心里有说不出的酸楚。同样，对当地街道和村委会工作人员的多次上门劝说，何凤如都是置若罔闻。

何凤如就这样一步步地把两个女儿引上了歧途，她们的未来是铺满鲜花还是布满荆棘，答案似乎早已揭晓，只待时日验证。宛如原本应该开得绚烂夺目的两朵花蕾，却因为中途被施以含有毒液的污水，从此变得黯然失色，在她们还没来得及完全绽放的时候，就过早地颓败和凋零。

丈夫痛诉

丈夫张文胜回忆：“这一年多来，妻子何凤如经常外出，至于问她出去干什么都支支吾吾从来不说，每次都显得神情紧张，鬼鬼祟祟，似乎在干什么见不得光的事情，回来之后人会显得特别兴奋和精神，口中经常会讲一些‘求神保佑我’之类的话。大多数时间里妻子闭门不出，在家看一些资料。那些资料我也翻过，都是讲一些世界末日和灾难的文章，印刷质量很差，上面讲的内容我是不相信。我劝过何凤如不要看这些东西，也烧毁过，但是她不听。我最反感的是，她带着两个女儿信全能神。两个女儿之前学习成绩很好，懂事乖巧，现在都被她带坏了，没有心思学习。在家里，我现在成了异类，成了少数。我一说不准她们信的话，她们3个都反过来说我。”

张文胜蹲在自家门前的台阶上，猛吸着烟，这个老实巴交的中年男人表情痛苦地说：“我现在都不知道怎么办，我是劝不住她们了。现在这个家也不像个家，地里的农活她也不去干了，打过骂过，都没用。”张文胜后悔之前经常外出打工，疏于对这个家庭尤其是对两个女儿的照料。

张文胜怀念以前那个勤劳顾家能干的妻子，那时的他们虽然生活不富裕，但日子过得平稳，两个女儿放学后也经常帮忙干农活。“以前我在外面打工，多么辛苦我都不怕，心里就想着好好供两个女儿上学。现在我辛苦挣来的钱被何凤如拿去交给了别人，我心痛。现在我都不知道自己这么辛苦有什么意义。她们两姐妹原来都说以后要考大学找工作，赚钱养我们，让我和她妈不要那么辛苦，可现在她们变成了这样。她们年龄还小，还没有进入社会，我真的希望有人能帮帮她们，也帮帮我们这个家。”说完，这个一辈子很少流泪的50岁男人忍不住流下了泪水。

为了让两个女儿能安心学习，不再相信全能神，张文胜还去学校找过大女儿张梓琪的班主任李老师，希望借助老师的力量做做大女儿的思想工作，把女儿引回学习的正途上来。但是被全能神洗脑的女儿满脑子都是“读书有什么用，信神才能过上好生活”，对以前满怀敬重的李老师说的话不以为然。李老师摇摇头说：“现在梓琪的脑子里装不下科学了。”李老师不禁感叹，两个少不经事的女孩在全能神的毒害影响下，已经变得仇视社会，对周围的一切怨声载道，对他人缺乏信任，她们无心学习，认为信了全能神就能让自己过上平安的日子，她们的价值观和人生观都发生了难以想象的变化。

全能神

邪教全能神，又称东方闪电、实际神等，是当前国内最具危害力的邪教组织之一。

1989年，邪教呼喊派原骨干赵维山在黑龙江成立永源教会，1991年永源教会被当地政府定为非法组织予以取缔，赵维山外逃。1993年赵维山在河南将永源教会改为真神教会，别称实际神，即全能神。全能神把一名高考落榜后经常胡言乱语的精神病女子杨向彬说成是道成肉身的女基督，并曲解基督教《马太福音》的经文“闪电从东方发出，直到西方，人子降临也要这样”，说她就是“从东方发出，直到西方”的“闪电”；盗用了基督教的部分信仰术语，编造《话在肉身显现》《神三步作工的纪实精选》等大量书籍、音像资料，利用《圣经》谎称神的三步作工是建立“神的国度”，“世界末日、大审判”很快就来，不信全能神的人要下地狱，形成了一套理论和组织体系；设有严密的“女基督、大祭司、牧区、省、城、小区、排、组”等各级组织，分工明确。

全能神主要邪说：“传福音”，就是传播女基督来了，只有信全能神才能蒙拯救；“吃喝神话”，指祷告、聚会，读唱全能神的书、歌；行“神迹”，就是故意制造“神迹”，证实全能神来了；“保证书”，就是新信徒加入要发毒誓信奉全能神。全能神成员为保密全部使用化名，用暗语交谈。

1995年11月，中央办公厅、国务院办公厅下发《关于转发〈公安部关于查禁取缔“呼喊派”等邪教组织的情况及工作意见〉的通知》，明确全能神为邪教组织并依法处理。2000年，赵维山潜逃东京，后又到美国，并在多个国家和地区建立分部。

2012年，全能神鼓吹“世界末日”将至，引发部分地区社会恐慌。2014年发生的“5·28”山东省招远市麦当劳快餐店命案，再次引发了公众对全能神邪教组织的高度关注和强烈谴责。

离婚妇女加入全能神最后落得一场空

罗美把以前在澳门做劳工辛苦积攒下来的近10万元从银行全部取了出来，还去银行保险柜里把价值近10万元的金首饰全部拿出来了。她回家后告诉二哥世界末日来了，银行会停电，让他快去拿钱。

位于广东省中南部，在西江和蓬江汇合处，有一个四季常青，山清水秀，田园丰美，享有中国第一侨乡、中国曲艺之乡（粤剧）美誉的地方——江门。

江门鹤山有个花季少女，罗美，正如她的名字一样，罗美美丽善良，勤劳朴实，她有一个梦想，就是能找到人生中的真命天子，结婚生子，过上幸福快乐的生活。罗美出生在一户普通的家庭，父母靠种地为生，有兄弟姐妹4人，她排行最小。由于家里经济条件不好，为了减轻家里负担，罗美没读完初中便辍学了，刚满16岁的她步入社会，靠自己的双手编织生活。

寻找感情的归宿

对未来生活满怀憧憬的罗美进入了一家工厂打工，认为通过自己努力会过上好的生活。然而，在这个知识就是生产力的年代，仅有初中肄业文化水平的罗美，不能胜任技术含量高、操作要求严格的岗位，只能在机械操作的流水线上日复一日地重复着简单的工序。现实与理想的落差使罗美很不适应。1986年，在工厂同事的带动下，罗美接触了佛教，参加了几次佛教活动，感觉教育信徒要做善良人的佛教教义很好，认为只要心中有佛，只要善良待人，就会有神的保佑，日子一定会平安、幸福。

哪个少女不怀春，更何况是一直向往美好爱情的罗美。罗美谈过几次恋爱，可最后都无果而终。那时，身边的同学、朋友大多已成家，每当看到他们夫妻恩爱、相夫教子的时候，她都很羡慕，心里急切地盼望自己能早日找到感情的归宿。

2005年，已35岁的大龄女青年罗美，在大嫂的撮合下，嫁给了一个仅认识几个月的香港籍男人。刚结婚的时候，她暗自庆幸是佛祖的保佑让她行了好运，嫁到了富裕的香港地区，也让她对未来生活充满了希望。当时，她在大陆，丈夫在香港，过着周末夫妻的生活。由于两人认识时间短，属于闪婚，她对丈夫了解并不多，婚后才知道他好吃懒做，沉迷赌博，还因赌资问题解决不了参与了盗窃，被香港司法机关判处有期徒刑 7 个月。当时罗美正怀孕，挺着大肚子，直到 2006 年可爱的女儿出生了，他还未出狱，整个孕期和坐月子都是嫂子照顾着。原本对未来充满希望的她仿佛掉入万丈深渊，痛苦莫及。这段婚姻在 2009 年 10 月终止，女儿的抚养权归罗美，虽然以后会面临很多的困难，但是为了女儿的幸福，罗美觉得付出再大的代价都是值得的，从此过上了单亲妈妈的日子。

“加入我们吧，只有神能拯救你”

从那以后，一个离异女人，独自带着小孩生活，日子过得很艰难。为此，罗美不时暗自落泪，感叹自己命苦。2009 年底，罗美离开伤心地，一个人带着女儿来到中山市三乡镇生活，日子非常艰辛。

在最痛苦和失落的时候，罗美认识了一个手工钉珠厂的老板廖映芳。去她厂里拿货做的人都叫她阿芳，大概 30 多岁。去阿芳那里拿货的人很多，罗美并不是特殊的一个，可由于经常都是带着女儿去，而且经常愁眉不展，罗美引起了阿芳的关注。

“大妹子，你这是怎么啦，怎么整天唉声叹气的？”廖映芳关切地问，还顺手把手中的糖给了罗美的女儿吃。虽然经常来她这里拿货，但是作为异乡人，罗美还是保持着该有的警惕，笑笑说：“也没什么事，遇到一些烦心事。”点清货的数量后，罗美就带着女儿离开了。

有了这次接触，罗美似乎得到廖映芳的格外关照，经常是笑脸相迎，对女儿也是这次给糖吃，下次给饮料喝，有时还会拿一些新衣服给女儿穿。在给货上，对罗美也是格外照顾，都挑一些产值高、工艺简单的货给她，交货期限也没那么严格了。这些照顾，对一直生活困难，内心受过伤的罗美来说显得异常亲切、温暖。

慢慢地，罗美放松了警惕，跟廖映芳也聊聊家常，向她倾诉心中的苦闷。在同廖映芳讲到自己的婚姻时，廖映芳显得特别伤感，对罗美的苦难经历深感同情，甚至几度落泪。往后的日子里，罗美从廖映芳那里得到的帮助更多了，有时甚至是金钱的帮助。每次跟廖映芳接触，罗美都感到特别地放松。在人生低谷时期能遇到这么帮助自己的人，罗美感到很安慰，心里认定了廖映芳是自己的姐姐、知己，对廖映芳开始不设防，完全信赖她。

一天，廖映芳在罗美来交货时，特地留她吃饭："大妹子，我看你一个人带着女儿生活真是不容易，现在社会上坏人那么多，人类那么败坏，以后你怎么办呀？你看你现在离婚了，生活上又那么多挫折，其实这都是人类败坏所致的。"

"其实我信佛教也好长一段时间了，觉得里面说得都对，只要心中有佛，只要善良待人，就会有神的保佑，日子一定会平安、幸福。"罗美说。

"佛教不好，你看你信了那么长时间，有保佑到你什么吗，还不是婚照离，钱照没，生活还是那么困难，不如你来加入我们教。现在是女基督重现降临人间的时代，只有女基督才是独一真神。现在那些天灾人祸，都是神来惩罚败坏的人类。这个叫全能神，只要相信全能神身体就会没什么病痛，就可以逃过即将来临的'末世灾难'，可以顺利到达一个美好的世界。若不敬拜信仰全能神，将很快被毁灭，遭受想象不到的惩罚，而且必死无疑。加入我们吧，只有神才能拯救你。"廖映芳说。

见罗美露出怀疑神色，廖映芳说自己早就加入了，这个镇里也有很多人加入，个个都说好。她还拿出一张图给罗美看，图上讲的是一个故事，说一个农民生病了，去任何一家医院看都没有效果，信了什么佛教、道教、气功等也没有效，最后加入了全能神，病全好了。

开始罗美不太相信，但每次见面时，廖映芳都对罗美说这个全能神如何如何地好。这样过了大概两个月，罗美在廖映芳的频繁劝说下，出于很好奇，再加上刚经历了离婚的痛苦，渐渐开始相信廖映芳所说的，想起自己曾经一心向佛，却没有得到过什么福报，认为佛教根本没有保佑到自己，才造成如今的痛苦结局。为了尽早脱离苦海，获得真神的庇佑，过上安稳日子，在廖映芳的劝说下，罗美决定去了解全能神。这时，廖映芳拿出了一本叫《神的三步作工》的书给罗美看，还叮嘱要经常看书，每个星期都要去她那边聚会。从此，罗美陷入了全能神早已设计好的圈套。

放大镜

全能神非常注重传播工作，用他们内部的话说叫“得人”。全能神的传播是不择手段的，除了严格按照《摸底铺路细则》一书所提供的步骤开展工作，他们又酝酿出多种传播手法，借以提高“工作效率”，主要有文字宣传、谎言诱骗、物质刺激、色情诱惑等。此文主要是物质刺激，《摸底铺路细则》里说：“有的人要让你给他找对象，或让你给他找活儿，你就可以答应他；有的人他家是做生意的，你也可以说能帮他推销产品或帮他购买产品来与他拉关系。如果咱们本人会些手艺，也可以给他干活儿。比如：会理发、会做服装等等。”他们的确如此做了。对于女性，他们赠送高档化妆品、首饰及衣服等；对于男性，他们赠送手机、高档烟酒等；对于那些他们认为可能发展为“接待聚会”的家庭，他们更会斥以巨资，为其购买洗衣机、电冰箱、电视机、空调等贵重家电。“吃了人的嘴短，拿了人的手软”，很多人因为拿了别人的东西，受了别人的帮助，所以由“嘴短”到“手软”，最终因“心软”而接受了全能神的错误思想，走上不归路。

“三心二意会遭受神的惩罚”

在廖映芳的带领下，罗美认识了另外一个全能神信徒“路路”。路路只是一个化名，她的真名罗美并不知道，可能廖映芳也不知道。经过几次接触，罗美觉得这个全能神很怪。在全能神组织里，好多人都不用真名，随便乱起一个名字就是自己的代号了。

第一次聚会就在阿芳（廖映芳）的钉珠手工厂，当时只有罗美、阿芳、路路 3 人，主要问罗美相不相信有老天爷的存在，愿不愿意过聚会生活。

由于要带女儿，罗美不知道有没有时间去参加聚会，于是她问：“聚会是怎么样的？一般在哪里聚会？每个星期都要聚吗？”

“聚会时唱唱诗歌，讲讲神的三步作工，地点不定，会随时通知你的，要经常去聚会才行。”路路说。

“可是我一个人带着女儿，没有那么多时间参加聚会。”罗美说。

“要经常去，每月至少要聚会3次。”廖映芳说，“在家要多看神的书，不能看电视，不能看别的书和报纸，只能看神的书，心不灵、三心二意就会受到神的惩罚!”

罗美听到会受到神的惩罚，心里有点害怕，就答应会坚持去的。因为聚会的地方经常变换，有时很远，加上要带小孩，没那么多时间，实在走不开，罗美就按照廖映芳说的不能参加聚会时就在家看书，每天早上、中午、晚上在家看看书，做祷告。书里有些内容罗美不太明白，翻过几次，但似明未明。路路说那是悟性不够高，以后还是要少看其他的书，多看神的书，不要受外界的影响，要常参加聚会，常听带领讲解。

开始的连续5个月，都是罗美和路路两个人聚会。先是唱神话诗歌，其中一首叫《神已坐在宝座上》，唱完诗歌，接着是祷告，大概内容是：赞美全能神，信全能神就是信老天爷，相信世间的一切都是由老天爷安排的。路路还按照书本内容讲述全能神的三步作工，即律法时代、恩典时代和国度时代，现在神道成肉身来到人间是做第三步工作等等。在此过程中，路路不断给罗美灌输人类在现实社会中的败坏，说现在神来到人间看到人类太败坏，要把败坏的人毁灭掉。人拥有的一切都是得到神的祝福才有的，要好好信全能神才能够蒙拯救等。

在以后的聚会里，慢慢多了几个人，基本固定在路路、阿芳、罗美、嘉嘉几个人一小组。小组里有个叫小罗的说下次聚会不来了，要回老家。路路就说：“小罗，你不要中了撒旦的诡计，你回去了，就回不来聚会了。过教会生活是神的心脏，离开聚会生活神家就说你没有为神做见证，会受到神惩罚的。”因为带领说过教会生活是神的心脏，离开聚会生活，神家就会说你没有为神做见证，因此罗美不敢错过任何一次聚会。受全能神在《神选民必须遵守的“十条行政”》的影响，罗美更不敢有半点违背，让干什么就干什么，生怕三心二意会遭受神的惩罚。

在一次聚会生活中，路路严肃地对大家说："我们要相信女基督就是唯一的真神，只有她才能拯救我们。为了表示效忠于神，即使被破坏，也不出卖教会，不出卖教中的兄弟姐妹，我们要发誓，写下保证书，违背了就会受到神的惩罚。"在路路的引导下，罗美写下了保证书："不能出卖教会，不要做犹大，如果出卖了，自己就有手不能写字，有脚不能走路！"其他几个人也跟着写了保证书，然后各自再默祷一遍自己写的内容，立誓违背教会就会遭到神的严厉惩罚。

为传福音，不顾亲人安危

随着时间的推移，罗美在全能神的泥潭里越陷越深。在全能神的思想控制下，罗美已经不再是之前那个善良的女孩，不再是为了女儿的幸福吃再多苦，受再多累也无怨无悔，可以为女儿付出一切的母亲。为了有更多的时间"吃喝神话"和传福音，罗美开始是趁女儿午休时跑出去，但午休的时间毕竟不长，不能好好地聚会或传福音。看着3岁的女儿，罗美想：孩子3岁，已经长大了，可以自己玩、自己照顾自己了。于是她开始把女儿一个人锁在家里，自己跑出去传福音，一出去就是半天。每次回来女儿不是嗷嗷大哭，就是趴在凳子上睡着了，稚嫩的小脸上仍挂着泪珠，睡梦中还不时地哽咽着。

有一次外出得急，罗美忘记锁门了，等回来时发现女儿不在家，到处找也找不到。面对这样的情况，任何一个母亲都会非常紧张，可是罗美认为自己传福音有神保佑，女儿不会有事，于是淡定地在家里看神的书。直到晚上，楼上的邻居看到家里的灯亮了，就把她女儿领了回来。邻居见到罗美，很生气地说："你这个妈妈是怎么当的，怎么可以让这么小的小孩一个人在家呢，下午她自己在外面玩了很长时间，如果遇到坏人把小孩拐跑了怎么办？你怎么就不紧张呢？"罗美说："现在人败坏极深，抢劫、赌博、淫乱，什么坏事都做。现在是全能神赏善罚恶的时候，我出去传福音就是叫人赶快向全能神忏悔认错，不认错就会在灾难中死亡。"邻居见罗美答非所问，把小孩交给她就走了。

经过这件事情，女儿在罗美每次外出时哭得更厉害。罗美想了个办法，就是带着女儿一起去传福音，一起去参加聚会。用罗美的话说，这样可以让女儿也接触全能神，一起去传福音。下定决心后，罗美以后每次聚会和外出传福音都带着女儿，直到女儿5岁上幼儿园为止。

对年幼的女儿这样，对年迈的父亲也是如此。因为与父母亲分隔两个城市居住，年迈的父母对罗美的一切行为举止都不知道。以前有几次，听过罗美讲一些末日淘汰、国度时代的话，但因为父母的不理睬，尤其是父亲认准一件事情就很难改变其想法的性格，罗美也没有再去跟父母传福音。

那年，罗美的父亲患肺气肿刚从医院做手术抢救回来，奄奄一息躺在床上，二哥他们都在病床边照顾父亲，罗美却为传福音东奔西走，只想到为"末世"之后的美好生活做准备，很少过问父亲的身体状况，很少回娘家看看。即使偶尔回趟娘家，也是为了向父亲传福音，鼓动父亲快将积攒的养老钱取出来奉献给神，逃避末世灾难。父亲虽然没什么文化，但他是个明眼人，一听就清楚全能神是骗人的，他躺在病床上无力地劝说罗美不要信那些不现实的东西。可罗美一门心思用在信神上，根本不知清醒，这让病重的父亲终日不得欢颜。

每月拿出大半收入做好接待家庭

2010年3月中旬，路路对罗美说："你家里只有女儿，没那么多闲人，适合做接待家庭，这是尽本分、做善事。如果你家做了接待家庭，全能神会知道的，你就会得到神的保佑，家里就会平安，这也是你的福气。"她还拿《原则》给罗美看，说："有这个条件才能做接待家庭，没条件还不能做。"经她这么一说，为表示虔诚，罗美马上无条件地将家提供出来做聚会地点。开始时，只有罗美和路路2个人，后来4—5人，10天聚会一次，一般是中午12:30—14:00。在罗美家做聚会点的大概5个月时间里，都是在看《神的三步作工》里面的内容，熟悉三步作工，聚会的时间点都是在中午午餐时间。起初罗美以为，教会会提供伙食费，尤其是对自己这个经济困难的家庭。当她把这个疑问提出来时，路路说："不要想着为肉体而活着，应该一心一意去认识神的工作，这才是信徒对神应有的虔诚表现。你家做了接待家庭，为神工作，是你的福气，要无私地奉献给神。"于是，每当在罗美家聚会时，罗美都会自己掏钱买菜，做饭给他们吃，每餐买菜大概 100 元，一个月下来也得花费 500—600 元，而当时罗美每个月只有 1000 元左右收入。在聚会中，路路也说让大家多捐钱，或者买一些生活用品捐出来。自从做了接待家庭后，经济上已经比较拮据了，罗美听后心里不是很舒服，但马上又把这个念头掐掉了，因为怕受到惩罚，又想得到神的保佑。想到曾讨论过《话在肉身显现》中的"要学彼得的精神，对神要有顺服之心，不要学保罗的精神"以及"对神奉献越多表示你越虔诚"，罗美心里很快就平静了，不但买点纸巾、买点面当捐奉，每月还主动捐出 100 元奉献款做印刷资料之用，频繁地跟着带领走乡串户去传教和聚会。

"福报"原来是一场骗局

进入 2012 年后，带领在每次聚会中都会跟大家说世界末日、大淘汰的事情，说在 2012 年 12 月 21 日至 27 日，天会呈全黑现象，称神的作工很快就要结束了，到时银行会停电，有钱有物都取不出来，叫大家在这关键的时刻必须赶紧预备善行，只有为神付出得多，才能在末世来临之时顺利蒙拯救，进入神的国度，"只要信徒交上奉献金，神就能保证他们不得病，远离灾难"。

对于一心期盼过上幸福生活的罗美，听到这样的说法心中极其恐惧，不想被淘汰，可是自己已经身无分文了。正在苦恼中，罗美想起了自己结婚前在澳门打工辛辛苦苦挣来的近 10 万元和一些金银首饰。对！要把这些取出来！

于是，罗美急急忙忙从中山赶回鹤山，把自己以前在澳门做劳工辛苦积攒下来的近 10 万元从银行全部取出来，准备向神捐奉。恰逢那天银行因外币不够，还有近7万元的港币不能如数取出，罗美当时还懊恼了老半天。

罗美的这些荒唐举动被细心的二哥发现了。二哥是家乡财政局的公务员，他刚得知罗美参与全能神邪教的时侯，就曾多次劝阻，叫她不要相信那些乌七八糟的东西。罗美还去银行保险柜里把价值近10万元的金首饰全部拿了出来，回家后告诉二哥世界末日来了，银行会停电，让他快去拿钱。当时二哥不信，把罗美大骂了一轮，说："你怎么那么傻，人家更有钱的人都不怕，你怕什么。以后你发生什么事，都不要告诉我，我不会帮你。"二哥阻止罗美将取出的金首饰带走，死活拦着不让罗美出门。但是罗美已经失去了理智，把二哥的阻拦当作是魔鬼的干扰，疯了般地破口大骂他是魔鬼、撒旦，坏自己的好事。本来罗美和二哥的感情一直很好，兄弟姐妹4人当中，大哥、大姐全家早已定居香港，只有二哥和父母生活在广东，自然和二哥家走得最近，以往兄妹二人常会出去饮茶、吃饭，但如今为了全能神，她眨眼间变得不近人情，不惜和二哥翻脸，不顾二哥的苦劝，愤怒地夺门而出，还放出狠话说："以后不用你管我，你们的生死也与我无关。"从此罗美不和二哥来往，路上遇见也对他不理不睬。

就这样，为了全能神，罗美甘愿抛弃亲情，奉献自己的金钱，几乎花光自己的积蓄，甚至放弃再婚的念头，全身心地投入全能神中，以为哪天就能获得福报，却万万没想到，所谓的世界末日都是谎言，神拯救世人更是无稽之谈。在2015年的一次体检中竟查出她左肾长了一个鸡蛋大小的囊肿，得知病情的一刻，罗美一下蒙了，欲哭无泪。天哪！全能神一再申明信徒一定要信神才能保平安，得到拯救，可为什么自己那么虔诚信全能神，神还要将囊肿长到自己身上呢？罗美没有得到任何所谓的福报，得到的却是身心的恐惧和病躯。

被绑架的亲情

周围的兄弟姐妹跟她说，你们只是借着你母亲的肚子出生，是神给你了生命呼吸，唯独相信全能神的真理，就是上真理大学，才能救你的命！后来，每当她和女儿发生冲突，女儿就用这些话来回敬她："我只是借你的肚子出生，你不是我的母亲。"

广州，夜晚的珠江很美，夜色阑珊，霓虹灯闪烁，江上的游船张灯结彩，珠江边上悠闲的人们在遛狗、跳舞，江边相拥谈情的男女窃窃私语，清风徐来，在远处新地标——小蛮腰的映衬下，一切是那么惬意。

这座包容性极强的南方城市，没有因为傅娟没有一技之长而不接纳她。傅娟，女，1977年11月出生，广东省南雄市人。她11岁的女儿一直在老家南雄跟着姥姥温桂秀一起居住，一家人生活虽不算富裕，但丈夫工作努力、疼爱自己，女儿可爱、好学上进，日子过得虽平淡，却很有盼头。傅娟默默地想，只要自己和丈夫一起努力，哪怕出卖的是最廉价的劳动力，都会找到生活的尊严。然而，全能神改变了这一切。

当异想天开遇上愚孝

时间追溯到2010年，在广州打工的日子里，傅娟很羡慕别人家的生活。结婚那么多年了，虽说老公对自己疼爱有加，但总觉得应该过上更好的荣华富贵的生活，而且如果不用太努力，天上掉馅饼那就更好了。幻想总归是幻想，现实是傅娟为了生活不得不和丈夫到工厂车间里默默工作。

闲暇时间，傅娟会经常给家里打打电话，聊聊女儿、聊聊自己工作的事情。工作上的不开心，她通常会打电话跟母亲说说，但奇怪的是，最近几次打电话回家都是继父接的，继父的话语还有些埋怨母亲整天往外跑、不着家的意思。她寻思着，有时间得回家看看女儿和母亲。

广东素有冬至大过年的说法，这一天，家家户户都会团聚在一起庆祝节日。2010年的冬至，天阴冷冷的，但丝毫没有减少人们回家过节的热情。广东省汽车站前车水马龙，人们都被推着往前走，傅娟也是返乡大军中的一员。

从广州回南雄有300多公里，傅娟随着车身的慢慢摇晃似乎被催眠了，感觉回到了妈妈的怀抱，那里很安全，不需要工作，无忧无虑。她意识还是清醒的，知道广州这个城市再大再美，也没有1平方米是属于她的。就这样迷迷糊糊的，车驶进了南雄市。

一下车，远远就看到母亲和女儿在下客处张望。母亲看到傅娟很开心，口中小声地念叨着："神显灵了，我刚到车站，你就下车了。"傅娟看着母亲虔诚的样子，有点想笑。女儿一眼看到她手上的礼物，兴奋地打开来看。傅娟看着又长高了的女儿，对母亲尽是感激。

到家后，在厨房里忙前忙后给傅娟做好吃的的母亲突然问："你信老天爷吗？信老天爷很好的，不用烧香拜佛。"

"什么老天爷那么好？不烧香拜佛不行啊，以后你不在了，我也要跪拜你的啊。"

"你信再说，你不信就不说了。"

看着母亲神神秘秘的样子，傅娟心想，母亲肯定又去哪里信佛信教了，便也没有多问。

冬至过后，傅娟回到广州上班。傅娟夫妇在某美容电器公司当拉线管理员。老板总是担心他们偷技术、偷原料，把仓库钥匙给自己的亲戚保管。傅娟心里怪委屈的，刚好母亲来电话了，听到傅娟哽咽的声音，得知缘由，母亲很是心疼："做得不开心就回家吧。"

"不打工靠什么生活啊，哪有钱啊？"

"你回来家里，妈有办法啊，电话里不好说。"

"为什么不好说？"傅娟很好奇。

"说了老天爷就不灵了，不过你妹妹也信了。"

虽然傅娟对老天爷感觉到莫名其妙，但嘴上还是答应着："好吧，等我回家再说吧。"此时的傅娟还不知道，自己才 12 岁的女儿也已经被母亲拉入了全能神。

此后几个月里，只要傅娟回到家里，母亲就会神神秘秘地劝说她，还说信这个老天爷就可以不用去打工，只要尽心尽力信全能神，侍奉神，神能保平安，以后吃的、用的都不用钱。

看到亲戚、朋友、同学都生活得比自己富裕、体面，爱面子的傅娟还是一心想挣钱，她拒绝了母亲加入全能神的游说，回到广州和老公一起打拼。如果不是一场病痛，事情也不会发生转折，或许他们就真的在广州闯出一片天地。

2011 年 11 月，傅娟怀孕了，但因患有子宫肌瘤，必须做人流手术。考虑到手术期间需要亲人照顾，而丈夫不好请假，她就回到南雄市做手术。

为了方便照顾傅娟，母亲住到了傅娟家里，但她没想到母亲的到来改变了自己今后的人生。

母亲借着照顾傅娟的便利，开始更加频繁的劝说。那天母亲和妹妹带着 MP4 播放器到傅娟家，一到家就开始给傅娟播放各国灾难的新闻报道视频。

傅娟听到灾难，心里很受震动，有些害怕。

母亲抓住机会苦苦劝说："信老天爷是一件大好事，一家人一起分享，手拉手，如果不传你，到时你会在神面前控告我们不传你。"

妹妹也在旁边鼓励："如果信神，死后就可以上天堂，不信就下地狱，灾难马上要来临了，只有信神才能避免灾难。现在先传给你，日后再传姐夫。"

傅娟有点心动了，但还是说："我还是考虑一下再说。"

母亲、妹妹根本不死心，就让傅娟女儿苏柔来哀求："妈妈，你信神吧，你信吧，你信吧。"

听着女儿的哀求声，傅娟一下子心软了，才知道女儿已经信神了。她对女儿说："你爸爸希望你好好读书，大人的事情不要管好吗？你爸爸知道会气死的。"

苏柔没有听进去妈妈的话，生气地走开了。

傅娟也认同母亲、妹妹说的灾难来临时要一家人在一起，钱多没用，够吃用就行。为了让家人开心，也想着家人是不会害自己的，且真以为信这个老天爷又不用花钱，不会有任何损失，于是她于 2011 年 11 月底答应加入全能神，从此走上了一条邪路。

在迷失的亲情面前痛苦挣扎

入教之初，女儿和母亲、妹妹成了傅娟的老师。在女儿的房间里，苏柔坐在床边教傅娟祷告。只见苏柔闭着双眼祷告："全能神，我感谢你，赞美你，我愿意来到你面前，愿神抓住我的心，抓住我的灵，安静在神的面前，愿神带入引导我，开启我，明白你的话语，明白你的真理，生命道路越走越光明，愿一切荣耀、权柄、智慧都归结独一无二的全能神，感谢神，阿门!”傅娟也跟着做同样的动作。

祈祷后，温桂秀一脸虔诚地拿出《神的三步作工》《话在肉身显现》《跟着羔羊唱新歌》等书籍，告诉傅娟看书之前，必须把手洗干净，不能玷污书，祷告后才可看书，有时间多听 MP4 下载的全能神的歌，还要听专辑“交通讲道”录音。

傅娟面对枯燥无味的全能神书籍，提不起一点兴趣。

2011 年 12 月初的一天，全能神教会安排福音执事来见证傅娟。普通的见证会问较多问题，但由于傅娟的母亲、妹妹都是忠于神的人，福音执事没问什么，就直接在傅娟家里进行一对一授课，讲解全能神的奥秘，万物是神造的、人类怎么来的、最终归宿等疑惑，这迎合了傅娟本来的迷信思想。就这样，傅娟内心的天平又向神倾斜了一点。

那天，丈夫又给傅娟打电话：“你来广州跟我一起打工挣钱吧，不要在家信那些无聊的东西。”

如今，傅娟很后悔当初不听丈夫的劝，一心想着母亲、妹妹、女儿不会害自己，却不曾想过丈夫也是自己最亲的人，也不会害自己啊。

挂掉电话后，傅娟很矛盾也很犹豫，一边是自己的丈夫，一边是不能背叛的老天爷，哭了一整夜的眼睛肿得跟灯泡似的。这一切当然被母亲、妹妹看在眼里，两人开始轮番劝说傅娟。

温桂秀说：“信老天爷能保平安，又保身体健康，以后我们吃的、用的都不用钱买，现在全心全意信奉神，到时想什么就有什么。真的灾难要来了，神的作工结束了，到时你有钱回不来或身亡在异地，又有什么用呢?”

妹妹傅华还举例子说：“有些信徒是从外地来的，其中阿冬（化名）是外地的，离家出走，跟着信全能神的人来到我们南雄传教，当时她一件衣服都没有带，一分钱都没有，可现在吃穿都不用愁。”

傅娟感到很疑惑：“那她没有钱，吃什么穿什么呀?”

妹妹说：“神说了信神的人不要愁没得吃、没得穿，组织会帮你找地方住，有地方吃饭，有衣服穿，所以阿冬没有太多问题，当时就住在某个信徒家的空房子里。”

因为妹妹提醒过傅娟不要直接过问其他成员的事，这还是第一次听到这样的事，很是好奇，还想再听下去。傅华就再次严肃地提醒道：“全能神规定，不得私自打听其他信徒的事，你要像阿冬那样忠心追随神。”

继父因不满母亲温桂秀整天往外跑，与其发生争吵。温桂秀也担心傅娟经不起其丈夫的劝说会偷偷回广州，索性搬到傅娟家里住，说是方便两人一起学习、一起提高。

终于，为了不违背母亲、妹妹的好意，傅娟打消了回广州打工的念头，相信全能神说的“钱不重要，信神最重要”，安下心来信“老天爷”。

与此同时，教会安排了授课员张水秀每星期两次到傅娟家里授课，听课的有傅娟及其女儿。大家先是一起祷告，然后由授课员讲课，都是以《神的三步作工》和《话在肉身显现》为主要讲课内容。张水秀告诉傅娟，多听唱神话、领受神的话语、唱神的圣歌来赞美神，多听专辑“交通讲道”，神都会知道的，一定会给她美好的生活。

后来张水秀说，一对一的讲课，听不到别的弟兄姊妹的心得，进步不快。她建议傅娟年后参加其他聚会点。

2012年1月，傅娟为了表现对神的顺服、忠心，就将家奉献出来，作为全能神聚会接待点，并表示愿意按组织要求为聚会的信徒免费提供午餐。母亲说：“这是你应对神的还报，神给你爱太多了，你现在所拥有的一切都是神赐予的。”已经深陷其中的傅娟对此深信不疑，已被精神控制的她，哪里还记得房子是自己与丈夫在外辛辛苦苦打工挣钱多年省吃俭用买来的。

傅娟觉得自己只有更加积极向神奉献，才能表现自己的忠心，神才会把福气赐予自己。她直接向教会带领，也是母亲的好友，申请把女儿的聚会设在自己家里，授课也设在家里，教会组织答应了她的请求。

傅娟有时也会担心小小年纪的女儿信神会影响学业。每当其表现出顾虑，周围的兄弟姐妹就跟她说，你们只是借着你母亲的肚子出生，是神给你生命呼吸，唯独相信全能神的真理，就是上真理大学，才能救你的命！后来，每当她和女儿发生冲突，女儿就用这些话来回敬她：“我只是借你的肚子出生，你不是我的母亲。”这时，傅娟自己都傻了眼，因为连自己也觉得女儿说的可能是对的。

耳边总是这些反反复复的话，慢慢地，傅娟越陷越深，深信全能神是真理，指向人生光明道路，就放纵女儿痴迷全能神。

临近过年，街上到处看到外出打工回家过年的年轻人，平时留守在家的老人、小孩此时也仿佛注入一股奔腾的力量，空气中都洋溢着幸福的香气。家家户户都在为过年做准备，傅娟家里的聚会暂停了。

刚过完年，街上还到处是红彤彤的鞭炮纸，聚会就恢复了。这天是聚会的日子，吃过早饭，傅娟偷偷地给母亲、妹妹打电话交代做好接待，就拉着丈夫出门了。那时的丈夫还没有信神，傅娟就拉着他在街上晃。直至2月中旬丈夫回广州打工，傅娟才又自己在家里做接待。在母亲、妹妹的耳濡目染下，傅娟比别人更快迷进全能神里，参加聚会更加频繁，在信神的错误道路上越走越远，却浑然不觉。

迷失的灵魂渐行渐远

每周两到三次的聚会，傅娟风雨无阻，都准时参加，从不缺席。聚会接待点的弟兄姊妹都很开心，相处融洽，就像一家人那么亲热。她很喜欢这种感觉，听着大家都在谈论发生在自己身上的见证神的或者受神惩罚的奇事，渐渐也觉得神已在自己身上作工显神迹了。

傅娟兴奋地跟大家分享她感受到的神奇，把在上班的地方捡到钱、手机、收到小费、加薪水，统统认为是神的赐予，是神对自己近段时间全身心投入侍奉的肯定。而丢失了两部手机和患上了感冒，则是因为和朋友联系和吃喝玩乐，没有与神亲近，神在管教惩罚自己违背了神的旨意。

听了傅娟的事情，另外一位阿姨立刻神乎其神地说：“最近遇到同村的亲戚，问候家人的安康，丧事办得怎样，奇怪的是原本好好的喉咙立即又哑又痛，为什么会这样?”

授课员说：“信全能神的，不能问候丧事，别同情和祝贺撒旦。一定是神在管教你，叫你不要多管闲事。”那位阿姨恍然大悟，连忙诺诺称是。

已经完全被洗脑的傅娟也已经忘记了做人的基本常理，连遇见亲人、朋友、同事等应该互相问候和帮助都抛诸脑后了。

随着聚会次数的增多，傅娟感觉意识得到提升，对神更投入了。老公的电话又来了好多次，但在母亲、妹妹的鼓动下，傅娟已经心无旁骛，对神全身心侍奉，无怨无悔地投入教会的工作安排。

2012年7月至10月，傅娟一直忙着帮妹妹到快递公司寄快件或者取快件，邮递的物品是MP4播放机，专用于信徒学习全能神的教义。妹妹叮嘱傅娟，如果快递公司问起来，就说是学校买来教学用的。她想：得到教会带领同意自己帮妹妹的忙，是神对自己的肯定。

但那时为什么用假名、假地址来购买？现在回想起来，当初真是太糊涂了。

从6月开始，傅华负责批量网购MP4，由教会带领黄德香收集信徒购买的MP4的钱款。

一天，傅娟到妹妹家，看到她正在打印传福音资料，包括《神的三步作工》《烧香歌》《老忙歌》和《最新消息》共50份。《烧香歌》是全能神里传播的一首诗，篇幅不长，主要讲述烧香拜神都是假的，只有全能神是真神；《老忙歌》是盗用《铁窗泪》的曲调，歌词主要讲述不要忙着挣钱，要记住神；这一期《最新消息》主要是讲神来到人间，赶紧信神，别错过良好时机。傅娟感觉如获珍宝，乞求妹妹给自己留一份。

傅娟虔诚地奔走于各种聚会，教领告诉大家全能神作工到顶峰了，世界末日即将来临，会出现假基督、敌基督，很多邪教都在拉人入教；说基督和其他教说全能神的书有迷药，不能用手翻，都用棍子翻；说全能神要万教归一，福音扩张到全世界。还用MP4放灾难给大家看，说全能神在北方已经建了一个可容纳800多人的教堂，还要求大家要多传人入教。

其中一个信徒阿兰说："以前我信神异功，现在信全能神，刚开始感觉每天晚上神异功都搅扰我，总能看到墙上写着很多字，后来我就每天祷告求神看顾保佑，诅咒撒旦魔鬼，真的灵验了。有次我去传福音，孙子正在发烧不吃饭，我就祷告全能神，等我传福音回来，我孙子吃了两碗面条。一定是神看到我诚心祷告、诚心传福音，在我身上显现了。"

想到自己上班捡到钱，客人给自己小费等，傅娟认为自己的努力得到了神的庇佑，默默地下决心，要竭尽自己所能去侍奉神，神也一定会更多地赐福自己。

2012 年 7 月，傅娟被全能神提拔为授课员，这让她产生了一种从未有过的成就感。虽然她每天白天忙着聚会，一个星期跑 3 个聚会点，晚上还要到 KTV 做服务员，上班到深夜，挣生活费很累，经济负担也很重，但她无怨无悔，坚信自己付出的一切都是值得的，坚信她的忠心信奉神一定都是知道的，坚信生活的窘迫、身体的疲惫都是神对她的熬炼，只要挺过去了，神所描绘的美好生活一定能实现。

9 月的一天，母亲和李集英、陈伦娇、李安、阿秀、张水秀等人在傅娟家里聚会。大家正在祈祷之际，“嘭”的一声打破了宁静，不知谁家的花盆掉到楼下，砸碎了一部小车的玻璃。不久就有警察上门逐户询问，傅娟、李集英和陈伦娇躲在厨房假装做饭，李安、阿秀、张水秀都躲在女儿苏柔房间里，锁上门在床边祷告。两名警察进入傅娟家里查看，妈妈温桂秀挡在苏柔房门口说：“我的家人上夜班在休息。”警察没开房门就走了。警察一走，温桂秀就下楼打听消息，当得知警察真的离开了，便继续聚会。温桂秀长嘘一声说：“这是神对接待的检验。”

同是 2012 年 9 月，为了更专心地信神，母亲毅然放弃了与傅娟继父 10 年的婚姻。看到母亲的毅然果断，傅娟没有心痛惋惜，反而内心对母亲充满了敬佩。于是，她更义无反顾地投身到信神当中去，认真学习传福音的方法。搭配教领李安教大家实行 3 人一组，包乡、包村传福音，让每个成员写好难传的亲戚、朋友的个人信息资料，由教会派高手去传，傅娟也写了伯伯、二姑、小姑、两个堂姐的个人资料交给李安。

聚会的时候，坐在傅娟旁边的信徒小草告诉她，教会有一个教徒要被开除了。第一次听到信徒被开除，傅娟感觉很可惜。小草又继续说：“那个男信徒信神后，开三轮摩托搭客，没挣到钱，看病又花去很多钱，认为信神没有得到好处，就不相信神了，还阻止他妻子信神。”傅娟正疑惑不是信神就不需要看病吗，立刻就有人告诉傅娟：“他就是不够虔诚，信徒有了病不是病，是神在考验自己，他还去看病，看病的是普通人，普通人能得到神的庇佑吗?”

再次聚会时，黄德香拿着一张开除名单到傅娟家，其中就有那个阻拦妻子信全能神的男人。按黄德香的要求，当时听课的所有人都在名单上签了名，因为按全能神规定，开除信徒须有80%以上的信徒签名同意。按下手印的那一刻，傅娟心想，自己一定要努力信神，全心全意侍奉神，决不能被开除。

10月的一个星期二，傅娟准时到阿容家聚会，听黄德香主讲。她说教会人数有100人了，要分成两个教会，要选出后备教领，请大家投票选举。傅娟心想，谁能得到神的信任，是一种荣耀，妹妹入教的时间比自己长，如果妹妹能当选，自己也能跟着沾点光啊。她投了自己妹妹一票，黄德香看到就很不高兴，因她与傅华之前发生过争执，对傅华怀恨在心，就当众说出她和傅华曾发生过不愉快的事，说之前傅华精神病发是邪灵作工，很狂妄，不能让有邪灵的人当教领。投票的结果当然是妹妹只有傅娟投的这一票。

诱人的肥皂泡日渐膨胀

获得教会肯定，担任授课员后，傅娟更加卖命。“传更多的福音就是在做好事，会获得神的更多庇佑”，这些美丽的肥皂泡在傅娟心目中一天天膨胀。

10月底的一次聚会上，在正常的授课之后，教会还组织成员推荐讲课员，又强调需要加强传福音工作。这个时候，傅娟想到了自己的丈夫，心想如果夫妻二人共同修练，一定会受到神更多的恩赐。傅娟将丈夫的信息交给妹妹傅华，由妹妹交上去，并且由傅娟口头向带领报告了基本情况。

哪曾想，丈夫对全能神根本不屑一顾，还再三批评和规劝她。傅娟不仅未把丈夫拉过来，反而受到他的数落，气急败坏，把家具都摔了。后来带领指点说，会说的就说，不会说的就直接给他看灾难的照片。她按照带领教的方法，多次跟丈夫分析在工作中遇到的事情，总结得出人性是很坏的，灾难要来临了，那时候，我们一家人要在一起。一天晚上，傅娟再次哭着劝丈夫说："我加入全能神为了什么呀？还不是希望咱们能过上好日子。现在我们全家都得到神的恩赐了，就你在拖后腿了，如果你不加入，就是与我和女儿为敌！"终究抵挡不住诱惑，疼爱妻子的丈夫在傅娟的要求下，加入了全能神。

傅娟为自己的"成功"暗自高兴，与丈夫一起在组织里作工，向教领学习如何使用暗语，用买了几条鱼或几斤猪肉等来说明拉了多少人数。出环境（被公安抓获）时，要说"特急服装"通知其他成员，并相互转告，用公用电话打给其他成员，就说某某"特急服装"，在街上遇见骨干成员，把写有"特急服装"的纸条给他。他们还发毒誓："如果出卖带领、弟兄姊妹，就遭天打雷劈，不得好死。"傅娟是真心发誓的，以致后面被抓后不敢说真话，担心会中了自己的毒誓。

虽然傅娟从没见过神，但她感觉神正如教领说的只要自己真心侍奉，多传福音，神会赋予你更大的能量，为此，必须拉更多的人加入组织。这时，她想到了自己的妹夫。

10 月底，傅娟和丈夫一起商量着拉妹夫加入组织，他们把妹夫的信息交给教领黄德香，由黄德香派了一个专门负责传递信息的人（全能神组织称之为外跑）将他妹夫的信息交到了连州全能神组织。大约一个月后，连州全能神组织与妹夫联系上了。傅娟更是感觉到组织力量的强大，弟兄姊妹无处不在，全家人都是神的子弟，以后都会有好日子的。

傅娟很庆幸自己全家都在这样的组织里，两夫妻、女儿、母亲，还有妹妹。妹妹是教会中的积极分子、骨干，一直在帮全能神网购、下载 MP4，复印制作宣传资料，为了及时完成带领下达的本分，在短时间内下载两三百张内存卡，不惜丢掉工作，还有 20 多天的工资也不要就走了。在各区教会带领聚会、信徒善款转接处，一般的成员不知，不给乱窜点，不准乱透露，否则会做出相关处理。妹妹感觉能替教会尽下载复印的本分是自己的荣耀，感到很高兴。但这样尽职尽责的人也曾被全能神开除：妹妹与丈夫感情不和，患上精神病，教会的人远离她，认为她是邪灵作工，把她开除了。傅娟和母亲千辛万苦找到教会组织，才使妹妹重新进入教会生活，精神恢复正常后她向丈夫传教，被丈夫拒绝，妹妹没有体谅丈夫一个人在外打工的艰辛，2012年9月左右离了婚。

妹妹对教会工作很负责任，让教会带领心存嫉恨，深怕妹妹争权夺位，到处去各个聚会接待点，说妹妹不该与她发生争吵、不能达成一致等。教会带领决定不让妹妹参加聚会，也不安排去接待点。傅娟担心妹妹再受刺激，病情加重，请求带领安排妹妹去尽本分，带领同意了。傅娟马上打电话叫妹妹来她家，毕竟是两姐妹，看到妹妹高兴，傅娟也很高兴。妹妹看到教会分成A、B教会，新教会没有什么资金，她自愿奉献几千元给教会开支，另外每月还奉献几百元，以表示她对全能神的忠心。

全能神组织利用信徒对神的忠心信奉，教信徒把自己的财物奉献给自己，并利用善款来支撑教会开支。没有钱的就把家奉献出来做聚会接待点。全能神对信徒说，你们吃喝神话，必须尽最大的本分，就是拉人入教，造福人类，建立神的国度。有时，人们责问：神不是怜悯慈爱的吗？为什么破坏了家庭和睦？全能神为自己解释：神已不作这步工，不是恩典时代，而是国度时代，用话语来作工。这不是全能神自己给自己打嘴巴吗？可是，此时已经没有人关心这个。

身陷囹圄才是梦醒时分

2012年12月14日早上，教会带领黄德香给傅娟打电话说中午有人来，让她准备好饭菜。傅娟满是高兴，可是等到中午都没人来。不久，黄德香打电话叫她去妹妹家把一箱绿韵牌的复印纸拿来。傅娟拿完复印纸回到家，就已经看见黄德香在楼下等她，他们就一起上楼。黄德香说："给你尽一个本分的机会，就是电脑打印，你不用跑点讲课了。"说完就走了。

下午4点左右，黄德香和几个送货员一起把一台复印机和10箱复印纸送到傅娟家。黄德香出去一会带回来一个从韶关来的男人，带着一台手提电脑。送货员教她如何使用复印机，韶关男人把全能神的宣传资料从手提电脑里打印出来。黄德香对傅娟女儿说："你也要学电脑打字，好帮忙，这几天不要上学了，帮几天忙。"黄德香要求一个星期内打印完，下午6点多，韶关男人又教傅娟怎样装订好打印好的资料。

傅娟回忆道："我当时就知道这是很危险的，会被抓去坐牢的，但当时还以为为全能神尽这个本分，一定会得到神的保护，心存侥幸，不会出事，也不会被抓。另一个重要的原因是我认为尽这个本分是一种荣耀，可以从神那里得到更多的好处，很担心被别的弟兄姐妹抢走，带领告诉我尽这个本分，不要告诉母亲和妹妹，因此，我连母亲、妹妹都没有告诉，甚至推掉一个工作机会，认真去完成带领要求的在 2012 年 12 月 22 日前印完 4 万张 A4 纸，因此触犯了法律，被公安机关逮捕。"

以案说法

《最高人民法院最高人民检察院关于办理组织和利用邪教组织犯罪案件具体应用法律若干问题的解释（二）》（法释〔2001〕19 号）第一条规定：制作、传播邪教宣传品，宣扬邪教，破坏法律、行政法规实施，具有下列情形之一的，依照刑法第三百条第一款的规定，以组织、利用邪教组织破坏法律实施罪定罪处罚：（一）制作、传播邪教传单、图片、标语、报纸 300 份以上，书刊 100 册以上，光盘 100 张以上，录音、录像带 100 盒以上的；（二）制作、传播宣扬邪教的 DVD、CVD、CD 母盘的；（三）利用互联网制作、传播邪教组织信息的；（四）在公共场所悬挂横幅、条幅，或者以书写、喷涂标语等方式宣扬邪教，造成严重社会影响的；（五）因制作、传播邪教宣传品受过刑事处罚或者行政处罚又制作、传播的。

一个原本好端端的家庭就这样被全能神破坏了，女儿苏柔在 2013 年 3 月离家出走，两年多杳无音讯。在社会各界的帮助和教育下，傅娟终于认识到全能神的邪恶面目。想到女儿，傅娟心如刀绞，悔不该当初轻信全能神，悔不该如此轻易就放弃做母亲的责任！

后来丈夫说已经有女儿的消息了，傅娟觉得日子又有了盼头。生活哪来那么多的轰轰烈烈，哪来那么多天上掉馅饼的事。

花样年华　漫漫邪路

“在你心里，你觉得是父母好，还是神好？”帮教人员问陈茜。

“我觉得神好！”陈茜回答。

父母在一旁听到陈茜这番回答，泪流满面，已经年近古稀的他们不明白女儿到底怎么了。

2009年8月初，沿海城市湛江连续下了好几天的雨，太阳好不容易从云的缝隙中倾射出光线，湿漉漉的草地反射出绿盈盈的光晕，雨后的海风中带着海洋特有的气息，令人惬意。陈茜穿着一件粉色的长裙，海风带起裙摆，显得十分飘逸。她一边在滨江路上享受着海风的吹拂，一边在等待着男友小鹏过来接她。

陈茜是家里的长女，有一个弟弟和一个妹妹，母亲经营着一家百货店，父亲在广西投资了上千万元办厂，家境殷实。她从小就乖巧听话，虽然是长女，父母却把她当小公主养着，就连她大学毕业，都舍不得让她出去工作，怕她受苦。可是，陈茜不想像小鸡一样永远躲在父母的臂弯里，她想独自到外面闯一闯。父母拗不过，只能作罢。如今，她在湛江一家知名日用品公司做业务员，每个周末下班都和小鹏约会，两个人交往了半年，双方父母都很满意，就盼着他们早日结婚了。

陶醉在爱情里的女人像一朵娇艳的花，自然而然地散发出迷人的光彩。小鹏开着他的深红色轿车过来了，远远看见陈茜的身影，按了一声喇叭，陈茜轻快地上了车，两人很快就融入熙熙攘攘的车流中。

夜晚，这对小情侣手拉着手在雪白的沙滩上光着脚丫慢慢地走着，一边呼吸着清新的空气，一边听着海浪哗哗地拍打着沙滩和礁石的声音，儿女情长，似乎有说不完的话，走不完的路。坠入爱河的他们全心全意地享受着这份醉人的甜蜜，用陈茜妈妈的话来形容，女儿真是“晚上笑着睡觉，早上笑着醒来”，每天都过得很开心。

可是，陈茜没想到，这种幸福的日子有一天被打破了！

交友不慎

陈茜外表甜美，性格单纯，在单位人缘很好。因为在她面前，不需要戴着面具，有什么说什么，想哭就哭，想笑就笑，这份珍贵的率真，令大家都很喜欢她。

纯真善良是陈茜的优点，但碰到一些居心不良的人，优点却可能被人利用。

做业务过程中，陈茜认识了一个在商场当促销员的25岁女孩阿悦，长得高高瘦瘦的，皮肤有点黑，爽朗健谈，能说会道。有空的时候，她时不时会来找陈茜聊天。陈茜工作之余，感觉和阿悦聊天蛮投机。

阿悦会讲一些八卦离奇的故事给她听，甚至会说一些神神鬼鬼的故事，据说都是发生在阿悦的亲人和朋友身上的真实故事，有人物、时间、地点，讲得生动逼真，再加上阿悦那夸张的表情和肢体动作，让人听着仿佛身临其境。陈茜曾经也怀疑，阿悦的身边怎么会有这么多离奇古怪的事情？自己身边为什么从来没有发生过呢？但听阿悦描述得就像刚刚发生的一样，听着听着，陈茜慢慢地相信这个世界上真有神鬼。

有一天，陈茜因为没有完成订单任务，被主管批评了，心情不好，一个人坐着发呆。这个时候的陈茜特别需要倾诉心里面的委屈。阿悦像往常一样来找陈茜聊天，聊着聊着，阿悦提到有关信仰方面的话题："人需要有信仰，精神才不会空虚，相信神和敬神才可以得庇佑……"陈茜觉得似乎也有道理。

由于对阿悦的信任度越来越高，陈茜渐渐地对她产生了仰慕，觉得她懂得这个世界的很多"秘密"。"天窗"被打开了。

2009年11月18日，阿悦跟陈茜说她想去信耶稣的朋友家做客，听听朋友的传道，让陈茜陪她一起去，当是去玩玩，交个朋友。陈茜不假思索就答应了。

陈茜在阿悦的带领下，坐了约25分钟的公交车，再走了约15分钟七弯八拐的小巷，来到了一处破旧的出租屋。出租屋里有两个女人，个子都不高，一个大概30多岁，一个还戴着眼镜，看到阿悦领了人来，立马忙着端茶倒水，非常热情。

寒暄几句之后，她们就开始和陈茜讲一些事例，证明神的存在，并拿出一些图片和书籍，说耶稣的"恩典时代"和"律法时代"已经结束了，全能神是耶稣的再生，是造物主，是“第二次道成肉身”来拯救人类，人类只有在神的庇护下才能确保无恙，信神不但可以拯救自己，还可以造福人类，最终可以进入神的“国度时代”。她们还让陈茜看了《诺亚方舟》，让她相信“玛雅预言”是真的，世界末日即将在2012年12月21日来临，只有神才能在世界末日来临时让信徒得到救赎，并简单讲了神的“三步作工”等等。

听了这番介绍，陈茜想起了刚刚热映的好莱坞电影《2012》，单纯而又从小被过度保护的她，突然产生一种恐惧感，感觉这一切可能真的会发生，自然而然地对全能神产生了一种敬畏。她同时也担心假如2012年世界末日来临了，自己怎样才能躲过这场淘汰人类的大灾难？似乎只有骤然强大起来，才能获得安全感。而除了信全能神，恐怕也别无他法了。

临走的时候，她们送给陈茜几本书——《神的三步作工》《羔羊展开的书卷》，并一再强调这是一个千载难逢的机会，她一定要好好珍惜，要多抽一些时间和她们交流才能理解更深刻。

陈茜回来后把这些书翻开看，被里面的内容吸引住了，其中对“如何脱去败坏性情”的内容尤为感兴趣，这个吻合了她单纯善良的性格，她不喜欢社会上尔虞我诈的现象，她感觉阿悦和另外两个姐姐都很有修养，不像坏人，认为她们就是来给自己传福音的，自己碰到了“贵人”。

自此，陈茜开始了信神的生涯。她丝毫不知道，她的人生轨迹从此发生了巨大变化。

深陷泥潭

2010年10月的湛江，夏季风似乎还在留恋着这个美丽的港湾，沙滩上从早到晚挤满了下海游泳的人，远远望去，就像“下饺子”。海天相接的地方，却已乌云密布，天气预报即将有台风，海滩上的广播在一遍又一遍地提醒戏水的人们远离深海区，防止被海浪卷走，而激情澎湃的人们一次又一次越过警戒线，向深水区游去。

陈茜和小鹏也在海边戏着水，她有点心不在焉的样子。今天本来阿悦约她去“聚会交通（聚会交流心得）”，由于阿悦的父亲突然病危，阿悦临时去了医院，陈茜这才不情愿地跟小鹏来到了海边。

或许有些事情的发生早已有警示，只是身在其中的人不觉得罢了。所以人们常说，不知道明天和意外哪个会先降临？

说到阿悦，陈茜心里不禁有点纳闷。不是说信神还可以保平安吗？听阿悦说她父亲也信神，为什么会突然病危？难道是因为她父亲背叛了神，神抛弃了她父亲？嗯！应该是这样的，你凡人不信神爱神，神为什么要保护你啊？陈茜很快就找到了阿悦父亲病危的“原因”，更加坚定了信神爱神的信念！

很快，陈茜在阿悦的带领下，参加了大约 1 年多时间的“聚会交通”。阿悦认为陈茜的“异象根基”（信神的基础）已经打好了，已经铁板钉钉可以为神作工了，就把陈茜从“新人组”（刚加入教会的新人）转到“老人组”（加入教会时间较长的人），开始浇灌（灌输）实行部分的“神话”。

陈茜所在的“老人组”组长叫梅姨，50 多岁，人长得有点瘦，个子不高。据说信神的主要原因是她以前有严重的妇科病，一直医治无效，信神后就痊愈了。陈茜对她很敬重。

进入了“老人组”，意味着陈茜已经进入了信神的更高阶段，这个时候在教会里“吃喝神话”的内容更加广泛，而神的要求也更高了，开始要求陈茜为神奉献，尽本分。

有一次公司发了 2000 块钱的奖金给陈茜。她考虑到要留 1000 块钱给男朋友买生日礼物，没有全款献出，只“奉献”了 1000 块钱，这件事竟然被人知道了。

因为这件事，梅姨在聚会的时候说：“想要神带领进入‘国度时代’，就要义无反顾地相信神、拥护神。世界快要毁灭了，有的人还没有彻底醒悟，还没有从凡人的爱情、亲情、友情这些俗套里挣脱开来，这是很要命的，我们信神就要有力出力，有钱出钱，才能得到神的救赎。”这些话，好像是说给陈茜听的。

后来听说梅姨早已将自己唯一的老房子卖了，全部“奉献”给了神，陈茜陷入深深的自责中，和梅姨相比，自己信神的“诚意”和“决心”显得太微不足道。之后，每个月发了工资，陈茜都主动上交“奉献款”。

结婚

2012 年 1 月，由于陈茜有文化，悟性好，很快从“老人组”的组员升为小组长，接了梅姨的班。

当了小领导，陈茜竟然有了一种莫名的成就感。每天下班就按照教会的安排召集大家“吃喝神话”。同时，为了拉人入教，有时要讲谎话骗人，比如教会的人数，有时得虚编名单。撒谎可不是陈茜的强项，可是，又有什么办法呢？为了更好地传福音，只能违心这样做。

不仅如此，陈茜还有一件更烦恼的事，就是父母老催她快点结婚，说老大不小了，可以谈婚论嫁了。小鹏的父母也是这个意思，小鹏也透露了想结婚的念头。问题是双方父母不知道自己信神的事，小鹏虽然知道，但他也不信神。最大的问题是：神说要进入“国度时代”，就必须要摆脱一切凡人杂念，只有信神的人才是家人，才不会被“毁灭”。自己如果跟小鹏结婚，小鹏不信神，自己就违反了神的嘱咐，进不了神的“国度时代”，还会害小鹏被“毁灭”。想起这个，陈茜很矛盾，心里直哆嗦。

她很爱小鹏，她不想看着小鹏被“毁灭”。

想了很久，陈茜决定向小鹏提出这个问题，商量解决的办法。

周末，他们又一起到海边散步。黄昏的大海很美，一轮巨大的红太阳静静地挂在海天相接的地方，悄悄地染红了漫天的云朵，连大海也变成了橘红色，像一幅美丽的油画。幻想和现实在这里没有太多的分界，只有当往返的渔船发出哒哒的马达声，才把人从幻想的画面中拉回来。

漫步在柔软的沙滩上，陈茜没心思欣赏美景，低着头缓缓地走着，脑里快速地思考着该如何和小鹏谈，怎么谈。

“大海真美！我们似乎很久没有来海边了。”小鹏忍不住打破沉寂，将陈茜的小手轻轻一拉。

“我爸妈催我结婚，你怎么想啊？”陈茜决定单刀直入，先看看小鹏的态度。

“我当然想和你在一起了，能和你结婚是我梦寐以求的事情。”

“可是……”

“可是什么？你不愿意吗？”小鹏停下脚步，盯着陈茜的眼睛焦急地问，他看陈茜欲言又止，显得有点急躁。

“不是不愿意，你知道我在信神，而你又不信神，我们有分歧。”

“这算什么事？我们不能因为这个问题就分开吧？你如果真的很喜欢做这件事，我是不会反对的。”

“那你会和我一起去相信神吗？全能神可以……”

“好了，我明白你的意思，你如果真的很想，我会尝试着去了解。”小鹏妥协了，因为他太爱她了，面对心爱的女人，怎么能够因为信神这个问题放弃呢？他只有去接纳她的全部。

“哇！那就太好了，小鹏万岁！”陈茜的顾虑全部打消了，开心得无法自制，忍不住跳起来狠狠地在小鹏的脸上亲了一口。在她的计划里，最好的结局就是能说服小鹏和自己一起信神，那么以后就可以一起进入神的“国度时代”。

2012年2月22日，他们结婚了，这日子是陈茜特地选的，里面有4个2，意思是：就算到死（4），两个人（2）都永远在一起，至死不渝。

婚后，小鹏也会像模像样地捧起陈茜拿给他看的全能神书籍。无奈的是，他一点兴趣都没有，一捧起书就想打瞌睡。只要陈茜给他传福音，他就开小差。他觉得全能神那些所谓的信仰根本就是骗人的，哪有什么世界末日？哪有什么神佛鬼魔？面对妻子的着迷，小鹏只好敷衍着和陈茜去参加了几次“聚会交通”，就再也不想去了，总推托说生意忙，走不开。

实际上，这对小夫妻没有过上多久的舒心日子。由于“信仰”的差距，陈茜明显对小鹏的感情淡了，开始认为小鹏当初答应信神是敷衍她的，心里不自觉地感到失落；而小鹏对妻子总是不着家，像疯了一样的信神行径也开始颇有怨言。

离婚

2012年的清明节，蒙蒙细雨蕴含着勃勃生机，也映照着人们的忧伤心境，为逝去的亲人捎去问候与安详。

陈茜和小鹏随着公公婆婆一起去踏青，清明祭拜祖先这样的仪式在湛江的风俗里显得特别隆重，老一辈的人特别看重清明节，祖祖辈辈流传下来这个祭拜仪式是“孝心”的表达，特别是新进门的媳妇，必须拜祭男方的祖先。

对神虔诚的陈茜本来不愿意一起参加拜祭，可经不住小鹏的软磨硬泡，最后还是勉强答应了。

可是，小鹏想不到接下来发生的一幕竟然让他目瞪口呆。

“小茜，我的新媳妇，快过来给祖爷爷磕个头！”婆婆对陈茜说。

“我不会，我不拜。”

“不会我来教你，很容易学的。”婆婆有点不太高兴。

“我不，信神的人不给死人磕头的！”陈茜站在那里纹丝不动。

一时间，大家都僵在那里，不知道该说什么。小鹏不做声，他知道就算自己开口，也改变不了陈茜的决定。

纸包不住火，陈茜的父母知道了她信神的事，坚决反对并对她清明节不给老祖宗下跪的行为非常生气。平时宠爱她的父母居然也说她大逆不道！好像突然之间所有的亲人都变成了敌人，反对陈茜的阵营渐渐壮大，这是她完全没想到的。

陈茜想不明白，神是来拯救人类世界的，这个“信仰”是多么美好的事情，为什么所有人都不“开窍”？难道他们不知道世界末日就快来临？难道他们都不想将来过上神的“国度生活”？为什么自己的一片好心都得不到理解？

自从清明节事件发生之后，公公婆婆对陈茜的态度变了。他们觉得陈茜变得越来越不正常，也不知道她经常跟什么人鬼鬼祟祟在一起，说些不着边际的“神话”。他们就劝小鹏跟陈茜摊牌：“要不陈茜就回心转意，别再信神了，尽快生个大胖小子，要不干脆就离婚。”

面对种种现实压力，陈茜陷入痛苦的旋涡中！

有一天晚上，陈茜做了一个噩梦，她梦见自己嫁给了一个魔鬼，魔鬼新郎穿着一身笔挺的西装，胸口别着一朵血红色的鲜花，新郎瞪着灯泡般大的眼珠，眼珠凸得都快掉出来了，还斜咧着嘴巴对着自己直笑，笑的时候张着尖牙利齿，恶心的唾液混着黑色的脓血从牙缝里流出来，恐怖至极。就连满座庆祝婚礼的宾朋也全部都是魔鬼，张牙舞爪，俨然就是一场魔鬼的盛宴。只有她穿着洁白的婚纱，就像一只待宰的羔羊。就在魔鬼新郎张着狰狞的面孔要亲吻她的时候，陈茜一下子吓醒来，发现自己全身冷汗，连睡衣也湿透了。

一个本来反映陈茜内心焦虑的梦，却被她解读成自己不能纠缠在“魔鬼撒旦”的周围，认为这个梦是神的点化。按照全能神的教义，不相信自己、反对自己的亲人，都是“魔鬼撒旦”的化身，只是他们不知道而已。

陈茜开始对小鹏产生了一种莫名的距离感。

2012年12月21日，传说中的世界末日没有到来，小鹏说陈茜信的神是假的。陈茜心里也有些犯嘀咕，但仍然辩解说：“这个日子只是‘玛雅预言’，在‘末法时期’肯定是要淘汰一部分人的，现在地震灾害那么多，不就是对人类的警告吗?”

单纯乖巧的陈茜开始变得固执，甚至不可理喻！

有一次，小鹏回家看到陈茜脸色苍白，就用手背轻触陈茜的额头，并关心地问：“怎么啦？哪里不舒服吗?”

在肌肤触碰的一刹那，陈茜突然愣住了，盯着小鹏：“别碰我！”

陈茜对自己的变化丝毫没有察觉，然而，小鹏看到深爱的妻子变成这样，心如刀绞。

为了更好地信神，坚定自己内心信神的信念，不受家里任何人的影响，陈茜搬了出来，独自住在一个小出租屋里。夫妻关系开始恶化。

迫于父母的压力，小鹏多次去陈茜的出租屋，劝她回家，努力想挽回这段感情。但看到妻子继续我行我素，毫不动容，他内心极度悲伤失望，当着陈茜的面撕烂了他们的婚纱照，无奈之下提出离婚。

陈茜听后只有冷笑，奇怪的是她听到离婚的字眼居然异常冷静，像是一种“水到渠成”的感觉。在她看来，虽然自己曾经深爱过这个男人，但现在自己是神的跟随者，与“魔鬼撒旦”决裂是必然的事情。

离婚，既然是早晚的事，那就来吧！

2013 年 1 月 22 日，陈茜显得十分冷静地办完离婚手续，小鹏抱着她哭了。其实陈茜表面的平静也掩饰不了她内心的悲痛，只是为了没有人阻挡她在信神的道路上继续前行，她选择放弃婚姻、放弃这个爱她的男人。

做法事

离婚——这个词在上一辈人的眼里是不光彩的事情，何况是把陈茜视为掌上明珠的父母，更是接受不了这样的事实。他们内心的骄傲被击得粉碎，怎么也想不到从小乖巧听话的陈茜会离婚，小鹏这个女婿是百里挑一的好男人，不仅家境好，人品也优秀，陈茜怎么舍得就这样放弃了？而且听陈茜说“一切是魔鬼撒旦的化身”。女儿到底是怎么了？莫非是中了邪？

由于湛江当地风俗，陈茜的父母听信了朋友的蛊惑，以为女儿反常的行为是“着魔”了，救女心切，居然请巫师来帮陈茜“驱魔”。

陈茜知道了，对着妈妈大吼：“我没问题，请什么巫师？那都是骗人的！”

妈妈也不示弱，答道：“巫师就是骗人的？全能神就不骗人？既然有神，自然就有巫师，不是吗？”

陈茜理直气壮地应道：“神是真的，巫师是假的。”

巫师来的那一天，天空乌云翻滚，下着很大的雨。陈茜一早醒来就忐忑不安，她甚至认为父母请来的巫师就是魔鬼，不知道魔鬼会对她做什么，也不知道神会不会看到她的困境。她不由自主地默念教义，希望神能听到自己的呼唤。

巫师准时来了，神却没有来。

父母按照巫师的指引，让陈茜直挺挺坐在一张凳子上。巫师左手摇着一个铃铛，右手拿着一把“仙草”，嘴巴呢喃着不知道在念着什么，一边跳着像喝醉酒一样的舞步，还让陈茜喝下用法符烧烬的灰勾兑的“仙水”。

那情景，跟电影播放的驱鬼情节一模一样。陈茜平静地等着一项项的法事做完，发现自己没有任何异常的感觉，心里想，父母找这个傻逼二货（巫师）来做法事，纯粹是来骗钱的。

母亲按照巫师的吩咐，在陈茜的枕头下放了一个红色的符咒，为的是驱邪镇魔！

奇怪的是，当天巫师走后，陈茜就莫名其妙地拉肚子，拉得脸都发青了。她突然觉得，这可能是自己刚才配合巫师做法事，对神不敬而得到的惩罚。怎么能对万能的神有丝毫的不敬呢？陈茜说服了自己，更加相信“只有义无反顾地信神敬神”，才能得到解救。

到了第二天，拉肚子越发厉害，连喝开水也拉，身体两天没有养分，全身乏力，连上厕所双脚都站不稳。父母送陈茜上医院，医生的诊断是“急性肠胃炎”。

原来，是巫师的一杯“仙水”惹的祸。过后，陈茜的父母也为这个事情懊恼不已。

亲情转眼形同陌路，驱魔的闹剧加大了两代人之间的鸿沟，陈茜找到了斩断亲情的理由，她开始让自己超然起来。陈茜觉得巫师是假的，神才是真的，自己这次发病，都是魔鬼撒旦引来的，家人引来了魔鬼，家人和魔鬼变成是一伙的了。这一切，和全能神说的一模一样，只要和神的旨意相左，哪怕是至亲的人也是受魔鬼控制的坏人。

离家出走

连最亲爱的爸妈都不相信自己，陈茜痛苦至极，她甚至发现，一家人坐着吃饭都感觉很陌生，就连自己的弟弟妹妹都不如全能神组织里面的兄弟姐妹亲切，如今跟家人没有丝毫的共同语言，连说话的欲望都没有了。

好在陈茜养着一只猫，叫白雪。因为陈茜喜欢白色，而且白雪有一身漂亮的白绒毛，干干净净的，顺着一个方向长着，就像身上披着雪花般的外衣，让人见到禁不住就想去摸一摸，亲一亲。陈茜每次回家，还没有换好拖鞋，白雪就会踩着轻盈的步子，跑到门口来迎接主人，“喵喵”地叫着，向主人示好。

这只猫是陈茜在家里唯一最亲近的生物了。

陈茜在家里除了看全能神的书籍，不想和任何人说话，所谓“道不同，不相为谋”，省得发生冲突。她把自己的心里话都对着白雪说，连自己如何爱神信神和对神的敬仰也跟它说。白雪就像她的至爱。

白雪自然不会反对陈茜信神，只有它才能安静地倾听她传福音，偶尔“喵”一下，算是对陈茜传福音的回应和肯定。

然而，陈茜在家里唯一的知己猫竟然遭遇了不测，让她彻底对这个家失去了希望。

有一天，陈茜回到家，像往常一样挂好背包，换上心爱的粉红色Q版拖鞋，准备等待白雪的迎接。可是，白雪竟然没有出现，也没有“喵喵”的叫声。难道白雪病了？陈茜不由产生一种不祥的预感，她满屋子寻找，几乎翻遍了家里每一个角落，也没有看到白雪的踪影。

“不用找了，你爸爸看你整天回来就知道抱着猫，就把猫送人了。”母亲告诉她。

这个消息就像一个晴天霹雳，一下子击中了陈茜脆弱的心理防线，她就像被一把巨大的铁锤狠狠地砸中了脑袋，嗡嗡作响，无论如何都无法接受白雪被送人的事实。如果说父母不支持自己信神而渐渐疏远，这次，陈茜更加相信家人是阻碍自己信神的魔鬼，一切不信神的人都是坏人，是魔鬼撒旦的化身！

陈茜毅然决定离开这个家！

2013年3月16日，陈茜去公司办完辞职手续，给父母留下一封信，收拾好行李，准备离家出走。

踏出家门的那一刻，陈茜迟疑了一下，想起父母28年的养育之恩，眼泪就在眼圈里打转，心里有一种无法言喻的酸楚。

可是，她想起教义里面说：“追求家庭幸福和事业成功这些都是虚空的，是没有意义的。世界即将毁灭了，凡是不信神的人都不能得救，即使现在拥有家庭、事业，那都是暂时的，最后世界毁灭了，还是一无所有。”她固执地认定想得到救赎，想拯救亲人，想进入美好的“国度时代”，就必须放下情感，一心一意地追随神，信神爱神是唯一的出路。

于是，她用手使劲揪了一下背包，把行李调整到合适肩膀的位置，抹掉眼泪，关上了防盗门。只听“啪”的一声，她和这个家从此隔离了。

被重用

陈茜就这样一个人在出租屋里住了下来，她并不知道父母正在满世界找她，甚至去报了警。

最初的一段时间，陈茜心里偶尔会想父母，也会莫名地想起小鹏，不知道他们过得好不好，但是她忍住不联系。

有一天，陈茜在路边看到前夫小鹏正拖着疲倦的身躯走进医院，小鹏怎么了？生病了吗？什么病呢？严不严重呢？

陈茜在医院门口转悠了一会儿，很想跟进去当面问问小鹏，可是最终还是放弃了这个想法。她觉得刚才这一幕是神在考验她，而且不能让小鹏发现自己还留在湛江，不然，父母肯定会找到她。她心里想，好不容易离家可以全身心为神尽本分了，一切的努力不能枉费。

就这样，陈茜和家人彻底失联了，在所谓的信仰路上迷失了方向。

陈茜自从辞去工作，有更多的时间尽本分后，很快得到重用，当上了“福音执事”，到处去传福音。大概过了1个月，教会安排陈茜担任“教会带领”，负责湛江地区的教会事务。

2013年6月，陈茜知道父母一定会到处找她，自己留在湛江市区很容易被家人发现，因此向“组织”申请调离湛江。教会指定陈茜专门负责吴川市的教会事务，专心“浇灌新人”。

得到重用的陈茜感到日子很充实，油然而生的满足感替代了离家的失落，她早已不是当初那个天真可爱的陈茜了。

暗无天日

2013 年 7 月，教会突然把陈茜调到了广州。原来，由于政府的严厉打击和限制，全能神将工作重心转向了网络宣传，急需懂电脑和制作视频的人才，陈茜懂得视频制作，于是被抽调到广州专门负责制作视频。

视频制作组的地点在广州越秀区的旧城区，教会租下了一间两居室的旧房子。负责制作视频的有两个小组，其中一个小组负责制作“神话朗诵”和“神话诗歌”视频，另一个组负责制作“经历视频”；陈茜负责带“经历视频”的小组。

视频小组有个姐妹叫阿茹，她和陈茜关系最好，祖籍河南，人长得挺漂亮。由于视频组的兄弟姐妹经常意见不合，时常会产生冲突，陈茜作为小组长有点吃力，幸好阿茹比较理解她。阿茹原来一直信基督教，2013 年信全能神后把服装档口卖掉了，并将财产悉数奉献给教会，丈夫无法接受，便同阿茹离了婚。陈茜对阿茹有一种同病相怜的感觉，因此两个人走得比较近。

陈茜每天的“工作”时间很长，早上 7 点起床，要一直忙到深夜 12 点，中间除了吃饭和上厕所的时间，基本都是坐在电脑前面，有时还要加班到凌晨 2 点。高强度的工作量，让陈茜身体有点吃不消，脸色苍白。

难以想象的是，在视频制作组一年多时间里，陈茜一共只出门 5 次（一次去打电话，两次去商场买卫生巾，还有两次是因为要接视频组的“新人”）。不仅陈茜如此，阿茹是如此，整个视频组都是如此。而且大家没有工资收入，所有的衣食住行由全能神组织包办，不允许带通信工具，与外界没有任何联系，就像被软禁一样，过着一种常人看起来暗无天日的日子。

然而，这种行尸走肉的生活，他们浑然不觉，继续充当邪教的傀儡！

父亲报警

2014 年 10 月，迫于国内打击邪教组织越来越严厉，教会通知有技术的人员可以考虑自费出国为神尽本分。于是，陈茜准备回家拿身份证办理出国签证，还打算跟父亲要2万块钱交保证金。

这时候，陈茜已经离家一年半了。父母整整找了她一年半的时间，每天以泪洗脸，天天盼着陈茜早日回来，只要家里电话一响，他们心里最期待的是能够有女儿的消息。

2014年11月5日，家里电话铃响了，陈茜的父亲拿起电话。

“爸，我回来了。”是陈茜的声音。

“小茜，你在哪儿？这一年半你去哪里了？”父亲哽咽地说道。

“我快到家了。”

“回来就好，回来就好。”

挂断电话，陈茜的父母坐在客厅的沙发上泪流满面，失踪一年半的女儿终于要回来了，回想起陈茜以前的乖巧听话，怎么也想不到她会失踪。父亲甚至自责当初把白雪送人，不然女儿不会这样不辞而别。这一年半，父母每周都去派出所询问有没有陈茜的消息，每天都在担惊受怕中度过，生怕陈茜遭遇不测，现在突然接到女儿的电话说要回来了，他们能不百感交集吗？

门铃响了，母亲连忙去开门。

“小茜，我的女儿，你可回来了。”母亲抱着陈茜哭泣着说。陈茜看到父母好像白发多了几根，内心也难受，但是她定了定神，对父亲说：“爸，给我2万块钱，我要出国。”父母愣住了，他们怎么也没有想到女儿这次回来的目的是跟他们要钱出国。

“这样吧，先在家里吃中午饭，爸爸要去银行取钱，身上没有那么多现金。”父亲开口说。

陈茜点头答应了，她不知道父亲对她撒了一个善意的谎言，目的是拖延时间，想通过报警来拴住女儿，怕再错过这次机会，将永远失去这个女儿了，父亲不得已做出了这样的决定。

公安到了，把陈茜带到了社区帮教处，陈茜的行踪虽然被控制了，无法办理出国，但她面对社区帮教人员，依然执迷不悟。

“在你心里，你觉得是父母好，还是神好?”帮教人员问陈茜。

“我觉得神好!”陈茜回答。

父母在一旁听到陈茜这番回答，泪流满面，已经年近古稀的他们不明白女儿到底怎么了，不明白女儿所要的生活是什么样的，不明白为什么幸福的现实生活打动不了女儿的心，不明白女儿为了所谓的信仰为何要付出这么大的代价，牺牲了婚姻，牺牲了亲情!作为父母错在哪里了?

陈茜的父亲对帮教人员说：“小茜一直是我们的骄傲，从小到大，从来没有打骂过她，她原来很乖，很单纯，是全能神把她变成今天这样，我只希望有关部门可以帮我劝劝她，我不想永远失去这个女儿。”

花样年华的陈茜，因为单纯走错了一步，沦为邪教组织的精神囚奴，也给她的人生划下了重重的一道疤痕，造成无法挽回的损失。

陈茜能够迷途知返吗?

拓展

邪教不仅对信徒进行经济剥削、思想控制，还破坏法律、对抗社会，对人类最基本的情感生活进行毁灭性的冲击。人类最核心的情感是亲情，可是邪教教主及其核心成员为了个人私利，通过思想控制手段，否定并摧毁其信众心中最核心的情感纽带，只允许信徒对邪教教主和邪教组织有正面情感，导致种种的个人、家庭和社会悲剧。反过来看，消灭了正常的亲情关系，将情感需求转移到邪教教主和邪教组织，就成为邪教控制其信徒的有力途径。

我为全能神收取 3000 万元奉献金的日子

小河带着一个 50 岁左右，中等身材的上海阿姨一起过来，两人走进我们的房间，四处张望了一下，谨慎地关上门窗。忽然间，两人都掀开衣服，从身上解下腰带，掏出数叠钱放到床上，说："点数吧，这里总共 10 万元港币，你们俩各点 5 万元装起来。"

“咔嚓咔嚓，呜——呜——”火车疾驰而过，这个声音如噩梦般缠绕着我。2005年至2008年这4年间，我乘坐一列列普通火车辗转全国各地，为全能神组织收取奉献款达3000万元。那4年，我抛弃家庭，放弃工作，过着非人的生活。不堪回首，一幕幕往事涌上心头。

“信神可以得福报”

蓝蓝的天空下矗立着连绵不断的群山，虽然经历了风风雨雨，但依然那么苍翠，半山处分布着大大小小数个水库，山脚下有一排被果树环绕着的村落，一切都是那么让人舒心。

我叫谭小霞，出生在广东佛山的一个小村庄，这里山清水秀，民风淳朴，造就了我们一家的朴实。家里5个兄弟姐妹，关系非常融洽。我自小不爱读书，小学毕业后在家务农。1992年，我在南海织布厂打工时结识了卢辉，经历相似的我们很快坠入爱河，1993年10月便在他的老家广西平南县领取了结婚证。可是，婚后的柴米油盐很快将我拉回现实世界，夫家经济条件很差，连像样的住房都没有，丈夫没有固定工作，还嗜赌如命，欠下一身赌债。面对家庭困境，原本开朗的我渐渐变得烦躁、郁闷，时常一个人傻傻地坐着发呆，幻想着命运的改变。

1999年2月，为了生活，我忍痛将5岁的女儿和3岁的儿子留给婆婆照顾，独自去了附近的织布厂打工挣钱。6月的一天，工友桂连见我忧愁满面，主动关心我，劝我信耶稣。她说耶稣能赐人平安喜乐，一人信后全家得福，只要追随神就能得福报，死后可以上天堂。我听后心里一亮，这正合我意呀！于是，我每个月参加他们的家庭聚会，开始接受了所谓的耶稣，将自己和家人的命运寄托在耶稣身上。因为有了精神寄托，家庭的烦心事也渐渐放下，心情有所好转。

“不信神就会在灾难中被毁灭！”

2003年大年初一，我带着女儿去镇上逛街，中午时分，碰到之前聚会时认识的彩姐，她非常热情地邀请我去她家聊天。

“大年初六那天有查经聚会，你也来参加吧。”彩姐说。

“查经是什么？”我很不解。

“查经就是查考《圣经》。”

“是吗？可是我对《圣经》不太熟，听说要一定级别才能参加的。”

“这次不同了，只要愿意都可以参加，认识多一点对你有好处，而且是张老师来讲课，1年只有1次，机会非常难得，错过了就难遇上了。”彩姐露出神秘的笑容。

听她这么一说，我心想，这么好的事情一定不能错过。正月初六那天，我早早出门来到彩姐家，她示意我上二楼的房间。一进门，男男女女有12人左右，我都不认识，于是我随便找个位置坐下。过了一会，张老师叫大家打开手上的《圣经》，然后在黑板上笔画着，还不时问一句：“听明白了吗？有没有什么问题？”差不多结束时，他又问：“神是男的还是女的？”

“男的。”我们异口同声地回答。

“不对，神是灵，既可以是男的，也可以是女的，神本身是没有性别之分的。现在，神已经道成肉身成为一名女性降临在中国，称为女基督，又叫全能神，不再叫耶稣了。而且，这次是神最后的作工，很快就会结束，只有接受全能神最后一步新作工的人才能度过灾难，得神保佑，凡是不信神的人都会随着灾难的到来被毁灭在地狱的火湖中永远受苦。”

“全能神就是耶稣吗？”大家都很惊讶，“那我们以后就不用耶稣的名祷告了，而直接用全能神或者神的名祷告就成了吗？”

“是的，不过你们还没有看书，所以先不要乱传，但是记住，千万不能出卖神，否则就会落得犹大一样的下场，肚子崩裂而死。”讲完这些，张老师便被人叫走了。

彩姐和阿英对我们说：“张老师很忙，因为现在还没有书，你们先留下可以联系得上的地址和电话，到时候会有人找你们的。”大家纷纷留下地址，我也留下了年后将去佛山打工的一制衣厂地址，饭后我们便各自回家了。

一路上，张老师的话一直困扰着我，我既高兴又害怕，心中有些不安和疑惑。可是，“不信神的人都会随着灾难的到来被毁灭”这话让我不敢怀疑。

“辞工尽本分才能满足神”

2003年4月，我已回到佛山的制衣厂打工，有一天突然听见广播说门口有人找我。出去一看，原来是阿英。她拿了本《羔羊展开的书卷》给我，说是神的说话，现在《圣经》已经过时了，多看“神话”才是真理道路。

五一假期，阿英带我到了南海西樵的一间瓦房里，进门时已有3个妇女在房间等候。互相打过招呼后，阿英说：“今天我们接受神的新作工不像信耶稣那时候是公开的，现在全能神还未公开，那些不信神、不明神的人会阻拦我们，这样会影响我们信神，所以我们都要在神的面前祷告，保证做到不出卖神家，如果做不到就是背叛了神，就让神诅咒自己出门被车撞死!”

“保证做到不出卖神家，如果做不到就是背叛了神，就让神诅咒自己出门被车撞死!”我们照着阿英说的发誓。这句誓言像紧箍咒在我头顶一样，生怕自己做不好，不能蒙神拯救。此后，阿英每个月两次来宿舍给我浇灌。

9月的一天，阿英在平时经常见面的小档口等我，见面后急切地和我说：“神的作工快结束了，灾难来了后，有粮吃不到，有钱用不上，所以我们要预备善行、尽本分，才能满足神的心意，被神成全，脱离灾难进入国度。”我有些不解。阿英又说：“现在很多弟兄姐妹都争先恐后出来尽本分了，你也辞掉这份工作，我带你去找一份时间没那么长的工作，就可以去尽本分满足神了。”我听后非常紧张，如果不去尽本分，神的作工结束后就完蛋了。于是，便很快辞掉了制衣厂的工作。

辞工后，阿英带我到黄岐一个叫阿珍的姐妹那儿，和她一起负责摸底铺路传福音，空闲时做手工挣生活费。可是，事情并不如我想象中那么顺利。直到2005年2月，除了说动我的父母加入了全能神组织外，我们再没有传到别的福音对象。我内心非常焦急，担心未尽好本分，灾难来临时不能得神的拯救。

“好好珍惜特殊本分”

2005年2月下旬的一天，天灰蒙蒙的，下着小雨，寒风呼呼地刮着，树枝跟着嗖嗖作响。由于没有足够保暖的衣服，我一直躲在被窝里。

“咚咚咚！”响起急促的敲门声。

“谁呀？”我把头探出被窝，忍不住直打哆嗦。

“是我。”我听出是阿英的声音，赶紧穿好衣服起身开门。

“告诉你个好消息。”阿英一进来便激动地说，“今天我带你去趟广州，可能有新任务。”

“什么任务？”我兴奋地问。

“去了就知道了。”阿英神秘地笑笑。

那时的我非常渴望能为神尽本分，于是跟着阿英兜兜转转来到广州，完全不顾刺骨的天气。一个叫杨姐的中年妇女问我是否能熬夜，能否出远门，坐车是否会晕车，多长时间回家一次，并且了解我对金钱的看法等等。一番交流后，杨姐点点头表示认可，阿英便把我交给杨姐独自回去了。杨姐安排我在广州白云区一个接待家庭中住下，同屋的还有另一个叫小艳的女孩。

安顿得差不多时，杨姐走进来叫我们：“一起开个会。”示意我和小艳坐下后，杨姐神情严肃地说道：“有一个重要的事情要和你们说。从今天开始，你俩一起为神家尽特殊本分。”我们有些好奇。

杨姐刻意抬高了声调，继续说：“这是神的高抬，这个本分很特别，连教会带领都不知道，所以你们要好好珍惜这个机会，满足神的要求将被神成全。”

谈话间，我们了解到，这个特殊本分是坐火车去收奉献金。那些是弟兄姐妹奉献给神的，不能贪，不能丢，不能跟任何人说。在尽特殊本分前，要写一份保证书，我和小艳按照杨姐所说的，在白纸上写道：神啊！感谢你的高抬，让我尽上特殊本分，我愿忠心满足你，我保证不贪神家的钱财，不挪用，不私自带走，不丢失，如果丢失我愿意赔偿，如果做不到，愿神你诅咒我被车撞死。写完后，我郑重地签上“阿利”（我的化名），交给了杨姐。

辗转7大城市的1000多个日日夜夜

我们的第一站是上海。

印象中的上海是多年前看电影时头脑中的画面，那里高楼耸立，气象繁荣，黄浦江畔不时传来汽笛的鸣响，江这头，一到夜晚，霓虹灯下，来往的观光车、摇曳的灯光箱，尽显上海的小资情调和都市的摩登风情。对于即将开始的上海之行，我充满了期待，既希望能顺利为神尽好特殊本分，也希望有机会能看看上海的模样。

出发前，杨姐千叮咛万嘱咐：“你们上车后一定要小心，在火车上不能说话，特别是带着钱回来时，只允许轮流睡觉，不能让别人看出你们是一起的，这样是为了安全，有什么事不会连累大家，万一被公安人员发现要有‘智慧’，就说这些钱是自己带着做生意的。只要有心不会有事的，要多依靠神，在车上多想神的心意，想自己是为神尽本分，不是去玩的。”

说完，杨姐给了我们两张去上海的火车票，一人一袋食品和日用品，要我跟着有经验的小艳。似乎还是有点不放心的杨姐再三叮嘱我：“小利，你没经验，要跟在小艳后面，记住，回到广州火车站出口，见到我来接时不能打招呼，而是跟着我上公交车，回到接待家庭前要保持警惕，如果接待家庭不安全，会在窗户上挂一个红色的小胶袋或毛巾作为记号，一切确认妥当后才能进门，回到家才能够说话，千万要记住啊。”临走前，杨姐各给了我们一条减肥腰带，上面有个拉链口袋，是用来装钱的。

第二天，我跟着小艳坐火车去上海，20多个小时的车程，无聊而烦闷，几次我想找小艳聊聊天，可是想到杨姐的叮嘱，我这是为神尽本分，就马上打断这个念头，望向窗外。车窗外，一行行的树木从眼前闪过，把我的思绪带回了老家。我时常会想家，想父母，想我那一双儿女，不知他们生活得如何，两个小家伙现在应该长高了不少吧，如果火车直接开到广西，接站的是小家伙们，那我可得乐坏了……想着想着，我忍不住脸上泛出笑容。可是，不行，不行，打住！不能再想了！我不敢再想下去，因为神说不能想家，不然会分心，没尽好本分会对自己及家人不利，半途而废会遭到神的惩罚，将比不信神的人报应更惨烈。我内心充满了恐惧，赶紧闭上眼睛祷告，嘴里轻轻哼一哼歌曲，慢慢平静下来。

除了无从打发的无聊时光，火车上的生活也异常艰苦。20多个小时的路程，我们只有最普通的座位票，几乎无法入睡。每天只吃两餐，每次一包方便面，用自己带的铁饭盒去接开水冲泡。这一日一夜，平日食量不大的我都会觉得饥饿难耐，每每看着别人吃鸡腿、盒饭、各种零食，再低头看看我的铁饭盒，脸上火辣辣的，内心十分酸楚。但是，在火车上我们不被允许买东西吃。一方面火车上的东西贵，我们零花钱很少，每个月仅50块，后来涨了点儿，最多时也只有100块，只够我买牙膏牙刷、毛巾、纸巾、卫生巾等生活必需品，连穿的衣服都是别人奉献的，更别说买零食了；而更重要的一方面是，我们需要经常坐火车，如果买东西，很容易被乘务员记住。

神家说为神作工，不能肤浅地追求表面这些虚无的东西，不应该贪婪地追求物质的享乐，要追求精神的富足。于是，我深吸一口气，坚定信念，把当下的磨炼作为将来进入美好“国度”的铺路。

随着火车呜呜呜的轰鸣声，我们到达了黄浦江畔这个美丽的城市。到站后，来不及欣赏上海的风景，一个约40来岁、胖胖的上海女人小河过来和我们打招呼，带我们坐公交车去到住处。这是一个接待家庭，小两房，房间不大，布置较简陋，家主是一个60多岁的阿姨，负责安排我们的饮食及住宿。饿了一天的我真想大吃一顿，可阿姨是典型的上海人，做菜口味非常甜，且可能经济方面的缘故，基本都是素菜，完全不合我的胃口。寄人篱下的我不敢提出要求，也不好意思加饭，只能忍着，希望时间快点过去。

第二天上午，小河带着一个50岁左右、中等身材的上海阿姨一起过来，两人走进我们的房间，四处张望了一下，谨慎地关上门窗。忽然间，两人都掀开衣服，从身上解下腰带，掏出数叠钱放到床上，说："点数吧，这里总共10万元港币，你们俩各点5万元装起来。"小艳动作利索，很快开始点数。我有点惊讶，从小到大都没有一次性见过这么多钱，抖抖索索地数了起来。我们花了半个多钟头才数完，然后各自装入当初杨姐给我们的腰带中。在小艳的指导下，我给小河写了一张收条：今批货10件衣服。交：小河、阿姨；收：小艳、小利。一式两份，她们拿了一张，另一张我和小艳带回去给杨姐。办完这事，小河立马给了我们两张回广州的火车票和几包方便面。在接待阿姨家吃过早饭后，我们便跟着小河匆匆去了火车站。

煎熬了20多个小时，回到广州火车站的出站口，我果然看见了杨姐和小曼在等我们，可是不能打招呼。互相看了一眼后，我们跟着杨姐默默地上了公交车，一前一后回到接待阿姨家。一入家门，杨姐迅速将我们带入房间并把门关上，问道："怎样？一路上有没有发生什么特别的事？小利，坐车习不习惯？""没什么特别的，还好，慢慢能够习惯。"我答道。接着，我和小艳将腰带解下，给杨姐和小曼点数。杨姐和小曼分别清点5万元后，同样用减肥腰带装好捆在腰间。随后，写了一张收条：今收到衣服10件。收：杨姐、小曼；交：小艳、小利。收条让小艳收好，下周再去上海时交给小河。临走前，杨姐叮嘱我们好好休息，以后每周都要去。

从那时开始，我和小艳每周去一次上海收取"奉献金"，每次10万元，前5周收的是港币，第6周以后就都是人民币了。那年7月，杨姐突然过来说："快收拾东西，这里不安全了，我帮你们找了新住处，赶紧搬走。"我紧张慌乱地把东西往麻布袋里一塞，急匆匆地跟着杨姐辗转去到佛山另一个接待家庭。看我一脸狼狈，杨姐又好笑又好气，她严肃地对我说："尽这个特殊本分，需要有责任，不要怕辛苦。神今天是要成全你的信心，只要注意安全，就不会出事的。"说完便离开了，而和我配搭的人也换成了一个灵名叫阿进的年轻女子，依然是每周去一次上海，依然是那样的流程，依然是每次10万元。整整1年，我们往返广州和上海50多趟，传递的奉献金达500余万元，这对于家庭贫困的我无异于天文数字，但是我不能有任何私念，因为这是神交给我们的特殊本分，我要好好珍惜。

2006年2月，杨姐和小曼来到我们的住处，给了我们两张去济南的火车票和几包方便面，说："这次你们去的是济南，和对方接头时手上拿一本杂志，对方手上拿一张报纸，会在出站口的左手边等你们，我已经跟对方说了你们的特征，对方是一个不到30岁、瘦瘦高高的姐妹，叫小白。"我们点头表示明白，杨姐接着说："你们见面后问对方，是谁叫你来接的，如果对方说是杨姐，那就是接对了。"说完这番话，杨姐和小曼就离开了。

我们按计划坐火车到达济南。一眼望去，车站广场大气壮观，由于刚刚过完春节，返程的人群拥挤不堪。按照杨姐所说，下火车后，我和阿进分别拿着一本杂志走出火车站，在密密麻麻的人群中寻找那个拿报纸的女子。终于，我们发现出站口左手边有个高高瘦瘦的年轻女子手拿一张报纸，同样在四处张望。看到我们后，她过来打招呼，我们问："是谁叫你来接的，""杨姐。"年轻女子回答。确认接上头后，她告诉我们她叫小白，并带我们去到郊区一座宿舍楼，安排我们进了三楼的一个房间休息。

晚上，小白带着一个叫小陈的妇女进来我们房间，关上门后解下腰间的减肥腰带，我和阿进各点5万元捆在腰间，写了收条：今批货衣服10件。交：小白、小陈；收：小利、阿进。第二天，我们拿着小白给我们的火车票起程回广州，一路上装作互不认识，并且只能轮流睡觉，共同守护着腰间奉献给神的巨款，不敢有一丝一毫的松懈，确保安全抵达广州。

2006年7月，我们开始去石家庄……

2006年10月，我们开始去杭州……

2007年2月，我们开始去合肥……

2007年7月，我们开始去郑州……

2008年2月，我们开始去重庆……

其间，除了2008年5月中旬至6月中旬，因汶川大地震的影响停止了1个月，其他时间都是用同样的流程和方式，每周1次往返各地收取奉献款。接头的暗号会不时地有所改变，不能每次手上都拿本书，有时会换成一片树叶之类的信号物。当然，也遇上过找不到人的情况，这时杨姐会告诉我们对方的电话，电话号码只能俩人记住，不能写下来，联络上接头的人之后便忘记了。3年间，每次出门我都提心吊胆，高度紧张，既怕出了差错要自己赔偿，又怕写了保证书做不好会遭报应。3年间，每周乘坐火车往返各地之间，算一算，经我手的现金达2000万元以上，这些都是弟兄姐妹们奉献给神的。我曾问过杨姐，这么多钱最终会被送到哪里。杨姐立刻变了脸色，说："不要打听钱的去向，这些都是神的旨意！"我便不再问了。

这间普通的房子是奉献款存放点

2008年8月底，杨姐通知我收拾好东西搬到另一个叫小丁的接待家庭，上面有新的安排。小丁家在广州市白云区的一个小区里，房子在小区幼儿园楼上，布置简洁，住着小丁、小丁的老婆，还有他80多岁的老母亲。小丁全家人都信全能神，是最好的接待家庭。我和杨姐被安排和老奶奶住一间房。在后来尽本分的过程中我得知，原来这间普通得不能再普通的房子竟然是全能神奉献款的存放点！

整个9月，我和刘姐（即杨姐，她改了灵名为"刘叶"，我们叫她"刘姐"）先后数次用此前同样的方式从广州另外几个接待家庭中收取奉献金存回小丁家。

"天亮了，天亮了，快点起床啦！"那是10月下旬的一天，天刚蒙蒙亮，秋风习习，我睡得正香时被刘姐叫醒。"今天我们早点出门去收奉献款。"在刘姐的催促下，我随意收拾了一下，想着和往常一样搭乘公交车过去即可，匆匆跟着刘姐出门。

一下楼，见到门口停着一辆粤A车牌的白色小车，似乎在等我们。司机是一个40多岁、个子很高大的男人，刘姐很默契地冲司机点点头。我有点喜出望外，今天居然有专车坐，不用挤公交车了。可是，又有点纳闷，凭直觉今天收奉献款的过程会有些不同。我问刘姐："今天怎么有专车呢？"刘姐神情严肃地望着我说："今天我们要去高速路口接收外地送到广州的奉献金，等会下车后，你注意观察周边环境，走路要大方点，表情要淡定，千万不能让人看出我们拿着的是钱。"

一路上，我如坐针毡，连呼出来的气都充满了紧张的气息。等会儿到底是什么情景呢？会不会有人来抢？会不会有人来抓我们？还没等我回过神来，车已经到达了广园高速公路出口，一辆外省车牌的小轿车开到我们的车旁边停下来，车上下来两男两女。我跟在刘姐后面下了车，他们和刘姐简单几句交流后，就从车上拿出一个环保纸袋。我瞥了一眼，里面放着一些衣物。“很普通呀。”我心里嘀咕着。刘姐示意我提着，我故作镇定地提上了车。大家分别离开。

回到小丁家，小丁拿出验钞机逐一清点现金，接着，拿了一张三联收据递给我们签名。“今收到50斤茶叶。”收据上写着。我心里一震，天哪！原来今天我提回来的那袋衣服中藏有50万现金！难怪感觉比以前每次5万元的沉那么多！我、刘姐、小丁3人分别在三联收据上签名，刘姐是交款人，小丁是收款人，我是证明人。

接下来的几个月，我们陆陆续续以这种方式收取从全国各地送到广州的奉献金，10月、11月、12月是高峰期，每周有两到三次，每次30万至50万元不等，都是广东以外的车牌，有皖、湘、鄂、豫等。

广州渐渐转冷，我们收的奉献金也在慢慢减少。年底的一天，刘姐交代我拿出账本把在我接手之前的账目重新抄写整理一下。我看到在我之前的记账人是小曼，小曼之前还有另一个不太清楚的名字。所有奉献金都是有进有出，出数人一般是小丁。这个我知道，每次小丁出数时都会交个纸条给我记账，每次出货也都有专车前来接送。细细统计了一下，从2005年至2008年底，经过我手的奉献款已经超过3000万元！

家庭的呼唤

4年间，我曾经无数次想回家探望父母和公公婆婆，每逢节日，更是我最难熬的日子。我非常挂念家中老人及一双年幼的儿女，常常因为想家而哭泣。但刘姐说：“节日是撒旦愚弄人的把戏，在神家是没有节日之分的，灾难来了什么家都没有了，这里才是我们真正的家。”她常常告诫我：“没尽本分会对自己及家人不利，怀疑神、半途而废会遭到神的惩罚，会比不信神的报应更恐怖。”每每想到神家的告诫，我便不敢再往下想，而是用祷告、唱歌、看神话等方式使自己静下心来，不断逼迫自己放下家庭与亲情。况且，我根本没有多余的钱可以买车票回家。我那炽热思念亲人的心慢慢冷淡了下来，渐渐习惯了没有亲人、全心全意为神作工的生活。

每次收到奉献金，我一心只想着必须要保护好，完成神交办的任务。除了火车上的时光，我极少上街，害怕遇见陌生人，害怕邻居询问自己的情况，甚至要预先编造好谎言避免别人怀疑。每次出门我都格外小心，仔细观察有没有人跟踪，有没有异常情况，一直处于紧张和惶恐之中。

2009年的春节，我终于见到了我的家人。白发苍苍的老母亲激动得像儿时般搂着我，含着泪说：“回来就好，回来就好……”刹那间，神的所有告诫都抛诸九霄云外，我需要家人的温暖，需要孩子的依赖！原来他们一直在寻找我的下落，从佛山到平南，从平南到广州，几乎走遍了所有我可能去过的地方，几乎问遍了所有可能见过我的人，从没放弃过！父母在我为神离家出走之后对全能神痛恶至极，逢人就说：“都是这个全能神害了我的女儿……”

我的丈夫因患甲亢手一直发抖，无法回到厂里打工，一对子女读书都是由年迈的婆婆供养。俗话说“屋漏偏逢连夜雨，船迟又遇打头风”。婆婆家的房子由于年久失修，屋顶破了洞，墙上也有裂痕，每次下大雨，屋内就“下小雨”，风大时甚至感觉整个屋顶要被掀开。可是，已经家道壁立的婆婆根本筹不出修葺房子的钱。无奈之下，女儿被寄居到大伯家，儿子则寄居到三叔家，一双子女过着寄人篱下的生活，小学刚毕业就辍学开始打工。以前每次离开家时，孩子们哭着闹着不让我走，要我早点回来。可如今，由于多年没有我的消息，孩子们早已习惯没有妈妈的日子，我对于他们而言，可能只是在头脑中那么一点儿残留的记忆。见到儿子，他瞥了我一眼后冷漠地离开了，我的眼泪唰的一下全流了出来，心疼得简直在滴血。当我将女儿搂在怀中时，她终于忍不住大哭起来：“妈妈，你总算回来了，你知道吗，你不在的日子我们过得有多惨……”

我没想到，由于我信奉全能神，给孩子们带来了如此巨大的心灵伤害。

我更没想到，我全心全意为神收取3000万元奉献款的日子中，我的家人不但没能得神保佑，过上安稳的日子，反而过着非寻常人所能承受的苦难生活。

“回来就好！”这是家人对我的呼唤。望着他们喜悦的容颜，抚摸着孩子稚嫩的脸庞，我心里百感交集。

拓展

全能神教义规定，钱财是供神享用的“祭物”。《神隐秘的作工》规定：“神家的钱财、物质，包括一切财产都是人当纳的祭物，这祭物除了祭司和神可以享用之外，任何人不得享用……”这就意味着，一旦加入全能神，就得奉献全部的财产，只有大祭司赵维山和由他控制的神即“女基督”可以享用信徒缴纳的祭物。该邪教的敛财伎俩大致如下：一是温水煮青蛙，让你慢慢上当。刚开始发展信徒时绝对不让谈“奉献款”的事，但是信了全能神以后就会给信徒讲人的一生会有很多灾难，要想躲避灾难就要多向神奉献，奉献得越多就越能远离灾难。二是威胁恐吓，让你不敢守财。威吓“末世已经到了，要倒空奉献”，“有50万元财产，他奉献了40万元，说明这个人不真心，要开除的”，“如果不听或者做了叛徒就要被上帝击杀”，被威胁者只能乖乖就范。三是强行逼“捐”，让你捂不住腰包。仙桃市的沈娟曾遭到全能神人员的绑架，连续多天被关进一个较偏僻的民房，逼迫她加入全能神，像传销组织那样隔绝她与外界的联系，每天与其他被绑架者一起集中学习全能神教义，还故意饿他们，威胁他们谁逃跑就打断谁的腿。沈娟痛苦地诉说：“短短几天我被强迫‘捐钱’3次，身上仅有的几百块钱全部被迫‘捐’了出去。”

如何辨识冒用基督教名义的邪教

■ 广东省民族宗教研究院　陈晓毅研究员

目前，在我国比较活跃的邪教中，呼喊派、全能神、门徒会、血水圣灵等都属于冒用基督教名义的邪教，他们常针对群众对正统基督教知识欠缺的弱点，利用我国实行宗教信仰自由政策的社会空间，蔓延滋长危害社会。要厘清基督教与冒用其名义的邪教一般可以从以下几个方面着眼。

一、邪教教主通常自诩为神、基督或先知等至高无上的名号

邪教组织大多实行极端化的教主崇拜，教主是信徒顶礼膜拜的唯一对象；教主的话是绝对真理，教徒自愿为教主牺牲一切，甚至教主的好恶、性格也成为其宗教组织的准则或规范，成为教徒宗教生活的内容。因此，冒用基督教名义的邪教教主通常自称为神、基督。比如门徒会的季三保就宣称自己是“神所立的基督”“神的儿子”，甚至偷梁换柱，将《圣经》中“耶稣”二字全部用“三赎”（季三保的别名之一就是“三赎”）代替；灵灵教教主华雪和自称耶稣第二，要信徒尊他为华救主、华真神、华爸爸，并纪念其“圣诞日”（正月十七）；主神教的刘家国自称主神，制造、散布“世界末日即将来临，只有信奉主神才能得救，要团结在主神周围，最终建立神的王国”；被立王教主吴扬明曲解《箴言》8章23节和《路加福音》2章34节，自封“被立王”；统一教的文鲜明自称为“再临的弥赛亚”，被耶稣选为“后继人”，要完成耶稣的未竟使命，建立“统一家庭”“统一世界基督教”，最终统一所有政治制度，建立“地上天国”。天父的儿女的教主

大卫·白克自称得到上帝的启示，以此神化自己，该教派的基本单位为“家庭”，最高机构为“皇室”，大卫自己亲任“国皇”，要求信徒绝对服从“皇室”，为“主”抛弃一切，奉献所有财产和肉体；世界以利亚福音宣教会的教主朴鸣呼自称是唯一的宇宙天皇上帝，自称是最后的先知“以利亚”，要求信徒将其作为“石仙”加以崇拜；新约教会的梅绮、洪三期等人自称“先知”，是“神在地上的君”，将代表至高神来执掌王权；三班仆人派的教主徐文库神化自己，自称“大仆人”，但也要求信徒视其为神。

二、邪教教主控制一个傀儡作为神、基督，而自己在幕后操持大权

这种模式最典型的就是全能神邪教。全能神教主为赵维山，而该组织信仰的女基督即赵维山的妻子杨向彬，是赵维山一手扶持起来的傀儡。1992年2月20日，杨向彬声称自己被神灵附身，也就是说神（基督）化作女人现身，于是她以神的口吻发表了她的第一篇“说话”：“整个宇宙的每一件事，无一不是我说了算。什么事不是在我手中？我怎么说就怎么成。”这段话被其他信徒传播，并开始相信和承认“全能”是“神”。这说法在赵维山身边的嫡系骨干分子伊海涛的供词中得到佐证。赵维山决心以她为工具，扩大自己的影响。由此，开始大力包装这名女子，鼓吹她就是替神说话的全能神，是第二次道成肉身的女基督，是东方发出的闪电。在赵维山及其党羽的大力宣传下，全能神、女基督、东方闪电等称呼不胫而走，迅速吸引了许多追随者，一个新的邪教组织正式出笼。自此以后，女基督的主要工作就是写“神话”，而该组织信徒的主要聚会活动就是读她的“最新神话”，听神的讲道录音。全能神邪教组织为让信徒绝对服从和听命于女基督，通过洗脑和灌输其邪恶教义来控制教徒的精神和思想，从而达到麻醉人、欺骗人、使人服服帖帖为其效力的目的。他们利用花言巧语、色相勾引等伎俩诱人上当，又使用逼写誓言、暴力威吓等手段逼人顺服，软硬兼施，无所不用其极。正如这位女基督自己所说“一切听命于被圣灵使用的人，违背一点儿也不行……你只管顺服就是了”。赵维山在扶持、吹捧全能是神的同时，声称自己是全能神的大祭司，工作就是替全能神全权（赵维山在该组织中就自称“全权”）负责组织的行政，大权在握。自此，自称为女基督的全能神就被赵维山塑造成为傀儡，而赵维山成为幕后操纵者。

三、贬低甚至否认耶稣基督的神性，为邪教组织制造新神扫清障碍

正统纯正的基督教会一般都认为，耶稣基督的地位至高无上，与圣父、圣灵一起组成造物主的三个位格。他是太初之道，是造物之主（约 1:1–3）。贬低、否认耶稣基督，也就意味着偏离正统纯正的基督教信仰。邪教组织为自身发展壮大需要推销新的神，而原有的基督成了他们的障碍。因此，邪教教主要成功制造新的宗教观念或宗教思想，就必须贬低甚至否认“旧神”的权威和有效性，这样大逆不道的做法在教义层面上可以说是基督教的异端或叛逆者。然而，邪教通过这样的手段，为其组织获得更大的制造新神的空间。全能神邪教认为耶稣不是基督，“旧约预言的弥赛亚并不是耶稣，弥赛亚没有来，竟来了耶稣”；同时，全能神邪教还不遗余力地贬低耶稣的神性，说神要除掉耶稣在人心目中的形象，说耶稣是受造之物。为此，全能神还炮制出时代划分的说法，他们宣扬耶和华统治的“律法时代”、耶稣统治的“恩典时代”都已过去，而全能神女基督统治的“国度时代”已经来临：神以一个东方女性的形象第二次道成肉身，降临中国，将对人类进行审判，并声称世界末日就要来临，只有信全能神才能得救，凡不信和抵制的都将被闪电击杀。因此，很多情况下，区分体系完善的、正统纯正的基督宗教和形态粗劣的、离经叛道的邪教，只要看看该组织崇拜的神是超越的、无限的、抽象的存在，还是有限的、功利的、具体的“人”，就够了。

四、散布极端“末世论”，恐吓并控制信徒

邪教提出的末世来临与传统宗教的末世论有本质区别，散布极端“末世论”是邪教的常用手法。

世界末日降临是邪教用以进行精神控制的核武器，是一切邪教悬在教徒和世人头顶的达摩克利斯之剑。邪教借用传统宗教悬置于不可知的未来的末世论思想，提出具体的、极端的末日来临思想，把现实世界描绘得非常可怕，预测某年某月某日人类的末日就要来临，而且把世界上发生的一些偶然或尚不为人类知晓的自然现象和社会现象都说成是末日来临的征兆。在极尽末日灾难渲染的同时，邪教教主或组织把自己打扮成唯一的救世主，宣称只有臣服于该教主或加入该组织，才能得到拯救。

在全能神邪教的恶意操弄之下，我国很多地方在2012年12月初到21日这段时间都出现非法聚集、宣扬世界末日的乱象。全能神之所以充分利用末日预言宣扬极端末世论，目的在于恐吓非信徒和信仰不坚定的信徒，其实质是一种宣教机会的把握。正如西班牙反邪教专家佩佩·罗德里格斯所言："使用恐吓和暴力作为施压手段也是邪教胁迫机制中的通行做法。"这种"唤起恐惧策略"是借用带有较强恐惧性情绪色彩的信息去说服受众接受劝服。这种策略让人清楚地意识到毁灭性的或伤害性的灾祸即将来临，这些灾祸会危及人们的各种"挂碍"，从而使其产生痛苦或不安。这种心理压力主要来自两方面：一是认知不平衡；二是因恐惧而整日惴惴不安。只有相信灾难真会降临，人们才会感到恐惧，威胁越具体越使人恐惧，要消除内心的压力和威胁，只有听从劝告，按宣传者说的去做。世界末日来临论足以对不知情者制造心理恐慌，这对驱使民众接受邪教非常有效。东方闪电宣称"实际神的国度已经来临，不信的人都将被闪电的发声击杀。只有皈依实际神才能得救，否则末日来临就要遭到审判、下地狱"。一些孤陋寡闻、单纯老实又急于摆脱灾难的民众在受到世界末日来临论的说教后，信以为真，误以为世界末日随时都可能降临，如果不信教，就要遭受灭顶之灾。同时，邪教组织在传播过程中还运用恐吓和胁迫手段在民众中有意识地制造盲信状态，"这种恐吓和胁迫会使信徒失去自主性，不仅摆脱不了原来的受他人控制的状态，反而会越陷越深"。在这样的情况下，通过信教来消灾避难似乎是不明真相者唯一的出路与选择，而全能神邪教也就实现了它不可告人的目的。

正统纯正的基督教也讲"末世论"，耶稣在世时告诫门徒："但那日子、那时辰，没有人知道，连天上的使者也不知道，子也不知道，惟独父知道。”（太 24：36）“那时，若有人对你们说‘基督在这里’，或说‘基督在那里’，你们不要信！因为假基督、假先知将要起来，显大神迹、大奇事，倘若能行，连选民也就迷惑了。”（太 24：23–24）因此，不要相信《圣经》中有什么“隐藏的代码”可以叫人去猜测，更不要信有哪一位“属灵人”能知道主来的日子，那是上帝“隐秘的旨意”，不可能让人知道（申 29：29）。有鉴于此，《中国基督教教会规章》中关于信仰的段落特别指出：“基督将再来。按照《圣经》教导，没有人知道基督再来的日期，任何确定基督再来日期的做法都是违反《圣经》教训的。”

姐弟俩的隐秘经历

在约定的东山大桥，高阿姨骑摩托车带我到江北郊外的一条乡间泥路，七拐八拐的，从别人家的围墙后面绕绕，又从庄稼地里进进出出，半个多小时后来到一栋未建好的民房后院停了下来。

我叫邓小国，1996年出生，姐姐叫邓小欢，大我3岁，我们生活在广东省梅州市一座小镇里。我和姐姐一直在外婆的照顾下长大。姐姐考上了深圳大学的金融专业，成绩优秀，年年获奖学金，并准备考研；我读中学，立志将来也要像姐姐一样读大学。后来，因为受全能神的蒙骗，姐姐放弃了学业，我也亲历了全能神隐秘的活动，充当了全能神的枪手。

幼年因故信基督，礼拜又成新猎物

家里人原来都是信仰佛教的，他们信仰的目的很简单也很朴实。一是祖祖辈辈都信仰佛教，他们也自然而然跟着信；再就是农村的封建迷信思想很重，家里的老人都相信算卦、问神婆那套迷信活动，相信只要去烧香拜佛，一家人就会平平安安。听大人讲，我出生后，不知怎么回事，一到晚上就大哭不止，外婆和妈妈到处烧香拜佛、问神婆却无济于事，后来在亲戚的指引下，家人带我去了基督教的教堂让长老替我祷告，回家后的那晚开始我就再没那样哭过了。因为这件事情，外婆和妈妈慢慢地改信基督教，初衷也很简单，就是想保家人平平安安。而后在每个礼拜天，她们会去教堂做礼拜，和原来去寺庙里烧香拜佛一个道理。家人只有爸爸不信这些，他看到家里的女人们信了教以后，好像变得有爱心些了，就没有干预。

2011年圣诞节，像往常一样，我随外婆、妈妈她们来到教堂接受祝福。我没有和她们坐在一起，而是喜欢一个人独自坐在后面楼梯上的位置。在这次聚会上，我认识了一个这辈子都不应该认识的人：她个头高高的，留着马尾辫并戴副眼镜，看起来不像南方人。当时她以基督教徒的身份，笑眯眯地问我怎么这么小就信基督教了。我向她讲述了自己小时候到晚上就大哭不止，后来信了基督教就再也没有哭过的那段经历，告诉她就因为这样才和家人一起信基督教的。那位阿姨附和着说：“神太爱你了，我也是一样蒙了主的大爱才有今天的！”她自称姓高，要我以后喊她高阿姨就行，并说有什么事都可以找她。我当时对这个高阿姨的第一印象就是她是一个热心的、信基督教的好阿姨。我后来去教堂的那几次，都能见到她。因为有不吃早餐的习惯我得了胃病，有一次我去教堂，胃很难受，捂着肚子。高阿姨看到后，走过来“十分关心”地询问我，我也告诉了她是因为没有吃早餐，胃病犯了，高阿姨很快把我带到了教堂外面的早餐店去吃早餐，还在附近的药店帮我买来胃药，并体贴地嘱咐我要改掉不吃早餐的坏毛病。她的举动让我备感温暖。从此之后，只要我去教堂，她就带我去吃早餐，还常常嘘寒问暖，这让我放松了对陌生人的戒备心。高阿姨借带我吃早餐的机会，问我对耶稣、基督教了解多少，我老老实实地回答：“其实也了解不多，只知道信仰耶稣，有什么事情向他祷告，他就会保佑我们。”她笑着对我说：“不单要依靠耶稣，最主要的是要认识他，认识耶稣被钉上十字架救赎人类的爱的本质，只有认识他，才能真正地去信仰他。”又说改天有时间再跟我聊聊这些，让我留下电话号码，到时候约我出去。我当时觉得她说的那些有点道理，又对我挺好的，就把电话号码给了她。

假借《圣经》启示录，诱惑引往全能神

2012年春节前，高阿姨打来电话，约我单独去河边的归读公园聊聊。我来到公园，见高阿姨带了很多零食。我们找了个僻静的角落边吃边聊。高阿姨问我了不了解《圣经》的启示录，我说了解一点，高阿姨给我讲了一下启示录，说：“末日的时候，耶稣还会再来，那是来审判人的，信耶稣的被提上天堂，不信的、有罪的人就会被打入地狱，到时候各种各样的灾难都会有，洪水、饥荒、瘟疫、地震等都会出现。”她讲完后拿出一部MP4，点开一个灾难的视频，播放的都是些近年来世界上发生的百年不遇的洪水、地震等灾难的画面。当我看得毛骨悚然时，她借机跟我说：“这些都是神的作为，这些百年不遇的灾难就和启示录说的一样，还会有灾难来临，说明神已经开始审判人了。”高阿姨看了看我，慢慢地说：“神已经来了，现在正在审判人，他这次来不是只审判一部分人的，而是要审判全人类的，所以这个神是全能的，神的名字不仅叫耶稣，也叫全能神。”从小就

有宗教观念的我当时被她的说辞转晕了，觉得仿佛有些道理，好像是那么回事，迷迷糊糊中接受了她的那一套说辞。当时我之所以相信她还有一个原因，就是觉得她是个好人，对我像自己的孩子一样，认定她应该不会骗我的。接下来高阿姨又约了我两次，都是在公园里的僻静角落，拿着MP4，讲的都是全能神的三步作工，人类的始祖被撒旦破坏，衪就开始拯救人的作工等等。

家庭破碎现危机，缺乏关爱落陷阱

印象中，爸爸每次从外地回家后，总是睡到中午才起床，然后等着吃饭、看电视、喝茶，如果有人打搅到他看电视或者他觉得饭菜不合口味，他便会摔盘子摔碗，然后甩门就走。因为这个原因，家里的餐具常年都是新的。一年之中，只要爸爸回家，都是吵架、打架、喊打喊杀、摔东西的声音。那时我感觉这根本不是家，而是地狱。

我上学了，和姐姐一起就读梅园小学，姐姐的成绩在学校里很出色。因为姐姐的榜样作用，外加每天晚上姐姐辅导功课的缘故，我的成绩也很优秀。到了三年级的时候，有一次妈妈和爸爸吵得特别凶，我听到爸爸在外面又有了女人，妈妈不同意离婚，爸爸很生气，说要扒光她的衣服游大街。妈妈和外婆还没来得及把我和姐姐送到舅舅家去避一避，爸爸就提了两桶汽油回到家里，先是把家里的锅碗瓢盆砸得稀巴烂，接着把家里的所有家具搬到了楼顶，要将整个家烧光。我和姐姐蜷缩在墙角里，抱在一起发抖，不敢弄出半点声响；奶奶在她的房间里不停地向耶稣祈祷。但是爸爸并没有烧家，而是又将家中的一切乱砸一遍，把我和姐姐一起带到梅州五华那边，对妈妈声称："不离婚就别想见小孩。"在五华的那几天里，我和姐姐都盼着妈妈快点来接我们回家。就这样，妈妈不得不同意离婚了，但是我和姐姐都要跟妈妈。而爸爸巴不得这样，从此就消失了。

爸妈离婚后，妈妈很坚强，省吃俭用精打细算，但家里的开销越来越大，要用钱的缺口也越来越大。妈妈在朋友介绍下，不得不离开梅州去广州务工，只为能多赚几百块补贴家用。我和姐姐在家里都由外婆照料，与妈妈是聚少离多。我知道妈妈独自在广州打工也不容易，每逢过年便眼巴巴盼着妈妈早日平安回来，一家团聚的时间虽少，但也其乐融融。眨眼间，姐姐以优异的成绩考上了深圳大学，我也上高一了，住在学校里，家里只有外婆一人。

2012年春节，一家4人短暂团圆后，妈妈去广州打工，姐姐也去深圳上学了。

很快，2012年4月，高阿姨打来电话，要带我去参加全能神的教友聚会。我当时功课不多，又有点好奇，就答应了。在约定的东山大桥，高阿姨骑摩托车带我到江北郊外的一条乡间泥路，七拐八拐的，从别人家的围墙后面绕绕，又从庄稼地里进进出出，半个多小时后来到一个未建好的民房后院停了下来。房子很偏僻，和其他的民房间隔得很远。听到门口摩托车的响动后，走出来两个农家妇女，都在40岁左右，笑吟吟地把我和高阿姨带了进去。我好奇地打量了一下，房子布局很简单，里面还有两个小孩子，年龄都在12岁左右。在客厅坐下后，高阿姨拿出她经常使用的MP4，点开一首歌曲，她们就跟着唱了起来。我不知道该怎么做，就傻傻地坐着。她们唱完后，高阿姨翻开《话在肉身显现》里的一篇文章，小声地朗读。我看到她们都是很认真地在听，随后，高阿姨又用MP4播放了一段全能神集体聚会视频。这个看上去就和在教堂里聚会一样，其乐融融的场面让我觉得全能神教和基督教没有什么差别。视频没有字幕，高阿姨就在旁边讲解，强调全能神是正规的教会，我傻傻地信以为真。当时的聚会让我感到枯燥，但又有一些深奥，因为有很多自己从来没有听说的、新颖的词语。

姐姐五一放假回家时，我把上次聚会听到的那些词语都告诉了姐姐，因为我确实不知道讲的是什么意思，想起来脑子也是乱糟糟的。姐姐也很好奇，问我是哪儿听来的。我实话实说，把我和高阿姨的事情都告诉了姐姐。恰巧高阿姨又打来电话约我，我想都没有想，跟高阿姨说可不可以带上我姐姐，高阿姨在电话里问了我姐姐的年龄、现在做什么、是不是也信耶稣等基本情况，我如实回答，问完后高阿姨也没有说什么，要我等等。很快，高阿姨的电话来了，很爽快地跟我说："把你姐姐带上吧，耶稣爱你们，咱们公园见。"还是在公园僻静角落处，高阿姨带了很多零食，还是边吃边聊。高阿姨和我姐姐聊得比较多，大谈特谈："现在耶稣第二次道成肉身来到人间，叫全能神，是来做拯救全人类工作的……"临走时，高阿姨把她经常用的 MP4 送给了姐姐，叮嘱我们"要好好看里面的内容，不要落入灾难当中，不要下了地狱受痛苦"，并要了姐姐的电话号码。

回家后，我特意问了姐姐："你听明白了吗？我还是有点搞不懂。"姐姐扬了扬手中的 MP4："这个要仔细看看，看完后告诉你。""那好，我去玩游戏了，你看明白后直接告诉我。"

假期过后我就回学校了，并没有留意姐姐什么时候去深圳的……

妄听蛊惑终信邪，稀里糊涂常聚会

暑假了，我和姐姐都放假回到了家里，姐姐把我拉到她的房间，小声告诉我，她已经知道是怎么回事了，并向我宣讲全能神的教义，称"耶稣已经来了""三步作工及 6000 年的经营计划才是神拯救人的所有工作""如果跟不上神的作工，就会被淘汰，并下地狱中受永远的痛苦"等。在我的脑海里，一边是好心的高阿姨在劝说，另一边是最亲的亲人在拉拢，我想姐姐的文化水平比我高，她说的不会错。随后，姐姐让我跟她一起做祷告，祷告的姿势和基督教祷告的时候一模一样，祷告的内容就是"感谢全能神""让我接受神的工作"等等，只是不念耶稣的名，而是念全能神，最后结束的时候也是像基督教一样念"阿门"。经过这个"祷告仪式"后，我就成了全能神的一员。

在家里，姐姐也向外婆提起过全能神，但是外婆持中立态度，对鬼神之类的都不肯定也不否定，依旧每个星期天去教堂做礼拜。妈妈常年在外，姐姐没有机会向她宣讲。爸爸早就没有联系了，家里其他的亲戚也都不在梅州地区，姐姐也讲不了。姐姐时不时向我宣讲"三步作工"，她给我看过"三步作工"剪纸视频，是根据《圣经》故事的讲解。姐姐用一张白纸配合着她的讲解进行折纸，剪出一些形状，并利用剪出来的形状拼成"天堂""地狱""死"等字样。我当时觉得挺神奇的，觉得姐姐不愧是大学生。姐姐说："只有'三步作工'才是神拯救人类 6000 年的经营计划，少一步都不行。”我自己没有去思考，只是跟听跟信，跟着姐姐走就可以了，她怎么做我也怎么做，她教我做什么我就去做，姐姐当时也给我取了个化名“佳明”。

姐姐带我参加了两次聚会，都在梅州江南那边偏僻的民房中。那时我并没有多想，高阿姨去哪儿了，去了以后才知道，高阿姨已经在里面等着，见到我和姐姐特别热情。屋里还有5个40多岁的妇女，都用姐妹互相称呼着。我也跟着她们的样子，摆着祷告的姿势，她们也是拿出《话在肉身显现》朗读其中的文章。读完后，都是那个微胖的妇女讲解“三步作工”，其他人都没怎么说话，就她在那叽里咕噜地讲个不停，讲得又不清楚，前言不搭后语的，我听不明白。我总是感觉到那里的氛围非常压抑、沉闷，比去教堂里听长老、牧师讲道还累，旁边都是大人，我一个小孩子感到没有共同语言。我扭头偷偷看姐姐，她似乎听得很认真，我在旁边低头打起了哈欠。回家后，姐姐似乎很忙，早上起来吃完早饭后就出门了，晚上回来得很晚，也没有和我讲什么，而我一直沉浸在电脑游戏通关中。

姐姐再要带我去聚会时，我毫不犹豫地拒绝了。姐姐问我不去的原因，我也如实跟她说：“去那里聚会实在是太压抑了，一点意思都没有，而且都是老大妈，讲的东西又听不懂，还不如在家玩电脑。”我当时也表态，不想再去参加聚会活动了，姐姐也劝说了我一番。过了一段时间后，在姐姐的劝说下，我硬着头皮被姐姐拉到另一个在梅州郊区三角地附近的一处民房。这次聚会不一样，里面有5个14岁左右的小男生，还有一个年轻漂亮的阿姨，大家都叫她小雨阿姨，其他的小朋友都是刚刚加入不久的，都还没有化名，我和他们之间互相称呼弟兄。那个小雨阿姨负责讲课，用MP4点开一首全能神歌曲，由她祷告，随后发给我们每人一本打印的资料，里面讲的是人类的起源、神创造了这个世界等内容。那次聚会的都是年龄相仿的男孩子，也都喜欢玩电脑游戏，互相之间有了共同语言，我只知道其中有一个在梅州中学读书，其他也都是在学校读书的学生，但是他们在哪里上学，我也不知道。我们在一起有说有笑，但彼此都不知道对方的真实姓名、家庭背景，连QQ号也不知道。所以，只有去聚会才能遇见，在现实生活中都是没有联系的。那个聚会，固定在每个星期六晚上7点半开始晚上9点结束。我再去的那个聚会点，开始那种感觉就像基督教的主日学差不多，也会有一些水果和零食，气氛也比较缓和，不像之前那些大人聚会那么压抑。在那里不用看也不用读《话在肉身显现》这本书，都是看一些几页纸装订在一起的资料，里面都在讲“人是神创造的，不是自然而然无根据就存在的”等内容，还有就是听那些改编自流行歌曲的全能神歌曲。其实我并不是信这个全能神，只是觉得这个聚会的地方确实比原来的地方新奇和好玩才参加的。小雨阿姨向我们讲着神创造宇宙万物时，我们几个小孩子趁她不注意，偷偷在挤眉弄眼打手势，小雨阿姨辛辛苦苦讲的什么，我也记不住，讲到一半的时候我就想睡觉了，眼皮一直往下掉，偷偷打哈欠。一人哈欠全部传染，我们都在不约而同地低头打哈欠。毕竟这个年龄确实坐不住，只有在聊天的时候才活泼起来，聊打电脑游戏之类的。听着全能神的歌曲，我们也会研究是改编自哪首歌曲，原来是些什么歌词，谁唱的，现在流行什么歌曲等。到了 9 点钟，小雨阿姨说结束了，我的感觉就像解放了一样，想马上回到电脑旁边。

那个暑假，姐姐拿回一张 16G 的储存卡，她将卡插到电脑上，里面有很多全能神的视频和一些外国人抱着《话在肉身显现》的照片，还有一些歌曲和文档。姐姐让我帮她整合一首全能神的歌曲，那些图片都是别人已经弄好的，只要用会声会影这个软件把那些图片拼接起来就行。我会使用这个软件，就答应了，姐姐在一旁说怎么弄，我就按着她说的做。整合好之后，姐姐把储存卡从电脑上拔了下来，很严肃地对我说：“这是在预备善行，做善举，会蒙神祝福的，等长大了你就会明白，现在跟你说，你也不懂。”我一直很相信姐姐，也很高兴自己能帮教会做一些举手之劳的事情。很快，姐姐又带回来一张 16G 的储存卡，里面也是一些全能神的素材和照片，也是要整合一首歌曲。姐姐说上次那个视频合成得不错，让我再帮她整合一个视频。我被她夸了一下，开心地答应了。还是老样子，姐姐在一旁说，我按着她说的做，做好之后姐姐就带走了。

我在家里一直玩游戏、看连续剧，也想过不信这个全能神了，当时真的觉得信这个没有一点意思，可能在网上看过恐怖片，对鬼神之类还是有点怕，也许觉得信仰全能神好听一些，所以一直没有退出。我自己当初信仰基督教也是一样的，不是因为基督教的教义，只是觉得戴个十字架，能使家中平平安安、幸福快乐，并且死了还能上天堂，所以才会信。加入全能神的目的也是一样，既然耶稣做了新的工作，跟上就行了，也就是为了求个平安，以后的生活能好一些。可是，加入全能神不但没有平安幸福可言，还给我们家添了一个无妄之灾。

迷失邪教成枪手，错失花样好年华

暑假结束了，我要返回学校读高二了。姐姐并没有返回深圳大学读书，她说："现在正是传福音救人的好时机，要多传福音，得到的福报就会更多，我忙完了就回学校。"我回到学校后不久，接到一个来电显示是广东惠州的电话号码，是一个操着东北口音的女人的声音。她问我是不是"佳明"，我当时也一愣，因为我从来没把手机号码给过全能神教内的其他人，只有高阿姨和姐姐才知道。那个女人没有说她是谁，我回答是，她就问我最近在干什么，我说我在上学，那个女人说看过我做的视频觉得还不错，现在惠州那边教会需要人帮忙。随后她又对我说："国庆放假期间来惠州玩几天，顺便帮教会尽点善举，为以后积福。"我从来没有自己一个人出去外面，而且当时正在为考大学做准备，更没有想到会接到这个电话，就没有答应她。那个女人说了一大堆好话，让我好好考虑一下，不用着急做决定，想好了再回个电话给她。随后我马上打电话给高阿姨，高阿姨在电话里说："知道了，都会安排好的。"没有否定也没有肯定这件事情她知不知情，我也拿不定主意，跟老师请了个假，回家找姐姐去了。

晚上，姐姐回家了，我把这件事告诉了她。她说我应该去："提前接触一下社会，以后你也要出去读书的，也就几天时间，帮教会做一些善举，也可以锻炼锻炼。"姐姐告诉我惠州有哪些好玩的地方，还说在那边一样有电脑，帮完忙就可以随便玩。在姐姐的鼓动下，我动心了，心想也就几天时间，做那些视频对我来说也不难，也好奇外面的世界，免得假期待家里玩电脑被外婆啰唆，就答应了。我和姐姐统一口径：我去惠州同学家玩几天。外婆同意了。我回了电话给那个叫我去惠州的女人，跟她说，要整理下衣物，放假了就过来。我天真地认为是帮基督教做一些举手之劳的事。

外婆和姐姐把我送到火车站，外婆叮嘱了我很多，要嘴巴甜一点，在同学家里不要调皮、作业要写完。快到惠州时，我打电话给那个女人，她说火车站门口右边的电话亭有个拿着木瓜的男人就是来接我的。我下车后，很快找到了电话亭，也看见了那个拿木瓜的男人。他走过来问我“是不是佳明”，我回答“是”，他就帮我拎着行李箱，让我跟他走。在路上什么话也没有说，我就机械地跟着上公交车，下车走进一个什么小区，后来才知道是水北新村。是小区里面的三室一厅户型，刚去的时候没有其他人，就我和那个男人。放下行李后，那个男人带我去吃饭，吃饭后在那个男人安排的房间睡了一觉。我起来的时候是下午 5 点，房子里多了一个人，很热情地招呼我喝茶。因为都是陌生人，我也没有多说话，坐在那里喝茶。到了 6 点，有一个大叔提着菜走了进来，看样子像个北方人，高高的个头，身材相当壮实，还是一个光头。他进来看见我，说了一句“来啦”，我木木地点点头，那个大叔就去做饭了。吃完饭后，那个大叔洗完碗筷就离开了那里，我还以为他也是住在那里的。那天晚上，接我的那个男人安排我和他睡一个房间。第二天，他们告诉我，火车站接我的那个男人叫“刘敬”，喝茶的叫“友爱”。他们把我带到一个有电脑的房间里面，问我会不会用 AE 软件和 PS 软件，我说不会，只会用会声会影。他们安排我去学一下 AE 和 PS 的操作，拿给我一个 U 盘，里面是一些 AE 和 PS 的基础学习视频，我就坐在那里学习。下午，也是 6 点钟，听见厨房里有做饭的声音，我以为是那个光头大叔来了，等到吃饭的时候出去一看才发现是位 30 岁的短发阿姨。看到我后，那位阿姨也问我：“是佳明吧？”我说：“是。”吃完饭后，那位阿姨收拾碗筷也走了，我也不确定那位打电话叫我去惠州的女人是不是她。到惠州的第 3 天，新鲜感一过，我有点想家了，但还是打起精神学习 AE 和 PS 软件。晚上吃完饭后，来了位阿姨，40 多岁，留着马尾辫，带着一个挎包，听声音也不是那个打电话叫我去惠州的女人，她把我们 3 人召集在一起，说有任务要做两个全能神的歌曲视频，时间很紧要尽快完成。我感觉那个阿姨应该不是普通接待的人，应该就是那里的“领导”，但她没有说是负责什么的，我也不敢多问。随后我们 3 人就进行了分工，我找相关图片和素材，友爱制作视频文字内容和 PS 图片，刘敬使用 AE 软件合成视频并处理相关特效。两天后就做完了，那个阿姨看后很满意，把歌曲视频带走了。我问那个阿姨我什么时候能回去，她说过几天带我出去玩玩再回去。可实际上在惠州那7天里，我从未出那个屋子，因为在第6天上午，那个阿姨带着两个25岁左右的姐姐进来了，在她的安排下，又要制作更多的歌曲视频……

梅州当地的反邪教工作人员得知了我和姐姐的情况，很快赶来惠州找到了我，把我带回了久违的家里。在他们的指引和帮助下，我才真正地认识到全能神并不是基督教，而是假冒宗教名义的邪教组织，全能神邪教只是在利用我们这个年龄段的信徒，利用我们的无知和年轻气盛，去为全能神邪教干一些违法犯罪的事情，而我们知道的内部信息不但很少，还都是敷衍搪塞欺骗的话语。我就是典型的被利用，充当了枪手。姐姐也是被利用的，她也是受害者，原本学习成绩优异的她放弃了学业，浪费了宝贵的青春年华。

她差点被拖落悬崖

好奇像旋涡一般吸引着陈红，使她迫切想弄清楚这个全能神究竟是怎么一回事，与其说她是希望一探究竟是否有科学无法解释的事情，倒不如说她希望这个全能神能够真的实现她的愿望。

每个人的生命里总会有那么一座座的“里程碑”，记录我们人生中所经历的难以忘怀的事情，这些事情并非一定要是爱情、亲情或是友情，但总的来说，还是与这些“情”纠缠不清。

告别炎夏，迎来爽朗的秋天，我坐在海陵岛这个海滨城市的街道一处，偶尔听见落叶与地面亲密接触时所发出的清脆的声音，那显示着大自然繁衍生息的存在。在等待的过程中，我会猜想迎面走来的人会不会是接下来这个故事的主人翁，但事实证明，我全部的猜想都落空了。而她则是从我背后走过来，跟我打了声招呼。她三十出头的样子，齐肩的短发，灵动的双眼，宽松的孕妇装掩盖不了那隆起的肚皮——那是一个孕育着希望，也孕育着人生中各种祝福的生命。简单的寒暄过后，我甚至无法把她接下来所叙述的经历与她爽朗的笑容联系在一起。

时间与回忆的距离短得仿如隔座。陈红话语中偶尔带点懊恼，偶尔带点轻快，偶尔又带着点解脱，她讲述着那段被确定了的“里程碑”，一次又一次与那段记忆里的各色人物、各个地点进行了会合。

基督教堂遇邪教徒

2013年中秋，陈红在车站送别了远来相聚的男友后，蹬着借来的助力车如同往常一样往自己工作的外贸公司赶去。她习惯把自己的生活工作安排得井井有条，带着星期一的“不适”回到办公室，她先是把一天的工作安排记录在工作日记上，然后打印了一份上周末写好的工作汇报以及工作计划书走进会议室。在听取了经理对接下来一周的工作安排后，同事们轮番对上周各自的工作做了一番简单的汇报。说起来，这个星期可是轮到陈红展示未来外贸工作计划的。她胸有成竹地走到投影屏幕前，滑动工作计划的PPT。这计划并不像以往那样直接针对采购商家，而是针对欧洲大部分国家，结合公司外贸产品的特点和外国友人的消费意向，利用国外社交网站开展加大产品宣传的视频宣传活动。在充分的现实材料及数据的佐证下，陈红得到了经理和同事的认可。是呀，陈红自 2006 年大学毕业后就抱着对外贸工作的热忱来到了这家外贸公司，乐观直率的性格以及对工作的冲劲使她颇受同事的喜欢，很快就与同事打成一片。在会议的尾声，经理还不忘用调侃的语气说道："哟，小红啊，听说你男朋友周末来了啊，受到爱情滋润的女生就是不一样，容光焕发啊！难怪连计划报告也写得充满活力。"会议室的同事也不忘接着开玩笑："藏着掖着还是瞒不住同事们的金睛火眼咧，我们时刻都留着肚量，就等你那顿喜酒啦，到时候结婚可别忘了我们啊。""哎呀，照我说啊，说到底，还是我们公司单身的男同事折福呀，又少了一位优秀的发展对象了。"一旁的同事也不忘起哄。陈红唰地红了脸："好了好了，别再拿我开玩笑了，我要是摆结婚宴肯定少不了你们的。"散会后，熙攘的人群穿过走道，自有一番热闹的景象。当一切安静下来以后，陈红不得不再次直面内心的失落，那种失落说不清道不明。

初秋的阳江有点凉。下班时段，街道上的路人逐渐多了起来。提着手袋匆忙赶去公交站台的白领；跑在前头嘻嘻闹闹的孩童；还有一边背着书包拿着菜箩，一边大声训斥着儿童的保姆。城市里，人们各自走过熟悉的街角，纷纷消失在一栋栋楼宇之间。

"扑哧，扑哧"，陈红一手捂着鼻子打了两声喷嚏，一手拿着便当，踏进了医院。她讨厌这个地方，讨厌这里扑鼻的药水气味。她走到 401 号病房："妈，来，做了你喜欢的咸蛋凉瓜烩，尝尝看。"与往常一下班就能尝到母亲做的饭菜所不同的是，这些天，因为母亲做了白内障手术一直待在医院，大哥二哥由于工作的缘故未能照顾母亲，所以一直都是陈红操办陈母的起居饮食。陈红担心母亲会饿着，每天一下班就早早地赶回家洗菜做饭，到了这个钟数，忙了一天的她时常会饿得难受，但她却不愿意先吃上一两口，因为用她的话来说"一个人吃饭，落得孤独难受"。人就是这样，有时候宁可接受生理上的折磨，也不希望面对心理上的孤独。"对了，阿红啊，你跟你男朋友呀，谈了都有段时间了，我昨天也跟他提过，现在你俩的工作都稳定下来了，年纪也老大不小了，是时候成家啦，他也有这方面的意向，你们就赶快完成这桩婚事，好让我省了这个心呀。”“好啦好啦，妈，我们周末的时候也谈过这事，初步决定会在下一年结婚，就等你养好身体，早点出院，为我们张罗张罗，选个好日子。”陈红脸上洋溢着幸福的笑容回答道。饭后，陈红跟母亲聊了一会，走出了病房。对于独自走在医院楼道里的陈红来说，隐隐传来的女人啜泣声充满了恐惧，她多么希望，此刻母亲能在她身旁告诉她，喜怒哀乐和生老病死都是人生中必须面对的，没必要害怕，没必要恐惧；或者可以挽着伴侣的手臂，共同面对这不知来自何处、不知源自何因的啜泣声。

恐惧往往源于未知，正如陈红一样，我们并不害怕终究有一天会死去，却会害怕面对不知缘由以及未知的恐惧。

这些天以来，陈红在公司、家里、医院当中不停地往返，不管是对母亲健康状况的担忧，还是由于伴侣长期分隔两地而造成的孤独，都让她感到一种说不清楚的失落。

一天，在回家的路上，陈红路过了久已不去的青云堂，里面传出的悠悠诗歌朗诵声，唤起了她大学时期对基督教的向往。于是，陈红停好助力车，走进了教堂。让她惊喜的是，她又重新遇上了在这里认识的莲姐和银姐。几年间，她们的容颜稍微有点衰老，然而，她们亲切和蔼的笑容一如既往地让她感到由心的温暖。朗诵会过后，教友们都会自发地举行一个短暂的交流会，在此时，她们都会表达自己对信仰的理解和想法。

“在《圣经》原罪一章上有这么一句话，‘人生是一个赎罪的过程’，我们人都是带着原罪来到这个世界的。”人群中一个名叫小云的年轻信徒说道。

“逐渐冷漠的社会，日渐败坏道德的人们，假如依然那么无知，没有信仰，不进行救赎，那么耶稣所代他们受的苦难就会降临到他们身上了。”莲姐也补充上一句。

“是的。”银姐接着说道，“世界本来就有一个造物主，现在是末世，不久的将来，地球上大多数的人都会被毁灭，在神作工的新时期，人要向善，要达到真正的善与圣洁，真心信神才能蒙神拯救。”

陈红陷入了深思，小云所引用《圣经》原罪的那一句原话对她来说充满了哲理。在交流会的后段，银姐神神秘秘地从包里拿出一本名叫《话在肉身显现》的书，并向她大致介绍了全能神。但是，陈红的初衷只是单纯地向往基督教文化，对于全能神她一窍不通，也没有多大的兴趣，因此没把银姐说的话当一回事。

邪教路上越陷越深

陈红早早就和男友约好了，几个星期后的重阳两家人一起聚聚，吃个便饭。虽说是便饭，这天天微亮，陈红就已经起床洗漱完毕，拿着前一天写好的菜单来到街市购买材料。陈红虽然年轻，但骨子里却是一个十分传统的女性，对家人的相聚看得可重了，从踏进社会的那天起，她对于每个节日的购置、清洁都必定亲力亲为，做菜、打扫甚至是插茱萸更不在话下。陈红一丝不苟地为这个节日忙活，一整天下来虽然很累，但想到晚餐时将会在两家人面前正式宣布和男友的结婚决定，脸上不由露出满足的笑容。

有些时候，尽管我们把生活打理得井井有条，但现实总会有大大小小的意外让我们的计划功亏一篑，生活往往就是如此。

在晚餐前一小时，陈红的男友突然来电告诉她，单位有要事要他去处理，聚餐需要延后，另选日子。陈红感到十分懊恼，工作的初衷不正是为了家人吗？难道工作比两家人相聚更重要吗？更让陈红感到失落的是，宣布婚讯决定的事又陷入了未知的延期。顿时，忙活了一天的疲惫涌上心头，陈红靠着沙发睡着了。在梦中，陈红和男友因为发生了激烈争吵而说出了分手。在母亲的叫唤下，陈红带着泛红的双眼醒了，但心里却一直惦记着那个并不是事实的梦。

那个梦让陈红几天都感到心神不宁，工作上更是小错不断，经理的责备让本来就低落的她更加郁郁寡欢。

过了几天，陈红突然接到银姐的邀约电话。虽然感到突兀，但是她知道，在这几天低落的情绪下，没有什么比一群人聚聚会聊聊天更能提起精神了。于是，陈红接受了银姐的邀约，来到了莲姐的家中。一走进莲姐的家里，轻快的音乐就萦绕在耳边，在这个相对局促的房子里，信徒们的欢笑声让她感到了莫名的温暖。莲姐一边拉着陈红的手，一边招呼大家坐在早已张罗好的饭桌上用餐："酒淡菜薄，大家不需要客气啦，来来来，起筷了。"虽然陈红对面坐着几个陌生的信徒，可有说有笑的气氛让她丝毫未感到尴尬，恰恰相反的是，大家脸上的微笑让陈红心头涌上了一股暖流。

晚餐过后，信徒们围成圈坐在一起开始交流心得。这时，银姐又拿出那本名叫《话在肉身显现》的书坐在陈红身旁，一边翻书一边向陈红介绍书里的内容。翻到某一页时，银姐顿了顿，拉着陈红的手煞有其事地说："小红啊，你知道吗，这个世界上只有虔诚的信徒才能得到全能神的庇佑，而要成为信徒的第一步就是必须远离那些没有信仰的人，包括我们的亲人，因为人类天生带着原罪，然而他们不信奉全能神，所以苦难将会落到他们的身上。同时，对于节日，我们也必须避而远之，这些世俗多多少少会影响我们的修练。"陈红听了这话，在她的学历以及常识的怂恿下，马上反驳道："如果要我们连自己的亲人也避而远之，那信仰还有意义吗？况且神鬼之说根本没有科学证明呢！"这时，小云似乎感受到场面的尴尬，马上接话呵呵说道："哈哈，陈红啊，你误会啦，误会啦，银姐的意思是根据《圣经》上所说，如果我们的亲人没有信仰，不进行救赎，耶稣代他们所受的苦难终究会降临到他们的身上，而我们必须要更加地虔诚，从而提高我们的修练，这样我们才能帮助到他们呀。做人总不能太自私，只顾着自己享乐，你的虔诚，神是会看到的，你要的，神终究也会给你，对吧？"在场的人纷纷点头，而陈红欲言又止，小云的话像是有一股力量能够直击她的内心："我们要的，神终究会给我们吗？不过但信无妨吧。"打铁可是要趁热，莲姐似乎看出了陈红的迟疑，马上打开电视，播放基督教的视频以及其他一些灵异神奇的视频。"美国还有专门研究 UFO（不明飞行物）的机构，但是科技发达的他们还没能够对 UFO 的现象进行解释呢，世界那么大，又怎么可能只有地球存在着生物呢？"莲姐边看边跟大家说道，"而且啊，我还看到过这样一个故事，1986 年 3 月 26 日的傍晚，美国纽约州北部的消防员接到报案，让他们去调查一起让人摸不着头脑的火灾，一个名叫乔治·莫特的人在上床睡觉的时候还好好的，可是，会是什么样的火在没把房子烧毁的前提下，能把一个原本有 180 磅重的人烧得只剩下 3 磅半重的骨头呢？这些都是网上能够看到的实例啊，你们想想，科学无法证明的事情多着呢，无法证明的事情谁也不敢打包票说不存在，对吧？”这些奇特的事例让陈红充满了好奇。

当这些画面来得越来越真实时，陈红也忍不住开始怀疑自己的现实生活是否正在被神主宰着。

不知不觉中，好奇像旋涡一般吸引着陈红，使她迫切想弄清楚这个全能神究竟是怎么一回事，与其说她是希望一探究竟是否有科学无法解释的事情，倒不如说她希望这个全能神能够真的实现她的愿望。从开始对交通（信徒们对聚会的称呼）稍微地抗拒，到变得慢慢地接受，短短几个月内，陈红的生活发生了一些变化——每天下班后都会不停地观看全能神的学习资料，不停地与信徒们“吃喝神话”。

拓展

唤起恐惧，就是借助带有恐惧性情绪色彩的信息去说服受众接受劝服。唤起恐惧是邪教组织劝服信徒并对其实施精神控制的重要手法。此案例中，全能神信徒就是通过向陈红密集灌输世界末日、地震、地球毁灭、UFO 大灾难等谣言，使陈红在精神和心理上产生巨大的恐惧，为消灾避难而屈服于全能神。

几次聚会过后，信徒们都侃侃而谈，纷纷汇报自身经历的神迹。听完“汇报”后的陈红默不作声，低下了头。身旁的小云轻声地问道：“小红，怎么啦？”

“我觉得我的进度太慢了，神在我身上的显现不太明显。”陈红说道。

“神在我们身上所显现的神迹都是一步一步来的，你的虔诚，神会看到，你现在遇到了修练的瓶颈，只要不放弃，你也会看到神对你的恩泽，其实在这个阶段，你再用心想想，你会发现，有一些生活上的小变化就是神对你所做出的改变。”小云脸带微笑耐心说道。

“是的，我好像也感受到了一些细微的变化，但不敢确定这算不算是神迹的显现。”陈红回答说。

“来，你就勇敢把你的事情与大家分享一下吧。”

陈红想了一会，慢慢开口说：“在我信奉全能神以后，我慢慢地感受到了，我对爱情不再那么“执著”了，对于男朋友所说的话、所提的不同意见，我都不会去想太多，而同时，我对这份感情也不会过多地猜疑了，男友的陪伴多一点或是少一点，我也不会计较了。再有就是生活上的变化，我在下班以后，大部分时间都会‘吃喝神话’，这好像也会使我对以往生活上看不惯或者是不顺眼的事情看淡了很多，但我不确定这算不算是神对我的改变。”

莲姐带头鼓起了掌，乐呵呵道：“是的，小红，这是神的力量，是神让你沉下了心，也是神让你放弃了固执、猜疑，不去计较这些世俗。进度很好，以后还要多学习‘神话’，与大家分享更大的神迹。”

莲姐的话，陈红虽然觉得有些夸张，但还是感到了由衷的高兴。

在接下来的生活中，陈红对全能神的投入也越来越多，以往井井有条、公私分明的生活节奏也模糊了起来。无论是在单位还是在家里，只要一有空闲，陈红就必定会拿出学习材料，一遍又一遍地反复看。“交通聚会”从原本只是打发时间的消遣，渐渐地成了她生活中必不可少的部分，甚至情愿放弃男友从外地回来与她相聚的难得机会。在众多的信徒里，陈红算是罕有的知识分子，随着时间的推移，信徒们都喜欢陈红所分享的例子和神迹，慢慢地，陈红成了这群“修练之人”的“定心丸”。她喜欢这种感觉，喜欢被众人信任与簇拥，这使得往日平凡的她有种飘飘然的感觉。

可是一头扎进“吃喝神话”泥淖中的陈红，哪里察觉到，在她身边的朋友、同事甚至是亲戚眼中，她已经变得整天“神神叨叨”，简直像是换了一个人，与以往对生活乐观、对工作充满激情的状态大相径庭了。

此后，公司经理也曾找到陈红，对陈红说：“公司的领导都认为在这个部门里无论就工龄还是能力，主管一职最适合的人选就是你了。”同时也曾间接地提醒陈红："信仰只是我们生活中的一部分，生活还是生活，没必要把信仰当作生活的全部。"可是陈红只是微微一笑，带着一点清高，没有回答。她心里想，经理虽然是她的上司，但终究是没有修练过的人，自然功利心太重了。她也不打算为自己辩护什么，她知道话不投机的结果只会是无休止的争吵。

清明节这天，天气格外明媚，一扫往日阴霾。陈母挥动着手里的镰刀，清理着墓前的杂草，不时地一手叉腰，一手擦额头的汗水，套在她头上的灰色格子围巾在阳光下格外显眼。过往的村民把山径的野草踩得稀巴烂，肩上挑着的大筐小箩的祭祀用品左摇右晃，为原本庄重的节日添上了一种无法言喻的氛围。山脚下嬉闹的儿童发出的欢声笑语与远处隐隐约约的炮竹响声相互交错，蜡烛燃烧所散发的气味与春末夏初里芳草所散发的气味相互混合。这就形成了我们脑海中清明节的气息。

"陈红啊，来，帮妈妈到祠堂里把祭祀的用品拿过来，时间一到我们就开始拜祭了。"

坐在树下翻着《话在肉身显现》一书的陈红摆了摆手，脸上露出了一副不乐意的表情。

在以往各大节日，陈红总抢着干活，而清明这种家家户户都参与的节日，陈红更是勤勤恳恳，一方面是向祖先表达缅怀、敬畏之情，另一方面也可以借此机会拉近和村里叔伯婶母们的感情。可这天陈红似乎变了一个人，她似乎已经打心底里完全相信全能神的教义了——节日什么的都是"世俗"，而那些不信奉全能神的村民是充满"罪孽"的，再跻身到其中只会冒犯神，既然神不喜悦信徒去搞喜庆的东西，不喜悦信徒吃喝玩乐，那就应该尽量避免这一切。假如参加了这些活动，这大半年的努力就功亏一篑了，而且这是背叛神的行为，会使自己受到神的惩罚。正是有了这样的思想引导，陈红与家人、同学、朋友的联系开始少了很多，但她却完全没有意识到有任何不妥。

有组织地对抗法律

2014年中的某天，陈红突然接到银姐的聚会通知，她匆匆忙忙地向单位请了假，借了同事的助力车就往聚会地点赶。他们往常的聚会都有一个固定的时间，这次为什么那么匆忙呢？

陈红一赶到聚会点，就发现莲姐、银姐、小云以及一些只是偶尔出现的教会骨干都已经到场了，与以往一进门就听到欢声笑语的情形不同，这次参会的教友们都有点神色凝重。

银姐开口了："我们全能神的信徒在世界各地的人数越来越多了，国内的公安已经开始加强对我们的打压，同时也贸然把我们全能神宣称为邪教，并开始在各地拘留我们的兄弟姐妹，我想，这是神对我们的一次考验，在这个节骨眼上，我们必须要为神做见证！"

莲姐也跟着说道："我也有一个遗憾的消息告诉大家，由于近期公安加强了对我们教会的打压，我们聚会的地点，也不得不随时进行更换，所以，我希望各位教友们有钱出钱，有力出力，为聚会的地方提供一点支持，为我们的神做出一些奉献。"

听到这个消息后，作为忠实信徒的陈红第一个站了出来："我们必须站稳脚跟为神做见证，近一年来，我们每次聚会都是吃莲姐的，用莲姐的，莲姐也没有怨言，这就是奉献。所以，我也愿意奉献出我这个月的工资表示对教会工作的支持。"陈红用坚决的态度表明了自己的立场。

"我也愿意奉献出我一个月的工资。"

"我也愿意。"

"我也愿意。"

…………

信徒们纷纷表明了自己的立场。

接下来的几个月里，全能神聚会的地点换了一个又一个，但之前聚会鲜见的教会"骨干"都会出现，或者是为了稳定"军心"吧。在这几个月内，聚会的重点内容已经不是“吃喝神话”和交流心得，而是对政府的诽谤，通过扩大和宣传社会的阴暗面寻求信徒们的共鸣，挑起信徒们的敌对情绪，同时巩固教友们的立场。一直以来，全能神表面上强调不参与政治，可是他们却对政事进行一番番自以为发人深省的批判。

天网恢恢，疏而不漏，该来的还是来了。

2014 年中秋过后的第 3 天，陈红在一个新的聚会点参加了两次聚会以后，就在二哥的家里被公安带走问话。陈红心想自己只是个平民，秉持着向善的心态去信奉全能神没有错，不会有事的。即使被问话的时候，陈红也依然未察觉到事情的严重性，还打心底里认为她信仰的就是真神，这是神对她的一次考验，所以必须要站稳脚跟为神见证，神的福荫终会庇护她。

在公安局里，陈红见到了好些往日聚会的弟兄姐妹，按照教会要求，他们除了对了对眼，就再没有打任何招呼。在审讯的过程中，陈红认为自己必须要成功应对这次“神的考验”，为了维护教会里的弟兄姐妹，她按照全能神组织教的那样，撒了一个又一个谎言，处处小心斟酌，避免任何走漏风声的可能。既然是撒了谎，必定会有一连串难圆其说的地方，一方面，正是因为这些谎言，另一方面，受过高等教育的陈红是众多信徒中学历最高的，这些都使公安机关认为陈红存在着重大的嫌疑。

审讯的最终结果出来了，由于参加邪教活动，陈红须被行政拘留 15 天。虽然被告知行政拘留，但她仍未意识到问题的严重性，反而对此感到自豪，认为自己成功应对了神的考验，为神做见证了。

重新过上正常生活

为了尽快帮助陈红从邪教的泥潭里走出来，当地政府部门和志愿者组织立即对其进行耐心细致的帮教，以纠正她的思想。通过工作人员的开解和学习反邪教辅导材料，她终于明白过来，全能神就是一个地地道道的邪教组织。她意识到了之前一直被邪教所洗脑，不禁为自己差点沦为不法分子的利用工具而感到深深的后怕。经过一系列的学习，陈红的思想慢慢转变了，回到正常思维的她开始帮着教育其他未转化的“教友”，去认清他们所信奉的全能神的邪教本质。

断绝了与全能神的任何联系，陈红仿如噩梦初醒，重新把身心投入往常的工作生活中，如愿地在工作中得到了提拔，如愿地每天和健康的母亲聊着天，尝着家庭小菜，也如愿地与不离不弃的男友共偕连理。

看着陈红离去的背影，太阳的光芒洒落在她的身上，我构想着那个在她回忆里头套灰色格子围巾、手拿镰刀弯腰除草的母亲的形象，构想着那个拿着计划书在投影仪前充满激情解说工作计划的陈红的形象，一切正如她隆起的肚皮里的希望，在阳光下充满了生气。我也会惦念在她回忆里被邪教蛊惑的银姐、莲姐以及那个“话语中充满哲理”的小云，她们现在是否也像陈红一样，在幸福被毁前及时醒悟了过来？

一名特警队员的迷失之路

当时领导就问我，你是选择要工作，还是信全能神。我说要信全能神，不要工作。就这样我连工作也放弃了。

我叫叶水乔，今年28岁，出生在广东省阳山市的一个农村家庭，父母都是老实本分的农民，家里有一个哥哥、一个姐姐和一个妹妹。哥哥和姐姐已经成家立业，妹妹叫叶惠英，今年25岁，中专毕业，原来是一家五星级酒店的部门经理。奶奶叫易兰，今年85岁，一辈子都是庄稼人。

还记得孩提时，我的家庭虽然不是很富有，但一家人相处和睦，生活也和和美美。我和妹妹年龄接近，关系也最好，那时我们都乖巧懂事，父母都视我们为掌上明珠。有一次，父母都出去干农活了，母亲出门前要我们在家里做一些力所能及的事，比如挑水、做饭等。父母出门后，我们就一起去找小伙伴玩捉迷藏、跳绳等游戏。那次我们玩得特别开心，时间也过得特别快。临近傍晚，我才猛然想起母亲交代的家务没有完成，我提醒道："妹妹，我们回去了！家里的事还没做呢。"妹妹一听便说："是啊！哥哥，我们赶紧回家。"一回到家，她就抢着要去挑水，我便在家里生火做饭。没想到，妹妹却不小心摔了一跤，膝盖摔破了流着血，衣服也被打湿了。妹妹却没有哭，只是悄悄地抹眼泪。父母回家后，父亲批评了我："你做哥哥的，怎么没把妹妹照顾好?"妹妹听了却说："爸爸，是我自己不小心，不关哥哥的事啦。"

一转眼我们都已长大。妹妹中专毕业后，在家乡县城的一家五星级酒店工作，由于聪明又勤快，不到两年就从收银员升到了部门经理。而我中专快毕业的时候，父亲让我报名参军，那一年我刚好19岁。通过体检和政审后，我就光荣地成为了一名解放军战士。2006年至2008年12月期间，我在部队服役，当的是陆军步兵。部队的管理严格，纪律严明，训练十分辛苦。退伍后，由于在当地没有合适的工作，我去了深圳打工，历经3年，遭遇挫折一事无成。3年打工经历，让我觉得深圳这个城市竞争太激烈，没有归属感。

2012年我选择了回家，重新开始了自己的人生，有了新的计划和目标——拿到汽车驾驶证和考上国家公务员。2012年春节的时候，我参加了初中同学聚会，得知有几个同学考上了公务员，便向他们询问考公务员的注意事项，听后我也想拼搏一下。过完年后，我在书店买了好几本考公务员的书，就在家里认真复习。为了减轻家里的经济负担，我白天到离家不远的一家食品厂上班，晚上和休息日才有时间看书复习。当时的日子非常辛苦，可决心考取公务员的信念让我坚持了下来。5月份我报名参加了公务员考试，当时有大概40名退伍士兵与我报考同一职位，而这个职位只招5个人，竞争非常激烈。我也花了很多时间练习体能、文化水平和军事技能，最后经过千辛万苦，才有幸被录取。在得知被录取的那一刻，我激动得流下了眼泪，心想工作稳定后，一定要好好地孝顺父母，做出成绩来报答他们的养育之恩。

可当幸运之神降临到我身上的时候，灾难也尾随而至。2012年9月临近中秋时，我在家等通知去单位报道，全家人都在为我开心。有一天晚饭后，妹妹悄悄叫我去她的房间，我当时问她什么事情那么神秘。妹妹立刻关上门，对我说："全能神是这个世上唯一的神，只有信全能神才能保平安，我现在是替神向你传福音。"这时我才知道妹妹和奶奶一样也信全能神，难怪前段时间看到妹妹行踪不定，整天神神秘秘的，早出晚归，经常一个人躲在房间里，偷偷看全能神的资料。我在部队当过兵，知道全能神不能信，就对妹妹说："信全能神是违法的，奶奶之前向我传播过，我不敢信。"

早在2006年读初中时，我就第一次接触了全能神，当时是在奶奶家里。奶奶以前信仰天主教，20世纪90年代，我见过奶奶常去天主教堂参加礼拜，可是后来不知何时奶奶却被骗进了全能神。当时，奶奶对我说信耶稣过时了，现在要信全能神，现在的神看得见、摸得着，神的圣灵在人中间作工，拯救全人类。现在的人类太败坏了，是被撒旦败坏的，信全能神才能保平安，"世界末日"将要来临，信全能神可以躲避灾难。我问奶奶全能神在哪里，我怎么没有看见过。奶奶说全能神在中国北方的一个城市，全能神的作工是隐蔽的，你是看不见的，你只要祷告全能神，全能神就会显灵。我对奶奶说，我现在以读书为主，不想信全能神。奶奶说，信了全能神，神会来保佑你的。奶奶还特意拿来了一本《羔羊展开的书卷》给我，说是全能神发表的话语，全能神的话语就是真理、生命、道路。我当时对奶奶的话表示怀疑，也想过去验证一下，但是怕影响读书，就没有参加全能神。

由于好奇心，再加上被妹妹死缠烂打，我抱着半信半疑的态度开始去了解全能神。当初我对全能神是什么都不清楚，只是对妹妹和奶奶的痴迷感到疑惑，想试着去了解了解，结果却被洗了脑。当时妹妹向我宣讲末世到了，全能神降灾难到人间，只有信全能神才能保命。我问妹妹："信全能神有用吗?"妹妹说："信全能神的人灵魂将得永生，不信全能神就会被撒旦拉拢去，容易遭到灾难，灵魂会下地狱。"我听了后心里有些恐惧，想知道到底妹妹说的是不是真的，就想试一试，也许信了心里会踏实一些。妹妹又向我宣扬"末世说"，给我看一些地震、海啸、洪水、干旱的图片，证明这是末世的征兆。妹妹对我说："只要你信了全能神，灾难就不会降临到你身上，那些不信全能神的人就会在灾难中被夺去生命。"由于迷信心理，以及缺乏科学的世界观，我轻信了妹妹的话。我觉得妹妹的话有道理，这是我参加全能神的原因。

妹妹的宣扬使我开始产生矛盾和困惑。到底有没有神的存在？万一是骗人的呢？神的圣灵会作工在我身上吗？到底全能神说的对不对？难道我最亲的妹妹会骗我吗？如果信全能神真的可以拯救人，我觉得值得信。后来妹妹又给我看了《神的三步作工》，我逐渐相信了神的存在，相信神的圣灵会作工在人的身上。我认为全能神教会的前身是基督教。我当时有这样一个逻辑，神可以以耶稣的方式降临，也可以以全能神的方式降临来到世间。妹妹说："信全能神要过教会生活，要经常祷告、看神话、唱诗歌赞美全能神，要参加聚会。"又说："全能神发表的话语是真理，得到真理就能领悟到生命的意义，得到真理就能掌控一切，就不会在生活中碰壁，就会成为聪明智慧的人。"我问妹妹："怎样才能得到全能神的拯救?"妹妹说："要自己亲身经历，参加全能神的聚会、吃喝神话，听从全能神的旨意。"又问我："你什么时候有空？我带你参加全能神的聚会。"

过了几天，妹妹就带我到附近全能神聚会的地点。那天大约晚上 7 点钟，聚会地点是在我家附近电信大厦对面的一幢楼的 702 房，这是一个全能神信徒的家里。这个男信徒化名叫阿明，约 40 岁。还有一个化名阿蓝约 20 岁的男信徒和一个 40 多岁的中年妇女，负责给我们几个人宣扬全能神。妹妹带我到这里后就离开了。我当时想，妹妹的聚会可能与我不是一个级别的。这些聚会的信徒我一个都不认识，除了那个中年妇女，我们几个都是新入教的。当时聚会是很隐蔽的，要关门关窗，手机不能带在身上，要关机放在客厅里。聚会的时候，不能中途离开，要等聚会完才能走。我们几个人在小房间里聚会，时间约两个小时，主要就是祷告、唱诗歌、阅读全能神书籍。祷告就是你想对全能神说什么就说什么，说一些感谢、赞美、崇拜全能神的话。唱的诗歌是全能神编的歌曲，有些曲调是流行歌曲的曲调，但是歌词却是全能神的话语，诗歌有几百首，统称《新歌》。我们祷告之前就唱诗歌，拿一个 DVD 播放器播放，大家跟着一起唱。唱完诗歌后，就是阅读全能神书籍。

中年妇女又给我们讲了全能神的三步作工，说全能神的经营计划是 6000 年；说神有两次道成肉身，第一次道成肉身是耶稣，第二次道成肉身是“女基督”；神的作工分三步，第一步作工叫律法时代，神的名叫耶和华，第二步作工叫恩典时代，神的名叫耶稣，第三步作工叫国度时代，神的名叫“女基督”，也叫全能神。中年妇女告诉大家国度时代又叫话语时代，大家要读全能神的话语，神的性情是审判、刑罚、威严、慈爱、怜悯、包容。讲到神的性情的时候，我们听不明白。中年妇女就说要听神的话，抵挡全能神就会受到惩罚，顺服全能神她才会对你慈爱、怜悯。从那时侯起，我对全能神有了一种敬畏之心，也更加相信全能神所宣扬的“理论”。聚会就要结束的时候，中年妇女规定一个星期要参加两次聚会，每个星期三和星期日的晚上 7 点钟，如果有变动，他们就取消或更改时间。我在这个地方总共聚会了 3 次，每次聚会的人和内容都一样，都是唱诗歌、祷告、阅读全能神书籍。

有时候聚会完回到家里，妹妹会问我有没有听明白，还会给我“补课”，给我听某一首全能神诗歌，继续向我宣扬全能神。经过这样不断洗脑，我更加相信了全能神，甚至觉得全能神能给人类带来美好的生活，有了全能神的保护，地球就不会毁灭了。妹妹对我说：“不要把钱存在银行里，世界末日来了，你有钱都取不出来，赶紧把钱财奉献给全能神，当作善行。”我当时并没有奉献钱财给全能神，因为我心里想，把钱财奉献给了全能神，那我就没钱用了。

2012 年 10 月，我将要去佛山参加公务员岗前培训。在去佛山之前，妹妹劝我说：“你干脆不要工作了，全心全意为全能神工作。”我说：“我好不容易才考上公务员，还不想放弃工作，可以边工作边信全能神。”妹妹又帮我联系到佛山的全能神人员，然后就写了一张纸条，把我的化名、手机号码、关系等信息，逐级递交到全能神内部人员手中。一个月后的一天我接到一个陌生电话，对方问我是不是“阿喜”（我在全能神里的化名），电话里说你妹妹叫我带“特产”给你。我一听就明白“特产”是全能神接头的暗号，就这样我和佛山地区的全能神人员联系上了。在那里我参加过多次聚会，聚会一般选在星期六和星期日，因为我星期一至星期五要岗前培训没有时间。

2012 年 12 月，那时候所谓的世界末日快到了，全能神组织要求 3 人一组包村、包街大肆传播全能神。我在佛山认识的人不多，她们问我有没有发展对象，我那时还不敢向同事传播，怕被发现。可是所谓的世界末日之后，地球并没有像全能神所讲的那样遭受毁灭，世界也没有发生灾难。我打电话问妹妹，妹妹对我说：“全能神的作工还没结束，要为神做见证，全能神没有毁灭地球，没有发生灾难，是因为对人类的慈爱和怜悯。”妹妹还强调，这是全能神在试炼、考验信徒，千万不要退出。妹妹就是这样为全能神圆谎的。

2013 年 6 月，全能神人员陈浩打电话通知我去参加聚会。原来是给我下任务，要我发展信徒，当时聚会还有几个女信徒，她们也有发展信徒的任务。陈浩把收集上来的发展对象名单给了我们，要我们想办法向发展对象宣扬全能神。这些发展对象有的是曾经加入过全能神后又退出的，也有宣扬过一两次还没有加入全能神的，还有没被宣扬过但有可能会信全能神的。陈浩还要我们写下保证书，保证每人每月必须发展 2–3 人加入全能神，如果做不到就天打雷劈！

我当时知道参与全能神活动是违法的，提心吊胆，又没有经验，既不知道如何向发展对象开口，也担心如果被发展对象拒绝还会很尴尬，所以心里非常矛盾。为了表达对全能神的忠心，我计划先向身边的人宣扬。当时我向我的女朋友张银莲宣扬，带她参加过两次聚会，不知道什么原因，她过了一个多月就不再信全能神了，我因此还与她闹分手。

接着，我又计划向我的朋友陈璐宣扬全能神。我想这次要精心策划好，一定要成功发展到一个信徒。刚开始，我先让全能神人员小亮和阿萍买好水果到出租屋，布置好房间，摆放一些基督教圣物如十字架、基督画像等物品在房间的醒目位置。随后我跟陈璐说带她去一个神圣的地方。当时，我们先和陈璐聊聊天，拉近关系，得知陈璐信佛教，喜欢研究佛学。我告诉陈璐，小亮和阿萍是学心理学的，她们信仰基督教。我们一起探讨研究基督教。小亮教陈璐唱全能神的歌曲，和她一起互动，让她融入气氛中，给她看些灾难视频，以引起她的恐慌，还给她讲神的创世、诺亚方舟等故事，想让她相信神的存在。要离开时，我们给了陈璐一本《最后的船票》，叮嘱她回去好好看看，下次有空再来互相交流学习。

一个星期后，我又约陈璐到那个出租屋进行交流。我问陈璐："《最后的船票》这本书看不看得懂?"陈璐说："能看懂，但我不认可全能神的观点，我更相信佛教。"我和小亮试图扭转陈璐的思想观念，可是她对佛教的观念比较深，不接受全能神。最后，我们只得放弃对陈璐传教。

我又寻思着向同事陈静宣扬全能神。我骗她说去一个朋友家玩，其实是带她到南海区桂城街道东二中心村的一个出租屋参加全能神组织的讲课。我们又跟以前一样，买了一些水果，热情招待了陈静。小亮给陈静看一些全能神资料和一些全能神视频，视频讲到全能神的工作扩展到了很多个国家。我对陈静说："全能神发表的话语是真理，很多人信。"可是她并不感兴趣。我又给她看一篇见证文章《一个公安局长的自白书》，说公安局长也信了全能神。我又说："信全能神还可以治疗抑郁症，香港明星郑秀文也信全能神，并因为信了全能神治好了抑郁症。"可是陈静最后还是没相信全能神。后来我又向同事曾志文、黄志葵宣扬过，他们也都没有信。

后来，单位领导发现了我参与全能神的活动找我谈话，给我认真反思的机会，要我交代参加全能神组织所做的事情。我当时非常痴迷，认为全能神是拯救人、是改变人的思想，是教人行善的。妹妹也对我说过，无论什么时候都不要抱怨和出卖神，要为神做见证，况且全能神要求信徒不能出卖教会利益，不能出卖教会带领，否则必将受到神的惩罚。当时领导问我，是选择要工作还是信全能神，我说要信全能神，不要工作。就这样，我连工作也放弃了。

回到家后，我连续几天把自己关在房间里，向全能神祈求：“神啊！您快显灵，救救我吧！我祈求您能给我灵感，给我指明方向！”可是全能神根本就没有显灵，我还是我。父母见我一连几天都把自己关在房间里，便问我怎么回事。我把自己参加全能神和辞职的事说了出来，母亲听完后，一时气急导致心脏病复发，晕厥了过去。父亲见状赶紧叫来邻居一起把母亲送到医院，幸好送得及时才抢救过来。就这样，我为了全能神而放弃特警工作的事，传遍了附近的村镇。父母因为我和妹妹都加入了全能神，而整天郁郁寡欢，以泪洗面。

后来，镇上的反邪教志愿者找到我，对我说：“你要信基督教也可以，为什么偏要信全能神？全能神就是一个彻彻底底的邪教组织。”我反复思考，逐渐恢复了理智，开始怀疑全能神说的是不是骗人的。

在反邪教志愿者的帮助下，我了解了全能神的由来和它的各种害人案例。我彻底醒悟了，认清了全能神的本质和危害，从迷途中走了出来，同时对曾参加全能神万分后悔。

我原本有一个和和美美的家庭，一家人团聚在一起开开心心，现在家庭支离破碎，父母精神饱受煎熬。他们为我所做的傻事感到痛心，精神上受到了沉重的打击，这都是全能神害的。奶奶年纪那么大了，本来可以好好安享晚年，却被全能神害得人不人，鬼不鬼。妹妹离开家已经一年多了，至今未与家人联系，她受到全能神的歪理邪说影响，抛弃了家庭，放弃了工作。我现在已经醒悟过来了，但是妹妹还不知道在哪里。

妹妹，你在哪里呀？哥哥很想你早点回家，爸爸妈妈都是爱你的，你怎能忍心抛弃家人不管呢？妹妹，回家吧！

全能神拉人爱搭基督教“便车”

■ 广东省反邪教协会　陈文汉

众所周知，几乎所有邪教组织都爱跟宗教扯上亲缘关系，而且，很多邪教不但打着“宗教”的旗号穿街过市，而且还经常有计划、有步骤地瓦解宗教教会，把原宗教信徒拉入其邪教组织，通过“搭便车”“抢羔羊”，把宗教组织作为自己发展壮大的“无形资产”，就像寄生虫强行从寄主体内夺取养分一样。如呼喊派、全能神、门徒会等邪教都是依靠从基督教会中“抢羊”快速壮大的，灵仙真佛宗、观音法门等邪教则以佛教的姿态出现拉拢佛门弟子。法轮功李洪志的弟子当中，有很多也是原本信奉佛教、道教等传统宗教和中国民间信仰的人。

全能神邪教甚至针对如何从基督教会拉人制订了详尽的《摸底铺路问题细则》，并说“摸底就是借用各种关系，各种方式打入各派教会内部，与人拉好关系，获得他们的信任和好感，以便了解他们内部的实情”，“铺路就是在拉好关系以后，谈一些转观念的真理，把他们里面容易打岔的观念、想法、认识一样一样地扭转过来，把他们里面所缺少的真理补上，使他们能谦卑下来……的过程”，一语蔽之，摸底铺路就是打入宗教教会内部把“羊”抢过来。这里，让我们看看全能神是如何搭基督教“便车”的：

一、假冒基督教“传教”名义拉人

全能神在拉人的时候，经常谎称自己是基督教，正在“传福音”，这样做一来可以蒙蔽拉拢对象，消除对方疑虑，二来可以掩人耳目，逃避检举揭发和法律打击。很多加入全能神的信众，最初就是抱着参加基督教活动、到基督教堂做礼拜等心情，在教堂里遇到所谓热心人、好心人，给他们讲“神”的各种好处，新的作工等，一不小心就给拉到全能神里去了，自己还以为加入的是基督教。

二、推出“女基督”，贬抑“耶稣基督”

全能神为迎合普通信众对神灵“立竿见影”“有求必应”的“诉求”，通过制造、渲染“女基督”的“神异”“灵迹”，说“耶稣是受造之物”“耶和华、耶稣都是渺茫的神，凡信这渺茫神的人都断送了自己的性命”，“只有相信第三时代的、能看得见摸得着的实际的神（即“女基督”）才能得救”，从而把基督徒信仰的对象“偷换”成所谓的女基督。

三、瓦解旧信仰，灌输新歪理

光推出新的“女基督”也是不够的，还要给他们灌输新的歪理邪说，才能真正把他们“拉”过来。为不引起反感，全能神一般不先直接否定，而是先建立关系，然后谈心传“道”，悄无声息地瓦解基督徒原来的信仰体系。如告诫信徒传教时“别直接否定《圣经》，别说《圣经》过时了，不看了，里面有人意，全错等等，应该讲神有新的发声，就看新的”，“别否定三位一体，别谈神的性别”，“别说现在不是恩典时代”，而要说神二度道成肉身，化成“女基督”降临东方，“恩典时代”过去了，现在要跟随他们进入“国度时代”。如果你产生了疑惑，他就正好乘机给你灌输他们准备好的内容。他们的歪理邪说不但迷惑了部分基督教徒，甚至有造诣很深的基督教传道人都被他们弄到思维混乱。

四、“降服”教会领头人，整体占有原信徒

我们知道，在个体或群体性的改宗过程中，劝服者的社会地位是一个较为重要的影响因素，个体较为容易接受地位与自己相近或高于自己的传道人的劝服。全能神也充分利用这个特点，拉信徒时经常把目标瞄准基督教会的领头人，从而整体或大部分占有该教会原信徒。

有这样一个个案，信徒W（女，68岁）在改宗过程中接受了原教会带头人的劝服，放弃了原信仰改信全能神。访谈节录如下：

问：那您之前没有信教吧？

答：信啊，信的别的小教，也有6年呢！

问：那后来怎么又改信这个教了啊？

答：开始吧，有人来给我们送书，说这个教好，让我们不管信不信都看看！我们当时那个教的头子呢知道了，就带人来跟我们说不要信啊，不要接他们的书。后来啊，又来送书还叫我们去听他的讲道，我和另一个姊妹呢就商量，说要不就去听听，还没得空去呢又被我们上头给拦住了。后来呢，我们头也信这个教了，说是真神劝我们也信，当时还叫我们举手表决的，我们都举手同意了，就换到现在这个教会了。这都是主在作工啊，感谢神啊！

问：你们原来那个教的头子叫你们都换到现在这个教会，你们就都换？

答：对啊，都换过来了！

可见，先把领头人拉过来确是邪教拉人的“捷径”。然而一般领头人都是教会中信仰较坚定的人，要“降服”他们并不容易，所以邪教对此不惜挖尽心思、不择手段。如全能神专从基督教会的长老、传道人入手，采用威逼利诱、绑架软禁，对男的使用“美人计”、对女的则实施奸淫等恶劣手段进行“拉拢”，无所不用其极。

平凡人的英雄梦

开会过后，他叫住我，聊了家里的一些情况，然后一脸凝重地问我：“现在有一个十分重要的任务，也十分危险，不知道你愿不愿意为教区贡献自己的力量?”

老全是湖北省南漳县某村的一名中年人，仅有初中文化的他在广东省东莞市、揭阳市打工期间接触并逐步痴迷全能神，为全能神组织活动提供食宿等便利，后被该组织发展成为在广东省揭阳市、梅州市一带的负责人。经过社区志愿者帮教后，老全现已脱离全能神。本文是社区志愿者对其开展家访时的片段手记，从中可以窥见其灵魂变化的轨迹，更能探秘全能神邪教的诡异行踪。

和组长去老全老家回访，家里人说他正在田里干活。第一次见到老全是在村口的榕树下，我们说明来意之后，他便招呼我们坐在树下乘凉："好几年没干过农活，把自家田地荒废了不说，身子骨反而不像之前那么灵便了。"

当我们问起他最近的生活时，老全从口袋里拿出自制的卷烟："以前爱瞎想，总喜欢乱琢磨，没人能够把我从幻想里面拉回来，自从认识了这兄弟（编者按：指自制烟卷），味大，够劲，嘬一口就能把我拉回现实。

"现在政府对种田的农民弟兄好啊，不但专门上门收购粮食，还发补贴，加上村里的分红，不单单生活有保障，农闲的时候还能带爸妈老婆孩子去旅游，这些年他们没少为我操心。"

按照惯例，我们问了一些他对全能神的看法。"不会信了。"老全眯了眯眼，好像看着远方出神，突然猛地把手里剩下的烟吸了一口，扔掉烟蒂，用脚踩灭，才长吁一口气："就跟我家婆娘说的，信了之后，田也不耕，饭也不吃，这种教不信也罢。

"我是家里的独苗，祖祖辈辈都在这村里干农活，爹妈、爷爷奶奶都惯着我，我很快就成了村里的孩子王。当时条件艰苦，搞大生产，大家的热情都投入在农业建设上了，也没人去管村里这群野孩子。过了几年，村支书说服我爸他们，说我是村里几个孩子中长得比较壮实的，送去县城读个书，那边有他家亲戚照应，回来好帮忙留意农药化肥的用法。按我妈的说法，那时候叫我去读书，是想着以后能够把数算好而不被人缺斤少两，也就不舍地答应了，就这样我跟村里几个‘壮实的’被送去县城的中心小学读书。

“那时候哪会有什么理想抱负，只是觉得出远门能到处玩，就欢天喜地地答应了。到了村支书亲戚家，住的是铁架子床，吃的也是村里的稀饭，不过一个月有一两顿肥猪肉已经让我们欣喜若狂了。到了上学的时候，一开始还没什么，到后面就想家，想家里的玉米面馒头，这时候村里会派人送些番薯面粉过来，一般是村支书跟着某家父母，有时候是我爸妈来，有时候是一起来上学的孩子的父母来，不管谁过来，一家三口都会抱头痛哭，不说话，也说不了话。这时候村支书就会张罗着让我们一起吃中饭，因为地方小，他们没地方留下来过夜，必须赶上下午回村的拖拉机。就这样，这种生活持续到我初中毕业。

“初中毕业，虽然不算优秀，勉强考到了进高中的合格线，这下我母亲不乐意了，原以为我能够回家务农减轻家里的压力，现在一上高中，不仅少一个劳动力，还要额外养一张吃饭的嘴，为这事，差点跟我爸闹翻。我记得当时村支书到我家做工作，谈了一下午，我妈就闹了一下午，到最后我爸咬咬牙：‘上！’于是我便进了县城最好的中学。”

老全拿出第二根纸烟，用打火机点着，却一口也没有抽。

“除了读书，那3年我没少干坏事。”老全嘴角微微上扬，摇了摇手中的纸烟，“这口爱好就是在那时候养成的，那时也没现成的，用烟纸包烟丝，再切成差不多的长短。当时我们班主任是个大烟鬼，每星期我就主动去他家帮忙切纸烟，把纸烟盒子装得满满的，多出来的几根就进了我的口袋。像做弹弓打鸟啊，上树掏蛋啊，到山上捉山蟑螂（一种中药材）去卖啊，反正没少挨骂，还好成绩勉强跟得上，爹妈也就没说什么。

“又是3年，考上了大专，这时候我妈也不再反对了，她说肯定是上辈子欠我们家的，要上学就上吧。到了省城，我玩得更疯了。当时都是包分配的，甚至学费、生活费都不用家里出，就没怎么上心读书。为了给家里省点钱，我倒卖过不少东西，什么衣服啊，球鞋啊，录音带啊，港台明星的海报啊，流行什么就卖什么，赚了不少烟钱。

“毕业后学校让我选单位，我听老妈的话选了离家近的县二轻厂，一个月几十块工资，不多但是我乐得轻松，到周末休息就回趟家，就这样闲着闲着过了10年，中间结婚，生小孩，然后突然有一天，单位倒闭了。失业对于我们村来说是大事，男人养不了家是奇耻大辱，抽了一晚上闷烟没合眼之后，我决定去省城打工。”

正说着，这时有个骑车的小伙子从村子里出来，远远地朝我们这边招手。老全见后高兴地招呼我们：“走，上我家坐会儿，顺便吃顿饭。”

进了村里，老全拉着组长的手穿过小巷，拐进一家4层高小楼房的院子里，一位中年妇女正在门口择菜，旁边几只母鸡眼巴巴地等着女主人把烂菜叶“赏赐”给它们。女主人看到组长出现，立刻停下手中的活，上前拉住组长的手：“恩人来啦，还没吃饭吧？中午就在这里吃了，我杀只鸡!”

老全把我们领进客厅，招呼我们坐下后，便开始烧水沏茶。眼前这个热情好客、经常把笑容挂在嘴边的人，谁也无法想象他之前却是两眼呆滞、表情木讷的。

到底邪教是怎样把一个人慢慢地拉进深渊，又是怎样一步步地使人疯狂的？我刚想发问，老全已经自顾自地打开了话匣子：“重游故地，一切变得很陌生，省城变化太大了。不过那时工作很好找，到处在招人，我当时去了酒店前台应聘，很快就被录取了。刚开始有点不适应，倒班制比起以前在二轻厂的时候要累得多，但是有更多的工资，遇到更多的人，陈生就是在前台认识的。

“那天他来开房，穿着衬衫，戴墨镜，打领带，右手拎着个公文包，腋下夹着西装外套，说一口流利的广东话。办手续的时候，他煞有介事地摘下墨镜，问我信神吗，我说不信，他就说我内心有事郁结，脸色很不好看，信神能够排除心结，还特意从公文包里拿出一本金漆红底的港版《圣经》，说这几天住店时借我看看，希望能帮到我。那时确实是离家有一段时间了，心里想着家里的老婆孩子，平时除了上班就是睡觉，没什么业余爱好，反正白天休息的时候没事干就看看呗。当时就是当消遣来看的，也不曾想说要信这信那，也许是有事情排遣无聊的时间，觉得整个人身上的压力小了很多。以为就是读《圣经》信耶稣化解了内心的郁结，于是，等陈生退房的时候，我问他怎么做才能去信耶稣。

“陈生一脸神秘地说：‘现在信耶稣已经是过去式了，要信全能神。’我当然知道全能神只是称呼耶稣基督的另一个名字，在《圣经》里面有讲。‘这不是同一人吗？’我问他。‘不一样，时间上不一样。’他脸色很异常，说话之间还到处张望，好像在观察周围有没有人注意他，‘现在说不清楚，这样吧，这是我的传呼，你休息就打个电话给我，以后再联系’，说完他就急急忙忙跑了。

“我照做了，第一次在一个茶餐厅里见面，他特地找了个楼上包厢，我那时以为是对我的尊重，现在才知道，他是怕被其他人知道他是干什么的。那一天我们聊了很多，我就看了几天的《圣经》，对其中的内容一知半解，他那时说得我晕晕乎乎的，就这样稀里糊涂地信了。离开的时候他跟我说，‘小王啊，下次你休息的时候联系我，我带你去做礼拜’。

“当时倒班排到我上夜班，早上一累就睡觉了，不曾去想联系陈生，到了想起这回事已经是一周以后了，我打了他的传呼，很快，他就回复要我在某公园门口和他碰头。我依约碰面，他带着我穿过公园，绕进小巷里，三转四转，最后到了一间3层高的小楼房，我见到了自己的‘弟兄’。和外面的环境不同，里面布置得很温馨，我和陈生一到，他们就开始唱歌，大概能听出是些流行乐的调调，但是词却一点都不懂，隐隐约约能听到‘主’‘全能神’‘大祭司’什么的。我不想让陈生难堪，就装作全懂了在一旁听着，也不发问，就这样第一次集会自己傻傻地在‘旁听’中度过。走的时候，他们告诉我，我以后在弟兄面前就叫‘旺旺’，要我留下工作时前台的电话，以后集会好通知，我便照做了。

“大概过了一星期吧，教会的弟兄就打电话找我，说是要‘交通’，后来知道‘交通’就是集会的意思，要我还是去上次的公园等，有人会去接我，叫我的化名。隔天依约到了公园门口，不久就有弟兄来喊我‘旺旺’，我就跟着他走，还是到了之前的地方。唱圣歌、祷告之后，有一个叫小红的女孩接待了我。我因为只看了几天《圣经》，很多地方搞不明白，比如为什么不叫主耶稣要叫全能神，她回答我说，这是按时间来喊的，主第一次道成肉身的时候叫耶稣，现在是第二次道成肉身叫全能神，两者都是同一个主，没区别。我当时也没在意，到后面她说现在的主的作工跟《圣经》

上的作工还有点不一样，然后她给了我一本《话在肉身显现》，说是现在的主的作工全在这本话语里，让我回去好好读，第二次交通就这么结束了。临走的时候，我问小红以后我能不能直接过来集会点这边，因为我已经知道怎么走了。她好像被什么触动了一样，很是紧张，一直摇头，坚持要我在公园碰头，由弟兄领我过来，我看她既然这么坚持，也不好说什么，就同意了。

"之后的一个月，我几乎每个星期都去交通集会，学习《话在肉身显现》，学唱圣歌，休息之余也买了一本《圣经》来看，但是跟《话在肉身显现》有不少出入，区别最大的是《圣经》要求教众'爱你的敌人'，而《话在肉身显现》则是对敌人睚眦必报，我就这个问题去问了小红，后来才知道她负责对我进行劝诱，当时只是单纯地认为她好说话，看起来又懂得多。她说这是每个时代作工不同，对信众的要求不同，对敌人的态度也就不同，但是总体来说目的是一样的，是解救人。解救人！这是多么高尚的目的啊，我当时就被这虚伪的目标哄得服服帖帖的，认准全能神教会是在拯救苍生，决心全心全意跟随教会去工作。

"那怎样才能去解救人呢，一开始我以为内心虔诚就够了，在工作单位里四处跟人说全能神的好处，结果一周下来，就小陈和小菲两个同样是柜台的同事表示有兴趣听听。于是我介绍小红给他们认识，小红很高兴，说是又有姊妹被解救了。我当时也很开心，背井离乡、倒货赔钱等阴影通通烟消云散，那天晚上也睡得特安稳。

"之后半年我们3人一直在那个地方进行交通、吃喝神话，都是轮流去的，一人去集会学习，回来就讲给另外两人听，有时候集会和上班有时间冲突，我们就互相顶班，当时觉得这是互惠互助，既不影响工作又不妨碍集会，参与热情很高，我们都觉得自己在做一件功德无量的事。但是小红却跟我们说不要心急，要多学学神的话语，对神有进一步了解，学习怎样去得人，最后才能传福音。

"好景不长，没过多久，我们那个集会点被依法取缔了，负责租用场地的弟兄也被警方带走问话。那一天我心灰意冷，认为全能神是在为全人类做好事，而政府不理解也就算了，还打压、禁止我们传福音；更让我生气、失望的是小红突然打电话给我单位，说我是大红龙安插进入全能神身边的‘敌基督’，要我从今往后不能与全能神再有联系，这让我像是掉进了无底深渊。我全心全意加入去服务、去追求，教会竟然认定我为‘犹大’！这是多么让人失望啊，但是我又不甘心被蒙上冤屈，决心洗刷自己的罪名。于是我辞了职，回到老家，要找当地全能神组织还我一个‘清白’。

“本来我可以就这样脱离全能神的毒害的。”老全说到这，被阳光晒黑的脸上少有地出现红晕，“但那时还完全浸没在救世救人的幻想之中，加上自己小时候被惯出来的‘野孩子’性格，让我向狂热的深渊越走越远。

“回到老家，我三天两头就往基督教集会地钻，打算与当地全能神的弟兄联系上。功夫不负有心人，我很快找到福音队的人，由他们牵头和当时负责县城的区长取得联系，说明了省城那边的情况。刚开始他们也不信，我说出了我的灵名“旺旺”，讲了些全能神的话语，还主动提出要在我老家农村搞一个传福音队，发展人、解救人。他们才半信半疑地同意我在老家传福音，不过只让我一个人去组织，县城会有人找时间联系我看我做得怎么样的。

“那时候满脑子就是要洗刷自己的‘冤屈’，没日没夜地和人交通，传福音。农活不想干，在田地里逮着人就说全能神的好，好说歹说发展了几个；借钱招待从县城来的弟兄，一来二去，县城区带领那边终于认可我是‘坚定’的信仰者，同意我作为一个招待（指接待其他地方来的全能神弟兄）回到村里，做好配合工作。同时，对村里信的村民解答关于全能神的问题，坚定他们的信仰。到后来我才知道，他们只是利用我狂热的信仰之心去为他们当替罪羊。”

这时候，女主人端了一盘水果上来，招呼我们：“那个死脑筋回到家三天两头就往县城跑，家里的地也不种，孩子也不带，看看，现在小孩都跟他认生！”“好啦好啦，女人话别太多，赶紧做饭去！”老全脸一黑，装出一副不耐烦的样子，待女主人进屋张罗饭菜后，他说：“这些年多亏她撑起这个家，我参加邪教后就没给家里寄过一分钱，还不停往外拿，有的作为奉献交出去，有的作为传福音或者招待开销，村里人都开始建小楼房的时候我家还是砖房瓦顶，自己最亲的人过得不好自己都毫无知觉，心里却想着拯救人，是不是很可笑？‘不爱其亲而爱他人者，谓之悖德’，学校老师的这句话让我幡然醒悟，但是也已经弥补不了我对家人所造成的伤害。

“在家不到 3 个月，县城那边又打电话过来，让我去县城开会。到了集会场地那边，有个大家都叫他‘韩少’的陌生面孔，显然他的地位比在场的都高，连县城区带领都站在他旁边毕恭毕敬，端茶倒水。但是他却表现得很随和，招呼我们坐下。开会过后，他叫住我，聊了家里的一些情况，然后一脸凝重地问我：‘现在有一个十分重要的任务，也十分危险，不知道你愿不愿意为教区贡献自己的力量？’‘愿意。’我想都没想就答应他了。‘那好，隔壁县跟大红龙的斗争形势比较复杂，比较危险，我又刚好有点事要去北方向上级汇报。这样，你去做那边的临时总带领，灵名、电话、身份都用我的就行，主要是在那边各个小区鼓励他们在高压下做好得人、解救人的工作。电话用电话卡打，没钱了也不要充，买另一张打，小心小红龙。’

“准备两天之后就出发了，那时我觉得那是自己一生之中最风光的时刻，自己坚定的信仰得到神的回应，被冤屈的罪名也得以洗刷，还‘升官’了，虽然是临时的。春风得意马蹄疾，新官上任三把火，一到隔壁县，我便马上开展得人工作。

“可是到了隔壁县，才发现问题远远比说的要多，许多人以前信后来不信了。我马上召集教区各个小区的带领开了个会，讨论如何让那些以前信后来不信的人重新信，最后确定两点：一是得人的时候要端正态度，保持平等的沟通状态，不能高高在上地传教；二是编一些顺口溜，有的是用来毁谤其他宗教，有的是确定该传谁不该传谁。其中有一条我记得很清楚：‘一口不言，二目无光，三餐不食，四肢无力，五官不灵，六亲不认，七窍不通，八面威风，久坐不动，实在无用。’

“也许是太过兴奋了吧，每到一个小区我就马上参与交通集会，迫不及待地去传播神的话语，去结识有共同信仰的弟兄和姊妹，鼓动当地福音队去得人，一起学习、‘吃喝神话’。没日没夜忘我地工作，结果等来的却是当地教区被政府取缔。

“之后我被送到社区矫治中心学习，这些你们应该都知道了。这几年，我本本分分干农活，也不再搞什么信神的活动了。原本村里几个因为我信了全能神的村民，看我不再信了也就跟着不怎么信了。村里一些给骗去钱财的，这些年能还的我都还了，当作是赎罪吧。”老全眼神有点迷惘，仿佛这些年信神的经历像是在做梦，做一个拯救苍生的英雄梦，这个梦又是如此真实。

经历了人生的大悲、大喜，再到大悲，湿润的眼眶让他不停地眨眼，试图不让坐在对面的我们发现。幸好他妻子出来让我们留下来吃饭，他赶紧借端汤跑进厨房，出来的时候已经把脸洗好了。

破镜能否重圆

全能神让我对人不能说真话，甚至欺骗别人，说自己的老公患癌症死了，上没有父母，下没有孩子，也让我变得六亲不认，不顾家不顾业，整天东躲西藏，偷偷摸摸，每天都生活在全能神制造的恐怖当中，诚惶诚恐不可终日，家也变得不像家。

广西壮族自治区，美丽的八桂之地，拥有十万大山的壮美、千百条河流的秀美和喀斯特地貌的奇特，有浓郁的民族风情，又是全国三大侨乡之一。1983年2月，黄丽娟出生在这个美丽的地方，虽然家庭贫困、学识不高，但黄丽娟性格乐观、积极。

黄丽娟自小被亲生父母抛弃，由一个孤寡老人收养。比起其他人，她的童年肯定是不完整，缺少更多关心和爱护。但人生和命运总是会有高低起伏的，虽然童年比大多数人不幸，但是2000年，黄丽娟在广东佛山打工时在一次老乡聚会上，认识了现在的老公伍桂标。为人老实勤劳、细致体贴的伍桂标，第一次相见就给黄丽娟留下了深刻的好印象，伍桂标好像也对黄丽娟充满好感。从此，年龄相近又同是单身的他俩，因为同在异乡打工，有了更多的共同语言和交流的机会。经过一段时间的交往，黄丽娟了解到，伍桂标也像她一样，自幼被亲生父母抛弃，被他人收养，家境一直十分贫困，养父母都60多岁且体弱，至今仍然住在几间破破烂烂的瓦房里。伍桂标上面还有两个姐姐，目前两个姐姐和姐夫都在佛山租了田地种菜种花谋生计。随着彼此了解的加深，黄丽娟和伍桂标这对同病相怜的青年男女，对彼此的印象越来越好，互生爱慕之心，开始了恋爱，直到2004年结婚。婚后夫妻双方感情和睦，憧憬着靠自己勤劳的双手，共同创造属于他们的美好生活。伍桂标不抽烟、不喝酒、不打麻将，没有什么不良嗜好，是一个很不错的男人，亲戚朋友和邻里都很看好他们的未来。虽然不是特别富足，但是凭借夫妻的共同努力经营，小家庭也过得相当有滋味，两个儿子的先后出生，更是给这个家庭带来了无限生机和希望。

为了让今后的生活更有保障，丈夫伍桂标就留在广东佛山打工，黄丽娟则回到老家带小孩。伍桂标每个月都按时寄生活费回家，隔三岔五就打电话关心黄丽娟、儿子及养父母。直到2006年，黄丽娟感觉到老公有了新的变化，生活费不像以前那样准时寄回家，电话也来得少了，有时打老公的电话要么不接，要么不回。黄丽娟感觉到危机来了，开始猜疑伍桂标是不是外面有女人了。带着疑问，2007 年小孩断奶后，黄丽娟随即和丈夫一起到广东佛山进厂打工，将两个年幼的儿子留在乡下给家公家婆照顾。刚在广东的半年时间里，黄丽娟还能安心打工，每个月都将打工挣的钱寄回家，给两个儿子和家公家婆做伙食费。然而好景不长，2007 年 7 月起，她发现丈夫经常外出，而且也不说去哪里，一走就大半天以上，电话也打不通。她心中充满怀疑和困惑，难道自己的老公真的像此前猜测的那样有外遇了，还是有什么不可告人的秘密？为了揭开谜团，黄丽娟趁老公不在家，偷偷翻了他的箱子，希望能从中发现一点蛛丝马迹，结果发现一本《神的三步作工》。因为自己之前读书不多，所以对读书有一定的喜好，还可以多认识字，黄丽娟就把这本书拿来看。

一天，正当黄丽娟利用工休时间全神贯注地看书时，伍桂标回来了。他一进门看见自己的箱子被打开了，黄丽娟正拿着自己藏在箱子里的《神的三步作工》看得津津有味。伍桂标一个箭步上去把书抢了过来，抱在怀里，生怕再被抢走，还满脸怒火地训斥妻子："你怎么乱翻我的箱子，拿我的书来看!"

看着一脸怒火的丈夫，想到自认识、结婚以来他还没对自己发过这么大的火，黄丽娟顿时感到很委屈，眼泪稀里哗啦地掉了下来，一边哭一边回应说："你平时休息时间老不在家陪我，我一个人觉得无聊，看你有一本书，所以就拿来看了。"

看到妻子这个样子，伍桂标心里产生了一个念头，既然妻子发现了这本书，不如把她也带入全能神的行列中来，于是开始对她讲人是怎么来的、神创造天地万物、要信神才能保平安等。就这样，噩梦开始了。

原来，伍桂标，这个他人眼中的好男人、好丈夫，在 2006 年认识了同样到广东佛山打工的老乡志红，这个志红曾经当过兵，现在是全能神信徒。伍桂标正是经过这个老乡"传福音"接触了全能神，被洗脑后进入该组织，现在正要亲手将自己的妻子和家庭推向火坑。出于对丈夫的信任，原本就没有多少科学文化知识的黄丽娟也开始相信全能神。从此，她原本平静的家庭生活被打破了，开始变得人不人、鬼不鬼。

黄丽娟谈起怎么会相信全能神时，心里满是悲伤和痛苦，她说："说实话，刚开始我丈夫神神秘秘地对我说：现在到处都是天灾人祸，只有相信全能神才能保平安得拯救时，我是不太相信的，还埋怨他变得神经兮兮。后来，我丈夫就带回来《话在肉身显现》《神的三步作工》《最后的船票》等几本书，叫我下班后有时间就看看，还让我别错过了最后蒙拯救的机会。当时我就想，别人可能会骗自己、吓自己，自己的丈夫总不会这样没良心吧！反正闲着也是闲着，我就开始看他带回来的书。丈夫还经常带所谓的兄弟姐妹回来跟我'交通'。那些兄弟姐妹和我说天地万物从哪里来的，人从哪里来的，为什么现在会有那么多的灾难降临，社会上为什么那么多犯罪的人；还说四川大地震是神在发怒，因为这里是抵挡神最严重的地方；说不信神的就是魔鬼撒旦，是大红龙的子孙；还说任长霞是被神惩罚的，让其死的时候面目全非；说只有相信全能神才能保平安得拯救，才不会坠入灾难中；他们跟我说世界末日就快来了，现在是信神蒙拯救的最后机会；还说一个人抵挡神，神就把这个人灭掉，一个国家抵挡神，就把这个国家毁灭，一个民族抵挡神，就把这个民族消灭等等。他们三番五次地来向我传福音，并拿那些恐吓人的话来吓唬我。就这样，原来啥都不信的我，开始跟着老公相信全能神，并按照教会的要求，起了两个灵名，一个叫杨芬，一个叫黄晓玲，也写下了不止一次的保证书，聚会的时候就会写，每次都保证宁死也不背叛神，就像恩典时代的犹太人一样，自愿接受各种各样的惩罚，反正就是怎么狠毒就怎么写。从此，这些写下的保证书就像一个个枷锁紧紧地锁住了我，让我失去了理智，越陷越深，不可自拔。"

据黄丽娟的工友讲，没信全能神时，黄丽娟活泼、乐观，喜欢和工友打成一片，经常一起吃饭，收工后一起聊天，同事有特殊需要调班换班，她总是乐于帮助，和工友的关系都很融洽。但是，自从黄丽娟信了全能神后，就变得寡言少语了，好像做了贼似的不太和工友说话，神神秘秘很冷很酷的样子，没有一点笑容。大家问她是不是家里出了什么事需不需要帮忙，她总是说没有，说完就不再搭理工友，自己做事情。大家都感觉到，黄丽娟完全变成了另一个人，变得好像有点难以理解、难以捉摸、难以相处了。直到后来，黄丽娟不再相信全能神了，才和同事解释说，以前是她疑神疑鬼，每次都在观察工友，都要试探一下哪个工友信神，只有信神的工友才与其说话，自己也确实变得很孤僻，傻傻地活在全能神描绘的世界里，一下班就赶去聚会，只把全能神里的兄弟姐妹当作亲人，和工友们的感情就疏远了。

自从黄丽娟跟着丈夫相信了全能神以后，夫妻俩变得更加聚少离多了，互相之间的信任也少了。因为传福音的需要，他们两个人经常变换电话号码，见面也少，就算在一起，也很少谈论家里的事，谈的说的都是要如何敬奉神、侍奉神的事。老公甚至和她说，要是她被抓了，就要说自己的老公得癌症死了，父母也死了，没有生小孩。原来很疼爱孩子的黄丽娟，慢慢地也变得不再牵挂老家的孩子，以往一发工资就想着给老家寄伙食费，信了全能神以后没有了固定工作，收入明显比以前少了，然而黄丽娟只要一发工资就想着要敬奉神，因为她相信全能神说的“神的作工要结束了，快点预备善行，要以神家的利益为重”，于是基本不管家庭了。

说到不管家庭，黄丽娟说：“这 6 年来，我总共为神奉献了 3 万多元，现在两手空空，啥都没有了，别人家都建起楼房了，可我的父母双亲和两个孩子至今还是住在平房里，家里连一件像样的家具都没有。不但几年来辛辛苦苦挣的钱奉献给了神，还变得六亲不认，别说平时很少给老人孩子打电话了，就连逢年过节也极少回家与家人团聚，亲戚朋友间也没有来往，因为那时我们都认为他们没有信神，都是撒旦，没有共同的话题。因为全能神说神家没有过年过节的风俗，即使回家，夫妻两人都是待在家里，听听歌，看看小孩，没怎么出去和人交往，偶尔去一下二伯那里，还是有目的的，想向他传福音。他是做医生的，比较有文化，不但不信，还把我们骂了一通，后来回去叫他他都不理睬我们。特别是 2010 年回家那一次，小儿子见了我都不认识我了，对我说‘你是谁，怎么来我家’，家公家婆很气愤地骂我们俩不务正业，变得傻傻的。那时我想着没事的，神要我们忍痛割爱，神会帮我们处理好这些的。信神这么多年来，回家、打电话的次数越来越少，到最后压根没有，连家公家婆、小孩生病都不知道，更别说回去看看或是电话问候寄点钱什么的。现在想想，真的很后悔，自己枉为人女、枉为人母，很对不起父母和两个儿子。”说到这里，黄丽娟流下了悔恨的泪水！

当人们问她，全能神鬼鬼祟祟的，为什么还会相信？黄丽娟说：“当时也确实感觉到，参加这些活动偷偷摸摸的，一点都不光明正大，也有过怀疑，但是，当想到全能神说，现在神的作工是隐秘的，到以后才公开，先隐秘后公开，先拯救后毁灭。那时也不知真假，加上自己又写了很多不怀疑神、不背叛神的保证书，心里就很怕很怕，反正就是怕，怕真的有惩罚，有报应，所以就一直都不敢放下。”

说起担惊受怕的经历，黄丽娟说起了这么一件事，那是2012年12月21日前，上面发短信给黄丽娟及其他兄弟姐妹，让他们转发出去，其中有一条内容是“你们快信全能神，快来祷告吧，只有全能神才能拯救人”。黄丽娟接收到短信后，立即转发给自己的亲朋好友。那时的她，为了让更多人得拯救，更是努力地急着出去传福音，因为全能神说“没有善行，神是不要的，不会保佑你的。只信神不为教会做贡献，就相当于混死、等死”。那些短信上还说要黑三天三夜，黄丽娟为此还去买了手电筒、热水壶、食物等，那时真的给吓怕了，吓得她连门都不敢出，睡觉也不安稳，还讲梦话，几次从噩梦中惊醒，醒来以后就跪在地上祷告，祈求全能神的拯救。三天过后，一切如常，黑三天三夜也没有来，这已经证明全能神在骗人，但黄丽娟没有像正常人那样去想，而是在全能神的恐吓及精神控制下，只想着顺服神。所以，就算世界末日没有来，她还是一样继续按照全能神的指示做事。现在再次讲起这事时，她说：“真的觉得自己很傻、很可笑！”

因为黄丽娟在全能神组织里表现比较积极、活跃，“上级带领”就安排她负责两个聚会点，一个点可算作是小排。自从当上“排长”后，她更加积极主动了。全能神说出去传福音就是尽最大的本分，还说要维护神的利益，以神的工作为第一，以自己的生活为次，因此黄丽娟打工也变得不安心，一上班就想着下班后该去哪里传福音，还经常和兄弟姐妹一起聚会、唱神歌、吃喝神话。为了不让人发现，黄丽娟还按照全能神的要求，平时用暗语和兄弟姐妹们联系。比如说大姐吃饭了，意思就是聚会；上街就是出去的意思。出去参加聚会时，黄丽娟也不敢穿平时自己喜欢的衣服，出门前还要乔装打扮一下，鬼鬼祟祟、神经兮兮的，害怕被别人认出来。

往事不堪回首。黄丽娟说：“想想自己在没有信全能神时，健谈开朗，对父母孝顺，疼爱孩子，善待丈夫，常跟别人说心里话，算得上是个好儿媳、好母亲、好妻子。全能神让我对人不能说真话，甚至说自己的老公患癌症死了，上没有父母，下没有孩子，也让我变得六亲不认，不顾家不顾业，整天躲来藏去，偷偷摸摸，每天都生活在全能神制造的恐怖当中，诚惶诚恐不可终日，家也变得不像家。”

幸运的是，在反邪教志愿者的帮助下，黄丽娟终于从全能神的精神控制中走了出来，重新找回了自己。现在的她很珍惜眼前的生活，与家人的关系又和以前一样好了，特别是两个儿子，只要一回去，就扑上来抱住她，“妈咪，妈咪”叫得很亲切，让她感到做母亲无比开心、幸福。两个小孩以前由于缺少父母的关爱，孤苦伶仃的，一个很调皮到处惹事，一个就很孤僻。现在妈妈回来了，孩子们慢慢地变得开朗和懂事了。说起这两个孩子，黄丽娟既愧疚又庆幸，愧疚的是此前6年，亏欠孩子太多太多，庆幸的是自己没有继续在邪路上走下去，让孩子们重新有了母爱。

但是，她的丈夫伍桂标自2010年9月回来过后，这么多年来就像人间蒸发了一样，父亲患病在家，不但没有回来照顾，甚至连个电话问候都没有。2015年7月，黄丽娟的家公由于身患重病不幸去世。老人的后事都是由黄丽娟和两个姐姐在乡亲们的帮助之下处理的。

谈起目前自己丈夫的状况，黄丽娟本人很无奈，也很难面对。她说，以前夫妻俩感情那么好，现在突然变得杳无音讯了。周围的老乡都和她说，像这样的老公，有也跟没有一样。黄丽娟听后十分伤心，但又无可奈何，想想也是“有没有都无所谓”。她也曾试着问两个儿子:“如果以后见到爸爸了，你们会怎样对他?”大儿子说：“妈妈你说怎么样对他就怎么样对他，我听你的。”小儿子说：“我的爸爸死了，我没有爸爸，把他从家里赶出去。”听了两个儿子的回答，她的心里更不是滋味。

一名全能神“牧师”的忏悔

直到后来，我在全能神组织里也当上了“牧师”这个角色，才知道不单单这个牧师是假的，连旁边的兄弟姊妹都是假的。可惜当我知晓这一切都是“得人”手段的时候，已经被改变成为他们卖命的死士，不晓得自己就是这样一步步滑入邪教的深渊的。

我叫王芳，男，现年39岁，初中文化，广东省南雄市人。我于2006年开始参加基督教家庭教会，2010年被拉拢并加入全能神组织。由于相信全能神，我不顾家人反对，疏远家人，几乎奉献了自己所有的钱财，更可悲的是将女朋友也拖进全能神泥潭。为了侍奉神，我们放弃了结婚，她甚至为了信神而堕胎。一个原本幸福的家庭被全能神害得七零八落，令人唏嘘。

我本信基督

我出生在农村，家境贫寒，在这样的环境下，我慢慢有了自卑心理，性格也变得越来越内向。因为家里贫穷，我上学比同龄人要晚得多，初中毕业后就没再读书了。在那种贫困和封闭的环境下长大，家人最担心的是我走上社会后适应不了外界的生活，没有什么分辨能力，在生活上处处碰壁。

2005年12月，我落脚在中山市坦洲镇。圣诞节临近，听别人说节庆时圣诞帽比较好卖，我就进了一批货去摆地摊。一个龚姓阿姨看我在卖圣诞帽，就跟我谈起圣诞帽的来历。当时我对这个不是很了解，也不是很感兴趣，只是觉得听来打发时间也无妨，那阿姨就自顾自滔滔不绝地谈了很久，我才开始知道这是基督教的一些故事。从那以后，只要有时间，龚阿姨就来我摆摊的地方讲《圣经》里的故事，讲信耶稣的种种好处，渐渐地我被里面的人和事吸引了，我想：如果有这么好的神，能得到神的庇护，那么信一下也不会有损失。

2006年3月的一个星期天，我禁不住龚阿姨的说动，跟着她去了珠海一个家庭式的教堂。教堂能容纳60多人。那是我第一次听牧师布道，我清楚记得那天杨牧师讲的是约瑟的故事，他讲得特别生动。杨牧师等别的信徒走后，特意把我留了下来。

杨牧师问我："你了解世界上的宗教吗？他们都有什么不同？"我摇了摇头。于是杨牧师耐心细致地跟我讲了几大宗教的来源和区别。杨牧师才三十几岁就知道如此之多，讲的道理简单易懂，我打心底里佩服他，而且他还那么有爱心，讲课布道也没有收我的钱。从那以后，我就信了基督教，星期天有时间就跟着龚阿姨一起去听布道。

做多了礼拜，我慢慢地开始懂得基督教的事情，听说了神是怎么爱世人的，因为耶稣基督的博爱精神，世界才有了医院、红十字会，以前不知道医院的红十字架标志是什么意思，通过了解，知道了都是在纪念耶稣基督的爱。特别有时牧师讲完后，让那些信徒分享他们的经历，说他们家遇到怎样的难处，祷告耶稣就能解决，使我更相信耶稣就是真神，我的心情也慢慢有了好转，对人生也有了希望。后来由于种种原因，就很少去做礼拜，只是偶尔看《圣经》、祷告。信耶稣很简单，只要心里相信、口里承认就可以，不一定要去做礼拜的。

错爱邪神

人生的道路往往会因为一些不经意的选择而发生改变。2010年3月，我再次碰见龚阿姨，好久不见，她更是热情，嘘寒问暖的。龚阿姨关心地问我："为什么这段时间都没有看到你去做礼拜？是不是有什么困难啊？要是有困难的话跟阿姨说，我们都是教会里面的兄弟姊妹，大家应该相互帮忙的！"

龚阿姨说："你还记得杨牧师吧，他的一个老乡从河南过来，讲道特别好，他老乡来一段时间就会走，这个星期天会有布道，你也一起去听听，保证你能更加明白神的心意，得到更好的庇护！"

龚阿姨还说了，杨牧师的老乡陈牧师讲道很新颖，能让人耳目一新，听得更加明白，非常热情地叫我一定要去听听，后来我就答应了。星期天一早，天空阴阴沉沉的，好像很快就要下雨，看到这样的天气我不大想出门，但是想到已经跟龚阿姨约好了，不去不太好，就拿起放在门边上的那把伞出门了。不知道为什么，直到现在我都对那把伞记忆犹新，那是一把深蓝色的折叠伞，伞边沿还有一条细细的彩色花边。或许是因为那天对于我的人生来说是一个转折点，所以才会对一些细节记得特别清楚。那时的我根本就不知道龚阿姨早就加入了全能神，我是她“传福音”拉人的对象。现在回想起来，如果当时我打电话拒绝龚阿姨的那次聚会，我的生命道路也许会有所不同。

我觉得陈牧师讲得特别好，很实际。晚上，龚阿姨打电话给我：“这两天陈牧师还会给人讲《圣经》，但是很快就要回去了，机会难得，我们再去听听。”想到她那么热情，况且自己也想去听听，我就答应了。第二天，在小区门口，龚阿姨和另一个女的早早在那等着，龚阿姨让我跟着她走，但不是去教会的那个方向。我好奇地问：“不是去教会吗？”龚阿姨说：“今天陈牧师只给我们几个福报深厚的人布道，换一个小点的地方。”我也就没有太多怀疑，跟着她们进了一个陌生的小区里面。屋里有好几个人，都不认识，只见过那个陈牧师，在场的人很热情地和我打招呼。

陈牧师问我上次听他讲“耶稣与沙玛利亚妇人的对话”听得怎么样，我说很好，很好理解。他又拿出《圣经》翻到马太福音书，读那些有关大灾难的经文，如战争、饥荒、地震等等，然后问我们是不是现在的灾难越来越多。陈牧师读完经文后，顿了一顿，然后一脸严肃地向着我们说：“不是凡祷告主的人，都可以进天国，最主要的是你能明白天父的旨意，这样你再照着他的意思去做，天父才称许你。如一个厂里，今年你按照厂里的要求生产产品，那老板才喜欢你；如果明年厂里要做另一种产品，那你还是做出以前的产品，那老板怎么可能给你工资呢？”现在想想觉得好笑，把耶稣比作工厂老板也就只有邪教才想得出。可是当局者迷，当时就是觉得这个牧师布道新颖，容易接受，还和自己的想法不谋而合，感觉自己都有点飘飘然了。

可是我还是有些疑虑，就问：“但是我们怎么知道天父的旨意呢？《圣经》里有没有谈神末世的旨意？”“从各种灾难中，都可以说明耶稣再次来了。”有人反问：“就算来了，也没有人能知道啊，因为经文中说得很清楚明白，没有人知道末日何时来临，耶稣讲‘那日子，那时辰，没有人知道，连天上的使者也不知道，子也不知道，唯独父知道’。那怎么样才能知道呢?”陈牧师有条不紊，好像他一早知道会有人这么问：“耶稣再来的确实时间是没有人知道的，但是当他作工说话时就会有人知道的，就如耶稣与沙玛利亚妇人的对话一样，通过对话就知道耶稣不是普通的人，他作工时说的话就是不一样，我跟你们讲《圣经》和别的牧师讲法一样吗?”我想了想，陈牧师确实不一样，旁边有人故作惊讶地问：“难道你知道耶稣来了?”“当然，如果不知道，我也讲不出这样的道啊!”陈牧师意味深长地笑着说。可是有人又提出质疑：“世界那么大，神再来会在哪个国家?你又根据什么说的?”陈牧师翻开经文：“‘闪电从东边发出，直照到西边，人子降临，也要这样，尸首在那里，鹰也必聚在那里。’中国是一个没有宗教信仰的国家，所以神降临在我们中国。”接着陈牧师又翻到“启示录”说：“全能者其实就是末世神的新名，经文说‘我是昔在今在永在的全能神’，神本来是没有名的，只因为神的作工才取名，最后又得恢复神的名，但神是全能的，所以叫全能神最好。”

紧接着，陈牧师一环扣一环地讲出了神的三步作工，让我感到只有信全能神才能蒙拯救，得永生，不信就会落入大灾难中死亡。直到后来，我在全能神组织里也当上了“牧师”这个角色，才知道不单单这个牧师是假的，连旁边的兄弟姊妹都是假的，就是为诓骗过来的新入会的人营造一个教会的氛围，使其一步步堕入全能神设计好的圈套。可惜当我知晓这一切都是“得人”的手段的时候，已经被改变成为他们卖命的死士，不晓得自己就是这样一步步滑入邪教的深渊的。

荒唐邪事

当人信仰了疯狂，那么他必然会做疯狂的事。后来在不断的聚会中，我也越来越深陷泥潭，完全顺服全能神，开始做各种各样的荒唐邪事。

信全能神要发毒誓和写保证书。那时聚会，都有专人给我讲该怎样才能蒙神称许，说中国是无神论国家必须要隐秘，这也是为我们好，如果公开了政府就会逼迫，那我们就没有办法信了。所以一般信徒要是说真相信，就要起誓、写保证书，而且不准打听别人的姓名、住址、工作、尽本分等情况。凡不写保证书的人，都值得怀疑。还有那些国家干部要信全能神都要小心防备，不能让他们知道太多，防止奸细混进教会，所以信徒都要写保证书。当时我写了一份保证书，大概内容就是全心全意地信奉、顺服全能神，保守教会秘密。保证书交给小排长，小排长看了之后说：“光保证不行，你得发毒誓，誓言越毒就越能证明你的真心。”然后我又按照小排长的指示写了另外一份保证书，发毒誓说如果违背全能神，愿意接受任何惩罚。

信全能神不准多读书。在不止一次聚会中，都谈到读书是现代社会的“撒旦毒素”。全能神教首赵维山的解释是“小学和初中的文化，是人该学的生活常识，高中以上的都是撒旦的哲学，读完高中就是一个小魔鬼成型了，读完大学就成魔了”。很多信徒因此不让自己的孩子读书，听一个河南的信徒说，他们那里的很多小孩 11—13 岁不让读书了，就开始传福音，尽“本分”。

信全能神只能爱神不能爱家人。全能神评价好人坏人的标准，就是看是否绝对顺服。“或许你信神多年从来没有咒骂过任何人，从来没做过一件坏事，但你与基督接触不能说老实话，不能办老实事，不能顺服基督口中的话，那我说你是世上最阴险毒辣的人。你对你的亲朋好友，对你的妻子（丈夫）儿女与你的父母都特别友好特别忠心，而且从来不占任何人的便宜，但你不能与基督相合，不能与基督和睦相处。你就是把你的所有都救济给你的乡邻，或你将父母、家室照顾得无微不至，我说你仍是一个恶人，而且是一个诡计多端的恶人”。就是说像正常人那样关心家人、诚实守德，在神看来不是好人，只有按照神的话去做才是一个合格的信徒，才能蒙拯救，最终幸存下来。所以很多信徒为了满足神，放弃工作，放弃家人，出去尽“本分”。这就是为什么信徒不顾亲人的感受，不顾父母、子女将来会怎么样的原因所在，这也是为什么全国各地发生灾难信徒不捐献的根本原因所在（都说捐钱捐物给灾区，就是与全能神对着干）。我也是在这样的“教导”下，不管亲人怎样需要我的帮忙，虽然特别想去帮忙但是也要忍着内心的痛苦说这是为了脱情感，这也是神安排的，看人到底是爱神还是爱自己的亲人，只有忠于神才有活路。

全能神不断强调世界末日很快就要来临，特别是到了2012年，上面发布了很多指令，聚会的时候也不断灌输世界末日马上降临的思想。那时候的信徒都相信2012年12月21日是世界末日，世界好像马上就要毁灭似的。大家都想跟上神的作工，为的就是世界末日来临时能够得救。许多全能神的信徒都是请了长假甚至干脆辞掉工作全职出来传福音的。那时信徒捐献的钱财很多，也有很多人捐献了电脑、衣物，也有人提供住房场所，当时在我家就放了很多衣服，有新有旧，说是很多外省的信徒信的时间长，当地本来就穷，加上今年灾难多，所以要求我们信徒多捐献衣物，后来放在我家的衣物都送走了。那时候聚会都说，现在传福音，交“奉献款”都是预备善行的最后机会，能否拿到通往天国的“通行证”，就看这最后的机会了，再不预备善行，以后想预备也没机会了。全能神的话是这么说的：“不要保留自己的财产，时间不多了，献上吧！别留了！”

所有捐献的钱财都被认为是献给全能神与“被圣灵使用的人”的祭物，谁要是碰了，就会被定义为“犹大”。那时候最怕被扣上“犹大”的帽子，如果给定为“犹大”那可就麻烦了，因为全能神对付“犹大”会采取各种残忍手段。这就是为什么全能神的教会中有“打手”，就是用来对付那些敢偷取“祭物”和出卖教会、出卖信徒的人。听说河南有一个“带领”职位的信徒偷了很多钱跑了，“教会”就派了很多人去追捕她，当时教会就对信徒说：“对这种人用什么手段都可以。”所以信徒再穷也不敢去偷用那些钱，也不敢说出教会里的事情来，就是害怕那些“打手”找上门来。虽然信徒用的是化名，我们不知道他们的名字，但是上面知道下面信徒的名字，所以我们特别害怕成了“犹大”，以前没有去想这些问题，现在越想越心惊胆战。

献尽所爱

爱，本是世界上最珍贵美好的东西，但如果用错了“爱”，往往就会以爱之名行最恶之事。

当时我痴迷在全能神中，整个人都变了，工作也不像以前那么积极，整天就看全能神的书或者去参加聚会。母亲很快就发现了我的异样。一天，母亲拉着我说：“儿子啊，你最近怎么啦？整个人都瘪了，身体不舒服吗？还是生活上遇到什么困难了？”我都是敷衍了事。后来一次，我参与聚会，大家一起讨论怎么传福音，一直商量到凌晨，回到家里已经是凌晨两点多，客厅只开了一盏昏黄的灯。开门的声音吵醒了在沙发上睡着的母亲，母亲厉声问我：“你是不是去搞传销了，神神秘秘的，老是那么晚回来。我不准你去搞那些乱七八糟的事。”我不耐烦地说：“妈，你发什么神经，我是蒙神祝福的人，都是在做着侍奉神的好事。你不要胡思乱想，也不要听人乱讲。”就把自己关进了房间，后来出来上厕所的时候发现母亲没有去睡，而是坐在沙发上偷偷抹泪。那时我痴痴地爱着神，虽然每天都能见到母亲，却又离她很遥远。现在回想起来，真是不孝至极，但是当时的我根本就没有体谅老母亲的苦心，还觉得自己住在家里会影响信奉全能神，此后不久我干脆搬了出来。

自从我搬离家后，我租的房也顺理成章地变成了教会的接待地点。当时我除了定期给教会上缴“奉献款”，还要负责每次教会活动的接待，解决活动的器材、饮食等等。

那时我与女朋友相爱了，感情非常好，母亲曾多次催促我抓紧时间与女朋友完婚，因为当时我已经30多岁了，我的婚姻大事也一直是母亲的心头大石。因为女朋友非常爱我，在我的影响下，她也加入了全能神。本来我们俩结婚的念头非常强烈，后来，我们的想法就改变了，因为全能神给信徒灌输的观念是：婚姻是不重要的，只有爱神才是最重要的，而且婚姻会对你信神造成阻碍，不能全心全意地顺服神。我们一直没有结婚，每次聚会的时候也不敢与女朋友接近，生怕他人指责我们没有全心全意顺服神的权柄。

2012年的一个晚上，女朋友告诉我她怀上我的孩子了，这本应该是一个值得高兴的事情，我却为此犯大愁。因为怀上孩子之后女朋友就不能像以前那样尽“本分”，要是孩子出生了，我们势必要为了照顾孩子失去时间自由，也不能全心全意地顺服神。那一夜我辗转难眠，内心痛苦挣扎着，最后我下定了决心。早上，女朋友起得很早，特意做了丰盛的早餐，说现在是一个人吃两个人的份，必须好好补充营养。等她笑盈盈地吃过早餐，我拉着她的手说：“这个孩子我们不能要啊，我们是侍奉神的人，要牺牲自己的一切来顺服神，孩子只会是累赘。”女朋友一下子拉下脸来，说什么都不愿意堕胎。最后，我狠心地对她说：“世界马上就要毁灭，末日即将降临，我们的孩子即使能生下来，但是他还不能为神尽本分，末日审判到来的时候他只能受神的惩罚，是要下地狱的啊！”女朋友愣住了，沉默半天，然后开始默默流泪，我知道她被说服了。

那天我带着女朋友到了市里的医院，她全程默不作声地看着我挂号、与医生交谈、在手术同意书上签名、交钱。然后我把她送进了手术室。在等待手术的过程中，我脑子一片空白，只记得医院里消毒水的味道特别强烈，周围的人穿来走去。大约1个多小时后，女朋友出来了，脸色苍白，走路有气无力的。我赶紧上前，小心翼翼地扶着她坐下来。她突然很用力地抓住我的手说：“那是我们的孩子啊！”说完眼泪止不住地流下来，有一段时间，她呆呆地擦干了眼泪，喃喃自语：“孩子，我们将来在伊甸园再重逢吧！天国世界没有痛苦也没有悲伤。”

…………

我是一个不幸的人，曾经误入歧途，加入了全能神，给自己和家庭带来了无法估量的苦痛和伤害；同时，我也是一个幸运的人，在志愿者老何等人的耐心帮助下，我认清了全能神的邪恶本质，幡然醒悟，如今我已经开始新的生活。我曾经想过，如果我一直沉迷在全能神中，赔光自己的青春、前途、健康、家庭、金钱，我会沦落到多么可怕的境地。我为自己能够从邪教中脱身感到庆幸，真心感谢那些帮助过我的人。

拓展

邪教否定、反对人类正常的生活方式，包括以下几个方面：一是否定工作，认为工作不重要，参与传播邪教的活动是第一要务。在现实生活中，工作是每个社会成员相互分工合作、促进社会进步的主要方式。邪教对工作的否定，直接断绝了痴迷者及其家庭的生活来源，间接影响整个社会的运转。二是否定婚姻与家庭生活。婚姻与家庭是社会生活的最重要载体，承担着人类生命延续和文明进步的重要任务。但是邪教否定夫妻性生活、否定夫妻之间的义务与责任、否定抚养孩子和孝敬老人的重大意义，其结果是摧毁人类文明的根基。三是否定社会及其运行规则。群体生活特征决定社会对个人和家庭的重要性。但邪教否定友爱同胞、和睦邻居等，否定既有的道德和法律规范，认为邪教教主及其主张的教义才是判断人类社会一切活动的终极标准，只允许信徒在其组织内过教主允许的生活。这些对人类自身的否定，是邪教反人类的具体表现。

大山的女儿　神国的囚徒

“我现在已经是荣耀冠冕的长老了，必须将所有的精力和金钱奉献给神家，否则必被恶魔缠身，遭神诅咒。”阿梅坚定地说。

我的童年是在贵州的小城里度过的。20世纪60年代，父母在国家“三线建议”政策的号召下，由沿海城市调到中国西南的贵州省，落户在大山里。70年代初，我出生时，父母在天柱县已工作近10个年头。天柱县虽不是少数民族自治县，但周围都是苗族、侗族自治县，因此天柱的少数民族很多。

大山的小精灵

阿梅是我童年的好朋友，她是侗族人。阿梅的父亲是生产队的记分员，由于曾念过几年书，是寨子里少有的文化人，所以常会代表寨子去县城办事，慢慢阿梅的父亲和我的父亲就成了朋友。后来我父亲又带队帮扶贫困村寨到了阿梅家的村子，年幼的我就这样随父亲见识了侗族村寨，也开始了与阿梅长达几十年的友谊。

侗族是一个古老的民族，有自己独特的语言——侗话，可惜的是，寨子里就连最老的老奶奶都不会说，而只会听侗话了。据说只有大山的另一边还有一个会讲侗话的村寨。见识不到侗话固然令我失望，却让我和阿梅的交流顺畅起来，如果不是身处大山，阿梅和汉族的小伙伴表面上没有任何区别，她的穿着打扮一点都不像山里的女孩。我和她站在一起，常被人误会是同胞姐妹，而她爸爸和我爸爸都乐于这样被人误解，还乐呵呵地说，“好一对姐妹花”。

阿梅是她家里唯一的女儿，个子矮小、皮肤黝黑、单眼皮、扁鼻子，但两个同父异母的兄弟非常宠爱她。她和小弟是父母的心肝宝贝，尤其阿梅被父亲视若掌上明珠，出门常把她带在身边。

阿梅脖子上挂有一个长命锁。她打小就身体弱、经常生病，她阿妈怕养不活她，就请了算命先生来给她算命，算命先生说她命中多磨难。阿梅曾摔倒碰裂眼角，留下两道疤痕，还曾经得了“浸润利肺结核”，直到结婚后到大城市才医治好。每当阿梅难受时，她阿妈就会搂着她痛心地念叨：“老天啊，保佑我阿梅平平安安吧！”

虽然经常被人叫丑小鸭，但阿梅是快乐的，只要不生病，她总会离开屋子，跑到山野里尽情地又唱又跳。和阿梅在一起，她身上总有让我好奇的地方，比如：她听得懂山上的鸟叫声，她告诉我这是小鸟爸爸，那是小鸟妈妈；阿梅还认识好多山上的野果，跟着阿梅上山，一整天都不会饿肚子；她带我去看山上的溶洞，还知道好多神话故事，看溶洞时她讲的仙女下凡的故事真好听。

阿梅也喜欢跟我玩。每次去到她家，她都会拉着我漫山遍野地奔跑，野果当餐，草地当床，直玩到傍晚时分，她带我爬上她家的梯田，这是阿梅最爱的风景：看着层层梯田从山脚蜿蜒至山顶，反射着太阳的余晖，美若画卷，非常壮观。每到这时，阿梅就像变了一个人似的，沉默地坐在最高处。阿梅告诉我，等她长大了，她要到山外去，她不要像阿爸、阿妈那样一辈子种水田，但她会想念这片梯田。“它真的很美！”这时候的阿梅异乎寻常地美，有一种不甘于命运摆布的倔强。

“小清，你说，我能到山那边去生活吗？我要到城里去，我不想做山里的丑小鸭！”

看着这个小姐妹，我坚定地点头：“能，一定能，我们都到城里去。”

“好啊！我们都到城里去！我要穿漂亮的衣服，吃好吃的东西！”

“我要坐火车！”

漫山遍野飘荡着两个小女孩银铃般的笑声，那真是梦幻般的日子。

后来，父亲调回广东工作，我们两家就少有联系了，只听说阿梅小学毕业就辍学了，她爸妈让她学裁缝，说靠自己的手艺才能赚钱。再后来，父亲因工作需要，几经调动、搬迁，当我们全家在深圳特区安顿下来后，我就再没有阿梅一家人的消息了。偶尔，爸妈会自问一句：“唉，不知道老张一家人现在怎么样了，要不我们旧地重游一趟？”

每每这时，我眼前就浮现戴着银项圈的活泼的瘦小的阿梅，两个小姑娘手拉手走在村寨的小路上……多想知道我幼年的好朋友生活得可好，幸福吗。

城市中重逢

再见阿梅是在 1997 年的冬天。

那年，我在深圳的一家大型企业，担任管理层的工作，正是意气风发的时候，对事业、对生活都有美好的憧憬。在那样的心境下偶遇阿梅，阿梅的落魄就格外地刺痛我的心。

那天，我到下属的工厂检查工作，意外地发现这个厂的打工者大部分都来自贵州，我无意中说起自己曾在贵州度过了 10 年的童年时光，再加上厂里饭堂开饭的时点已过，厂方领导就盛情邀请我到外面的饭馆就餐，一再声称："让你再尝尝贵州的风味，绝对正宗，老板俩都是真正的贵州人。"

这个"侗家人"饭馆竟是阿梅夫妻俩开的！说实话，一开始我并没有认出阿梅，那个个子矮小、黝黑的脸上充满油光、头发凌乱、疲惫写在脸上的老板娘，太普通了，没有一点昔日阿梅的机灵，但我感觉到老板娘盯着我看的眼神有些熟悉。席间，每次上菜，她都会特别注意我，当听说我曾在贵州生活时，她迟疑地问："你姓李吗？"我怔住了。我瞥见她眼角的疤痕，回想这悦耳音调，再看看她瘦小的身躯，依稀就是我童年的好友阿梅。我激动地站起来拥抱住她，阿梅也紧紧地抱着我的胳膊，眼睛里含着泪光。我不敢相信，这真的就是我的童年姐妹——阿梅！

"阿梅，你真的到城里来了！我们又能在一起了！"

久别重逢，又是他乡遇故知，阿梅和我手拉手，撇下众人，才告诉了我她的境遇。她告诉我：自辍学回家后，靠裁缝手艺，她只能赚些零花钱，根本不能成为谋生的手段，因为肺结核一直未根治，药钱不说，身体很容易疲劳，一劳累就病情加重，这成了她的负累。来到深圳后，丈夫带她到胸科医院治疗才将结核病治好，但医生叮嘱仍要劳逸结合，以防复发。她沮丧地说："小清，你说我怎么会摊上这个病？我的命咋就这么苦呢？"

我拍着阿梅的腿，转移话题："哎，快说说，你什么时候结的婚？他对你好不好？”阿梅像个小姑娘似的羞涩地说：“他是山那边的，我跟他在大伟的婚宴上对歌认识的。”“哇，好浪漫呀，快说，快说！”我催促阿梅。

阿梅的脸更红了。阿梅与阿烈一见钟情后，谈了整整3年恋爱，那是一段美好的回忆，他们对山歌，走长长的山路约会。阿烈是汉族人，却一样会像侗家小伙到她屋后，对着她的窗户唱歌，每次她都会趁阿爸、阿妈睡下后悄悄溜出家门，和他在山上消磨一整个晚上。但他们的婚事却不顺利，阿爸、阿妈认为阿烈不成熟，是家里的小儿子，脾气暴躁，再加上阿烈家的经济条件要好一些，使两家的条件有一定悬殊，阿妈担心阿梅嫁过去会受委屈。可阿梅却铁了心要跟阿烈，没奈何就成婚了。婚后不久，阿梅就从蜜罐里清醒过来。婆婆因为阿梅的嫁妆少，又嫌弃她是山里人，看不起阿梅，这让要强的阿梅有些受伤。阿爸、阿妈尽全力为自己办的嫁妆，竟被婆婆如此轻视，阿梅真的好难过。幸好阿烈有时刻意的迁就和体贴让阿梅感到安慰。

婚后一年，阿梅生下了大女儿芳芳。芳芳是婆家最大的孙辈，颇得公婆的喜爱，因为芳芳，婆婆对阿梅的抱怨少了许多。

为了将来女儿能上好的学校，过好的生活，阿梅决心外出找工，替芳芳积攒一笔可观的嫁妆，不再像自己一般命苦。就这样，阿梅随阿烈到了广东打工。这些年他们到珠三角的多个城市打工，什么活都干过，只要能赚钱，哪怕再辛苦都干，几年过去后，他们辗转到了深圳，就在深圳这个打工人云集的地方安顿下来。

到1997年，他们用几年的积蓄盘下这家小饭馆，取名“侗家人”，专做贵州风味。这几年利润虽薄，却胜在风味纯正，服务周到，生意还算红火。

求子人妇阿梅

和阿梅重逢后，我就时常邀请阿梅到家里。爸妈都喜欢阿梅，盛情邀请阿梅到家玩、到家住，要阿梅把我们当娘家人，时常“回娘家”。我看得出来阿梅的尴尬，就替阿梅解围，“阿梅现在可是老板娘了，哪像我，比我有出息多了，忙着哩”。

但阿梅每次都郁郁寡欢地说，“我是个没有月的人，连个儿子都生不出”。原来阿烈和婆婆都希望阿梅生一个儿子，但阿梅生了芳芳7年了，一直都没有再怀上。

不久，阿梅在电话里欣喜地告诉我，她有了，我为阿梅感到高兴。我知道农村重男轻女思想有多严重，只能在心里暗暗祈祷，老天保佑阿梅生个儿子吧，生了儿子，也许婆婆会对阿梅好一些。

阿梅又生下了一个女儿！抱着粉嘟嘟的小女儿，阿梅落泪了：“小清，我的命太苦了！为什么老天爷不给我一个儿子?！我只要一个儿子就知足了啊!”婆婆从贵州老家来了，一听说又是个女娃，脸色即时沉下来：“生不出儿子，还想人伺候啊?”阿梅不但没有月子里的营养餐吃，还要自己洗尿布，月子未满，婆婆甩甩手就走了，临走撂下一句狠话：“我不管你怎么做，不生儿子，你就不是我家的媳妇!”

为了生儿子，阿梅带着刚满月的小女儿住进了阿烈在郊区找到的一个出租屋。看着简陋的一床一桌，空荡的四壁，我心酸道：“阿梅……”阿梅安慰我：“别担心我，我下次一定生个儿子，生了儿子就好了。”我不知道说什么，只有心疼地看着她。

“放心！老天爷一定会给我儿子的，我天天都求它呢!”

阿梅在出租屋住了近一年，在这一年里，阿梅平时带女儿，逢星期六日就到店里帮忙，把女儿托付给邻居的黄阿姨。阿梅告诉我，黄阿姨是一个热心人，看到阿梅艰难，主动提出给阿梅帮忙，阿梅就以平时到黄阿姨家帮忙做家务搞卫生相报答。

“黄阿姨真是一个好人，她还给我讲信神的事。”

“信神，信什么神?”

“神你都不知道吗，就是耶稣基督啊，信了神就可以保平安的。”

“阿梅，你可别乱信什么东西了，外面可乱了。”我严肃地说。

“好啦，好啦，我没信什么，你别担心，说真的，我哪有时间去信神，忙得过来吗我。”阿梅一脸不以为然地说。

阿烈的“侗家人”饭馆越来越难做了。在那条街上，新开设了地摊式的美食一条街，每月只要几百元的管理费，不用店租，成本低，价格就便宜，抢尽了“侗家人”饭馆的生意。而阿梅因为租房在外，阿烈一个人忙不过来，不得已请了一个小工帮忙，增加了费用，一个月下来，往往赚不了几个钱。生意清淡时还亏本，不够店租。阿烈想了很多办法去招揽顾客，比如把每天多买的菜，做成饭盒，挑到工厂门口去卖，晚上架个烧烤炉，为下晚班的工人做宵夜。可这些方法，增加不了多少收入，却把阿烈累坏了。老实的阿烈开始嗜酒了，耽误店里的生意不说，脾气也变得暴躁起来，一有不顺就会骂阿梅，说没有生到儿子，还害得老子那么累那么窝囊，有时脾气上来还动手打阿梅。

没有生到儿子的阿梅像做了亏心事一样，默默地承受着这一切。

阿梅怀孕心切，见仍无动静，加上小腹自生了小女儿后一直隐隐作痛，就去医院做了检查，结果是双侧输卵管堵塞，必须手术。

“小清呀，你说我的命怎么这样，我前辈子造孽了吗，要这样现世报，我就不信，我一定要生儿子!”

我陪阿梅去做通输卵管的手术，听着阿梅撕心裂肺的哭叫，痛苦的呻吟，我忍不住想，真希望这个世界有神，能帮阿梅一把!

几次手术后，效果并不好，医生说只有1/1000的希望。阿烈绝望了，酒喝得更猛了，饭馆的生意一落千丈。阿烈开始去赌博，输钱后，就喝酒解愁，有一次喝醉了还拿菜刀要砍人。阿梅哀叹：“这是什么日子，我活着为什么，还不如死了呢。”如果不是有芳芳姐妹俩，我怀疑阿梅早就崩溃了。

平信徒阿梅

阿梅没有崩溃，反而精神焕发了。一天阿梅神秘地告诉我：“小清，我信神了!”

原来阿梅带着小女儿坐摩托车回出租屋，途经水库时，摩托车打滑摔倒了，阿梅母女俩都受了伤，险些掉进了水库，虽没有大碍，但这一摔，却令阿梅后怕不已。

黄阿姨知道后就紧张地说："早信神就没有这事了，如果不信神以后还会出大事的。"

"又能保平安，又不花你一分钱"，黄阿姨这话太有吸引力了，阿梅当即就答应跟她信神。

阿梅惊喜地告诉我，她信的是"圣灵重建教会"，还有一个名字叫"血水圣灵"，信的是耶稣基督，却和正统的基督教不同，要经过 3 个见证：1. 血的见证——认罪悔改，求主宝血洁净；2. 水的见证——水是道，道是神，能洗去人的罪；3. 圣灵的见证——天父应许，将来才能进神国。我从来没有听说过这个教会，听着这些诡异的仪式，直觉告诉我，这个教不地道。

我担心地劝阿梅"小心别上当受骗"。阿梅笑了起来："骗？骗我什么，我一没有钱，二没有貌，要骗也骗一些有价值的人呀！"

"我信神不为别的，就想保平安，这有什么不好呀，噢，我也想求神保佑我生个儿子呢。"阿梅满眼期待地说。

此后一段时间，我都没有见到阿梅。公司派我出国学习培训，为期两年。这期间我只在父母的信中知道，阿梅夫妻俩的小饭馆做不下去了，夫妻俩又都去打工了，随后就没有了他们的消息。

回国安顿好工作，我就回到了阿梅原来开饭馆的地方，向贵州老乡打听阿梅的下落，但谁也不清楚阿梅阿烈的确切住址和电话。有一个老乡说，阿梅夫妻俩分手了，具体情况却说不清楚。我很担心，唯有拜托他们帮忙打听。

大约在 2001 年秋，我接到阿梅的电话，她说要回深圳，约我见面。我惊喜不已，不知道几年不见，阿梅真的离婚了吗，她过得好吗？

赶到见面的麦当劳餐厅，大厅里没有几个顾客。我四处张望，不见阿梅。正在犹豫中，我的胳膊被人搂住了："小清，你还是老样子，一点都没有变，太好了，我想死你了。"阿梅的嗓音又响又脆，伴着乐呵呵的笑声。我吃惊极了，这是阿梅吗？我打量着眼前的这个女子，一头利落的短发，一身朴素却大方的打扮，笑脸盈盈，脸庞圆润，这分明是阿梅，却不是前几年那个愁容满脸的阿梅，反而像小时候的阿梅。

“阿梅，快给我说说，这些年你都去哪儿了，也不跟我说一声！”

“小清，先别忙着说我的事情，我想先跟你说一件很重要的事，你还记得我加入教会的事情吗？”

“那个圣灵的什么血水教？”

“是圣灵重建教会，血水圣灵！小清，你也加入吧，它会保你平安的，将来3年半灾难来临，你才能得救，对了，还要叫叔叔阿姨入教信神，你们都要加入才能得救，我早该来找你了，但我太忙了，真的对不起！”

我被弄糊涂了，眼前这个快言快语的阿梅真是那个受尽委屈的小媳妇阿梅吗？阿梅神采飞扬地侃侃而谈，满口新词汇，什么人的原罪、蒙神拯救、牧养教会、圣餐、全备福音、大审判、左坤老爸、见证、聚会、神国荣耀、应许进神国等等。

我忍不住打断阿梅：“停、停，这都是什么乱七八糟的，阿烈呢？”

阿梅遗憾地看着我：“小清，你不能亵渎神，阿烈不重要，我先说……”

“我不要听什么神呀鬼的事情，你真的离婚了吗？芳芳小敏在哪儿？”

阿梅叹了口气，眼神黯淡下来：“我没有离婚，但也和离婚差不多，我已经一年多没有见阿烈了。”

阿梅告诉我，我走后不久，小饭馆就经营不下去了，她和阿烈回到厂里去打工。阿烈继续喝酒赌博，喝醉了还出手打阿梅，加上婆婆催阿梅生儿子，几次输卵管手术下来，阿梅想死的心都有了，疼痛难忍是一种折磨，换一间医院还是1/1000的成功概率让阿梅绝望了。阿梅拒绝了阿烈再做一次手术的要求，阿烈扬言要到外面找女人生儿子。这次，阿梅决定不再忍受，她离家出走了。

“你离家出走了，你到哪儿去了？”

“我到教会去了，我与弟兄姐妹住在教会，长老很照顾我这个平信徒，方方面面都很体贴到位，让我感到很温暖。”

阿烈反对阿梅入教，已几次扬言要离婚。阿梅这次离家到教会，让阿烈对教会更加反感，他的这种态度，却让阿梅更加亲近教会。

“我觉得以前的生活太苦了，阿烈又不理解我，我要进入神家生活，最后进神国。”阿梅幽幽地说。

“你阿爸阿妈知道吗？”

“唉，阿妈知道我的情况又哭又劝的，我们本来回去是办离婚手续的，结果没有办就出来了。但也好，我跟阿烈说了，他不能反对我去教会，他要敢反对，我就决不回去！”阿梅很坚决，有一种我未曾见过的坚定。

“你不担心和牵挂你两个可爱的女儿吗？”我不禁问道。

阿梅叹了一口气说：“女儿是心头肉，当然牵挂，我会找时间回去看她们，尽量多赚钱给她们买好东西。”

此后几年，阿梅和阿烈又一同在深圳打工，不久又到了不同的城市。我们虽然不能经常见面，但能不时打电话，也就略略知道阿梅的近况。她和阿烈依然闹矛盾，但阿梅认为自己是神家的人，变得不畏惧了，阿烈也就收敛了很多，也没再强迫阿梅生儿子。阿梅亦已断了再生儿子的念头，打工之余把所有的精力投到了教会生活中，每当聊起教会，阿梅的兴奋就能穿过电波到达我的眼前。

了解得越多，我的怀疑就越多：这个自称“使徒”的“左坤老爸”是什么人？这个“血水圣灵教”与正传的基督教是什么关系？看完阿梅庄重送给我的《生命之光》，特别是有关左坤经历的《一粒麦子落地死了，就结出许多子粒米》后，我决定和阿梅好好谈一次。

荣耀冠冕的长老

几年过去了，我却未能见到阿梅，阿梅说她太忙了，在我一再追问下，她才说由于她的忠心和卖力，她已经被按立为教会的长老，执掌几个教会，需要牧养教会和新教徒。

在电话里，我急了，不顾一切地喊道：“教会、教会，又是教会，阿梅，你现在还记得你有家吗？芳芳打电话告诉我，你已经几年没回家了，说好赚钱给她们用和买东西，但结果人不回去，钱和东西也没有寄了，你这还算个妈吗？”电话那头阿梅沉默了。

我稳住情绪，继续说：“阿梅，听我说，信仰不是一件坏事，好的信仰，它可以让你的生活顺利，让你爱家，爱亲人。可你信的什么教呀，它让你不回家，天天奔波劳苦就是什么牧养教会和信徒，你的女儿家人就不要牧养了？你忘了你当初的愿望了吗？你不想芳芳她们的前途了吗？”

阿梅叹一口气说：“我现在已经是荣耀冠冕的长老了，必须将所有的精力和金钱奉献给神家，否则必被恶魔缠身，遭神诅咒，我要让芳芳也信神，信神不但保平安，还能荣耀冠冕，进神国！”

我急了：“你这不是在害孩子吗！”

“不是，我是她妈，我爱她，才领她进神国！”

我们第一次在电话里吵了起来，我骂她走火入魔，阿梅吼道：“你是撒旦！”

之后是长久的沉默，这是我们姐妹30多年情谊中的第一次裂痕。

电话那头，阿梅也很沉重：“小清，你不能亵渎神，会遭惩罚的，我现在才知道，我过去的日子都白活了。我现在的人生才有意义，才有价值。”

几天后，阿梅打电话来约我见面，我正为如何劝说阿梅而苦恼，她约我正合我意。我想好了，这次一定要劝阿梅多为两个女儿着想，好好生活，不能为所谓的教会而盲目奉献，活在虚幻中。

一见面，我们不约而同地提到了上一次的争吵，阿梅先说道：“小清，上回是我不好，我知道你是为我好，但如果你了解教会，一定会改变想法的。今天晚上，我们有一个受洗仪式，你也跟我一起去看看，有什么想法再说吧！”

我马上点头，我正想去了解一下这个让阿梅如此痴醉的血水圣灵教会。

夜幕降临，阿梅领着我七拐八弯地进入一个居民区。“这是什么地方？”阿梅只是神秘地笑笑，没有回答我。

最后进入一个类似大堂或饭厅的地方，很空，没有家具和摆设，只是摆放了几张长条形的桌子、凳子，前面有一张木做的高台。我们进去时，男男女女的一帮人，看得出来，他们和阿梅很熟，对我这个生面孔很友好地点头微笑。我观察了一下，约摸十二三个人，大部分是年轻人。大约7点半，一个年轻的男人站起来走到了讲台，众人坐了下来，每人都拿一本书，封面写着《生命之光》，我好奇地看着阿梅。那人说道："人是有罪的，让我们领受血、水、圣灵全备福音，当主耶稣再临，教会整体得胜被提，进入新天地，承受产业，做王直到永远永远……"我心不在焉地听着这些新鲜怪词，不时扫描身边的人，除了我，每个人都非常严肃虔诚地端坐着，闭上眼睛聆听。

约半个小时后，讲道人走下来，但信徒们却没有散去的意思。紧接着，阿梅将一套崭新的白衣服交给一个叫阿惠的女孩，女孩换上衣服躺在一个早就装有水的帆布袋上面，微微闭上眼睛。阿梅将右手按在阿惠头上，然后低下头，和阿惠一同用怪怪的笛笛——笛——哒哒音说着什么：阿惠姊妹，教会奉耶稣基督的名为你受洗，使你归于圣父、圣子、圣灵的名下，加入圣灵重建教会，阿门。

湿淋淋的阿惠换上干爽的衣服后，在场的人都过来兴奋地对她说："阿惠，恭喜你得到进入神国应许的凭证！"

阿梅看到我满眼的疑惑，就过来对我说："我是教会长老，我代表左坤老爸给入教的姊妹受洗，我们刚才已经用新方言（与神沟通的语言）来祷告了。"

我忍不住问："受洗是什么？"

阿梅脸上泛着光芒地说："受圣灵洗是天父的应许，只有经过水洗、血洗、圣灵洗，以后才能进入精金街道和碧玉墙的神国，在那里没有生老病死，没有忧愁烦恼，没有劳苦哀叹，有吃不完的生命果，人人都是平等的，只有男女之分，没有高矮胖瘦美丑，每个人都一样年轻美丽。"

我忍不住打断阿梅的话："每个人都一样年轻美丽是什么意思？"

阿梅兴奋地说："意思是像我这样又矮又丑的人，进入神国，就跟所有进入神国的人一样，都是又年轻又漂亮的，在人间80岁的人和小孩进入神国，也是一样年轻漂亮，成了美丽的生命之王，不但躲过了人间3年半灾难，而且还永远不老不死呢！”

我一下子受不了了，大声吼道：“阿梅，你是从哪儿听来的鬼话，什么生命之王，什么不老不死的，你中邪了？”

阿梅用手急速捂着我的嘴巴，扫视了一下周围，紧张地小声说：“小清，别乱说，不要亵渎神，会遭神惩罚的，有什么话我们出去再说。”

乱哄哄的一帮人终于散场离开了，阿梅严肃地对我说：“约你来是因为你是我的好姐妹，所以我非常希望你也能受洗，最后进入神国，你现在不接受，不要紧，慢慢经历一些事情之后你就会明白，只有神才能保佑自己，你看我之前一直都是多灾多难的，现在多好呀，正享受教会长老的荣耀！”

我忍不住生气反击阿梅：“什么保佑，什么荣耀，都是你自己想的，虚的。你把所有的时间都放在所谓的教会里，到时候家就没有了，回家带好小孩才是正事。”

“为了进神国，我可以一辈子不回家，我可以舍弃一切。”阿梅坚定地对我说。看着如此的阿梅，我只有无奈地摇摇头。

阿梅罔顾我的无奈，继续邀请我参加她组织的8月8日广东片区“生命异象日”聚会活动。

为了进一步了解阿梅的教会生活，8月8日那天我到了约定的地点，阿梅已在那忙碌着了，摆桌子凳子，往每个桌子上面摆水果、金黄色的饼和各种零食。那是一个很少人到的偏僻小公园，但因为阿梅组织的这次聚会，变得热闹非凡。信徒陆陆续续到来，男女老少都有，统一穿着教会的衣服，白色的衣服前面印有“生命生命”的字样，据说代表左坤老爸，背后印有狮子，代表“王”。

50多人各自找地方坐下，阿梅和几个人领着大家笛笛——笛——哒哒，在场每个人都异常亢奋，满脸期待。

随后我听到有人在讲见证，说梦到左坤老爸，说自己很快被提，另一些人就哗哗地附和着。

阿梅告诉我，1966年8月8日是左坤老爸被神提到3层天上的日子，当时神把神国赏赐给他，让他下来传福音，最后把教会都带到神国去。各地教会都会在这个日子举行聚会并与神交流，期盼早日被提。

我看着这样的阿梅，再也不知说什么了，叮嘱她好好保重就离开了。

后来，我听说阿梅终于和阿烈离婚了，老乡们都说，阿梅变了，她对这个家一点留恋都没有，痛快地签名离了，什么都不要，头也不回地走了。

神国的囚徒

2010 年的中秋节留着我一个悲惨的记忆。节前，我接到阿梅阿爸的电话，老人在电话里焦急地说家里接到了从广州番禺拘留所寄来的通知书，说阿梅关押在那里，发生了什么事家里都不知道，央求在深圳的我赶紧去查看一下发生了什么事。我当天就赶到了关押阿梅的拘留所，几经周折见到了阿梅。

阿梅很憔悴，之前闪着光芒的脸已经长满了黑斑，蓬松凌乱的头发，单眼皮、扁鼻子和深凹下去的脸颊，眼里还闪着狡黠的光，透着一种让我害怕的疯狂，整个人看起来有点阴森。

我总算明白了，阿梅所说的血水圣灵教是一个从境外发展而来的邪教组织，早在 1995 年就被政府定为邪教，而教主就是阿梅口中的左坤老爸，台湾人，自称自己是神的使徒，会在末世时候将血水圣灵教会都带到神国，成为生命之王，而到神国唯一的路径只有他知道，其他不信此教的人将来都会进入硫磺火湖，永不超生。

羁押期间，监管场所例行体检，怀疑阿梅患有肺结核，需要进一步检查治疗。我为她申请了取保手续。

带阿梅回到深圳后，我就带她去胸科医院检查，发现阿梅没有结核病，肺部的阴影是原病灶。阿梅得知自己没有肺结核后，异常兴奋，哈哈大笑起来："是老爸帮我清除一切障碍的，没有病，又提前出来了，是神帮助我的，让我早日回到教会。小清，你该相信了吧？"

"阿梅，你不是知道血水圣灵是邪教了吗？你现在不是应该回家安慰父母、安抚小孩吗？怎么还想着回教会？”我生气说道。

“小清，我只是说不参加邪教活动，可没有说血水圣灵是邪教，而且我是不可能离开教会的。在教会10多年，付出全部的精力和金钱，我如果现在离开了，明天教会就被提了，那我不是亏死了。小清，谢谢你了，你去忙你的吧，有空我会联系你的。”看着阿梅决然走开的背影，我陷入沉思，这还是淳朴的姐妹阿梅吗？

疯狂的沉沦

阿烈来找我让我很意外，他告诉我他想和阿梅复婚，为了两个小孩，也为自己之前对阿梅不够好而感到愧疚和自责，想让我去说服阿梅回归家庭。

看着这个风尘仆仆的男人，想想他和阿梅的浪漫和艰辛，我心软了，我希望阿梅能继续幸福，不要再沉迷在血水圣灵邪教里。

阿烈早就打听清楚，阿梅那段时间在一个宠物店打工。我们赶到番禺市桥一个镇上的宠物店，却看不到阿梅。老板说阿梅工伤，在医院治疗。我和阿烈急匆匆赶到医院，床上的阿梅左臂缠着厚厚的纱布，吊在脖子上，此时正专注看着什么书。我们叫了她，她才抬起头，看到我们，没有惊喜，反而感到有点尴尬，问我们怎么知道她在这里。

阿梅告诉我们，在宠物店打工时被金毛狗咬了一大口，伤口很快溃烂，所以来医院治疗。已经打吊针一个星期了，动了两次手术，溃烂的肉都清理干净了，缝了21针，现在每天打消炎针。

阿烈摸着阿梅的手臂难过地说：“阿梅，回家吧，这些年你在外面受苦了，我知道错了，我们不要儿子了，以前不好的我都会改过，因为我们都40多岁的人了，不求什么了，就一家人过踏踏实实的日子吧。”

我被阿烈的真诚感动，但出乎我意料，阿梅却冷冷地说：“教会就是我的家，我现在所受的一切苦将来都会转成为我神国里的财产，受的苦越多，我神国的财产就越多，所以我乐意，我反而担心你们，工作、金钱、家人等等一切都会在3年半后的灾难中灰飞烟灭的，你们这些不信神的外邦人都会在硫磺火湖里煎熬世世代代，那时的我已经在神国永享荣耀了。”

阿烈不适应这样的阿梅，惊恐地说：“阿梅，你怎么了，你这说的什么话？芳芳姐妹和家里的老人都在等着你回家呢！”

“所有一切都不能阻挡我进神国，现在是关键时候，我不会傻傻地跟你回到那个将会被毁灭的家的。我出院后会很忙，我已经在深圳、广州、东莞、惠州、河源等地都建立了教会，我要牧养的教会很多，我是信徒的仆人，别人不做的一切都是我来做，因为老爸说过，谁伟大谁就做信徒的仆人，这么好的事情当然不能落到别人手里啦。”阿梅毫无羞愧地说道。

我听不下去了，吼道：“阿梅你还想进神国，基本的平安都没有保到，你现在不是被狗咬了，在医院打着针吗？如果不是住院你可能都性命不保了，这样子你还不醒悟吗？”

阿梅拿起刚才在看的一本书说道：“所以说小清你就不懂，这本《基督教徒的正常生活》我已经看了 10 多次了，我也怀疑过我为什么被狗咬，曾以为神没有保佑我，但我现在悟明白了，信神保平安，保的不是肉身的平安，是生命的平安，在人间的肉身是没有平安的，只有进入神国，生命才有保障。”

“肉体都没法保平安，你还信这个邪教干吗？”我愤愤地呵斥道。

“小清，不怕告诉你，上个月这里教会的另一长老小马和两个信徒到肇庆去帮信徒受洗回来时，在路上遭遇了车祸，两个信徒当场死亡，小马被送到医院救治。老爸让大家为小马禁食祈福，但第 3 天小马还是死了，当时我真的怀疑，这么忠心的小马，怎么说死就死了呢，我们的神去哪儿了呢？”

我马上接过阿梅的话：“对呀，你就应该好好想想呀，信神的你们死的死，伤的伤，被狗咬住院的住院，不是说一套事实又一套吗，这样骗人的东西赶紧放弃吧！”

阿梅继续说：“神家的事情没这么简单，也不是你看到的那样，老爸都知道我们的心思，给我们带了重要的信，告诉我们这个关键时刻不要中了魔鬼的诡计，神很快要来了，撒旦就会借各种各样的事情来使我们的信心软弱，离开教会，就会失去进入神国的机会。老爸还说 3 位弟兄已经为主殉道了，他们在神国得到了做王的位置，现在好得很，已经摆脱了人间的一切劳苦叹息。”

阿梅滔滔不绝地说道：“我多么傻呀，还去怀疑神，幸好老爸及时帮我解开了心结，神要来了，出院后我要尽一切能力去牧养教会，预备善行，传福音，你们如果不想下一辈子进硫磺火湖，就听我的话加入教会吧，现在还来得及。”

听着阿梅顺溜地说着这一切，我和阿烈无语了，阿梅像个自动播放机：“你们知道被提吗，神有一本《生命册》，我们的名字都被记载在里面，神点名，人的肉身瞬间变成灵体进神国，灵体很美，和荣耀的神相似，这一刻我盼望了10多年，因为点名是一瞬间的事情，所以我一刻都不能离开教会。”

无论我和阿烈说什么，阿梅都决绝地回绝我们回家的请求，我和阿烈万般无奈地离开了。

离开前我和阿烈最后劝说阿梅，不要做违法的事，家里的大门永远为她敞开着，但阿梅只是对我们笑笑，没有再说什么。

无言的结局

两年后，听说阿梅又结婚了，是教会成全的婚姻，和一个比她大15岁的男信徒。两人把教会当家，只要教会有需要，阿梅都会奋不顾身地投入。

阿梅彻底从我们的生活中消失了，大山里阿梅的阿爸阿妈和芳芳姐妹也很久没有见到阿梅了。

直到最近，我终于又有了阿梅的信息。2014年12月11日，阿梅因组织利用邪教组织破坏法律实施罪被判刑4年。她加入血水圣灵10多年，奔波全国各地，耗尽了青春和金钱，建立新教会，牧养信徒，传福音，得到的不是进神国做生命之王，而是神国的虚妄和利用！

我可怜可悲的姐妹阿梅，愿她早日从迷幻中醒来。

血水圣灵

血水圣灵，又名圣灵重建教会，由台湾人左坤1988年建立。左坤，男，1930年10月生，原籍江西，1985年因在台北非法传教，被台湾司法机关判刑，后建立血水圣灵组织，台湾当局认定其具有邪教倾向而予以打击，左坤由台湾移民至美国。血水圣灵始终把向境内传播作为重点，派遣骨干入境传教，秘密发展成员，建立地下组织。

左坤自称是“神的使徒”，对“教会”发号施令。他歪曲《圣经》中“神再来之前，要从东方兴起一人”等内容，神化自己是“神在末世拣选的仆人和使徒”，是“属灵信徒的父亲”，要求信徒称其为“老爸”；宣传“末世来临论”，对信徒进行恐吓和威胁。血水圣灵活动诡秘，成员均用化名，使用代号和暗语，骨干成员与境外总部之间通过互联网加密邮件联系；宣扬“推翻人的国度，建立神的国度”。

血水圣灵在境内建立咖啡、快餐、蛋糕等经营实体，以商养教，秘密发展组织，骗取信徒巨额“奉献款”。近几年来，左坤把高校和中学生群体作为重点发展对象，以举办冬令营、夏令营等名义吸引青少年到境外培训，发展成员。血水圣灵在大专院校比较集中的城市建立传“教”点，以便向高校学生群体渗透，仅2014年在山东省发展的新成员中，青少年就占30%。

华藏宗门

华藏宗门又称华藏功等，教主为吴泽衡，广东省惠来县人，1967 年 7 月生。1990 年他自创“华藏法门”组织，1991 年 11 月，他因涉嫌诈骗、流氓罪被惠来县公安局收容审查。1993 年改名为“华藏心法”，吴泽衡自称“7 岁承曹洞禅门高僧德真、德智大和尚接引，11 岁入山随师修行、习武、研读兵法”，曾任“少林寺秘门掌门人”“少林寺玄门功法创始人、掌门人”“少林寺般若法门总监坛”等。但后经走访调查，均被证实为虚假信息。后来在 20 世纪 90 年代的气功热中又称华藏功，以练功治病，开发生命科学等旗号欺骗信徒。2000 年，又因擅自发行股票罪、非法经营罪被北京市第一中级人民法院依法判处有期徒刑 11 年。

2010 年出狱后，他自称是佛教第 88 世、禅宗第 61 世衣钵传人，少林寺第 32 代传人，是“大日如来佛”的化身，说拜他为师可以成佛；2013 年改称“华藏宗门”。吴泽衡自称“华藏”初祖，自封法号“觉皇”，自夸“博大精深，贯通三界，统摄教宗”，暗示其是凌驾于各大宗教之上的“皇中皇”。“华藏宗门”歪曲佛教教义，假冒佛教传承，是典型的附佛外道邪教。

宣扬灾难

吴泽衡自称有“天眼通”“宿命通”等特异功能，“可以掌握他人命运，决定他人的生死”。2010 年出狱后，吴泽衡称：“12841 是我在监狱的号，是地球灾难的密码，就是说在 2012 年 8 月 4 日 1 点钟，地球将会出现重大灾难。”

神化自我

以大日如来佛的化身、秦始皇转世的身份，公开神化自我，发展教众。

精神控制

吴泽衡编撰了《华藏宗门宗脉世系表》《戒律度》《戒品示》，以“封法号、排辈分”来管理弟子，用誓愿、恫吓等手段控制信徒。要弟子发毒誓：“如果违背师命，就会得癌症、绝症，家人将不得好死，会下十八层地狱。”

非法敛财

吴泽衡弟子拜师、供养、培训、借款、闭关、兜售法器收费几千元到几十万元不等，入干股、分红利，卖天价“御膳”，指导炒股，盈利抽成 10%，亏了自负，治病一个疗程数十万元。

奸淫女性

吴泽衡以“男女双修可以使人达到学佛的最高境界”“可以迅速提高修行、增强法力”“其精液是高能量物质，有益女性身体”等为名引诱、胁迫多名女弟子与其发生性关系，多名女弟子多次为其堕胎。

糜烂生活

吴泽衡抽名烟、喝名酒，赌博样样精通。吴泽衡的儿子 2012 年 8 月赴英国留学时，其一次就给了 26 万人民币的生活费；他有 10 多名子女，全部用弟子供养款支付高额生活抚养费。

2014 年 8 月 5 日，珠海市公安机关依法查处“华藏法门”非法组织，吴泽衡等 15 人被刑事拘留。2015 年 10 月 30 日，珠海市中级人民法院依法对被告人吴泽衡等人组织、利用邪教组织破坏法律实施案进行一审宣判，决定对吴泽衡执行无期徒刑，剥夺政治权利终身。2016 年 2 月 2 日，广东省高级人民法院做出二审判决，认定华藏宗门为邪教组织，维持一审判决。

邪教危害的特殊性及其法律治理

■ 广东工业大学政法学院　邵俊武教授

与其他犯罪相比，邪教犯罪除了具有犯罪的一般共司特征外，还有其特殊的危害。主要表现在：

一、邪教犯罪的手段比较隐蔽，受害人容易上当受骗

邪教犯罪往往假借宗教的名义，诱使善良单纯的人误入歧途。从已发现的邪教犯罪的情况看，无论是“法轮功”“全能神”，还是“华藏宗门”等等，无一不是打着宗教的旗号欺世盗名、招摇撞骗。而受害人也往往误以为邪教活动是正当的宗教行为而相信和参加。这也就是我们从案例中看到的，为什么被邪教蒙骗的对象不仅有普通的老百姓，也有博士后这样的高学历人员，还有各行各业的专业人士的原因之一。

邪教犯罪以攻心为手段，使受害人深陷其中，难以自拔。邪教组织及其头目为了达到从精神上控制受害人的目的，惯用各和精神恐吓、思想蛊惑、利益引诱等手段，给受害人“洗脑”，使受害人被其异端邪说所蒙蔽，让受害人自以为参加了有正当意义的社会组织和活动，自我感觉从此找到了自我发展和提高的捷径，获得了济世救人的法宝，从而痴迷其中，以至于在邪教犯罪被查处后，仍然执迷不悟、难以解脱。受害人只有在彻底醒悟后才发现，邪教原是一剂能让人上瘾和罹患“强迫症”的毒药，参加邪教其实是走上了一条害人害己的不归路。

二、邪教犯罪的危害具有多元性，对受害人的伤害是多方面的

事实上，无论何种形式的邪教，不管他们打着如何堂皇的旗号、摇着哪些诱人的幌子、裹着怎样华丽的包装、耍着什么新颖的套路，其犯罪的特征总是万变不离其宗，都离不开敛财骗色、唯我独尊的本质。因此，邪教犯罪给受害人的身体健康和财产利益造成很严重的损害。从已发现的各种邪教组织犯罪的案例中，我们可以清楚地看到，在邪教组织头目的蛊惑下，受害人有工不做、有学不上、有家不顾、有病不医，心甘情愿地把自己辛辛苦苦赚来的钱财拱手交给邪教头目，甚至连同自己的身体也任由邪教头目凌辱。

由于邪教犯罪是以对受害人思想蛊惑、精神控制为手段，从而达到其犯罪目的的，因此还会给受害人带来极大的精神伤害。在普通刑事犯罪案件中，随着犯罪行为的被揭露和被惩处，受害人的合法权益得以保障，受害人对犯罪行为的性质和危害性认识也随之提高。但在组织和利用会道门、邪教组织或者利用迷信等实施的犯罪中，因为受害人往往被邪教组织的谎言所迷惑，其思想和精神被邪教组织所奴役，即使犯罪组织被摧毁，犯罪分子被绳之以法，受害人或许仍然不能完全觉醒。可以说，组织、利用会道门、邪教组织，利用迷信等实施的犯罪对受害人造成的影响是多方面的，既伤财（财产利益被侵犯）、伤身（人格尊严、人身权益被侮辱），又伤心（思想和精神被奴役）。

三、邪教犯罪使受害人脱离社会，成为家庭和社会之外的孤家寡人甚至是罪人

邪教组织及其头目为了让受害人心甘情愿地任其摆布，往往屏蔽受害人正常的社会信息交流，阻止受害人参加正常的社会活动，让受害人唯以邪教头目为尊、独以邪教规则为范，使其失去家庭的关爱和朋友的帮助，远离正常的家庭和社会生活，彻底纳入邪教活动的圈子，从而达到全面彻底地从精神上控操受害人的目的。

人是具有社会性的，人与人之间只有建立起必要的联系，遵守社会对所有人的规范，才能在社会生活中正常生活和发展。邪教让受害人脱离正常的社会生活，将其社会交往框定在邪教划定的圈子里，使其全身心地彻底融入邪教的组织关系中，以邪教的教主为尊，视邪教的内部法则高于正常的社会规范，其结果不仅会使受害人脱离社会，失去正常的家庭和朋友的帮助，成为正常社会之外的孤家寡人。而且当邪教内部规则与社会规范发生冲突时，受害人在邪教的蒙蔽之下，还会拒绝甚至抗拒社会规范的约束，产生反社会、反人类的行为，沦为社会的罪人。在邪教头目的欺骗下，受害人有时也会把自己的亲人朋友拉入其中，一同成为受害者。更有甚者，受害人被邪教组织及其头目操控，实施或参与实施危害社会和他人的违法犯罪行为。

四、邪教犯罪的打击难度较大，有时不能得到公众的理解和支持

在普通刑事犯罪案件中，随着犯罪组织的被摧毁，犯罪行为被依法惩处，大多数情况下基本完成了对该具体犯罪行为危害性的消除。但在组织和利用会道门、邪教组织或者利用迷信等实施的犯罪案件中，由于受害人的思想曾经被邪教组织深度蛊惑，精神曾经被严格控制，邪教影响不会因为犯罪组织的被摧毁、犯罪行为的被惩处而随之消弭，甚至可能发生死灰复燃的现象。同时，由于此类犯罪往往假借或者冒用宗教的名义，不仅会造成打击和惩处上的困难，也会造成公众认识上的错觉，甚至还会使有些人产生误解，进而被各种社会势力借机利用。

针对邪教犯罪活动伪装性、迷惑性强，渗透和影响能力广泛，对受害人的心理危害持久，社会危害性大等特点，司法机关在加强打击的同时，要重点加强对邪教犯罪活动相关犯罪证据的认定。因为从已经发现的邪教犯罪活动的情况看，邪教通常采用各种复杂的伪装手法，并且将其违法犯罪活动与正当的宗教、慈善、公益、养生健身等活动予以嫁接，使司法机关在犯罪事实的认定方面难度加大。同时，由于受害人在邪教的异端邪说影响下，配合司法机关查证、取证工作的积极性、主动性较弱，使得司法机关对邪教犯罪活动的查处更添困难。法律界一方面应当加强对邪教犯罪组织及其活动的证据问题的研究，提高查证、取证的能力，提升鉴证、认定的水平，切实做到事实清楚、证据确凿、公信力显著；另一方面要重视对邪教犯罪活动的特殊规律性问题的研究，全面掌握邪教犯罪的基本特征，系统梳理邪教违法犯罪活动的行为特点、证据类型、查证手段、认证方法，指导司法机关查处邪教犯罪活动，帮助相关部门预防邪教苗头的滋长，教育社会公众增强抵御邪教侵蚀的能力。

实践证明，在与组织和利用会道门、邪教组织或者利用迷信等实施的犯罪行为做斗争的过程中，单纯的刑事打击只能治标而难以达到治本。为此，我们不仅要彻底揭露邪教组织反科学、反社会、反人类的反动本质，教育民众认清邪教组织的现实危害性，还要引导民众提高辨识正常宗教活动与各种邪教活动的能力，要有针对性地帮助受害人觉醒。同时，全社会要认清打击组织和利用会道门、邪教组织或者利用迷信等实施犯罪活动斗争的复杂性、长期性和艰巨性，要认识到各种邪教组织和活动还会通过转换面目或改变形式，利用各种手段和途径，花样翻新地重出江湖，做好长期斗争的思想准备、制度防控准备和社会治理准备。

关于法律治理邪教问题的思考

■ 中山大学法学院　聂立泽教授

我们注意到，尽管2015年11月1日生效的《刑法修正案（九）》对邪教犯罪做出了不少修改与完善。如新增罚金刑与没收财产刑，把最高法定刑由原来的15年有期徒刑升格为无期徒刑，同时根据宽严相济指导原则又增加了最轻一档法定刑，规定“情节较轻的，处3年以下有期徒刑、拘役、管制或者剥夺政治权利，并处或者单处罚金”。这些新的立法完善可以说均切中要害，从牟利型与有组织性犯罪的基本情况着眼，通过财产刑来达到遏制邪教组织牟利与摧毁其活动经费的双重功能，值得充分肯定。

然而，纵观我国刑法中有组织犯罪的立法成例，如恐怖组织，黑社会性质组织的组织、领导及参与行为均早已入罪，而唯独没有把单纯的组织、领导邪教组织的行为纳入犯罪圈之中。虽然从上述犯罪组织所主要从事犯罪行为的类型来看，邪教组织并不以实施暴力犯罪作为其直接的目标，然而邪教组织在特定领域所具有的社会危害，却并非恐怖主义犯罪、黑社会性质组织犯罪所能企及。这不仅由于在邪教组织犯罪中受害人人数之众多或邪教组织对公民信仰以及科学意识摧毁之严重，也在于邪教组织把“神”的意志凌驾于国家政权之上，借由其政治反动本质而实施的行为，往往会形成对国家政权的严重冲击。

尽管有观点认为，行为人仅对会道门、邪教组织单纯实行组织行为，而没有对禁止组织会道门、邪教组织以外的国家法律、行政法规实行破坏行为，即在会道门、邪教组织成立之前行为人单纯实行的发起建立会道门、邪教组织的行为就可以构成本罪，但尚属于犯罪预备形态。这样的解释是符合刑法基本理论的，但是，与前述其他两种组织型犯罪的立法模式相比，由于犯罪预备是法定从宽情节，其处罚的力度与预防的效果有明显的差别。同时，邪教组织是一个组织性强、分工精密、目的明确、行动诡密，既具有组织行为，也具有组织结构，还具有组织机构，完全符合刑法意义上的犯罪集团。鉴此，依照德国学者乌尔里希·贝克提出的“风险社会理论”，对于那些不可预知或难以控制的社会风险，应当在其未转化为现实的损害之前将其纳入法律的规制范围。于邪教组织的违法犯罪而言，如果在刑法上继续放任邪教组织的成立与发展而不顾，当邪教组织所伴随的社会风险转化为现实的社会危害时，刑法的介入可能已经为时过晚了。

故而，建议在我国今后刑法修改中应当把“组织、利用、积极参加邪教组织罪”纳入刑法调整的范围之中，做到“打早打小”，防患于未然，最大限度地发挥刑法的预防与威慑功能。

寻找生命的意义

当初在信神的世界里，我找到了生存的价值和意义，可是现在才知道我信的并不是真神，我被全能神骗了，曾经为之付出一切的全能神竟然不是真神！我的世界似乎要倒塌了。我不知道活着有什么意义，活着真的太痛苦了，如行尸走肉般。

夏末秋初，心理咨询室窗外的刺玫瑰依然在竞相绽放。“太美了！”我一边等待下一位来访者，一边欣赏窗外的景色。

我是一名社区心理咨询师，心理咨询室设在社区家庭综合中心一角，安静舒适，里面摆放着长长的沙发和茶几，茶几上放着绿色的植物，窗帘的柔和颜色与房间的格调相得益彰。我喜欢心理咨询工作，在这里，我曾和无数的来访者进行心与心的交流，对他们的心理创伤进行心理修复、心灵重建，给予他们支持、鼓励、安慰，减少他们的精神痛苦。我曾遇到过形形色色的来访者，有职场人际关系不适、婚姻家庭受挫、亲子关系不良的，也有注意力不集中、学习困难的，还有误入歧途的邪教修练者等等。

突然，门被推开了，一位来访者进门。树上的知了在“知——知——知”叫个不停，虽然秋天快要到来，但广州依然炎热，满大街都是在竞相展现自己的动人身姿穿着时髦超短裙的女孩子。而这个女子走进来的时候给我一种冰冷的感觉，我还是头一次感受到这种感觉，不由得注视着她。

这个女孩，20多岁，中等身材，浑身上下一身黑色装扮，黑色的上衣，黑色的裙子，黑色的袜子，配黑色的鞋子，仿佛连空气也快要被染成黑色的了。头发干涩枯黄的她脸上更是满布愁云，全无这个年龄应有的生机和活力，就连眼珠也是昏黄的，裹着血丝，感觉好久没有好好睡过一觉，情绪很低落。刹那间，我的心情也随之低沉不少。

“我知道你的名字很久了，社区工作人员说你善于倾听，会开导别人，让我来找你，可我觉得找你也没有用，我不想活了，觉得活着没意思，我曾自杀过……”她低声说着。

我头脑中飞快闪过各种可能，这么年轻的女孩，正是花季年华，怎么会想不开自寻短见呢？相关资料表明，自杀原因十分复杂，往往是多方面因素共同作用的结果。其中有生物性因素，包括性别、年龄、躯体与神经疾病等；有心理因素，包括个性特征、适应能力、心理挫折与情绪危机的产生等；有社会性因素，包括民族、文化、政治与经济环境以及家庭和生活环境的变迁与差异、生活节奏的改变等。而她，会是哪一方面的原因呢？

她的一句话解开了我的疑问。“我曾是一名全能神信徒，当初在信神的世界里，我找到了生存的价值和意义，可是我现在才知道我信的并不是真神，我被全能神骗了，曾经为之付出一切的全能神竟然不是真神！我的世界似乎要倒塌了。我不知道活着有什么意义，真的太痛苦了，如行尸走肉般……”她的眼神恍惚，在述说中不停飘来飘去，似乎找不到方向感。

我一下子明白过来了，她是一名邪教信徒，正处于醒悟后的典型症状中，就像吸毒成瘾者一样，毒戒了，生活却变得百无聊赖。我已经治疗过几个这样的患者了，社区每次帮教信徒脱离邪教组织后都会把信徒转介到我这里，做进一步的戒断治疗。

“既然你来找我，说明你还是愿意改变的，我愿意帮助你，尽我最大的能力。你也想解决你的问题，对吗？在我们开展心理咨询之前，有一些问题我需要和你明确一下，希望你对心理咨询有更多的了解。”我说完微笑地看着她。

听完我的话，她才稍微抬起头，看了我一眼，头轻轻点了一下。

“心理咨询是什么呢？就是心理咨询师和来访者一起走过她人生中最艰难、最迷惘的沼泽地，使来访者寻找到她生命中最重要的东西。就像你现在这种状态，我们需要共同探讨，最终让你更加明白自己，了解自己，这个过程需要你的配合，需要你敞开心扉表达自己，从而找到解决问题的方法。打开心灵的钥匙在你身上，而不在于我。我们现在需要签订一份心理咨询服务协议，明确各自职责和服务的内容、原则。”

她认真阅读协议内容，然后郑重其事地在协议书上签下自己的名字：林飞燕。

接下来的日子里，我们一共进行了30多次心理咨询，每星期一次，每次90分钟。在她身上，我读懂了一个迷惘痛苦的女孩活着的故事，也读懂了一个孤独女孩寻找爱的故事。

心理治疗大师韦特格曾说，这世上并无“个人”这回事，个人只是一个又一个系统及组织的反映。我想飞燕的问题与她的人际关系、家庭环境和成长经历有关，我希望追溯她童年的成长经历从而让她更了解自己是怎样一个人。

孤独的赶鹅孩子

在咨询初期，我发现飞燕不太爱说话，不主动表达自己，性格内向，不善言语，并且情绪抑郁，经常失眠，因此，我教了她放松心理调节方法，让她经常练习，以帮助她更好地放松身心，促进睡眠。她在坚持一段时间后，睡眠有所改善，抑郁的心情有所缓解，慢慢地她更加信任我，愿意将自己的痛苦、困惑向我倾诉了。

心理治疗大师欧文·亚隆说过："无论是在研究或临床工作，我们最好谨记这一金玉良言，倾听病人。"我是这样想的，也是这样做的，飞燕的每一次倾诉，我都耐心聆听。除此之外，我还运用中心疗法的真诚、共情、尊重、支持等技巧，鼓励她表达内心的痛苦。在一次次心灵交流后，她愈发愿意面对自己，我们的信任关系也慢慢建立起来了。

"你怎么会变成这样？在你的早期生命中是否发生过什么事？"

她开始述说童年经历。一句"你知道孤独的感觉吗"还没有说完，她的眼泪就止不住往下流："我出生在一个贫穷的农民家庭，上有 3 个哥哥，1 个姐姐，加上父母，一共 7 人。我最小，和最年长的哥哥相差 10 多岁。按理说，有哥哥姐姐的疼爱，我应该比较幸福才对，可是实际情况并非如此。"

说在这里，她停顿了一下，我鼓励她继续往下说："打我有记忆起，姐姐就外出打工，3 个哥哥一直在外面住校读书，记忆中我根本就没有与他们共处过，小时候一直都是与爸妈在家，我没有感觉到哥哥姐姐的存在，她们就是我最熟悉的陌生人，而父母忙于农作，每天早出晚归。"

"我每天早上醒来，已经看不到我的父母，我知道他们已经装着一锅稀饭到田地里干活，我独自一人把衣服穿好后，手上拿着一块隔夜的冷饭孤独地锁上大门，背上书包去上学。每天上午 10 点 40 分左右，我就要跑步回家，因为家里有好多事情等着我去做。一回到家，成群结队的鹅看到我回来，就扑着翅膀飞到我身边，鹅——鹅——叫个不停，跟着我到处跑，我去到哪儿，它们就跟到哪儿，不停地叫，鱼塘里的鸭嘎嘎叫个不停，猪栏里的猪也叫个不停。我顾不上吃饭，喂食它们经常就要忙到下午一两点。”飞燕低下头，抹去眼角的泪珠，“由于家里没有钟，下午上学我常常迟到，有一次又迟到了，我很害怕怕被老师责罚，就悄悄地弯腰钻了进去，孰料还是被老师发现了，老师大声责备我成绩差又天天迟到，说我不必来上学了！

“那时侯，我既自卑又内向，没有朋友也没有人和我说话，很孤独，一下课，我就往家里赶。我的好朋友是家里的那群鹅，只有它们才欢迎我。成群结队的鹅看到我回来，就张着翅膀向我扑过来，当它们吃食料时，我总会停在旁边摸着它们，或者抱着它们，和它们说说话。我童年都是和鹅待在一起的。

“爸爸妈妈每天晚上都等星星月亮出来才干完活回家，我经常一个人孤独入睡。我的童年没有玩伴，没有人和我说话，我就在被人遗忘的角落里慢慢长大了。”

她沉浸在她的述说中，继续回忆她的往事：“高中毕业后，我没有考上大学，村里同龄人都陆续走出了小山村，外面的世界吸引着我年轻骚动的心。20 岁那年我也鼓起勇气，到珠海打工。打工的日子很辛苦，加上我性格内向，不爱说话，与别人难以相处，总觉得很难适应这种生活方式。一到晚上我都会感到孤独、无助，内心有苦也无处诉说，觉得活得很痛苦，不知道生活的意义在哪里，活着为了什么。”

我一边倾听，一边将她述说的重点内容进行记录，一个孤独的女孩形象渐渐地清晰了。在一个缺失爱和关怀的环境中长大的女孩，长大后往往缺乏自信，甚至会缺少人生追求和目标。

陷入全能神泥潭

在咨询的第 4 周，飞燕述说了她陷入全能神的经过：“2008 年五一假期时，妈妈摸着我的头说有位神来拯救人，信了它可以保平安，免灾难。结果，第二天晚上，有个不认识的我妈管她叫阿清的人到我家来，给我念叨《圣经》里的事情，比如诺亚造方舟、洪水来世之类的事。我觉得挺新鲜，就感兴趣地问她信的是什么神，她回答说是全能神。这是我第一次听到这个名词。

“过了几天她又来到我家，还送给我一本书，叫《羔羊展开的书卷》，里面是些简单易懂的故事，她还告诉我说我是神挑选的人，我的一切都在神的掌控当中，连我考不上大学也是神命定的，因为我注定要信神，走信神的路——追求真理之道。

“又过了一段时间，来了一个叫阿俊的女人，说辞和阿清相差无几，也说世上一切都是神在安排。但阿俊要比阿清温和，更有亲和力，她见面就喊我‘妹妹’，我很开心有了一个知寒知热的姐姐。

“2008年8月，我在珠海斗门某工厂上班。有个晚上，又有两个全能神信徒在阿俊的介绍下找到我，见了两次面给了我《人往哪里走》和《生命的起源》两本小册子。这之后，由于我把手机弄丢了，与阿俊她们失去了联系，我就一直没有和任何全能神信徒交往。当时，我以为我与全能神的缘分也就尽了。

“直到2011年，我回家过清明，阿清知道我在珠海没有参加全能神的聚会就再次帮我转单到珠海。7月份，在斗门白蕉一个叫阿秀的全能神带领找到我，说神实在太爱我了，两次都没有遗弃我，而且相隔那么多年又摆设环境让我再次回到神的眷恋保护当中，说明我确实就是神挑选的人。后来阿秀还给我听了一首神话的歌，歌词说不管我们在十字路口徘徊，也不管我们往哪里去，被神拣选的人始终逃不过神的摆布安排，只有听从神安排的人才是聪明人。我为我自己是这样一个聪明人感到无比荣耀，所以当我看一段神主宰万有的神话，说自从你呱呱落地来到人世间时，你就开始履行你的职责与义务，为着神的计划命定，扮演着你的角色，也就是说出生、家庭、工作、婚姻以及现在来到神的面前都是神的安排。阿秀叫我好好信神，多聚会，不令神分心，说神苦苦巴望人类回归他的身边，免受撒旦的苦害。

“从2008开始接触到2011年，我最终被拉进了全能神教会。后来我才知道，这种策略叫‘摸底’：摸清发展对象的好恶，对症出招——他爱吃肉，就给他买两斤；喜欢打麻将，就陪他打3天，只要他能信神。”

交通中感受到乐趣

接下来，飞燕向我详细诉说了那段在全能神中的经历：“2011 年 11 月以后，我认真听阿秀的话，按她的要求聚会，每周聚会一两次。阿秀还不断换人给我聚会交通，说要在 3 个月内让我认识清楚神作工六大异象：一是神创造万物主宰万有；二是持有真神的名；三是真假神；四是真假基督；五是圣灵作工与撒旦作工；六是神不参与政治，为什么先在中国作拯救工作。阿秀要我明白这几方面的异象真理，强调只有明白这几方面异象的人才算是信神有点根基的人。她给了我《十项真理》和《羔羊展开的书卷》，说神爱我，要我好好看，才算对神有点认识和了解。

“接触全能神一年多以后，因为我是高中文化，在教会中学历不算低，有姐妹问我：你写字这么好，能不能把问题答案帮着大家抄抄？

“‘问题答案’的内容，是对全能神教义的宣讲，以通俗易懂的问答形式呈现。比如，提问：全能神既然是耶稣的再来，为什么不显神迹奇事呢？答复：全能神就是耶稣再来，这是千真万确的事实！类似的问题被印刷为 1 本书，共 100 问，512 页，免费发放给信徒。

“我拿到的只有 10 多页纸。阿秀要求我用复写纸抄一式 3 份。多年之后，我反思，如果当时我只抄 1 份，可能会胡乱应付，但是用复写纸抄 3 份，下笔必须十分用力，才可能 3 份都清晰，无形中我减慢了抄写的速度，也在潜意识里开始阅读理解纸上的内容。从被动地听故事，到读书、听歌，到主动抄写，我毫不设防地一步步陷入全能神的陷阱。”

聚会中感受到价值

我默默地倾听，任由她继续诉说：“阿秀常跟我说我们都是神的儿女，能来到神的面前可不容易。还说神现在注重拯救人，要求抓紧时间追求真理，不要跟不上神作工而被摒弃，一有空闲时间就要去聚会。记得第一次聚会时，刚到聚会点门口，就有一个人热情地招呼‘来了，姊妹’。这里大家一律互称弟兄姊妹，觉得可亲，感到大家像一家人相亲相爱，特别是我这种离开亲人的打工妹，在远离家的日子，特别享受这种温馨。我们每周聚会两次，风雨无阻，不是星期一、星期三，就是星期二、星期四，时间一般定在下午。因为周末时会有别的家人在，不方便，这也是教会的规定。

“我渐渐喜欢上了与全能神信徒在一起的氛围，它让我忘却了现实生活中的烦恼和空虚，得到了一种前所未有的快乐和满足，我不用为前途、命运担忧，相信只要多做贡献，最终就可以去另一国度过上无忧无虑的美好生活。

“不久之后，我就被重用‘带新人’，这也是个职务。在全能神的系统中，职务由低到高分为带新人、带小排、教会带领、小区带领、区办事员以及特区主管——神把人看作羔羊，羔羊生活的地方就是‘牧区’。在带领这个职位下，还分为副带领、生活执事、福音执事、福音专职等更具体的细分职务。

“所谓带新人，就是带上神话书籍，到那些可能信神的人家，给他们读书，讲解故事，宣读来到神面前的种种益处。

“我开始每天带着《羔羊展开的书卷》，走家串户去读故事。这是全能神教里的一个初级读本，里面是些简单的故事。我很认真对待这种讲故事，就像几年前，那些姊妹给我读的那样。

“两个月后，我被晋升为‘教会带领’，手下管着10来个人，负责组织监督信徒们聚会、读书。‘升职’后，我的教会生活又增加了跟上级再学习的内容，比如跟着‘小区带领’学唱歌跳舞，以及如何更好地传福音，一去就是一整天。

“在教会中很多人崇拜我，向我请教，认为我讲道讲得好，使我开心极了。在我的带动下，有更多的人信了全能神，我认为我找到了生命的价值和意义，对教会的工作更加尽心尽力了，除了必需的生活和工作，我一有时间就沉浸在全能神的神话中。我很少回家，甚少打电话，也没有钱寄回家，和父母的关系越来越淡了。我想，现在要侍奉神，等到了国度时代，要什么有什么，也不急在这一时。”

尽本分，传福音，愈发疯狂

“2012 年 8 月，我收到一份工作安排，要求我们发毒誓去传人，拉人入教，还要求我们列月计划表，每人必须定 1 个月计划，可以先从亲人、熟人开始传，但一定要达到传人总数。我们向神祷告，由神鉴察，这样神时刻都在监管着我们，我们的心思意念就都掌握在神的手中，倘若偷懒，将由神给予惩罚。我和姐妹们一起发了毒誓，决心为神作工，尽本分。虽然我焦急起来，努力去传福音，但很多人都不信，姐妹们帮我分析并要求我掌握传福音的原则，特别是摸底原则，一定要对人摸好底再下手，并只传相信有神存在的人，如果对方相信神创造万物就把神话资料给他看。我怕被惩罚，那些日子我努力去传，不分白天黑夜。尤其是看到宣传世界末日的光碟，里面洪水滔天、房屋垮塌、尸体四处漂浮的景象让我很害怕，这些自然灾难被宣讲为世界末日即将到来的征兆；神的作工——召唤更多信徒来到神面前——即将结束；一旦神不再作工，便是世界末日之时，届时将只有 1/3 的人类存活，只有信神，才能获得生存下来的资格。我唯有更努力去传福音，希望能够救更多的人，更能够救我全家。

“2012 年 12 月，全能神说灾难快来了，姐妹们都疯狂地传。在那段日子里，我经常是在路边买个面包充饥，信徒的电话一来，饭没做熟就要跑出去帮全能神拉人入教。回来饭菜早馊了。我还听说珠海的二线信徒在西埔大肆拉人入教，二线信徒朱朱和阿郑碰上一帮喝醉酒的混混，阿郑、朱朱被拦住喝酒，不让走，朱朱逃走，阿郑却被拉住，从此没了消息。但阿郑的不幸没有让我退缩，因为认为全能神自有一套解释和说辞，我们根本不会产生怀疑。12 月的一个晚上，我和阿秀冒着大风大雨去新青找一个叫阿玲的女孩，劝她按时聚会。

“还有一次，阿秀带我去见小翠，我在小翠楼下喊她时，突然一条大黑狗从一个转角向我扑来，还好我是坐在摩托车上，看到那条狗时就开车跑了。之后，我跟其他姐妹说起这件事，大家都说这是神在考验我，还说之前有个男信徒去拉人入教，6 次被狗追也不放弃，结果成功了。”

怀疑、清醒、失落

飞燕的故事讲到这里，我打断了她的述说，问道："你就一直不曾有过怀疑吗？"

飞燕痛心地说："我曾有机会清醒过来，可偏信偏听，陷在全能神泥潭走不出来。有一个全能神信徒，因去聚会把孙子反锁在家，等聚会回家后，家被大火烧得面目全非，幸亏孙子被邻居救出。还有一个信徒，跟丈夫开了个割石厂，有一晚被贼偷走了1万块钱，她发现有贼，却被贼打得鼻青脸肿。我为全能神拉人入教，被摩托车撞伤，因脚伤严重，回到广西老家治疗脚伤，却被教会中的其他姊妹恐吓。可惜当时这些事例都没有让我清醒。

"直到2012年12月20日晚上，在这个'世界末日'即将来临的日子里，为了躲避神灭世带来的灾难，我和其他几个姊妹跑到镇上一所学校的操场上坐着等待。我们很兴奋热闹地议论着：'明天太阳就不再升起了，我们将是幸存的1/3人类，到时该怎样面对那全新世界？'有人讲起房屋坍塌时应该如何应对，有人提起了外星人和金字塔……谎言很快不攻自破，第二天早上睁开眼时，我们惊奇地发现，太阳正好好地挂在天上。我被骗了！那一瞬间，我满脑子只有这一个念头。

"社区志愿者一直都在关注我，曾数次劝说我，但当时我被全能神的歪理邪说恐吓，不敢怀疑，错过了许多清醒的机会。现在想起来真的好愚昧。清醒过后，我痛不欲生，无法接受这样的自己，无法找回自我，7年的青春就这样奉献给了全能神，我后悔啊！"

飞燕说完她的故事，长长地舒了一口气："我该如何走完我的人生之路？"她失神地望着我。

我很同情飞燕，我要让飞燕明白无误地感受到关心，让她相信"这里有一个人确实很关心你，我们都很关心你"等，从而打破其孤寂感和失落感，让其对现实生活产生留恋之情。

挖掘闪光点，找到人生的意义

通过积极的评价，飞燕从失望中看到了希望，慢慢打消消极悲观情绪，建立了自信。

在后来每星期一次 90 分钟的心理干预时，我们都是围绕“人生是没有意义的，但我们要为之确立意义”不断进行讨论，我要飞燕明白没有全能神后，她的人生才是自己的人生。我不断澄清其心理困惑，修复其内心的创伤，燃起其人生希望。

飞燕自信不足，失去信徒的光环后，她重新回到自卑状态，把自己看得一无是处。这次咨询后，我给她布置一道作业：写出自己的 15 个优点。

飞燕瞪大眼睛：“15 个优点？你认为我有优点吗？我是个没有用的人，我怎么会有优点？”我鼓励她：“你起码比很多人都有勇气，很多人过一天算一天，而你在不断追求活着的意义。”

她突然愣了一下，然后说：“那我试一试。”这一刻，我知道，飞燕开始成长了。只要一个人去认识自己的长处，去接纳那些不可改变的东西，能够坦然面对自己的时候，就会觉得这个世界上谁都可以抛弃自己，而自己不能抛弃自己，只有找到属于自己的时候，才可以坦然面对生活——放下包袱，轻装上阵！

随着咨询深入，我逐步引导飞燕接受现实，认识到自身存在的缺陷与不足，纠正其错误的思想和行为方式，最终改善人际关系，恢复心理健康。

通过这个阶段的干预，飞燕表示愿意面对现实，寻找生活的意义，不再随意放弃自己的生命。但现实生活依然有许多不如意的地方，飞燕的沮丧随处可见，见到久违的老同学，看着女同学相夫教子的温馨家庭生活，飞燕自惭形秽，为自己的形单影只难过。我为飞燕的视角而着急，于是灵机一动，把飞燕引到窗前。

我问她：“你可曾注意到窗外不远处的花坛里，刺玫瑰在悄然开放?”

她一脸茫然地说：“刺玫瑰真的开花了吗?”

我用手指敲敲窗子说：“你往前面看。”

她把脸压在玻璃上，贪婪地看着窗外，每一朵刺玫瑰都如同换牙的小童，憨态可掬。她惊讶地说："真的，很快到秋天了，刺玫瑰居然还在开放。真怪啊，我以前怎么从来没注意到呢!""是啊，为什么你注意不到呢?"我意味深长地问。飞燕低下头，若有所思地轻轻摇着头，脸上渐渐有一种坚毅的神色。我不失时机地鼓励她："飞燕，相信自己，你一定行的!"

恐惧可以接纳，却不能长时间地沉溺，逃跑更是懦夫退缩的行为。当你有能力直面灾难时，细细剖析它们，在灾难中看到鲜花依旧在不远处开放，就有不再惧怕不会逃跑的气概。

飞燕的治疗已经接近尾声，我惊喜地发现飞燕的变化。进入初冬，飞燕不再穿黑色的衣裤，她开始有了色彩鲜艳的衣裙，开始在衣服上点缀时尚的胸针，头发放了下来，松软地披在肩上。一如她越来越轻松的神情，我知道，该是我们分离的时刻了，飞燕已经不再需要我的干预了。

今天是我给飞燕做的最后一次心理咨询，离别的伤感笼罩着我们。我问飞燕："现在，你找到自己人生的目标了吗?"飞燕认真地看着我："我找到了！我的存在是有价值的，我在爸妈的爱中找到了自己，我在男朋友的承诺中看到了希望……"

是的，关于人生意义的讨论充斥在我们的周围。很多说法，由于熟悉和重复，已让我们从熟视无睹变为厌烦。可是，这不是问题的真谛。真谛是，别人强加给你的意义，无论多么正确，如果它不曾进入你的心理结构，就永远是身外之物，无法带给我们成长的力量。

我从飞燕的故事里，得到一个重要的启发，这是飞燕教会我的，那就是：挫折，失败，走了弯路，都不要紧，只要有正确的价值观，并把它转换为自己的内在标杆，我们的生命就有了存在的价值，渺小或伟大，不在于外在的价值，而在于上下求索后寻找到的人生意义。

“主佛”亲传弟子的救赎

那天，李洪志休闲地坐在树下，把法轮功的来龙去脉跟他们缓缓道来，还讲了法轮功如何去掉“业力”得以祛病健身，如何运用宗教精髓来提高道德水平和拓展精神境界，最后郑重其事地跟他们讲“人类将有大劫难发生”。

面朝大海，春暖花开。在诗人的眼里，大海象征着广阔浩瀚、生机勃勃，是向往自由人生境界的一种精神归宿。钟诚纵然没有诗人的深刻意蕴和高远境界，却有着大海一样的情怀。他曾经是一名光荣的人民海军战士，手握钢枪，驰骋大海，守卫祖国的一片碧海蓝天。如今他却是一名走街串巷的帮教志愿者。

钟诚，男，汉族，1952年2月出生，山东省莒南县人。在亲戚朋友眼里，他是一个落寞的人，孤苦伶仃地在帮教事业中挣扎，做着默默无闻的事情；在痴迷者眼里，他却是一名破梦者，同时也是一名造梦者，“心狠手辣”般捅破他们“圆满升天”的幻梦，又毫无保留地为他们筑造起幸福生活的美梦。作为一名曾经的法轮功痴迷者，他深知这些痴迷者在伤害自己、破坏家庭、祸害百姓，他正在用自己的真情和理性，去唤醒他们早已因法轮功而迷失的灵魂。

孔子曰：五十而知天命，六十而耳顺。钟诚早已过了天命之年，在即将踏入耳顺之年时，他却用生命的余热来守卫这片属于和谐社会的碧海蓝天。

寻求气功，偶遇法轮功

身体是革命的本钱。对于这句至理名言，钟诚深有体会。

从小，钟诚就对军人有一种特别的情感，充满崇敬与向往之情，当兵入伍，成为一名中国人民解放军战士，一直是他心中的梦想。1976年，钟诚如愿应征入伍，成为一名光荣的海军战士。他常常梦想自己身扎腰带、手握钢枪冲锋陷阵的场景，也无数次梦想过乘坐舰艇、驰骋大海时雄浑豪迈的情形，这种梦想总是在驱使着他刻苦训练，严格要求自己。时光荏苒，岁月匆匆，想不到这兵一当就是10多年。其间，他当过排长、连长，也当过营长，军旅生涯可谓顺风顺水。然而，身体素质一向强硬的他，不到40岁就疾病缠身，还患上了严重的腰椎骨质增生病，隔三岔五得往医院里跑，多次打针治疗依然没有明显效果，有时候疼痛起来得捂着腰走路，完全没有一名英姿飒爽的军人形象。身体素质，本来就是军人引以为豪的一项资本，如今，却是他最不愿提起的一个词。

1994年6月，钟诚的腰病又犯了，虽然他一万个不情愿再去医院打针，但也是无奈之举。

"钟诚啊，你这腰病，老是这样也不是办法啊。"医生对他说。

"那还能怎样?"钟诚有点赌气地说。

"要不这样吧，你去找门气功练练。"

"气功?"

"是啊，气功的动作一般都比较简单，上手不难，坚持练的话能和畅气血、疏通经脉，对身体健康有帮助的。"

"你是说我这腰病练气功能好?"钟诚有点疑惑。

"应该有很大帮助，兴许能好，但也不一定，要看你自己有没有决心练下去。"

钟诚想，以自己的毅力，坚持做一件事肯定没问题，但气功练了之后都不一定有效果，万一病不好那不是白练啦，浪费钱不说，还浪费时间。

"反正也没什么害处的，有作用最好，无效果也罢，不伤身也不用花什么钱，市工会里面有很多介绍的，你找个时间去看看吧。"见钟诚犹犹豫豫，医生似乎看出了他心里的忧虑。

钟诚从小到大都没听说过气功，更没接触过。气功是否有强身健体的功能他也全然不知，但他心想，练气功也未见得是一件坏事，反正医生说了对身体有益无害，说不定真有效果，那就再也不用去医院那么难堪了。

第二天，钟诚便去了广州总工会，原来气功有这么多种类，都说有运气活络功能，能调理身体。有点眼花缭乱的他觉得好像都差不多，突然有了选择困难症。

正当钟诚苦恼时，一名中年的阿姨从工作台那边向他走来，友好地打了个招呼。

"小伙子，想练气功哪?"

阿姨的主动问候，让钟诚感觉工会工作人员的服务态度不错，主动热情。他赶紧把心里一直在琢磨的问题抛给她：“我看了一下你们这里的介绍，这么多种，难选得很。”

“气功多着呢，主要看你想要什么。”

“我就想健健身、治治病。”

“你身体有什么毛病么？”

“我有腰椎病，老看医生，看不好。”

阿姨知道他练气功是为了治病，就跟他说得练法轮功，告诉他法轮功创始人是李洪志，并说法轮功是专治各种疾病的一门气功，以修气为主，不用吃药、打针，效果很好，很多人都在练，动作简单，上手容易，学好后还可以回家自己练，时间上也好把握。

听阿姨这样一说，他一下子有点心动，觉得法轮功确实比较适合自己，可以治病又不影响工作生活。

“那练法轮功怎么算费用？”钟诚有点不好意思地问，这确实是他比较担心的问题，因为他收入不高，花费大的话就没必要啦。

“不用钱的，小伙子，交5块钱报名费就行了。”阿姨浅浅一笑。

阿姨这么一说，钟诚心里的大石也放下了，赶紧从裤袋里掏出5元钱递给了她，认认真真填写了报名表，交给了那位阿姨。就这样，钟诚正式成为了法轮功的一员。

练功学法，逐渐迷失自我

钟诚后来才知道，这个工会阿姨叫阿莲，是法轮功广州辅导站的站长。站长是什么人物，是干什么的，法轮功里有多大职务，这些刚报名进来的钟诚全然不知，他也不想去理会这些，他只想学气功，治好腰病。

回家后，钟诚对自己新踏入的气功领域充满无限遐想，渴望法轮功能强壮自己的身体，治好自己的腰椎病，天天盼望阿莲的消息。大概过了5天，阿莲打电话给他，说7月中旬法轮功会在湖南郴州举办学法班，由法轮功创始人李洪志专门授课讲法，广州这边有好几个人报名，叫他也一起去。首次参加法轮功学法班，钟诚像接到了一项重要任务一样，极其重视，情绪异常激动，爽快地答应了。

初次进入气功领域就能见到创始人，钟诚心里有一万种说不出的荣幸感。此次学法班，李洪志的确有给他们讲课，但不是在学校的教室，也不是在法轮功的会议室，而是在野外，郴州的苏仙岭。那天，李洪志休闲地坐在树下，把法轮功的来龙去脉跟他们缓缓道来，还讲了法轮功如何让人去掉“业力”得以祛病健身，如何运用宗教精髓提高道德水平和拓展精神境界，最后还郑重其事地跟他们讲“人类将有大劫难发生”。李洪志讲的这些，钟诚虽然不怎么听得明白，但他对李洪志讲到的大劫难有种恐惧感，发生大劫难怎么办？他没敢往下想，只是有点迷惑，难道练气功也管自然灾难的事情？

这次学法班后，钟诚对法轮功的兴趣更加浓厚，觉得法轮功不仅能治病，还有如此高深莫测的知识，值得他去安心修练和细致学习。而且，他觉得刚进入法轮功就能亲眼目睹创始人李洪志容颜，近距离聆听创始人李洪志讲法，这份荣誉感是多少学员梦寐以求而又不可及的啊，钟诚顿时觉得自己很幸运，倍感自豪。回到广州，钟诚迫不及待地找到阿莲，跟她汇报了此次学法之行的所闻所感，并跟阿莲说自己非常渴望修练法轮功，叫她尽快教自己练功。阿莲不愧是站长，确实很关心学员，对于练功的事一点都不含糊，亲自上阵手把手教他动作，还跟他一同分享了自己的练功学法心得，讲了很多自己修练法轮功的经历，也讲了很多关于师父李洪志的高深顿悟，并赠送了几本法轮功书给他。

阿莲对自己如此热情，钟诚显得有点受宠若惊，对阿莲抱有强烈的感激之情。后来，钟诚经常往阿莲家跑，跟着她一起打坐练功，还认真学起李洪志的“经文”来了，一字一字地细看，来来回回深读，成篇成篇默念。他越看越想看，越看越感到深奥，经常找阿莲说领悟、聊体会。阿莲见钟诚如此有上进心，不仅认真练功还专心学法，最难能可贵的是他对法轮功的顿悟也很高，是一块好料子。几天后，阿莲就带他去参加广州的集体练功，还说要介绍法轮功广州站的一些重要成员给他认识，相互了解了解。

看着几百人集中在一起练功的壮观场景，钟诚第一次体验到了法轮功这个集体的魅力，一种莫名的集体荣誉感驱动着他向这个组织靠拢。钟诚想，原来这么多人在练法轮功，是一个这么大的集体，看来法轮功真是一门不简单的气功，看来我当初的选择没有错。

当战友还在军营里苦练技能的时候，钟诚却一心想着法轮功，他喜欢待在宿舍，默默打坐练功、苦学“经文”。这样修练半个月，钟诚感觉身体似乎有了某些变化，感觉腰没那么痛了。身体上的良好感受，让钟诚心里对法轮功祛病强身的功效有了莫大的肯定，练功更加卖力了。

为了尽快提高自己的学法水平，更好地融入这个集体，钟诚对于法轮功举办的学法班，丝毫不敢怠慢，几乎每期都如期参加。1994年下半年至1995年期间，他又先后参加了李洪志在广州市举办的几期学法班，成了法轮功的一名忠实成员。对于师父李洪志的讲法，钟诚几乎一字不漏地原话记录在本子里，还经常拿出来细读，也把个人的一些学习感受和顿悟标注在本子里。由于经常在师父李洪志及其骨干分子身边活动，钟诚思想深受李洪志的影响，不仅认同其宣传的“消业”祛病功效，还对“真善忍”“上层次”“圆满”“度人去天国世界”深信不疑。他相信法轮功功效神奇，相信师父李洪志的神通广大，决心要死心塌地跟着李洪志。

钟诚对法轮功的忠诚，阿莲看在眼里，心里无比欣慰，当初自己那么看重他、悉心栽培他看来没错，钟诚的确是一块好料子。1996年底，阿莲把钟诚叫到了广州辅导站，跟他说，经过两年来对他的观察，她对他在法轮功里所做的一切都很满意，练功也好学法也好都很到位，关键是对法轮功自始至终都非常忠心，思想顿悟也高，而且认识的人也比较多，通过广州站骨干的一致推荐和上级的同意，决定提拔他为广州海珠区法轮功辅导站的副站长。

对这天大的喜讯，这莫大的荣幸，钟诚真是喜出望外，激动万分，整个人僵在那里，一动不动，脸上毫无表情，只有那暖暖的泪水在眼眶里不停打转，一闪一闪的。意识到自己反应有点过分激动了，钟诚赶紧把目光横向地上，不敢看阿莲，生怕阿莲看见自己的洋相，但他内心深处有一种说不出的滋味，这多么来之不易啊。

1997 年 7 月，钟诚从部队转业到广州市工作，担任区文化分局办公室主任，当上了一名小领导，开启了自己的从政生涯。但在早已深陷法轮功桎梏的钟诚眼里，行政单位领导相对于法轮功广州海珠区辅导站副站长，简直是不值得一谈，所以他把心思几乎都放在了法轮功的工作上，没有忘记法轮功赋予自己的光荣使命，没有忘记自己的副站长职责，专心致志，尽忠职守，短短几个月就组织了好几期学法培训班，将法轮功的宣传工作做得非常到位，也组织下属成功拉拢了几十个人加入法轮功组织。

钟诚充分运用自己的聪明才智和职业情操巩固了自己在法轮功的地位，得到了阿莲等法轮功骨干的认可，特别是阿莲，经常过来询问他的工作情况，还专门在学法会上表扬了他。得到阿莲的赞赏，钟诚工作积极性更强，什么事都亲力亲为，更加卖力地做好法轮功的分内之事。然而，他却不知自己正一步步走向深渊。

后知后觉，挣脱迷惘泥潭

人在一条路上走得太久、太远，往往会忘记自己当初为什么要出发。

遥想当年，钟诚练气功是为了强身健体，希望能缓解自己的腰病，如今一晃 3 年光景已过去了，他感觉自己身体似乎并没有什么改善，腰病时好时坏，根本就没有痊愈。但现在的他根本就不在乎这些，因为师父李洪志说过“我这里传的不是什么祛病健身的东西，你要抱着治病之心你什么都得不到”“今天我传法，虽然以气功的形式在传，可是都知道我在传佛法，教的是修佛修道之法”，身体疾病这事情已经不是他现在关注的重点了，学法才是重要的。

1999 年 7 月，国家将法轮功定为邪教组织，并依法进行了取缔。消息一出，对于一直追随和拥护法轮功的钟诚来说，简直无法接受，他似乎要疯了，自己坚持了这么多年的法轮功竟然被国家定为邪教组织，难道自己一直以来都在做违法之事？这怎么可能，法轮功怎么可能是邪教，明明是一门气功，能祛病健身、提高道德，还教人做好人，邪教是这样的吗？是不是国家误解了法轮功，是不是哪里出错啦？钟诚头脑里刹那间蹦出了一万个为什么，但他肯定，法轮功是一门有益的气功，一定是国家的问题。钟诚心里愤愤不平，压着一肚子火，心里积压了很多怨言，却无处可发。

国家取缔法轮功后，法轮功组织的一些新成员逐渐退出了组织，而钟诚这些练习时间长、一直痴迷和拥护法轮功的老成员大多放不下，但深知再坚持练法轮功是违法的事，钟诚很茫然，就像茫茫大海中迷失了方向的孤舟。正当他们不知所措的时候，李洪志发表了“新经文”，将新的“指示”反馈到各个辅导站：“这是考验，要放下个人的‘名利情’，‘走出去’，去北京向国家领导人说说个人心里话。”对于师父李洪志的“新经文”，钟诚看得泪流满面，感觉自己的人生再一次找到了新方向。

1999年10月初，钟诚果真按照师父的指示，一个人去了北京，在天安门广场打坐。他本想去“说真相”，无奈不知道去哪里说、找谁说，辗转无果后只好回去。后来听阿莲说了其他功友的讲“真相”经验，钟诚似乎恍然大悟，决心再找个时间去北京。2000年春节一过，钟诚组织了广州的一些法轮功成员集体去北京“弘法”，为法轮功讲“真相”，大肆派发法轮功宣传资料，悬挂反动横幅，集体闹事……终成大错。

直到2005年，在社区人员的帮助下，钟诚才阅读了很多揭批法轮功的资料，观看了法轮功害人杀人的案例，还有很多法轮功组织学员非法聚会、集体围攻政府、破坏社会正常秩序、扰乱人民群众正常生活的事例，才知道原来法轮功根本就不是什么气功，而是借气功形式传播封建迷信的不折不扣的邪教。它更没有祛病健身功效，所谓“提升道德”“精进圆满”“真善忍”做好人都是虚假的，“弘法”“讲真相”更是隐藏着反动阴谋，这是在给国家添堵，给社会添乱啊，这是在损害广大人民群众的切身利益，我怎么能做这样的事！想想自己曾经是一名保家卫国、守护人民的军人，钟诚深感惭愧，痛苦不堪。

几经波折，走上帮教之路

拯救那些被邪教迷失了灵魂的痴迷者，在自己有生之年做点有价值有意义的事——这是钟诚走出邪教、走上帮教之路的唯一理由。

钟诚从法轮功深渊走了出来，摆脱了李洪志的精神控制，感觉整个人轻松多了，原来法轮功圈外的空气如此清新，风景那么美好。这些年痴迷在法轮功里，蒙头蒙脑地蛮干，不假思索地执行李洪志和辅导站"骨干"的指示，完全没有考虑过事情的对与错，还差点成了李洪志制造社会动乱的幕后黑手，完全忽略了自己当初练气功的初衷，腰疾没好反而愈加严重，也完全忽略了自己的事业，辜负了部队十几年来的栽培和信任，更忽略了自己的家庭，家里两老得不到照顾，孩子得不到正常教育……痴迷法轮功完全是害人误己之举，不仅害了自己的身体、前途、家庭，还给社会添乱，损害人民利益，助长了社会不法分子的反动阴谋，钟诚想想都觉得后怕。最让他难过的是，以往他总是向身边的朋友和接触过的群众大肆鼓吹法轮功，把他们一个个都蒙骗进了法轮功，推入黑暗深渊，害了他们，也害了他们的家庭。

继续痴迷法轮功只会害人害已！钟诚觉醒后发出第一个感叹。痴迷者往往是局中者迷，不能全面了解法轮功的真实面目，被李洪志及其法轮功无情地利用，成为歪理邪说的传播者，做的是伤天害理的事。

2011 年初，钟诚回归社会后做出决定：我要去做帮教，一定要让那些法轮功痴迷者觉醒过来，看清法轮功的真实面目，不要再重蹈我的覆辙。钟诚想，法轮功是一个与公平正义扯不上任何关系的邪教，不仅残害生命、破坏家庭，还危害社会。如果拯救一个痴迷者，就等于拯救了一个人，也是挽救一个家庭，甚至还稳定了一个社会因子。这是在为自己赎罪，为他人谋幸福，为社会谋安宁，帮教意义真的非常重大。

然而，钟诚要去法制学校做帮教一事，亲戚朋友都坚决反对，纷纷过去指责他。

“做帮教？你神经有问题不成。”

“钟诚，不要再做傻事啦！”

“帮教绝对没什么前途。”

“为什么要去做帮教啊，咱现在又不缺工作。”

“你这是活受罪，工资低又辛苦。”

“钟诚，你来我公司，一个月给你几千块。”

…………

“我不是为了赚钱。”面对亲戚朋友的诸多疑问，钟诚只用一句话回应了他们。他心里明白，做这样的决定，早就置个人利益于身外。

“不为钱？哪有工作不为钱的！”

“你不用管家里啦？”

“哪有男人不赚钱养家的？”

“你不赚钱难道还想啃老吗？几十岁的人啦！”

“钟诚啊，你到底图啥啊！”

…………

听钟诚这样一说，亲戚朋友都哭笑不得，彻底愕然了，七嘴八舌说个不停。

钟诚本来想跟他们好好说说自己为什么要去做帮教，但他想，如果跟他们说自己是为了去救人，为了能唤醒更多的法轮功痴迷者，他们也未必能理解，而且他们现在情绪这么激动，也根本听不进去，只好沉默以对。

亲戚朋友还在你一句我一句规劝，但钟诚依然没有接受，坚决要去做帮教。他知道，做帮教是没有多少收入，特别是在广州这样的大都市简直就是杯水车薪，但他明白，有些事总得有人去做。

看见如此固执的钟诚，亲戚朋友都不知再说什么，只是心里气愤得很。

“都经历了这么多，还跟以前一样，没一点长进！”妻子含着眼泪说了一句。

“这跟以前完全不一样！”钟诚声音也大了起来。他知道，自己以前为了追随法轮功，家庭不管，置事业不理，但那时候的他是去害人，推人去做违法的事，而现在是要去救人，让学员挣脱法轮功的毒害回归正常生活，这有本质上的区别，怎么会是一样呢？

钟诚的家一下子寂静了下来。谁也没吭声，他们都无言以对，只是觉得钟诚很自私，只想自己的事，完全不理家人的死活，但其实钟诚心里明白，他这样做不是为了自己，也不是置家人不理。

夜幕渐渐降临，亲戚朋友都唉声叹气地慢慢散去，只有钟诚一个人在瓦屋里发呆。屋子里仅仅亮着一盏昏暗的灯，很静很静，就连泥墙上钟表的每一下跳动都像带着回音一样在屋子里盘旋着，落寞的表情清晰地烙在他脸颊上。他心里有一种莫名的孤单感在不断涌起并逐渐深刻，他不经意地捶了下胸口，轻声叹了口气。

初春的夜特别朦胧，一轮弯月早已偷偷藏到了云层后面，浓雾贪婪地吸吮着湿润的水汽。钟诚微微感觉到一丝凉意，他在床上翻来覆去，辗转难眠，这注定是一个不眠夜。钟诚并非为亲戚朋友的指责和不理解而苦恼，而是想到帮教这个职业在社会上的认同感如此低黯然伤神。

"你放心去做吧，家里的事我能顶住。"天刚刚放亮，满脸憔悴的妻子走到钟诚面前，轻声地跟他说。

钟诚不敢相信自己的耳朵，妻子竟然说出这样的话，亲戚好友都反对自己，而她这个早已为家庭操劳得几乎遍体鳞伤的人竟然如此支持自己。幸福是不是来得太突然了，钟诚整个人僵住了，只有眼睛在逐渐模糊，泪水不经意地滑落了下来，顺着他那张早已被岁月烙下皱纹的脸，滴在了瓦房的泥地上。钟诚没吭声，只是满眼泪光地望着自己的妻子，许久许久。

妻子的支持，更加坚定了钟诚的想法。他在家里待了整整一天，埋头苦写，把自己进入法轮功的经历、走出法轮功后的想法、个人的看法和学习体会以及做帮教的意愿等都详详细细地写了出来，形成了一份几万字的求职材料。

2011 年 2 月的一天早上，钟诚只身一人前往广州法制学校，找到了招录人员部门，递交了自己的材料，还三番五次地拜托接收人员要好好看看自己的材料，并表示自己非常想做帮教。

回到家后，钟诚天天守住电话等消息，总渴望自己的电话能响起来，有时候电话一响他就兴奋不已，可是一看不是法制学校那边的又失望得很。这样无奈的等待，真是一种煎熬啊。

几天后，钟诚终于接到了法制学校的面谈电话。当天，工作人员向钟诚详细了解了他的情况，也跟他介绍了法制学校和帮教工作的情况，还问了他很多关于法轮功的问题，如法轮功是什么样的一个邪教，如何理解法轮功的“真善忍”“圆满”“讲真相”以及“法身”“末世论”等问题。在钟诚详细诉说了自己的一些个人见解和想法后，工作人员露出了笑容，对钟诚的回答感到非常满意，觉得他对于法轮功问题的体会较深，具备了过硬的理论知识，而且帮教意愿很强，应该能胜任帮教工作。

“这个工作有一定的不稳定因素，而且工资比较少。”

“我不在乎这些，能解决温饱就行。”钟诚微微一笑说。

“帮教工作比较辛苦，不仅要在学校内帮教，也要下社区……”

“我知道，我不怕辛苦的。”没等工作人员说完，钟诚就坚定地说。

“要把任何一个法轮功痴迷者转化过来都不是一件容易的事，他们大多受邪教长期的思想控制，基本丧失了理智，帮教他们会比较棘手，帮教过程中也有可能遇到很多意想不到的事情，有来自被帮教者本人的，也有来自其他邪教痴迷者的。”

“我以前也是一名法轮功痴迷者，是极度痴迷的那种，我知道法轮功邪教是怎么回事，也知道法轮功痴迷者是什么样的一种人，我已经做好这方面的心理准备了。”

“你为什么这么坚决要去做这个事？”

“说句不好听的话，我是一个已经死过一次的人，从法轮功走出来之后，我有一个很强烈的感觉，就是邪教真的是害人害己，要不得！而我们身边还有很多人被邪教迷惑了思想，这些人还在遭受邪教的毒害啊，可是他们完全被蒙在鼓里，黑白不分、是非混淆，我就想自己都曾经这样了，不能让同胞再走自己的老路，得让他们觉醒过来……”说到做帮教的缘由，钟诚有说不完的话，他觉得自己能有一千种一万种理由，找不出任何一个理由说服自己不去做。

就这样，钟诚终于如愿以偿当上了法制学校的一名帮教人员。

排除万难，挽救痴迷者

俗话说得好：万事开头难。虽然钟诚早已做好了接受一切困难和打击的心理准备，但面对帮教这份崭新的工作，钟诚一开始还是显得束手无策，心里也没底，不知从何入手。

钟诚冥思苦想后得出的第一个想法就是要先了解学校里所有邪教人员的情况，对邪教人员有个大概印象，然后再各个击破。他似乎又重新回到了学生时代，吃在食堂，住在宿舍，学在教室。

也许，他没有其他同事的聪明才智和丰富经验，但他有着一颗热爱帮教、挚爱帮教的心，有着坚持不懈的毅力。他用了整整 3 天时间，把法制学校的法轮功痴迷者情况都了解了一遍，还用了整整 5 天时间，细读了相关转化资料，包括宗教学、心理学、社会学等书籍，他深知，这是做好帮教工作的前提。

钟诚的第一个被帮教人员名叫黄智豪，广东中山人。他练法轮功的初衷很简单，就是希望能治好自己的腿风湿病。刚被送进法制学校的时候，黄智豪非常抗拒，拒绝与帮教人员谈话和交流，一见到帮教人员就情绪激动，甚至还以绝食来对抗。经过几天的细致观察，钟诚对他的情况有了基本了解，并针对他的经历、心理、行为特点，制定了一套系统的教育转化方案。在钟诚看来，黄智豪的情况与自己有相通之处，进入法轮功的初衷都是为了祛病健身，应该从揭露法轮功祛病健身的虚假性方面入手，然后再以“正法”破“邪法”。但钟诚也清楚，要让他能听得进自己的教育，必须得消除与他之间的隔阂。先前，每当钟诚出现在黄智豪面前时，黄智豪就非常反感，沉默以对，对钟诚爱理不理，后来，钟诚以一名同为法轮功功友的身份，耐心地与他拉家常，向他讲述自己的故事，说了很多自己的想法和觉悟。通过几次的自言自语，黄智豪终于开了口，开始能平心静气地与钟诚进行交流。当黄智豪有了新转变后，钟诚按计划采取了下一步教育措施，深入揭露法轮功的歪理邪说及严重危害，促使黄智豪冷静反省自己痴迷法轮功的所作所为，最终认清李洪志的真面目，认识到法轮功的邪教本质，使黄智豪从法轮功的泥潭中走了出来。

第一次帮教法轮功痴迷者就顺利完成，这给了钟诚莫大的信心，他也第一次感受到帮教工作的现实意义。当黄智豪觉醒后流着泪紧握自己的双手道谢之时，他觉得这一切都值得，觉得自己的路走得很对。他深知，这些痴迷者并非什么恶人，只是暂时被李洪志蒙蔽了双眼、迷糊了思维，只需要有人把他们眼前的浓雾拨开，他们就能重见天日了。但他也深知，这只是帮教之路的开始，今后要走的路还很长、很长。

2011 年 4 月底，钟诚去到越秀区一社区，准备帮教一名叫王毅的法轮功痴迷者。王毅曾因触犯刑法坐过牢，对政府、对社会的怨恨心很强，对警察和帮教人员有很大的偏见，价值观念和思维方式出现了很大的偏差。刑满释放后，因自身原因再次痴迷法轮功，其家人多次劝说无果后只好扔下他不管，其母亲甚至还大骂："从今天开始你不再是我的儿子，我就当没生过你。"钟诚第一次到王毅住处，王毅知道他是一名帮教人员后竟然向他泼尿，甚至还拿起扫把追打他；第二次再去的时候，王毅远远见到钟诚就拿起刀来要追砍钟诚，要不是被村民阻拦还真不知后果有多严重。面对王毅这么偏执极端的痴迷者，钟诚虽心有余悸但仍然锲而不舍，他决定调整思路，先从亲情出发，因为他了解到王毅之所以这么蛮横，很大一部分原因是遭到了家人的遗弃。5 月 8 日这天，刚好是一年一度的母亲节，钟诚成功说服王毅母亲，与她一起去探望王毅。许久没见家人的王毅见到母亲后激动不已，与母亲度过了一个难忘的母亲节，这对他思想触动很大，王毅感动得留下了许久未流过的眼泪。钟诚马上抓住这个有利时机，从家庭观念、伦理道德方面对他进行帮教。经过钟诚整整 20 天的真情帮教，王毅终于挣脱了法轮功的思想桎梏。

像王毅这样顽固极端的痴迷者，钟诚遇到过很多，但在他看来，不管多么顽固的人，只要真心关怀、理性呼唤，终究会打开他们封闭的内心。

春风化雨，润物无声。身背一些书，手握一个笔记本，腰挎一壶水，肩挂一部相机，脚踏一辆自行车，钟诚用这些简单的装备，从 2011 年到 2015 年 5 年间，几乎走遍了广州的大街小巷，尽管路途充满坎坷，但他从没停止过自己的步伐。在不懈坚持和真情付出下，他成功转化了 100 多名法轮功痴迷者，使他们真正认清法轮功的邪教本质，重新回到了正常生活。面对辉煌的工作成绩，钟诚本应春风得意、容光满面，但此时的他一点都高兴不起来，帮教转化数量越大，说明曾受法轮功毒害的人越多，他多想帮教人数能从一年几十到 10 再到 0，他多想没有人需要自己的帮教。

对于帮教一事，钟诚曾多么希望有更多的人跟自己一样，为了拯救更多的邪教痴迷者与自己一同上路，如今，他却希望不再有这条路。到那个时候，就不再有人受到邪教的毒害了，像法轮功这些毒害百姓、破坏家庭、危害社会的邪教就彻底走向灭亡了。

拓展

在邪教痴迷者教育转化工作中，国内外都有一个经验，就是那些原来的邪教痴迷者走出痴迷状态后，如果本人愿意参与转化教育工作，就能够比较有效地引导其他痴迷者走出来。其背后的原因包括：一动机强。因为深受其害，他们有发自内心帮助其他和自己一样误入歧途的人的内在动机和良好愿望。二从内部攻破堡垒。由于对邪教内部的事情了解全面、深入，他们所说的话、所点的问题，能够有针对性地触动痴迷不悟者。三榜样的示范效应。部分人不愿转化，可能是担心无法给自己交代、担心他人笑话、担心遭遇报应等，已经转化的现实榜样，有助于打消这类心理顾虑。所以帮教工作应该将这类积极力量吸收进来，以强大队伍，同时，社会也应该对已转化人员参与帮教给予更多的理解和支持。

回家的故事

“我一定要出去！门锁不住我！”何晓慧打开窗，踏上窗台，纵身一跳。何父母冲过去，正赶上她起跳的瞬间，3人一起跌倒在地上。何母爬过来，抱着何晓慧的头：“阿妹！你怎么能这样！这是6楼呀！”何晓慧涨红着脸瞪大眼说：“我不会死！师父说了我们练功人能够白日飞升，你们只会看到我白日飞升的场面，今天阳光灿烂，我一定能飞走，放开我！”

多年以后，在对法轮功练习者进行帮教时，何晓慧的心情是复杂的，她在他们身上看到了昔日自己的影子，他们曾是一类人。是的，何晓慧曾是一个法轮功信徒，而且是“资深”一员：1999 年 3 月开始修练法轮功，1999 年 7 月因扰乱社会秩序被拘留 15 天，后来两次因触犯刑法被判入狱，各判处有期徒刑 4 年，出狱时已是 2010 年 3 月。

何晓慧在法轮功里痴迷了整整 11 年，彻底脱离法轮功后，常常回忆往日，痴迷，疯狂，一切的一切都恍如一场梦，只是梦醒后才发现物是人非，代价惨重。

现在，何晓慧已从迷梦中醒来，成为一名社区反邪教志愿者。在众多的志愿者中何晓慧是特别的一个，她不爱讲大道理，总是用自己的经历说事情、谈“法理”。这种谈心式的帮教，感染力非常强，只要她一开口，对方就清楚她对“法理”的学习不是一日之功，何晓慧往往一句“你不能用破坏大法的魔来解释我”，就能勾起帮教对象的好奇心，从而启发他们思考。

父母亲恩今犹在

何晓慧在监狱学得一手按摩术，手法熟练后渐成技艺，出狱后又到深圳专门学习“松筋法”，结合自己多年的心得体会，却也有其特别之处。父母年纪大了，婆婆腿脚不好，何晓慧常常为他们按摩，这种家庭活动已成家中的一景。何晓慧年已二十的儿子小聪，常常取笑妈妈是“按摩女郎”，往妈妈跟前凑，嚷嚷“我要异性按摩”，在与公公、婆婆争夺妈妈的“战役”中败下来后，小聪嘟囔“妈妈偏心眼”，大叫“爸爸快来呀”。这时，丈夫阿明总是坐在沙发上，眉开眼笑。作为“战争”的中心人物，何晓慧笑而不语，任凭他们争夺、嬉戏。她不敢想象，自己曾令全家愁云密布，而如今又能拥有这样的温馨与幸福。

1999 年 7 月 22 日，国家宣布依法取缔法轮功。何晓慧无法接受，当辅导员组织学员去市政府静坐请愿时，她一反平时的谦让姿态，第一个举手报名。父亲第一时间找到何晓慧，得知她的计划后，何父急切地要求何晓慧这一天一定不能外出，必须待在家里，还把阿明招回来看住她。

随后的几天，家里的气氛降到了冰点。何晓慧和父亲都不说话，母亲则在一旁偷偷地抹着眼泪劝女儿。她的倔劲上来了："我没错!"但看到父亲血压升高，必须卧床休息时，何晓慧也迷惘了。几天后，老学员打电话来约见面，大家都表态"要坚定修下去"。散会时，一个叫杏姨的学员与她相约走一段路，两人原来并不熟，仅在练功点上见过面，也许是共同的愤慨吧，这次两人多聊了几句，何晓慧才知道杏姨也是当地人，两人相谈甚欢，并约好今后一起"护法"。

"护法"的机会很快就来了，杏姨打电话说要上京"护法"。何晓慧很兴奋，但即便心里觉得这是一个向世人展示法轮功的"伟大"任务，也有点害怕，毕竟她从小就是一个安分、听话的孩子，想到坐火车到千里之外的北京，去喊口号、打横幅，还可能被抓，何晓慧就止不住心慌。杏姨给了何晓慧一颗"定心丸"："这是考验你的时候，就看你敢不敢走出来，修练的路真不容易，你还想圆满吗?"何晓慧下了决心："我去!"

出发的那天，火车票早有人买好了，何晓慧只需要找机会，到约定的茶楼集合就行了。杏姨叮嘱她"不能告诉家里人"，何晓慧当然明白，她已经听说，有几个同修被家人"软禁"了，于是，何晓慧那些天不再和父亲争论，甚至故意和阿明说："我们老百姓，还是带好儿子赚钱更实际。"阿明很高兴，父母也放心了，何晓慧又能上街了，当然，她每次都依时回来。所以，上京那天，当何晓慧又像往日一样，两手空空地上街时，父母和阿明一点都没起疑心，何晓慧一出家门就直奔茶楼而去。

何晓慧回到家已是20天后了，她在天安门广场闹事当场被抓。行政拘留15天后，当地民警告诉她，她的不辞而别，吓坏了家人，何父还到派出所报了案，老人涕泪齐下，一再说："帮我找回女儿!"何晓慧这才想起，自己甚至不曾给家人留下一张纸条。在过去的20天里，她只有愤怒，早已忘记了家人的着急。回到家时，何晓慧的思想仍停留在为法轮功抱不平的状态中，瞬间的伤感很快让位，她想不通，政府怎么能这样对待善良的

“修练人”？令何晓慧没有想到的是，何父严肃地递给她一叠剪报：“看看吧！”何晓慧不解地接过来，竟然是各地有关法轮功的报道，有《人民日报》的“李洪志其人其事”，《光明日报》的“记者调查”，《健康日报》的“专访”等。

何父沉痛地说：“你不是说事实胜于雄辩吗？你看看！”

何晓慧愤怒了：“这是造谣！”

何父指着剪报：“实践才是检验真理的唯一标准，李洪志就是个骗子，他不是神。”

“你诋毁我师父，你这个魔，你会遭报应的！你会下地狱的！”何晓慧勃然大怒，把剪报扔在地上，还狠狠地踩了一脚。

“你是我女儿，我不能让你被一个骗子毁了！”

“你一只脚已经踏进地狱了！”

何父大气凛然：“我不怕！下地狱，我也要救你！”

何晓慧哑口无言，一跺脚，扭身回房了。

从此，何晓慧在修练的路上越走越远，逐渐成为家里的“陌生人”。父母和阿明时常发愁地看着她，对她的行为感到愈来愈难理解。有一次父母生病了，何晓慧认为是“消业”，她一点也不紧张，也不送他们去医院，还暗暗高兴很久，觉得父母是在还债。

眼见何晓慧越走越远，为了唤回女儿，何父母试图用亲情来打动她，一有机会就拿出家庭相册，指着她的相片，“看，这是你穿新裙子时照的，记得吗”，“这是你得奖时照的”……何晓慧怎么会不记得这些幸福的童年片段呢。

何晓慧祖辈是江门人，父母长期受江门文化熏陶，不但传承了明代哲学家陈白沙先生的思想精髓，顺其自然、心境平和、和谐相处，还大大发扬了儒家的核心思想，互相尊重、包容、扶持，一家人生活其乐融融。

生长在这样的幸福家庭，晓慧有了成长的烦恼：自己并不优秀；读书成绩一般；样貌普通，黝黑的皮肤，微肿的单眼皮，瘦削干瘪的身材。而比她大两岁的姐姐，却如出水芙蓉般娇媚，雪白的皮肤，高挑的身材，还是班上的尖子生。每每看到别人赞扬姐姐，父母的脸上洒满幸福而又骄傲的光芒时，她就备感失落，既嫉妒又自卑，觉得自己就是个丑小鸭。细心的父亲发现了她的小烦恼，把她搂在怀里说："你是最特别的一个，是爸爸的好女儿。"

在父亲的影响下，母亲开始将目光和重点放在晓慧身上。晓慧一点小事情在她眼里都是很了不起的，有一次晓慧将一位迷路的小孩子送回邻居家，得到父母极高的赞扬："我们的小女儿真是个小侠女、小英雄。"父亲给她一些连姐姐都没有的惊喜：帮她买新裙子，当她惊喜地不停转圈时会赞美她，并带她拍照；外出做生意时，特意带回来珍贵的钢笔送给她，说："我的小女儿是一个可以用笔来书写人生的人。"她开始忘了烦恼，不再嫉妒姐姐，觉得自己真是特别的一个人，天生我材必有用。从那以后，她经常用父亲送的笔练字，还找关于英雄人物的故事书看，最敬佩舍身取义、为正义不惧与各种邪恶势力斗争的英雄人物，梦想有一天自己能成为扶善惩恶的英雄女侠，维护社会公平正义。

在这样的家庭氛围里，何晓慧渐渐养成了优秀的品格，成为了老师、同学、邻里眼中的好孩子。因为对学校的公共事务非常热心和积极，她成为同学们喜欢的"小老师"，也经常作为"小侦察"帮助打架的同学分析对错；她更是街坊邻里的贴心小帮手，帮无子女的老奶奶到社区取药，帮助社区做宣传教育，在宣传栏写公益广告，配上书画，还把自己辛苦存下来的零用钱捐出来。那段时间，连家里一向寡言的爷爷都觉得她这个孙女特别棒，常常奖励她零花钱；父母亲更自豪，说她是上天派下来的天使。

但是为了法轮功，这一切都被何晓慧看轻、看淡，乃至放下了，因为按照李洪志的"法"，这都是人间的情，是修练路上必须放弃的东西。何晓慧不是硬心肠的人，看到父母所做的一切，她也很痛苦，但是她有什么办法呢？何晓慧在痛苦中，将怨恨转移到政府的身上。父母唠叨多了，何晓慧有意识地避开父母，尽量少见面。有一回，何晓慧偷偷听到父母哽咽地相互安慰，说"就当没有这个女儿吧"。

现在双亲尚在，何晓慧只要一想起自己恶毒地诅咒父母的那一幕，就心有余悸。每当双手搭在父亲肩膀上，搂着母亲的脖子，像小时候那样依偎着父母时，何晓慧就从心里感谢上天，让她有机会弥补曾对父母造成的伤害。

有多少爱可以重来

何晓慧有一张与阿明、小聪一家三口的“幸福”彩照，那是儿子5岁生日时拍摄的。照片中阿明搂着她的左肩站在她身后，俯下身与她头靠头，就像并蒂莲似的，小聪反手搂着她的颈项，依偎在她怀里，调皮地咧着嘴。她现在仍能记得当时摄影师是如何怂恿她和阿明的，他说要免费为他们一家三口拍一辑照片。“终于等到我要找的一家人啦!”还说要把彩照放在橱窗里展示。

照片拍摄的效果很好，不是因为景物和构图，而是三人的表情抓拍得恰到好处，完全没有摆拍的做作，平凡中透着真实与真情，观者无不感到他们的幸福。何晓慧把这张照片装在相框里，摆在床头，怎么看都不腻，而路过照相店橱窗的人都会驻足观看。相当长的一段时间，他们一家三口就这样看着来来往往的路人，平凡却幸福着。

习练法轮功后，何晓慧的注意力转移了。不知从什么时候开始，她把相框收进抽屉，床头摆上《转法轮》、录音机和练功磁带，尤其是在父母的强烈反对下，她把卧室当作自己专用的学法、练功房，全然忘记了这张照片的存在。第二次入狱刑满释放后，何晓慧把这张照片找了出来，翻拍后重新放在床头。望着这失而复得的照片，她百思不得解，当时是什么魔力把她从丈夫和儿子身边带离的?

何晓慧于1990年和阿明结婚，婚后不久有了宝贝儿子小聪，一家三口开始了幸福生活。何晓慧以为自己一辈子会这样幸福度过，有空就帮助丈夫打理打理生意，或是带着儿子做做义工，学学东西，帮帮需要帮助的人。单纯而又幸福的何晓慧没有预料到，苦恼很快就到来了。

阿明是一个勤劳而又有头脑的人。20世纪80年代末，他看到电信的发展前景，利用父母的积蓄做起了电信生意，在江门开了好几家联通公司和呼机服务台。赚了钱后，麻烦就来了，阿明的兄弟要求与阿明分财产分业务，理由是阿明的本钱是父母给的，阿明没有满足他们的欲望，他们就隔三岔五来吵闹，甚至动起手来，经常将幼小的儿子吓哭。每次何晓慧苦口婆心地劝说都没有用，甚至遭到辱骂，最后还是阿明用钱来解决。这让一直生活在美好家庭里的何晓慧感到很失望，这样的人太可怕了。

习练法轮功后，何晓慧开始用“法理”来衡量这件事，丈夫兄弟为了利益不惜吵闹动手，也许是件好事。何晓慧建议阿明将其中的几个店铺转让给兄弟来经营，自己不用那么累，又顾了兄弟情谊。虽然纳闷，阿明觉得晓慧善解人意又很大度，就听从了她的建议，留下两间通信器材店铺经营，其他转让给兄弟们了。得到了自己不劳而获的财富，兄弟们与阿明恢复了兄弟情，后来经常带着礼物、带着笑脸相聚叙情，久违的和睦祥和家庭氛围又出现了。看到这种情景，何晓慧内心对李洪志的感激之情更深厚，觉得师父太神了，一指点，自己长功了，同时家里恢复了平静与和谐。

对李洪志和法轮功日渐迷恋后，何晓慧“执著”于如何学好法让自己精进和上层次。虽然表面到店铺去帮忙看店做生意，但她已经没有了工作热情，只是把店铺当作学法、会友的好场地。看到店里的顾客日渐稀少，何晓慧反倒觉得很高兴，因为这样就有更多的时间学法练功了，清静的店铺更方便她与功友交流心得。

何晓慧变了，慢慢忽略了她以往视为重要和珍贵的东西，专注于按时按点地学法练功、“发正念”。阿明发现了她的异常，劝她要把心思放在生意、儿子和家庭上来，不然这样下去会毁了家庭的。阿明说多了，何晓慧不耐烦，这个小家的欢声笑语消失了，代替的是冷漠和偶尔的争执。何晓慧的头脑里全是学法练功，认为阿明和父母都是阻止她学法练功的“罪人”，连平时懂事的孩子也都觉得碍事。为了让儿子将来也能“圆满”到美好的天国世界去，何晓慧将年仅7岁的儿子送到了法轮功少年培训班。阿明和父母知道后，大骂何晓慧丧心病狂，说这样会害了小孩一辈子的。何晓慧却理直气壮地说：“万古以来第一次，师父给人留下一部上天的阶梯，你们不肯跟我上，我怎么也要把我的儿子带上。”

2000年，因为上京护法的事，何晓慧失去了家人的信任。从此，阿明只要有时间就留在家里，父母更寸步不离。何晓慧觉得再这样下去，自己就会被淘汰，这天是同修约好的见面日，家里只有何母一人。

“不行，我今天一定要去参加学法交流！”

何母哭着央求：“阿妹，你怎么变成这样，妈求你了，行不行？”

何晓慧推开母亲：“我今天一定要去！”

何母情急之下，径直走出了门口，从门外锁上铁门。

何晓慧一愣，急步到门口，猛力摇晃着铁门：“妈，你开门，快开门！”

隔着铁门，何母继续劝着：“阿妹，你为什么就不能听政府的话？爸妈都老了，小聪还小，你不能不管老小啊！”

何晓慧用手大力拍打铁门，用脚踢门，像个疯子一样喊叫：“快开门！”

何母痛哭起来，抹着眼泪下楼了。暴怒之下，何晓慧望着空荡荡的楼梯，一时竟傻了眼，不知道过了多长时间，楼梯上传来何父母的脚步声。何晓慧一个起立，猛地冲过客厅，冲向家里唯一一个没装铁栏的窗户：“我一定要出去！门锁不住我！”她打开窗，踏上窗台，纵身一跳。何父母冲过去，正赶上何晓慧起跳的瞬间，3人一起跌倒在地上，何晓慧爬起来，再次冲向窗户，脚却被何父死死抱在怀里。何母爬过来，抱着何晓慧的头：“阿妹！你怎么能这样！这是6楼呀，你不能死啊！”何晓慧涨红着脸瞪大眼说：“我不会死！师父说了我们练功人能够白日飞升，你们只会看到我白日飞升的场面，今天阳光灿烂，我一定能飞走，放开我！”何父捶打着女儿，无力地说：“你傻啊！”

为了找回以前的何晓慧，维护家庭的幸福，阿明认为唯一的方法就是让何晓慧远离法轮功人员。正好这时有同伴建议阿明到广西发展，为了这个家，阿明决定结束在江门红火的生意，离开江门到广西桂林发展。这个决定得到何晓慧父母的支持，他们希望何晓慧在那能够忘了法轮功。何晓慧了解家人的用意，忙找功友商量，功友却很欣喜，说不会放弃她，还让何晓慧找机会与广西的功友联系上。于是，何晓慧放心了，假意听家人的劝说，和阿明、小聪一起去了桂林。

2000年初到桂林后，阿明忙着和朋友商量开展生意事务，大半年后，生意头脑较好的阿明基本承包了桂林市的呼台业务，每天很忙。何晓慧这时带着暂时还没有找到小学上的儿子按时学法练功，带着儿子找机会传法，还经常与江门的功友联系，当然，这一切都不能让阿明知道。蒙在鼓里的阿明眼见何晓慧安稳地忙生意和家务，非常高兴。为了让何晓慧远离法轮功，阿明一家三口在桂林过了2001年的春节，这也是他们第一次不回家过春节。

2001年春的一天，何晓慧呼机上传来杏姨的留言："有事要办，速回。"看到留言，何晓慧内心又惊又喜，惊的是怕阿明和父母知道，喜的是功友没有落下自己，一直紧紧拉住自己。何晓慧马上带着儿子悄悄回到了江门，直接找到杏姨。杏姨告诉何晓慧，现在是"正法"的关键时候，作为神圣的"大法弟子"要站出来"弘法""护法"，何晓慧书画了得，就负责写标语，制作成横幅后拿到江门政府门口和公园等人多的地方去挂。何晓慧和杏姨等人制作了700多条宣传法轮功的横幅，何晓慧还自告奋勇地去挂横幅，结果，她被公安人员当场抓获，不久后被法院判处有期徒刑4年。

何晓慧被抓后，阿明不顾桂林的生意回到江门，但固执的何晓慧就算在看守所也不愿悔过。几个月后，阿明返回桂林时发现，桂林100多万元的生意已因管理不到位濒临破产。面对妻子入狱的事实，心灰意冷的阿明最终清算了资产，回到了江门。

何晓慧在狱中知道这一切后，在帮教人员的教育下，曾悔恨不已，对阿明、小聪的内疚，对父母的愧疚，都促成了晓慧的转变。那时的何晓慧泪流满面地真诚悔过："出去后，我要做回个好妻子、好母亲、好女儿。"可是，她做梦都没有想到出狱后不久自己又会重陷法轮功，再次入狱。

邪法的魔力

2005年，何晓慧从监狱假释回到家中，从小自尊心强的她感觉到自己像一个被人遗弃的人，虽然阿明和父母的关爱一如当初，但何晓慧却感觉不到幸福，内心彷徨和不安，她的身体很快也出现各种不适的症状。何晓慧困惑不已，是因为不练了，恢复了有病的身体和被转化的"报应"吗？其实这是李洪志的心理暗示，李洪志说修练人没病，但放弃修练就会恢复有病的身体，还说转化的人是旧势力安排的“魔”，要遭“报应”的等等。对于困扰自己的一切，她不知向谁说，恐慌不安下，身体越来越差。

不够精进或者是遭“报应”的暗示，成了李洪志鞭策法轮功练习者为其卖命的“鞭子”。何晓慧陷入迷惘中。

一天，她在店铺看到了两个熟悉的身影，虽然两人走得很快，但何晓慧看清楚了其中一个是杏姨。几天后，晓慧又在店铺附近遇见了杏姨。杏姨问她现在过得怎样，还说能遇见说明缘分还很深，想不想看“新经文”。

见面后，晓慧的心情好像平静了许多，她相信这是师父的慈悲，是想来给自己机会，于是就说想看“新经文”。杏姨给了晓慧一本装有李洪志全部书籍、“新经文”和法轮功网站上部分文章的电子书。“经文”说：“大法弟子已经达到了个人圆满标准，但宇宙偏离了法，旧势力的参与干扰了他正法，要全盘否定旧势力的安排，要反迫害。”在李洪志一篇篇“经文”的煽动下，何晓慧忘记了曾经的教训和教育，被压抑已久的心似乎又找到了释放的出口，又在不停地和功友一起学法、讲“真相”、“发正念”。为了弥补曾经背叛过师父的过错，她甚至做得比同修更积极、更卖力、更疯狂。

现实的不如意更让何晓慧不断回味法轮功群体的“温暖”。她出狱回家后，想到找事情做让自己充实一点，就和阿明商量开一个以前熟悉的通信器材店，因为在监狱里听说刑释人员回归社会后个体经营可免税 3 年，因此何晓慧就高高兴兴用自己的名字去申请营业执照。到了工商局、税局，工作人员称没有听说过这种政策，就没有给她享受这个优惠政策，这让何晓慧非常不开心，觉得自己又受骗了。当时有关部门的解释是政策的实施需要一个过程，还要看当地的实际情况，但何晓慧已认定国家的政策不可信。虽然按正常手续开了店，但生意效益差，经营上又与阿明有很大的分歧，两人常常意见不合，加上这时身体也出现了各种各样的不适，何晓慧把这一切都归罪于放弃法轮功，时常想起法轮功里所谓的祥和。因此法轮功人员以“偶遇、不放弃、送温暖”等方式再次俘虏了何晓慧的心。

重获新生

何晓慧第二次入狱后，在帮教人员的耐心劝导下彻底与法轮功决裂了。从监狱出来后，何晓慧才真正有了新生的感受，最重要的是她不再惧怕生病，不再疑神疑鬼，心里坦荡了，积极面对问题，不逃避，更不怨恨。就算甲状腺瘤病转变为甲状腺癌了，她也是先中医、后西医，最后动手术、化疗治愈了。

何晓慧后来常说“感恩”，以感恩的心态面对父母、丈夫、儿子，投入社区的志愿者队伍中，帮教了像小梅一样的法轮功痴迷者。小梅已成为何晓慧的好姐妹，也成了志愿者。何晓慧最遗憾的是杏姨，那个与自己一样痴迷的信徒，在刚刚有所醒悟时，突发了一场急性肝炎，在法轮功学员的恐吓和诱惑下，杏姨拒绝了何晓慧的帮助，最终病亡，成为法轮功的一个牺牲品。

现在，何晓慧的生活很充实，现实生活虽然仍会碰到困难，会带给她困惑，但她不再幻想天国了，用何父的话说，“我女儿回家了”。

何晓慧过去曾深信修练的目的是“圆满”，是回到“天上的家”，李洪志说：“那是你真正的家，是返璞归真，而人间的父母不是你真正的父母。”从法轮功里解脱出来后，何晓慧对自己竟会相信这种妄语无法理解，也许只能用“邪”来形容了。但不管如何，何晓慧回家了，虽然时间有点长，用了整整 11 年。

是啊，回家吧！迷路的人都需要认清前行的方向。

跟往事干杯

雨越下越大。雨点敲打着玻璃，滑落，像是要流进他的心里，冲刷他深藏在内心的那段不堪回首的往事。他神色黯然，一双深邃、忧郁的眼睛透过玻璃，心绪在白茫茫的一片中飘荡……

六月天，孩儿脸，说变就变。刚才还是烈日当空，道路两旁的树木花草垂头丧气，没半点精神，马路上的热气伴随着人们的浮躁情绪不断上腾。转眼间，天空乌云盖顶，雨点就像小黄豆一样噼噼啪啪地砸在窗户上。

深圳南山区某公司26楼办公室内，一名身材略显富态、方脸大耳的男子坐在大班桌前聚精会神地看着电脑里面的投资方案。雨点打断了他的注意力，他抬头向窗外看了一眼，心绪一动，手指按了一下旁边的CD机，《跟往事干杯》的优美旋律响起：经历了许多事 / 你是不是觉得累……人生际遇就像酒 / 有的苦有的烈 / 这样的滋味……台湾歌手姜育恒声音低沉、质朴，充满柔情和伤感。这是他最喜欢的一首歌，仿佛道尽了他的心声和苦涩。

雨越下越大。雨点敲打着玻璃，滑落，像是要流进他的心里，冲刷他深藏在内心的那段不堪回首的往事。他神色黯然，一双深邃、忧郁的眼睛透过玻璃，心绪在白茫茫的一片中飘荡……

他叫廖祈洋，男，1971年9月出生，广西南宁人。他现在是深圳某公司合伙人兼副总经理，虽已功成名就，衣食无忧，但曾深陷法轮功泥潭的那段经历，让他悔恨交织，痛彻心扉。

迷失自我，陷入邪教

1996年，廖祈洋从武汉某大学经济学院毕业，分配到广西某边境贸易总公司工作。十几年的寒窗苦读，终于迎来了一份既稳定又令人艳羡的职业，他意气风发，满腔热情，梦想着凭自己的聪慧和学到的知识在商海里一展身手，开创出自己的辉煌事业。他起早摸黑，东奔西走，千方百计联系客户，洽谈订单。然而，理想很丰满，现实却很骨感。廖祈洋初来乍到，做事虽热情但思想很单纯，在洽谈过程中经常热脸贴在冷屁股上，业务屡屡碰壁，有时候为了一笔业务，不得不低下自己高傲的头，曲意逢迎。这些都让刚走出校园象牙塔的廖祈洋觉得与当初的理想相距甚远，内心感到十分痛苦和无奈。他后来回忆说："自己是家里唯一的男孩，一直受到父母和姐姐的宠爱，成长路上都是一帆风顺，考上大学后，看到同学羡慕的眼光，听到亲戚邻居赞美的声音，自己更是有一种优越感和满足感。出来社会后，面对挫折，既缺乏应对经验，又没有及时调整心态，感到苦闷失落，也无法超脱，心里便慢慢开始消极起来。"工作不顺心如意，让廖祈洋的自我优越感逐渐褪去，他总想逃避现实，与其他同事交往也显得格格不入。

1998年初，廖祈洋到一家公司洽谈业务，他见公司经理桌面上放着几本书，便随手拿起来翻看。经理见他拿起书，喜上眉梢，说："这本《转法轮》是我师父讲的法，是宇宙最高的法，不但能祛病健身，还能使人解脱轮回，超越生死，达到圆满。我平时放在这旦，只为有缘人准备，我看你也是和大法有因缘的人，送一本给你看。"廖祈洋见经理说得如此玄乎，便拿了回家。

人的命运往往就在几个不经意的瞬间发生彻底改变。《转法轮》就像一块磁铁深深地吸引住廖祈洋，特别是里面讲的"真善忍""提高心性""积德""圆满"等，仿佛雨露滋润廖祈洋干枯的心田，极大迎合了他破除迷惑、远离诸患、积极善存、超然于世的渴求，他坚信自己找到了一条返璞归真、行善度人的修练道路。就这样，廖祈洋蒙蔽在李洪志精心编织的美丽幌子里，一步步陷入邪教泥潭。

沉沦魔道，渐行渐远

按照李洪志的说法，练功者要"溶于法中"，要多看多听法中的东西，只有这样，才能提高认识、提高层次。廖祈洋生怕自己错过任何一次精进机会，把学法修练当成头等大事来做。他上班随时都带着《转法轮》，一有空闲时间就拿出来看，一遍、两遍……十遍、百遍……他不但能把整本《转法轮》倒背如流，甚至连哪一段、哪一句出现在哪一页都能一一指出。他每天下班回来就把自己关在房间里打坐练功，家里什么事也不理，经常一坐就一两个小时，累得腰酸腿痛也毫无怨言。廖祈洋每天最开心的事情就是到练功点集体交流。在那里练完功后，功友们围在一起谈自己如何提高心性，练功身体如何好转，出现怎样的功能等。他凭着自己对“经文”的熟悉度可以滔滔不绝地与功友交流学法心得和练功体验，大家也对廖祈洋赞叹不已，纷纷说他有慧根，是精进弟子，这使廖祈洋内心感到极大的满足和自豪。

廖祈洋父母、姐姐见他像变了个人，整天神神秘秘，消极颓废，不务正业，心里十分担忧，多次泪流满面劝阻他不要沉迷下去，但廖祈洋置若罔闻，认为他们太愚昧，除了逆来顺受、墨守成规外，什么也不懂。他心里只有法轮功，只有李洪志，亲人的眼泪和哀求在他眼里就是干扰自己修练的“魔”，不但要果断拒绝，还要无情割舍。

为了让更多人了解和修练法轮功，廖祈洋经常向亲朋好友、邻居、同事宣扬法轮功的好。但不管他说得如何神乎其神，朋友们反而觉得他神经不正常，反过来劝他要脚踏实地工作生活，不要修练这样不着天、不着地的东西。廖祈洋也是脸红耳赤地争辩，每次都闹得不欢而散。久而久之，亲朋好友们都对他避而远之。廖祈洋对别人的好心劝告嗤之以鼻，依然我行我素，在法轮功魔道里颠倒沉沦、如痴如醉，慢慢地越陷越深，与社会、亲朋渐行渐远。

执迷不悔，作茧自缚

1999年7月，国家依法取缔法轮功。廖祈洋也像部分痴迷者一样感到很不理解，认为这么好的功法怎么会被取缔呢？法轮功教人“真善忍”，能祛病健身，政府不应该打压广大修心向善的“大法弟子”。他愤愤不平，内心也更加坚定了“法轮大法是宇宙最高佛法，是师父在世间度人的正法”的想法。2000年中，在李洪志“新经文”的蛊惑煽动下，原本惶惶不安的廖祈洋再也坐不住了，他要为法轮功及李洪志做点事情，决定走出来“弘法”，尽自己能力向世人告知“真相”。他跑到广东东莞某公司上班，下班后窝在出租屋里上法轮功网站，处心积虑地下载了大量介绍法轮功功效、法理及历年发展情况的简明宣传资料和所谓学员“遭受迫害”的案例，整理成册，到处派发。2000年下半年，廖祈洋因散播非法宣传品，扰乱社会秩序被群众发现举报，被公安机关依法逮捕。

但是，廖祈洋没有真正认识到法轮功存在的问题，觉得自己是被“迫害”，心中充满怨恨，也坚定了他要学法修练到底的决心。迫于生活压力，廖祈洋刚开始收敛了一段时间，但每次他上法轮功网站，看到一些法轮功故意歪曲抹黑政府的所谓迫害真相，就心生不平，泛起几分恨意，按捺不住的心蠢蠢欲动。有一次，廖祈洋看到法轮功网站刊登出来一篇李洪志的“经文”提到：“反对大法者将面临恶报，弟子们要坚持走出来讲真相，让更多的人接受法轮大法是好的，以便他们免于一难。”他深受鼓舞，在网站上学会刻录、制作方法并下载软件，又购买了电脑、打印机、刻录机、空白光盘及A4纸等设备，和功友陈某制作了大量法轮功宣传资料，向更多的世人派发，置家人的劝阻于不顾，沉沦在法轮功的谎言中不能自拔。

自我救赎，梦醒时分

“冰冻三尺，非一日之寒。”廖祈洋在法轮功里颠倒人生，追求梦幻泡影，遇到任何事情都站在维护法轮功的立场，用邪教信徒的思维方式看待问题、解决问题，他坚信只要“学法实修”，迟早会“破迷”。久而久之，廖祈洋形成了不愿与他人接触、交谈的自闭状态，性格孤僻冷漠，寡情薄义。一天，一名已清醒认识法轮功面目的前同修走到他身旁，平静地对他说：“祈洋，现在的你就是昨天的我。真理是圆融不破的，所谓真金不怕火炼，为何不能用平常心去想想呢?”廖祈洋看着他真诚的眼睛，心里泛起了一丝涟漪：“对啊，我学的是宇宙最高的唯一正法，既然自己信仰的是真理，为什么不敢去面对呢?”于是他从自闭状态转至平静看待学习。一次，廖祈洋无意中看到《佛说父母恩重难报经》中记载了释迦牟尼亲自讲授父母恩重难报，教化弟子如何报父母恩，如何为孝子时，头脑一下子就蒙了。他清清楚楚记得“师父”在讲法中说佛教没有教化人孝顺父母的内容，而且《转法轮》里面讲到："我在讲法时，我要不讲真话，在这里说玄话，不能够有的放矢地随便乱讲，我就是乱传邪法。"这是怎么回事？"大法"不是圆融不破的吗？为什么会出现这样的问题？该如何是好啊？廖祈洋内心感到纠结不安。他重新检讨自己的心态，静心阅读分析法轮功的书籍，发现问题越来越多时，他内心就越来越害怕：难道自己苦苦追从的东西真是邪法？廖祈洋寝食难安，每到夜深人静的时候便偷偷潸然泪下。

就像一个人身上长满了毒瘤，必须要动一场剜心剔骨的大手术一样，廖祈洋经历了一次又一次心灵搏斗，痛苦、煎熬、彷徨、恐惧。在不断的深化认识中，李洪志的"神像"在他心里一点点地崩塌，他终于明白自己始终在自欺欺人，到头来都是在追求梦幻泡影，触手可破。幡然醒悟诚可贵，浪子回头金不换，廖祈洋认识到法轮功的问题后，在笔记本里写下了这样一段话："我曾以为，我求到了可以超越一切、至高无上的真理，为之痴、为之狂，一味追随，不离不弃，坚如磐石。一直望着那忽明忽暗的目标，既不想仰望星空，又不肯俯视黄土，更不愿观照内心，不懂敬畏、不安当下，一路狂奔，方向却是地狱，荒唐甚之、可笑甚之、可悲甚之。"

艰辛创业，重启人生

虽然拨开了法轮功的迷雾，但是廖祈洋仍感到前途一片迷茫，不知道未来的路何去何从。他回到家里，看到年迈的父母，回想自己曾经的所作所为，不禁痛哭流涕，自己在法轮功里颠倒沉沦，追求永不可及的虚幻迷象，耗费了青春年华，留给亲人的是担忧和伤痛。自责、羞愧，他无法原谅自己。这段时间，亲情的呵护，街道领导的关怀，邻居朋友的信任和热情，让他内心温暖、感动，但他不知道从哪里开始，精神依然显得萎靡不振。一天，最好的大学同学付滨过来看望他，见廖祈洋心情恹恹的样子心痛不已，他们聊了起来。

"祈洋，我见你状态不是很好。"

"付滨，感谢你过来看我。对于过去，我现在已经清醒认识过来了，一切都是镜中花、水中月，怪就怪自己糊涂贪婪。我不会再走回以前的路，这点你放心。只是荒废了这么多年的时光，社会发展太快了，自己感到无所适从，对未来很迷茫。”

“嗯，这我能理解，的确是需要一段时间适应。但你一定要尽快调整过来。天行健，君子以自强不息，希望你没有忘记我们大学时的梦想，我相信以你的聪慧和勤奋，肯定能闯出属于自己的未来。我手头上有几个项目，你什么时候准备好了，就过来，我让你负责一个。这段时间你边休整，边了解市场，做好规划，好吗？”

廖祈洋心里一震，耳边仿佛又响起了当年大学毕业时和付滨的击掌之言：“我俩以同学之名，在今后生活事业中，无论境况如何，亦应相互携手，共闯未来。”他看着老同学真挚的脸庞，心中燃起了希望之火，郑重地点了点头说：“好，给我两个月时间，我到你那里。”

新的生活开始了，新的希望在前方。廖祈洋到同学公司负责手机模型销售推广项目。为了扩大市场份额，廖祈洋每天东奔西走，到厂房学习模型生产技术，与供销商洽谈采购合同，到手机营销店做市场调查，了解客户需求等，虽然几个月下来变得人瘦皮黑，但生活过得忙碌而充实。

通过接触市场，廖祈洋内心隐隐感觉做手机模型项目技术含量低，利润空间小，随着市场饱满，公司发展前景会变得越来越窄，必须要有自己研发的核心产品，才能在市场上立于不败之地。在逐步了解市场、熟悉市场环境的过程中，他心思缜密，暗暗关注其他光电产品的市场状况。在一次产品展销会上，廖祈洋看到旁边展位工作人员在用投影仪介绍产品时，图像晦暗不清，协助设备多，操作烦琐。他内心一动，感到现在投影仪应用越来越广泛，技术渐趋成熟，但国内投影仪产品技术含量低、缺点多，难以满足客户需求，如果能够研发高科技投影仪，抢先占领市场，必定大有作为。他把这个想法和付滨说了，大家一拍即合，共同出资在深圳成立了某光电有限公司。

2011 年是廖祈洋最痛苦的一年。公司成立伊始，廖祈洋凡事都要亲力亲为，从架构组建、人员招聘、发展计划等，他都一手操作。更让廖祈洋感到头疼的是技术研发问题。当时先进投影仪核心技术由欧美、日本和台湾地区几家大公司掌控，自己想要独立研发，无论从资金还是技术上都难以支持。廖祈洋苦苦思索：当前这种条件下，只能依靠合作，引进技术，先生存，再壮大。几番取舍之后，廖祈洋决定到台湾试试。

思路决定出路。廖祈洋与台湾公司经过多次接触、谈判，双方签订了合作意向书，台湾公司派出技术人员联合研发产品。在创业路上，廖祈洋终于迈出了关键一步。

犹如经过十月怀胎，终于呱呱坠地的婴儿一样，新一代高清投影仪诞生了。但对廖祈洋来说，这仅仅是刚刚开始。为了在市场上杀出一条血路，他每天就像一个陀螺一样转个不停。为了测试产品市场反应，他带领员工几十次到企业、学校进行推广和使用检验，收集客户建议，反馈给研发团队进一步完善产品性能；为了满足客户订单，需要批量生产，廖祈洋东奔西走，融资建厂，招募技术工人；为了开拓市场，他马不停蹄，考察城市，布点分销。每天忙得没时间吃饭，就吃方便面、喝白开水，晚上，又要考虑公司发展策略、融资、投资计划和公司管理事宜，紧张、焦虑，使他常常夜不能寐。

经过3年多的运作，公司逐渐走上了正轨。但廖祈洋具有强烈的危机意识。他认为公司发展壮大，仅仅依靠一个产品是不会长久的，何况，新一代投影仪的核心技术还是掌握在台湾研发团队手里，必须要有自己的团队和独立的研发能力。他先后从清华、北大等名校招募科研人员，组成自己的研发团队，专门瞄准市场空白，逐步研发出了加密U盘、手机降温贴等高科技产品，并与众多知名厂商建立了合作关系，企业也慢慢地做大做强，在市场上享有很高知名度，还占了很大的市场份额。这几年，廖祈洋始终坚持“技术领先、专业发展”的战略，稳打稳扎，他坚信：到处挖，那是翻地，一直挖下去，才会有井，只有坚持专业、领先，才能让企业永远立于不败之地。

经历风雨，终见彩虹。廖祈洋回想自己10多年的历程，在笔记本上深有感触地写下了这样一段话：“这么多年人生风风雨雨，从开始信邪教、走邪路到艰难困苦，努力创业，走到今时今日，初有成就。过程百感交集，有孤寂、痛苦、泪水、绝望，也有友谊、欢笑、喜悦和收获，尽管我不知道要走多少步才能达到目标，一千步？一万步？可能仍然遭到失败，但我知道每一个脚印之后，都是一点点进步，每一步之后，就离成功更近一点。恰如之前的努力，就像冲洗高山的雨滴，照亮大地的星辰，勇气、坚持、积累，你终会看到奇迹。"

助人为本，回报社会

事业上获得成功的廖祈洋在空闲下来时，内心感到一丝丝不安和空虚，他和付滨聊起了自己的困惑。同学意味深长地说："很多企业家生意场上风光无限，财富和地位不断增长，但精神却日趋空虚，内心世界如寸草不生的沙漠一样贫瘠。企业越做越大，企业家身上的社会责任就越多。财富、地位都是身外物，只有回归自己的本心，懂得感恩、回馈，才能内心充实，精神愉悦。"一个意想不到的电话，让他重新找到自己内心的归宿。一天，有一位以前相熟的法轮功功友在电话里告诉他：自己意识到法轮功邪教问题后，一直坚持帮教还在痴迷当中的学员，见到很多"大法弟子"癫狂、愚昧的表现，内心感到十分痛苦，帮助他们转变过来后，看到他们重新回复理性和正常社会人伦，觉得多苦多累都值得，很充实很开心，自己做的是一件非常有意义的事情。他邀请廖祈洋也参与到这项活动中来。

廖祈洋联系上一些之前认识的已转变功友，组成了一个志愿者团队，用自己的亲身经历去帮助那些法轮功痴迷者迷途知返。尽管公司业务繁忙，但每逢需要他去帮忙时，他都如期而至。有一次，一名志愿者成员打电话给他，说广州有一名法轮功痴迷者是他之前认识，并在一起练过功的，需要他过来帮忙。此时，廖祈洋正在上海洽谈业务。他接到电话后，义无反顾，马上坐飞机到广州进行帮教，经过一晚上的谈心，痴迷者思想有所松动，他身心疲惫地马上赶早上最早一班飞机飞回上海。随着廖祈洋帮助的人越来越多，帮教越来越游刃有余，家乡街道办以及一些法制学校也主动联系他过去协助工作。在帮教过程中，他也不断观照内心，回归自我，内心就越来越充实，越来越平静安定。现在他心里有个宏大的计划："再过两三年，等公司完全走上正轨，按照现代企业模式运作，就卸下所有职务，交给职业经理人管理，自己全身心地投入去帮助那些法轮功痴迷者，让他们及早回头。"

雨势逐渐停了，太阳又慢慢地探出头来，外面的世界就像刚洗完澡的少女一样，感觉清新、明亮。姜育恒《跟往事干杯》的歌声还在房间里飘荡：干杯，朋友/就让那一切成流水/把那往事/把那往事当作一场宿醉/明日的酒杯莫再要装着昨天的伤悲/请与我举起杯/跟往事干杯……廖祈洋收回思绪，轻叹一声，回到办公桌前继续工作。

叹息过后，继续前行！

附　录

不能忘却的记忆

——重访“1·23”天安门自焚事件参与者

■ 资料来自 2012 年凯风网

2001 年农历除夕，7 名来自河南省开封市的法轮功痴迷者在李洪志的妖言蛊惑下，在北京天安门广场点火自焚。两人被及时发现制止；1 人当场被烧死；4 人严重灼伤，面目全非。这就是震惊中外的“1·23”天安门自焚事件。

“1·23”自焚事件转眼已过去 10 多年了，或许有关此事件的记忆已在人们心中逐渐淡忘。然而，树欲静而风不止，境外法轮功组织一直在拿“1·23”天安门自焚事件说事儿，编造所谓的伪火，称自焚是政府导演的，参与者不是法轮功弟子。

凯风网通讯员董杰走访了当年“1·23”天安门自焚事件的几位参与者，本文选取他们谈话中的片段，以期再次还原事件的真相。

刘云芳：“如果谁再说自焚者不是法轮功弟子，让他找我，我站出来作证。”

刘云芳是当年自焚事件的策划者和组织者，是参与自焚的 7 人中对法轮功痴迷最深的一个，在河南开封市的法轮功弟子中曾小有名气。2001 年，刘云芳被北京市第一中级人民法院以故意杀人罪判处无期徒刑。如今，他已幡然醒悟，现因病保外就医，在家安享晚年。

提起当年，刘云芳很是内疚，说因自己的痴迷而策划组织了“1·23”

天安门自焚事件触犯了国家法律，很是后悔。

当提及法轮功组织一直不承认他们是法轮功弟子时，他气愤地说："法轮功不承认我们7个自焚者曾是大法弟子。醒悟之前，听到这个消息我很坦然，认为这是师父的考验。如今，醒悟后的我彻底认清了李洪志及法轮功骗人害人的邪教本质，如果谁再说自焚者不是法轮功弟子，让他找我，我站出来作证。"

2001年法庭上仍痴迷法轮功的刘云芳脸上带着不屑

薛红军："我愿意站出来还原当时的那段痛苦经历。"

今年60岁的薛红军，曾参与组织策划"1·23"天安门自焚事件。2001年被北京市第一中级人民法院判处10年有期徒刑。2007年7月，被提前释放回到了家里。现在，他买了辆三轮车，做运输和批发鸡蛋的生意，收入也过得去。用他自己的话说，"生活快乐充实"。

谈到法轮功媒体造谣，和刘云芳一样，他满脸气愤地说："参与自焚的7名弟子我都认识。他们怎么会是政府找人假扮的呢？如果当时不是对李洪志及其法轮功的盲目轻信，别说是给10万元、15万元，就是给1000万元也不会去自焚呀？毕竟，生命是最重要的，命都没有了，要那么多钱有什么用呀？"

谈到法轮功组织对他本人的攻击时，他说："我从1994年就开始修炼法轮功，为了修炼我放弃了优越的工作，光《转法轮》我就读了500多遍，这样还不是法轮功弟子吗？这样的弟子还不够'精进'吗？他们这是在睁眼说瞎话，李洪志想推脱责任，天理难容啊！”

薛红军近照

郝慧君：“他们是在造谣，是在污蔑事实。”

郝慧君和陈果母女在“1·23”天安门自焚事件中重度烧伤，不但面容全毁，由于烧掉了双手，生活能力也基本丧失。现母女俩在河南省开封市社会福利院接受治疗。

郝慧君谈了整个自焚事件的经过，又谈了她们母女是如何走进法轮功的。她的表达平静而准确，透过她的话语，人们还是可以看出当年这个河南大学音乐专业高材生的优雅。

当提到境外法轮功组织不承认她们是法轮功弟子时，她的平静被打破了，连着说了两句“这是谣言”。她说：“我在开封市大兴街居住，我们附近的居民都知道我是练法轮功的，我在龙亭湖畔断桥练功点练功，后来也有一段时间到医专某个练功点去练。附近的居民和我们学校的老师，都可以证明我们是练法轮功的。所以说我曾经不是法轮功弟子的说法，纯粹是造谣。”

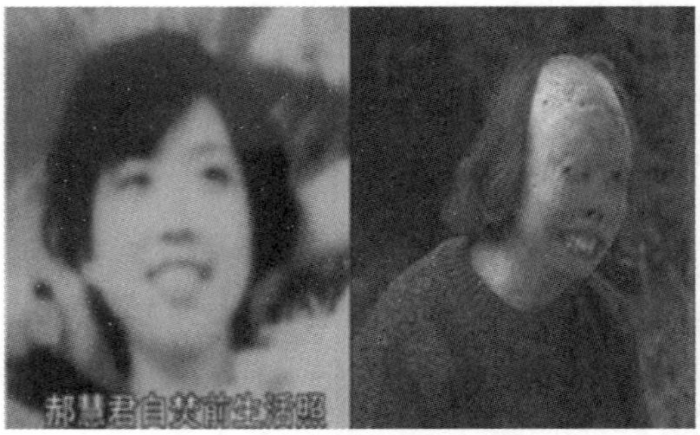

自焚前后的郝慧君

陈果：“多希望一夜醒来，过去发生的一切都只是一场梦。”

陈果自焚前是中央音乐学院民乐系的大学生，从小就学习弹琵琶，曾参加过中央电视台银河艺术团赴新加坡访问演出。

她的话不多，谈及那次自焚，她说：“我恨透了李洪志，恨透了法轮功。是李洪志的歪理邪说害了我。”“希望那些法轮功练习者尽快警醒过来，不要再痴迷了，练这个功的结果就是害人、害己、害国家。我希望他们尽快悬崖勒马，回头是岸。”

谈到将来，她说：“我想结婚，我想有个家。”

陈果自焚那年20岁，如今已经31岁了。想要找个合适的人谈情说爱、结婚生子是很正常的。为此，她开始在保姆的帮助下打理自己的生活，用残缺的手洗脸、做家务、上网和练习写字。尽管已经整过容，她还是希望医术高超的整容大夫能够妙手回春，让她部分恢复往日的娇美。

自焚前后的陈果

王娟：“痴迷法轮功时，我还为爸爸自焚感到自豪。”

自焚参与者王进东的女儿王娟也曾是法轮功习练者，醒悟后生活在河南省开封市，是一名幼儿教师。在谈起父亲自焚前后那段往事时，她情绪略显忧伤。她说：“因为我和妈妈还在痴迷法轮功，得知爸爸自焚了，一点也不担心，更没有丝毫的悲伤，还曾对记者说俺为爸爸感到自豪和骄傲。”

她说：“后来在电视上看《焦点访谈》，看到爸爸自焚时的镜头，虽然无情的火焰使爸爸面目全非，但是爸爸的声音、姿态，我一眼就认出来了，爸爸坐的那个位置正是我们一家去天安门打横幅的那个位置。”

她告诉来访者，法轮功造谣最多的是说爸爸的脸是假面具。一次有境外的媒体来采访，爸爸说："有些说我这是假面具，有意识弄出来的。我说现在你们这些先生、女士为什么不提这个问题？因为你们看到了。"

王娟近照

痛苦的记忆谁都不愿提起，但有些记忆，人们想忘却不能忘。只要法轮功还存在，只要它仍在不断地造谣和污蔑，关于"1·23"天安门自焚事件的记忆，就不该被我们遗忘。

法轮功除“魔”害命　欲盖弥彰

■ 2001 年 9 月 18 日 CCTV《焦点访谈》

南岭人民医院

家住深圳的韦华和她的丈夫、她的婆婆，都是法轮功练习者。她的婆婆因为痴迷法轮功，有病不治，结果在年 10 月去世了。这件事深深地刺激了韦华，让她对李洪志及其法轮功邪教组织产生了怀疑，认为李洪志不是在救人而是在害人。可是她周围其他的法轮功痴迷者却认为，她是来破坏法轮功的“魔”，最后把她折磨致死。

这一切到底是怎么发生的呢？我们的记者对此进行了采访。

当年 2 月 20 日晚，深圳市龙岗区南岭医院接到 120 急救中心的通知，在他们附近的大元村有病人需要急救。接到电话后，龙岗医院的医生立即赶往现场。

深圳市龙岗区南岭医院急诊室医生钟宇明：“当时接诊的时候检查，这个病人就已经死了，死去最起码有好几个小时了。”

这引起了医生的怀疑，医生还发现，死者的手臂上有条锁状的勒痕。

钟宇明："这个死者手臂上有瘀痕，条锁状的瘀痕，我们就怀疑她的死因。死因不明确，我们要按规定报警。"

深圳市公安局罗岗派出所接到报警，立即赶到医院，并向上级报告，请求法医鉴定。

深圳市龙岗区公安分局主检法医师刘海波："经过尸体检验，我们在死者的表皮口鼻部，发现有大量的表皮剥脱，还有口唇。在她的眼睑处发现有大量的出血点，双侧的手腕以及足踝，也发现有捆绑的痕迹。通过尸体解剖以后，看到她内脏、心、肺的表面，都有很明显的出血点，肺部也有肺大泡的破裂，我们提取了她的内脏，做了病理切片。综合病理切片的结果来看，这个死者就是被人捂口鼻，然后导致机械性窒息死亡。"

经确定，死者叫韦华，时年 35 岁。在案发现场，还发现了捆绑死者用的 6 根红色包装绳，从沙发里还搜查出了一些法轮功的宣传品。那么在这个房间里，到底发生了什么事情？谁又是杀死她的凶手？公安局拘留了死者的丈夫蓝少伟。

韦华尸体检验鉴定书

记者："你是哪儿的人啊?"

韦华的丈夫蓝少伟："四川的。"

记者："四川什么地方的?"

韦华的丈夫蓝少伟："四川三台县的。"

经蓝少伟供认，他和他的妻子韦华都是四川人，这几年一直在深圳打工，他们从 1997 年开始习练法轮功。但是蓝少伟却一直不肯交代韦华的死亡原因，这使韦华的死成了一个疑案。直到今年七月，深圳市的一名痴迷法轮功的练习者，在看了《焦点访谈》播出的《"法轮功"剖尸灭迹　惨无人道》的节目后，向深圳市公安局举报，在深圳曾发生过一起一些法轮功痴迷者将一名女法轮功人员整死的事件，这才使案件的审理有了突破性的进展。

经证实，举报中提到的被害者就是死者韦华。而杀害她的人，是包括韦华丈夫在内的，和她一起练功的法轮功痴迷者。

“韦华致死案”参与者王金银：“有一天中午，她在房间里面看书练功，突然走出来，把我拉起来说，我刚刚跟一个什么人联系了。我说话你没听懂，是另外空间的人跟我说。我问她，另外空间的人跟你说，是谁呀。她说李洪志也说，带我们去度她的妈妈。”

死者韦华说的妈妈，指的是她的婆婆。韦华的婆婆也是法轮功的痴迷者，有病后拒绝治疗而身亡。自从死者韦华的婆婆生病后，李洪志称能救她的婆婆，可是她的婆婆最终不治身亡，此事使她对法轮功产生了怀疑。

“韦华致死案”参与者王金银：“那时候（韦华在她婆婆死后）就完全变了一个人。”

记者：“她说了一些什么呢？”

王金银：“她说李洪志是来害人的，我不能做李洪志的好弟子。还说你们去做李洪志的好弟子吧。她就说了这些。”

记者：“你们听到这个话，当时是什么反应？”

王金银：“当时就想，她这是破坏‘大法’，那时是这样的，就认为她是‘魔’。”

记者：“为什么说她是‘魔’呢？”

王金银：“因为她骂李洪志，而李洪志是我们的师父。韦华这样说了，我们练法轮功的人就觉得她是‘魔’了。”

在法轮功痴迷者看来，对师父李洪志不敬的韦华，就是李洪志所说的“魔”。李洪志在各种讲法中多次提到，在人间有一些人是专门来破坏“法轮大法”的。这些人是“魔”，“大逆之魔是该杀的”。各个层次面，各个阶层，到处都是“魔”。现在是清理“魔”的时候。

记者：“按照李洪志的要求，面对这种情况，应该是怎么做呢？”

“韦华致死案”参与者王金银：“李洪志说，要念书给她听，念法，把她身上的‘魔’除掉。”

就这样，在李洪志歪理邪说的精神控制下，韦华被这些法轮功痴迷者看成被“魔”附体。为了把韦华身上的“魔”赶走，他们又找来了几名法轮功的痴迷者。

记者："一个人念的，还是大家一起念的？"

"韦华致死案"参与者王金银："那个时候有七八个人一起念的。"

这些法轮功痴迷者，分成两拨，轮流围着韦华，给她念李洪志的经书，整整念了两天两夜。

"韦华致死案"参与者李新辉："韦华后来就越来越不正常了，饭也不吃了，连水也不喝了。"

在邪教法轮功的精神控制下，韦华的精神受到了严重摧残。但是在场的人对韦华没有丝毫的同情。为了更好地除"魔"，他们把韦华的丈夫蓝少伟叫了回来。

韦华丈夫蓝少伟："听到她说过一句话，她叫我的名字，她说蓝少伟我们上当了。她跟我这样讲。"

"韦华致死案"参与者丘宜香："然后听他们商量，可能她已经真的无法可救了，她已经被'魔'控制了。"

2月19日，越来越多的法轮功痴迷者被召集到这里。这间屋子聚集了10多名法轮功痴迷者，他们围着韦华，高声念着李洪志的"经文"。韦华开始想离开这间屋子。

"韦华致死案"参与者王金银："她想往外冲，我们就把她拉回来。"

韦华丈夫蓝少伟："她说啊，闹啊，后来我就叫她，我就想叫她不要闹了。她拍那些床板，拍得响。我就不让她拍，我就用细绳把她的手绑上了。"

记者："当时是怎么绑的她？"

"韦华致死案"参与者王金银："当时几个人把她压在地下，把手反绑起来，脚也绑起来。"

"韦华致死案"参与者李新辉："把她的手反过来，这样，后面这样绑。"

记者："脚呢？"

韦华夫妇结婚照

“韦华致死案”参与者李新辉：“两个脚绑在一起。”

记者：“让她什么姿势呢?”

“韦华致死案”参与者李新辉：“跪着。”

“韦华致死案”参与者王金银：“跪在李洪志的画像面前。”

“韦华致死案”参与者丘宜香：“就这样，让她跪下来。然后我们在旁边扶着她。当时我扶着她的腰，然后别人在旁边打坐练功。”

“韦华致死案”参与者李新辉：“也有人去打她，希望把她打清醒。”

记者：“怎么打她?”

“韦华致死案”参与者李新辉：“打她脸。”

记者：“就是用手扇她?”

“韦华致死案”参与者王金银：“到最后她还是叫，她还说你们不要这样做，我不能做李洪志的好弟子，李洪志是害人的，我不能做他的弟子，你们去做他的弟子吧。后来蓝少伟就把她的嘴堵住了。”

韦华丈夫蓝少伟：“他们就是不要叫她讲话，堵上她的嘴。”

“韦华致死案”参与者李新辉：“一开始他是手这样捂住嘴。”

记者：“后来呢?”

“韦华致死案”参与者李新辉：“后来用毛巾捂了一段时间，是蓝少伟捂的。”

就这样，一个活生生的人，被这些痴迷邪教的人，被她的亲人，被她的好友，用邪教的方式折磨了几个小时，最后终于倒下去了。

韦华丈夫蓝少伟：“解开她的手，就像没有力一样的。他们说一会儿就会醒的，我拿了一床被子，把她放在被子上面。”

“韦华致死案”参与者王金银：“我们松了一口气，终于把‘魔’除掉了。”

“韦华致死案”参与者丘宜香：“他们说，把她身上的‘魔’已经除掉了，就等着她苏醒过来。”

“韦华致死案”参与者王金银：“练法轮功的人是不会死的，李洪志还会来救她，就这样的想法。”

李洪志的精神控制，使这些法轮功的痴迷者完全丧失了人间真情。他们期望李洪志显灵，使魏志华醒过来。但是过去了近20个小时，韦华还是一动不动，这时这些法轮功痴迷者才慌了，忙向深圳的法轮功地下组织报告。得到的回答是，不能让人知道韦华是练法轮功死的。2月20日的晚上，他们打了120急救电话。当得知公安局立案后，这些法轮功痴迷者更慌了，李新辉立即请示在深圳的一个叫大山的法轮功骨干分子，问他们该怎么办。

“韦华致死案”参与者李新辉：“就是说当时报警了，韦华很可能就死了。当时不知怎么办?”

“韦华致死案”参与者王金银：“李新辉打电话给深圳的那个叫大山的，问这件事怎么办。他们说，上北京，也是考验吧，李洪志用这件事情考验我们的心性怎么样，要我们去上北京。”

“韦华致死案”参与者丘宜香：“他们都说，‘魔’都已经到我们面前了，我们还不赶快走出去。这就是考验。”

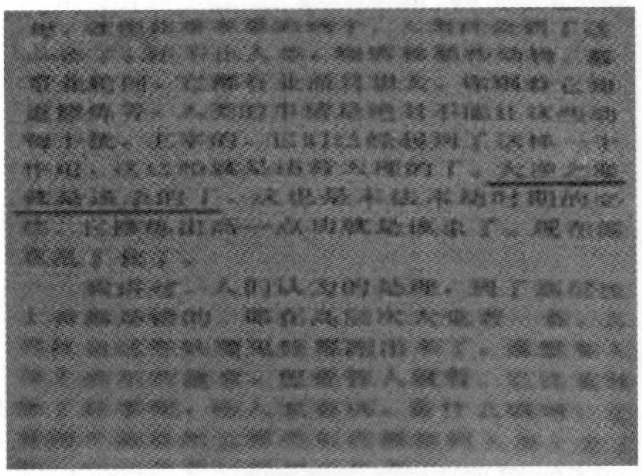

丘宜香自述

记者：“考验什么呢?”

“韦华致死案”参与者王金银：“考验你是把这件事当回事还是不当回事。就是说是你提高层次的一个机会，看你敢不敢走出来，站在政府的对立面。”

案发之后，当时参与了韦华致死案的10多人中，有8人很快离开了深圳，去北京天安门广场闹事。这件事在深圳市法轮功痴迷者中，很快就传开了。他们当中的一部分人认为“魔”被除掉了，是好事，并相互转告。

深圳法轮功组织骨干分子李艳：“我通过一个功友听到了这件事。他当时认为这是一次很好的除‘魔’，回来的时候就把这件事告诉了我，是以比较兴奋的状态告诉我的。我听到这个事情就很吃惊。”

听到这种情况，深圳的法轮功骨干分子感到了此事的严重性。这些骨干分子通过联会网，直接接受在美国的法轮功总部和李洪志的指示。他们敏感地意识到，这件事的传播，会对法轮功这个邪教组织产生危害。因为李洪志一方面要用邪教的手段控制和残害法轮功的练习者；另一方面又害怕暴露法轮功的邪教组织，想尽办法掩盖罪恶。因此对法轮功的骨干来说，维护“法轮大法”是最重要的。

深圳法轮功组织骨干分子李艳：“我们当时最担心的是什么呢？就是怕把它列为谋杀案。如果说法轮功学员做偏了，或者走火入魔了。那么这个传出去，对法轮功的伤害，就没有列为谋杀案那么大。因为列入谋杀案的话，那就不得了了。而且以我当时的认识，就觉得这件事反映出来是非常邪恶的了，它本身就是一个邪教行为，这件事让这一本质暴露无遗了。”

为了逃避法律责任，减轻这件事对邪教组织法轮功造成的危害，深圳的一些法轮功骨干分子一方面在法轮功痴迷者中统一认识，一方面开始搜集材料，证明韦华的死是她个人的原因。

深圳法轮功组织骨干分子刘景涛：“当时担心的是公安会把它定为谋杀案。所以后来我和何坚去找她女儿了解，他们夫妻感情生活问题，就是排除那种可能。”

除了找亲属了解情况，他们还找到了接诊的医生。

深圳法轮功组织骨干分子李艳：“然后我就到医院去了解，看从医院、从医生那里能不能了解一些真实的情况。跟医生调查情况的时候录了音。”

记者：“录音的时候对方知道吗？”

廖艳：“医生不知道。”

为了搜集更多的材料，他们委托北京的法轮功骨干分子，对那些已经到了北京，参与了韦华致死案法轮功痴迷者，进行调查取证，叫他们统一口径。

记者：“当时他给你们录像的目的是什么呢？”

“韦华致死案”参与者王金银：“就是这个人死的原因不是法轮功的问题，是她自己的问题，她这样说。”

法轮功在深圳的地下组织的骨干分子，千方百计搜集假材料，目的就是防止罪行败露使人们进一步认清法轮功的邪教本质。在搜集了各方面的情况后，深圳的法轮功骨干分子起草了一份报告，通过联会网报告给在美国的李洪志和法轮功总部。

深圳法轮功组织骨干分子李艳："也没有说描写得很详细，因为那个内容，我相信也没有人敢去描述它。所以我们就形成了一个大概的文字，篇幅应该不多，200字左右。我记得是很短，只是把大概情况说了，深圳发生了一件什么样的事。当时为什么没有很详细的描述呢？因为当时相信师父有功能，也相信明慧网的人会通过功能，看到整件事的情况。因为李洪志讲的，一切都在他掌握之中。这件事的发生肯定也在他的掌握之中。"

他们将这份报告，通过明慧网发给了在美国的李洪志和法轮功总部。但是那位被法轮功痴迷者认为神通广大的师父李洪志，却丝毫改变不了这个案件的性质。对于这个案件的亲身经历者来说，过去的一切，真是不堪回首。

"韦华致死案"参与者丘宜香："我现在只能说是在遗憾跟痛苦中度过这一切，理智地看到这一切，真的很可怕。"

对他们来讲，痴迷法轮功的过去就是一场噩梦。

"韦华致死案"参与者王金银："因为当时完全失去理智，都是被李洪志精神控制的，没有正常人的想法，没有理智。"

"韦华致死案"参与者丘宜香："法轮功的痴迷者如果还按照李洪志的这种歪理邪说行事，还在他的控制下，我想对这个社会真的影响很大，将来可能会有更多像这样的事情发生。"

韦华的死，能够使我们再次看清法轮功邪教组织的本质，在李洪志及其法轮功邪教组织的精神控制下，一个曾经善良的人，会变成一个毫无人性的杀人凶手，可以残害自己的亲人，残害自己的朋友；可以把一些反对李洪志和法轮功邪教组织的人都视为"魔"；同时在国内，还有一些别有用心的法轮功骨干分子，他们有组织地贯彻躲在美国的李洪志和法轮功总部的指示，甘心做邪教组织的工具，危害着我们国家的安全和社会稳定。

因此，打击邪教，揭露邪教组织的罪恶本质是每一个公民的职责。

法轮功痴迷者傅怡彬弑父杀妻

■ 摘自 2001 年 12 月 16 日中新网

《法轮功痴迷者弑父杀妻震撼京城》

2001 年 11 月 25 日，在北京西城的一幢居民楼里，发生了一起罕见的惨案。法轮功痴迷者傅怡彬亲手杀害了深爱着他的父亲和妻子，并用刀将养育他成人的母亲砍成重伤，使其生命垂危。

案发现场是傅怡彬父母家。作案人凶狠残忍，完全丧失了人性；受害人的搏斗和反抗，显得那样无力……

法轮功痴迷者傅怡彬

在邪教法轮功的精神控制下，傅怡彬对自己杀害亲人的行为非常清楚，他不避讳记者的询问和公安人员的审问。在案发当日公安人员的审查讯问中，傅怡彬能够清楚地回答出自己的姓名、住址、家庭人员和其他自然情况，表情坦然，没有任何痛苦。

“我是1998年1月24日开始练法轮功的，断断续续练了3年半。练了法轮功后，我觉得最大的变化好像是找到了一条修炼的正路。我觉得不用想其他的，就按法轮功去练，就会水到渠成。”

“我非常孝敬。把他（们）砍成那样，我是在尽孝敬心，使他（们）脱离苦海，到一个更高境界，更高层次去。”

“我想这种事情，要看你站在什么角度上看问题。站在儿子、丈夫的角度上，面对的是父母、妻子，是大逆不道；如果站在国家角度上，那是违法犯罪；如果站在‘大法’的角度上，这是人间正道。我是站在‘大法’的角度做这件事的。”

“我练了法轮功以后，我认为他们是一种‘皮影’，是一种‘行尸走兽’。他们根本不知道生命为何物，根本不知道人生的价值为何。我面对几个肉身，跟砍狗、砍猫没什么区别。虽然他形状是我父亲，但是我的父亲这个肉身已经坏了，已经到时候了，把他抛掉。”

“我把他们杀了，整个我们一家，修炼成了以后，到了极乐世界，永享欢乐。”

傅怡彬认为，自己“前一段一直是修‘忍’修‘善’，‘善’到没法再善了，‘忍’到没法再忍了。我把他们给杀了，救了他们的性，舍了他们的命。”

他认为自己的行为“不是犯罪”。他对记者说：“我告诉你，我这是第1次杀人，后面还有3次呢!”

傅怡彬不认为自己的行为是触犯法律的犯罪行为。他解释，自己的行为依据的是“心法”。“法轮功里，其中有‘修心’的部分；法轮功里面讲究‘心法’。”

一个本来很美满的家庭，就这样在法轮功的“正法”中毁灭了。

关淑云杀女除魔案

■ 摘自 2002 年 5 月 12 日中新网

《"我为师傅除魔"——母亲为什么会杀死女儿?》

2002 年 4 月 22 日，中国北部省份黑龙江省伊春市发生了一起法轮功痴迷者杀害亲生女儿的事件，花季少女戴楠就死在自己的母亲手里。

受害者戴楠年仅 9 岁，是伊春市美溪区第一小学二年级一班学生。她时年 44 岁的母亲关淑云在 22 日早晨认定女儿身上附有魔，掐住女儿的咽喉为女儿除魔，女儿几番挣扎后不幸窒息身亡。

22 日早晨关淑云睡醒后，突然对身边的众人说女儿戴楠有魔附身，不让女儿上学，要众人帮她为女儿除魔。她将女儿搂在棉被下，问女儿到底是谁，从哪里来，干了多少坏事，害了多少人。女儿回答"我是戴楠，我不是魔，我是真正的人"。然而已走火入魔的关淑云根本听不进女儿的哀求，一边打了女儿几个耳光，一边掐女儿的咽喉，直至女儿面色紫青，不省人事。

在记者面前，关淑云对她的荒唐举动没有任何悔意，但她又为失去女儿痛哭流涕："你们都不理解我的苦心，我修炼了这么多年法轮功，为求圆满，我为师傅除了魔，我连女儿都舍了，我是为了拯救全世界呀!"

关淑云对记者说："破坏大法的魔附在我女儿身上，一瞬间就进去了。掐死了女儿，魔就除掉了。"

她情绪激动地告诉记者："《转法轮》书上有一篇说功练好了能'圆

满’‘白日飞升’，还说有一天一切都要结束，到时候就让那些不信的人想相信也晚了。”

她毫不掩饰地谈到掐死女儿的过程：“我把戴楠搂在被窝里，不让她动，然后就掐她，猛掐她。她还嚷‘妈妈别掐我’，又叫任姨（编者按：当时还有任岚等法轮功人员在场）。我叫她们都别管。我掐得她的脸像紫萝卜似的。这时心有点松了——我要掐死她，就没亲女儿了，可不（掐）的话，就要贻害全世界了。我又狠狠心，一使劲，掐死了。”说到这儿，她深深地叹了口气。

2002年10月，伊春市中级人民法院举行公判大会，依法对关淑云等32名法轮功痴迷者进行一审判决。被告人关淑云犯故意杀人罪被判处死刑，缓期2年执行，剥夺政治权利终身。

陈福兆特大系列投毒杀人案

■ 摘自2003年7月14日新华网

《邪教的罪恶 浙江苍南特大系列投毒杀人案记实》

2003年5月25日至6月27日，浙江省苍南县龙港镇连续发生罕见的投毒杀人案，导致17人死亡。

在审讯中，陈福兆十分详细地描述了其以拾荒乞讨人员为主要目标的投毒杀人过程：5月25日，毒杀1人；6月5日，毒杀3人；6月20日，毒杀2人；6月24日，毒杀3人；6月26日，毒杀7人；6月27日，由于街上所有拾荒乞讨人员均于6月26日晚被政府紧急集中保护，他转而到龙港镇内的龙华寺庙内投毒，致死1人。在调查中，一个更令人震惊的事实浮出水面：陈福兆是个顽固的法轮功分子；投毒杀人是李洪志“点化”的结果。

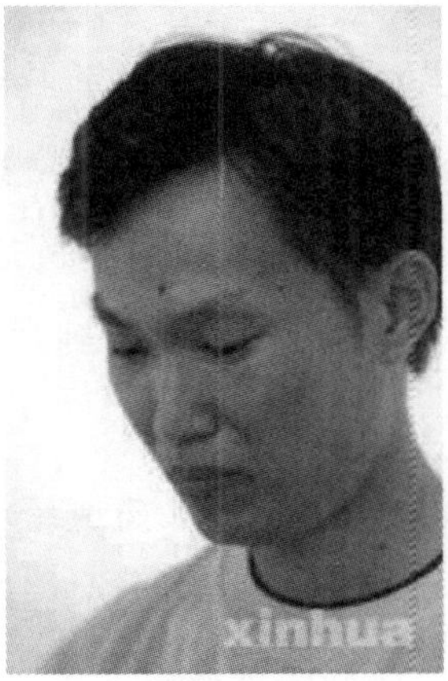

法轮功痴迷者陈福兆

记者问："你为什么要投毒杀人?"

陈福兆答："我以前都是'正修'法轮功的，即按照师父李洪志在《转法轮》里讲的'真善忍'来修炼。但像我这样'正修'到了一定的境界，碰到的'关'比较大，冲不过去。今年2月17日早上，我在芦浦卫生院上班，我在念经，突然感到师父李洪志点化我，要我进行'反修'，就是要'不真（假）、不善（恶）、不忍'，做尽坏事。"

陈福兆还进一步解释说："我感悟到，这个坏，不是常人的坏，这是我们修炼的方式，很伟大，很神圣。要'反修'，就是要杀生，要骂人、打架、放火，这些都是好的，不是一般的好，是超常的好，是伟大的修炼者的行为。"

记者问："你是怎么进行'反修'的?"

陈福兆答："'反修'必须杀生，我是从杀蚊子、苍蝇开始，进而杀狗，再杀人。"

记者问："你为什么要选择乞丐为杀生对象?"

陈福兆说："因为现在生活条件好了，一般人是不会吃别人递给他的饮料的，所以选择了乞丐。"就这样，拾荒乞讨人员等就成了陈福兆杀生的对象。

对其6月26日一天毒杀7人的疯狂行为，陈福兆向警方交代："我修功时，李洪志师父几乎每天都这样告诉我要杀生，要我按他的意思去做。""（每次投毒时）药一次比一次多，一定要达到杀死的目的，而且时间一次比一次紧，（杀的人）越多越好，这对提高层次是很明显的。"

据苍南县公安局介绍，警方在排查过程中还发现，陈福兆曾于6月11日向上学途中的4名小学生发送瓶装的甲胺磷农药，并称这是"口服液"。7月8日下午，记者采访了四年级学生陈某和一年级学生吴某。8岁的吴某说："我打开后，闻到太臭，就扔掉了。"11岁的陈某回答："我不知道这是什么东西，不敢喝，就放到书包里，回家交给了妈妈。"其母说："我闻到这东西很臭，便给了我种菜的伯伯，他说这是甲胺磷。"

记者据此问陈福兆："你为什么要把农药递给小学生?"

陈福兆回答："就是为了杀生，上层次，不管是谁，见了谁就给谁。"

"6·26"案件案发后，当地政府紧急行动，当晚将龙港全镇多名拾荒乞讨人员全部予以紧急集中保护。6月27日上午，陈福兆在街上转了一圈后没有找到拾荒乞讨人员，就转而到城区内的龙华寺庙一楼厨房内，在一个开水瓶中投毒，结果导致1名女信徒喝开水后中毒经抢救无效死亡。当时，寺庙内有上百名信男信女在念经，幸亏警方处置迅速，将所有开水瓶取走，否则后果不堪设想。

记者问："你为何把老鼠药放到寺院的开水瓶里给香客喝？"

陈福兆答："目的也是和让学生吃甲胺磷一样。"

记者问："你打算杀死多少人？"

陈福兆答："我杀生的范围很广，乞丐、小学生、香客，无论谁都可以。总之，没有底。而且，越多越好，越快越好。"

记者问："那么，总有个数量吧？"

陈福兆答："数量就是全人类。"

记者问："那你准备花多少时间做完这件事？"

陈福兆答："1年之内。"

记者听罢，不禁毛骨悚然。

记者在苍南县采访了陈福兆的家人、同学、朋友，他们不约而同地说："是法轮功邪教控制了陈福兆的全部思想，使这个本来性格开朗、有着美好前途的医生沦落成了杀人狂魔！"

“5·28”山东招远杀人案

■ 来源于百度百科

2014年5月28日21时许，山东招远市“麦当劳”快餐店内发生了一起“全能神”邪教成员故意杀人案件，6名该邪教成员为发展邪教组织成员在麦当劳向周围就餐人员吴某索要电话号码，在遭到拒绝后，认为其为“恶魔”“邪灵”应将其消灭，竟当众施暴，残忍地殴打被害人，情节极其恶劣，手段令人发指！被害人吴某某经抢救无效死亡。据警方调查，河北籍犯罪嫌疑人张某某（男，无业）及其长女张某、次女张某、儿子张某（辍学），河北籍张某某（女），山东籍吕某某（女）6人系邪教组织“全能

法院审判现场

神”成员。

2014 年 10 月 11 日上午 9 时，山东招远涉邪教故意杀人案在烟台中院第一审判庭公开宣判。张帆、张立冬等 2 人被判死刑，吕迎春被判无期徒刑，张航有期徒刑 10 年，张巧联有期徒刑 7 年。

2014 年 11 月 28 日，山东省高级人民法院对上诉人张帆、张立冬、吕迎春等涉邪教杀人案二审宣判，裁定驳回张帆、张立冬、吕迎春、张航、张巧联的上诉，维持原判；对维持张帆、张立冬死刑判决的裁定，依法报请最高人民法院核准。

2015 年 2 月 2 日，经最高人民法院核准，山东省烟台市中级人民法院依法对犯故意杀人罪、利用邪教组织破坏法律实施罪的罪犯张帆、张立冬执行死刑。

编后记

AFTERWORD

历时 16 个月，近 50 名志愿者，从成千上万个案例里筛选，走访了近百名邪教受害者及其家人、亲属和知情人等，终于把其中 36 名邪教亲历者的故事码成了文字，编成了本书。

作为全国首本以较多翔实案例为主体的反邪教书籍，希望能引起更多人对邪教问题的关注，并从中领悟到邪教发展、渗透的一般规律，从而做到自觉拒绝或远离邪教。

感谢那些工作在教育转化一线的同志，他们多年以来开展的扎实有效的思想矫治、教育转化工作是编好本书的首要前提。很多邪教痴迷者由于受到邪教组织的精神控制，并不认为自己上当受骗，反以为受益颇丰，只有经过彻底的教育转化，才能让他们认清自己走过的迷途，才能客观、真实地说出自身的经历和个中因由。感谢那些愿意接受走访并坦诚地将自己的经历如实述说的受害者，对他们而言，将埋藏于心底的“伤疤”公诸于众需要莫大的勇气。感谢来自省社科联、省监狱局、省反邪教协会、省法制教育学校的反邪教工作者和志愿者们，他们用一丝不苟的态度和辛勤的付出，使 36 个本不受人关注却又震撼人心的事件得以真实再现。

限于篇幅和能力，我们无法把邪教骗人的手法一一指出，也做不到把所有已经发现的邪教案例都收罗其中。书中所选案例也许不是最惨烈凄凉的，因为很多受伤害特别严重的亲历者已经不在人世；也未必是中毒最深的，因为仍然有不少邪教痴迷者深陷泥潭，被邪教组织摆布而不自知，听不进善意的劝解。只能期望，这些真实的、发生在我们身边、和我们一样平凡的普通人身上的故事，能引起读者更多的共鸣。

为保护个人隐私，书中主人公均使用化名。此外，国内外反邪教人士普遍认为，参与邪教的经历并不是真正的修炼，所以书中多处采用“修练”一词，指代邪教所谓的“信仰”活动，并非笔误。

本书编完了，却无法如释重负地长舒一口气。反邪教工作是纠正人的思想、拯救受害灵魂的工作，与邪教组织的斗争是一项艰巨的、长期的斗争，不可能做到毕其功于一役。本书的出版发行，哪怕只让一个人在面临邪教诱骗时悬崖勒马，或只让一个人在邪教的魔窟中迷途知返，我们的功夫就不算白费了。